社会文化史译丛

[英] 阿比盖尔·威廉姆斯（Abigail Williams）著

何芊 译

以书会友
十八世纪的书籍社交

北京大学出版社
PEKING UNIVERSITY PRESS

著作权合同登记号 图字：01-2020-2635

图书在版编目（CIP）数据

以书会友：十八世纪的书籍社交 /（英）阿比盖尔·威廉姆斯著；何芊译. —北京：北京大学出版社，2021.11
（社会文化史译丛）
ISBN 978-7-301-32624-4

Ⅰ.①以⋯ Ⅱ.①阿⋯ ②何⋯ Ⅲ.①读书活动 – 文化史 – 英国 – 18世纪 Ⅳ.①G252.17

中国版本图书馆 CIP 数据核字（2021）第 207632 号

Abigail Williams, *The Social Life of Books: Reading Together in the Eighteenth-Century Home*
Copyright © 2017 by Yale University
Originally published by Yale University Press
本书中文简体字翻译版授权北京大学出版社独家出版。未经出版者许可，不得以任何方式复制或发行。

书　　名	以书会友：十八世纪的书籍社交 YI SHU HUIYOU: SHIBA SHIJI DE SHUJI SHEJIAO
著作责任者	［英］阿比盖尔·威廉姆斯（Abigail Williams）著　何　芊　译
责任编辑	李学宜
标准书号	ISBN 978-7-301-32624-4
出版发行	北京大学出版社
地　　址	北京市海淀区成府路 205 号　100871
网　　址	http://www.pup.cn　新浪微博:@ 北京大学出版社
电子信箱	pkuwsz@126.com
电　　话	邮购部 010-62752015　发行部 010-62750672　编辑部 010-62752025
印刷者	三河市北燕印装有限公司
经销者	新华书店
	730 毫米 ×1020 毫米　16 开本　24 印张　338 千字 2021 年 11 月第 1 版　2021 年 11 月第 1 次印刷
定　　价	72.00 元

未经许可，不得以任何方式复制或抄袭本书之部分或全部内容。
版权所有，侵权必究
举报电话：010-62752024　电子信箱：fd@pup.pku.edu.cn
图书如有印装质量问题，请与出版部联系，电话：010-62756370

本书获得中央高校基本科研业务费出版资助项目资助
（3262021T10）

致　谢

我希望可以说，自己是在家庭点滴生活与吵嚷混乱的包围中，在餐桌上完成了这本书的撰写。然而，像这样的研究计划只可能诞生于资金不足的地方档案馆办公室，或是学术研究型的图书馆里。我非常感谢所有曾帮助过我的档案管理员，他们帮助我查找和理解馆藏中的材料，我尤其感谢谢菲尔德、沃里克、萨默塞特、西德文、爱丁堡以及格洛斯特档案馆的档案管理员们。善本图书馆中，我特别感谢克利弗·赫斯特、萨拉·惠尔、安德鲁·霍尼，还有博德利图书馆的馆员，杰夫·戴与温切斯特学院图书馆，苏格兰国家图书馆的拉尔夫·麦克莱恩。我在博物馆的工作中亦蒙同事指教良多。在同乔瓦娜·维泰利一起工作的过程中，在学校参与的阿什莫林博物馆项目中，在与汉娜·弗莱明、爱丽·舍贝尔以及伦敦杰弗瑞博物馆的其他人的珍贵合作中，我对物质文化的理解得到了补给与激励。我的研究受到了英国科学院和勒弗胡姆信托基金的资助，没有它们，我不可能完成这本书。我的雇主，圣彼得学院与英语学院一直对我既慷慨又支持。

开展这项研究最令人愉快的一部分，就是我同接待我研究旅行的朋友与家庭共度的时光，它们让我的夜晚变得如此有趣：佩妮与托尼·克罗宁、罗伯特和马里恩·哈达威、埃莉诺·柯林斯和弗雷泽·麦克唐纳、罗布·怀克、布里奇特·索恩博罗和马克·希普。我还参加了两个令人兴奋的 AHRC 研究小组，一个是由珍妮·理查兹和理查德·威斯特里奇领导的"声音与书籍"研究网络，另一个是由凯特·兰伯德领导的"诗歌的使用"研究网络。两个研究小组都显著地丰富了我的思想，而且为社会化的知识习得赋予了完整的意义。我在牛津与伦敦的两个读书小组的朋友和之前的学生们总能令我不断感受到，谈论书籍与阅读书籍一样，是多么令人愉快。还有朋友和同事为我审阅了部分章节与草稿，在此我要感谢亚当·斯迈思、罗斯·巴拉斯特、亚历克斯·哈里斯、斯泰西·麦克道尔、罗斯·鲍威尔与克里斯蒂·福特，以及耶鲁的匿名读者，还有我的编辑克里斯·罗杰斯与莎拉·米勒。我的许多错误和最令人厌烦的言语磕巴都被审稿编辑希拉里·哈蒙德和保罗·贝茨温和地解决了。我有几位出色的研究助理，他们阅读过我的文稿，为我纠正了错误，还向我展示了我自己找不到的内容，他们是：爱丽舍·贝尔、亚当·布里根、克里斯蒂·福特、彼得·休恩和丽贝卡·金。我对十八世纪阅读史的了解，大部分都建立在已故的斯蒂芬·科尔克拉夫的丰富学识之上，我欠他良多。感谢琳达·布里、安东尼·巴克斯顿、布里奇特·克拉克、芭芭拉·克罗斯比、马修·格伦比、艾玛·沃尔什和查理·威瑟斯，与我分享你们的研究成果。

有读者曾批评这本书的早期草稿，它没有充分意识到家庭中的不幸与失和。感谢吉尔斯、伊丽莎、威廉、妈妈和劳拉让我犯下了这个基本错误。

目 录

引　言　家中装点　　　　　　　　　　　　1

第一章　如何阅读　　　　　　　　　　　15
　　　　学习朗读：以布道为样板　　　　16
　　　　阅读与演说行业　　　　　　　　20
　　　　世俗演说　　　　　　　　　　　29
　　　　家中的演说　　　　　　　　　　32

第二章　朗读与交际　　　　　　　　　　47
　　　　在家还是出门？　　　　　　　　47
　　　　家中娱乐的优点　　　　　　　　51
　　　　美德与展示　　　　　　　　　　57
　　　　获得注视　　　　　　　　　　　61
　　　　读书的空间　　　　　　　　　　67
　　　　读书与闲暇　　　　　　　　　　80

第三章　使用书籍　　　　　　　　　　　88
　　　　可读性　　　　　　　　　　　　95
　　　　读书习惯　　　　　　　　　　100

	分开读书？	114
	朗读的准备	119
	得体合宜	122

第四章	获取读物	131
	渠道与阶层	136
	新的读者	144
	仆役	145
	地域便利	150
	学习小站	152
	社交性交流	169

第五章	家中的诗文	175
	札记与汇编	177
	印行的札记	189
	演说与抱负，美德和价值观	196
	诗文与美德	206
	消烦解忧	210
	文雅与粗俗	215
	分享乐趣	219

第六章	戏剧与朗诵	225
	演还是不演	225
	莎士比亚与家庭	231
	删减莎士比亚	239
	戏剧节选	244

	私排戏剧	253
	道德伦理与私家戏剧	260
	在布罗金亭炫耀	263

第七章　小说的世界　　270
　　小说的兴起　　271
　　朗读的道德　　279
　　情感与表露　　284
　　角色与扮演：演绎他人　　290
　　小说与自我　　294
　　小说的时尚：共享一刻　　298
　　插曲与片刻　　302
　　短篇形式　　308

第八章　虔敬与知识　　315
　　家中的信仰　　316
　　更好的谈吐　　331
　　文雅的科学　　343
　　交谈中的知识　　353

　　　　　　　　　　　　　　364
尾　声　　364
索　引　　368

引言
家中装点

1802年4月15日,多萝茜和威廉·华兹华斯兄妹俩在湖区的一次随意闲行,成就了文学史上最意义非凡的一次散步。那是狂风大作的一天,他们穿越了阿尔斯沃特湖(Ullswater)附近的山丘,强风呼啸,水雾缥缈,山泉掩映在树篱之中。途经高巴罗公园(Gowbarrow Park)时,他们先是看到了几株水仙花,继续走着,又发现了一大丛,沿湖簇生,郁郁葱葱,随湖岸蔓延,与乡道同宽。多萝茜的日记里写道:

> 我从未见过如此美丽的水仙花,它们怒放在爬满青苔的石块之间,有的花冠耷拉在石头上,仿佛是靠在枕上小憩,其余的都在摇曳、摆动和起舞,如同是迎着湖风发出了真诚的笑声,它们看上去如此欢快奔放,光彩夺目而又千姿百态。

兄妹两人继续散步,他们在一家酒馆饱餐了一顿火腿和马铃薯。按照多萝茜的叙述,晚餐之后,"我下楼看到威廉正坐在炉火旁。他起身走到窗前堆放的藏书前,拿出了恩菲尔德(William Enfield)的《演说者》(*The Speaker*)、一部文选以及康格里夫(William Congreve)某出戏剧的散卷。我们喝了一杯热朗姆酒加水——我们把盏言欢,并为玛丽祝祷"。①

当天还有很多值得说道之处。多萝茜的日记原文比这里摘录的内容更详尽,为理解"我如行云独自游"提供了基础,这是华兹华斯两年后写下的传世之作,水仙花被描绘成了在郁郁独行中令诗人欢愉的伴侣。这或许是英国文学中最有名的一首抒情诗,它展现了浪漫派诗人对幻想与自然的讴歌。然而,除了学术界的小圈子,多萝茜的日记并不为大众所知。同样令人震惊的是,诗与日记代表了两种截然不同的文学活动。通过描写水仙花,华兹华斯强调的是一种唯我的感受:沉溺幻想时的孤寂、专注与沉默,以及"闪现于心眼的"画面。但这首诗背后的多萝茜日记却记录了散步与偶遇水仙花之间相得益彰的乐趣,日记的结尾更是家庭内部共同的娱乐活动。在漫长的外出结束后,兄妹两人坐在酒馆的炉火边,从书架上随便抽出几本畅销的诗集和戏剧,一边啜饮朗姆酒一边朗读。多萝茜在日记里写到自己时常对着兄长朗读,这就是一个关于共同分享的故事。

诗歌与文学是个人的自我表达方式,阅读则成为个人灵感之来源以及对自我心灵的探索,威廉·华兹华斯与其他浪漫主义作家有力地塑造了这种对文学作品的看法。在他们之前与之后的数个世纪中,诗人、艺术家和哲人们通过强调文艺创作与知识生产中独处的重要性,一直"在描写着自身的孤独",一位历史学家如是评价。②然而,共同阅读与文学活动在我们的文化史中扮演着同样重要的角色。如果多看几行多萝茜·华兹华斯当天的日记,我们能从她

---

① Thursday 15th April, 1802, *The Grasmere Journals*, ed. Pamela Woof (Oxford: Clarendon, 1991), 84–86.

② Steven Shapin, "'The Mind Is Its Own Place': Science and Solitude in Seventeenth-Century England,"首次发表于 *Science in Context* 4 (1991), 191–218, 后收入 Shapin, *Never Pure: Historical Studies of Science* (Baltimore: Johns Hopkins University Press, 2010), 119–141, 120。

描述的散步与阅读中了解到什么？他们的经历究竟是共同的还是私人的？相伴读书与个人阅读是否一样？这些问题不断回响在交际阅读的历史中。多萝茜的描述显然说明，对文学作品的欣赏会受到阅读时实际场景的影响——在这里，康格里夫戏剧"散卷"的价值更多在于它如何被阅读。难忘的一日外出之后，喝着朗姆酒，有亲人相伴，如此阅读场景比书卷本身的内容更有意义。我们看到了出其不意、令人意外的选择：华兹华斯从酒馆书架上随手取下的一本书就契合当晚的主题——这并非是一项经过深思熟虑，意在增进学识的安排。读了什么并没有如何去读那么重要。这个故事也展现了汇编文集的重要性：多萝茜提到了另一本书，威廉·恩菲尔德的《演说者》就是当时最为流行的一本文集。这本书收录了不少诗歌与散文，旨在提升青年人的道德水平和社交技能，但对于很多家庭来说，这本书里有不少朗朗上口、值得一读的节选篇章，常被用来消磨午后与晚间的家庭时光。多萝茜的共同阅读为我们展示了一种文学体验，其中地点、同伴、食物、酒水与易得性都发挥着作用。

　　交际阅读的历史把书籍重新放回到生活与家庭中，使我们得以完整地理解文学。其中，理发、乘坐马车以及口吃儿童都占有一席之地。我们能够看到，读者的希望、选择、限制以及顾虑如何影响了三个世纪之前书籍的意义。某些现实与文化的情境——有限的灯光、原始的眼科医学、增多的空闲时间以及显摆教养的欲望——都影响着书籍被使用的方式。交际阅读也让我们能更好地了解十八世纪文学史的诸多特点。有时，相伴而读是一种预防手段——尤其针对当时刚流行起来的散文小说，大众普遍认为，这种文体代表了危险的兴奋。随着小说这种文学载体逐渐兴起，围绕它的争论一直很激烈，小说的诱惑性也始终是争议的内容之一。奥古斯特·贝尔纳·达杰希（Auguste Bernard d'Agesci）的名画《读〈哀绿绮思与阿伯拉书信集〉的女士》(*Lady Reading the Letters of Heloise and Abelard*)就有力地唤起了人们对小说魅惑力的印象。事实上,画中女士可能无法代表十八世纪小说的一般读者。根据书籍史学者最近的研究,体面的中年男性更有可能是当时小说的主要受众。但我们却可以看到,在这幅画作中,女士流露出道德松弛的神态,很可能是未受管束地阅读小说所致。交际阅读能够纠正这一点,它让家长得以重新掌控家庭内部的阅读生活,引导年少无知的家庭成员选择更恰当的文学载体。

书籍会被大声朗读,将这一点纳入考量,我们就能开始了解书籍史中的口述形态。分享式阅读无论在书籍的物质形态上,还是书籍的接受史上,均有所体现。印刷尺寸、书籍版式以及文风类型都要按照是否便于表演的标准来考量。字体大、摘录短、片段式的结构、充满格言警句的段落,都是为了让文本变得更轻便,更适合在有人做伴时朗读。关注出版物的表演与口述性质,这让我们得以从新角度理解十八世纪读者如何看待当时的文学作品;也迫使我们从观众而非读者的角度来理解文本,就像卓越的文化史家罗伯特·达恩顿(Robert Darnton)所说,文本乃是"见不如闻"。① 伊丽莎白·汉密尔顿(Elizabeth Hamilton)是一位年轻姑娘,她出身于十八世纪八十年代斯特灵郡(Stirlingshire)一个缙绅家庭。在她看来,最好的散文应当是那种"无须耗尽气力就能贯读下去"的文章,她说出了当时的主流看法。② 读者的选择很可能为句式结构和演讲方式之间的关联所左右,但以往对十八世纪文学史的研究常常忽略

---

① Robert Darnton, "First Steps Towards a History of Reading," *Australian Journal of French Studies* 23 (1986), 14.

② Elizabeth Hamilton, *Memoirs of the Late Mrs Elizabeth Hamilton with a Selection from Her Correspondence*, ed. Miss Benger (London, 1819), 49–50.

引言
家中装点

这一点。口述形态也会带来不小的影响,感伤文学的畅销也与此有关。哈丽雅特·马蒂诺(Harriet Martineau)曾提过,朗读使文字有了全新的魔力:"我记得母亲和姐姐从奥佩夫人家(Mrs. Opie)回来时浮肿的眼袋与脆弱的心情,她们在那儿听女主人激情澎湃地朗读了一个晚上的《脾气》。她们看到印刷版后,简直难以相信这是同一个故事。"① 这些要素有助于我们理解十八世纪文学中的某些反常现象。詹姆斯·麦克弗森(James Macpherson)的莪相诗(Ossian poetry)引发了不可复制的轰动,这是否应当归功于深沉的吟诵与激昂的朗读?感伤小说的风行,是否就因为它充当了十八世纪社交场合中令人潸然泪下的焦点?

本书将带你探索一个少为人知的世界,它将带你进入中等阶层和下层士绅家庭,了解他们日常如何使用书籍,如何在家中相伴朗读。② 虽然教室、教堂、酒馆、咖啡馆以及大学都能提供朗读之所,但是家庭却尤为不同。家,既是公共场所又是私人宅邸,既拥有私密感又呈现了社交性。这是一处既可闲暇又能工作的地点:既能助你遁世,又能为入世做准备。重新审视家庭阅读的繁喧世界让我们了解,书籍如何通过多种方式将人们联结在一起。考察家庭空间的阅读生活,我们就能体会,虔敬、自抑、自修、无礼与社会交往之间的错综杂糅如何塑造了十八世纪社会。人们享受的文学形式多种多样,除了我们熟知的传统书籍,还有从手札到"滔滔集"这类很多我们现已不太了解,但却流行一时的形式。除了虚构作品,人们也会选择一些非虚构的著作,尤其是历史和宗教类作品在家中大声

---

① Harriet Martineau and Maria Weston Chapman, *Harriet Martineau's Autobiography*, 3 vols. (London: Smith Elder, 1877), 1:430.

② 关于这一时期中等阶层的讨论,参见 Margaret Hunt, *The Middling Sort: Commerce, Gender, and the Family in England, 1680–1780* (Berkeley: University of California Press, 1996)。

朗读，不过教导人们如何在家阅读的指南书，仍主要以文学作品作示例。人们从中学习如何提高朗诵技巧，如何在为大家朗诵时利用肢体语言传递情绪。人们抄录并分享最爱的诗篇，朗读流行小说里的对白，朗诵戏剧里感人或滑稽的片段，他们还相互借阅布道书册，读后一同讨论。他们使用在整个村子或家族中都传阅过的破书残卷，也会购买一些新近可得，供家庭使用的汇编文集。他们会在书房里放置沙发，或是在壁炉周围摆上书架，这些布置都令读书成为了交往环境中的享受。

阅读的情境：印刷与家庭

要充分理解书籍的使用，我们必须承认，这一时期印刷文化经历了一系列深刻变化。众所周知，十八世纪见证了商业文学的诞生与发展、职业作家的兴起以及大众识字率的提高。[①] 最近几十年来，学术界越来越多关注阅读的历史，并意识到书籍如何被使用与书籍的内容本身一样重要。[②] 一些文学史与文化史家认为，与十八世纪

---

① Brean Hammond, *Professional Imaginative Writing in England, 1670–1740: "Hackney for Bread"* (Oxford: Clarendon, 1997); The Cambridge History of the Book in Britain, 1695–1830, ed. Michael Suarez and Michael Turner (Cambridge: Cambridge University Press, 2014); John Feather, *The English Provincial Book Trade Eighteenth-Century England* (Cambridge: Cambridge University Press, 1985); R. M. Wiles, "The Relish for Reading in Provincial England Two Centuries Ago," in *The Widening Circle: Essays on the Circulation of Literature in Eighteenth-Century Europe*, ed. J. Korshin (Philadelphia: University of Pennsylvania Press, 1976).

② 有影响的著作包括：Alberto Manguel, *A History of Reading* (London: HarperCollins, 1996); Roger Chartier and Guglielmo Cavallo, eds., *A History of Reading in the West* (Oxford: Polity, 1999); Steven Roger Fischer, *A History of Reading* (London: Reaktion, 2004); Robert Darnton, "First Steps Towards a History of Reading," *Australian Journal of French Studies* 23 (1986), 5–30; 有影响力的学者文集，见 *The History of Reading: A Reader*, ed. Shafquat Towheed, Rosalind Crone, and Katie Halsey (London: Routledge, 2010)。聚焦于十八世纪的主要研究包括：David Allan, *Commonplace Books and Reading in Georgian England* (Cambridge: Cambridge University Press, 2010); Stephen Colclough, （转下页）

引言
家中装点

的社会变化齐头并进,且与之相关联的,乃是一场"阅读革命"。①他们提出,识字率的提升,以及越来越多的世俗文学愈加简便易得,都促成了人们阅读方式的转变:从对少量书籍的深入朗读,到普遍浏览大量世俗文学。②也有其他学者从文体风格与章句结构来考察这种由口头朗诵到静默阅读的巨大转变过程,比如说,更多的停顿意味着听众需求变得没那么重要。③不过,虽然越来越多的默读能够大书特书,但阅读的乐趣与社交也同样值得重视。有很多人出于纯粹的喜爱而继续保持朗读的习惯,比如可怜的贝齐·谢里登(Betsy Sheridan),她被自己的父亲禁止参与家庭的诗歌阅读会。她渴望与他人一起阅读柯珀的诗篇,她说道:"独自阅读就像是孤身享用一顿大餐,若是能宾客满堂、高朋满座,哪怕是简陋的菜肴也能获得更多的乐趣。"④分享式阅读令他人也能从自己手里的书本中受

(接上页)*Consuming Texts: Readers and Reading Communities, 1695–1860* (London: Palgrave, 2007); Jan Fergus, *Provincial Readers in Eighteenth-Century England* (Oxford: Oxford University Press, 2006); Isabel Rivers, *Books and Their Readers in Eighteenth-Century England* (Leicester: Leicester University Press, 1982 and 2001); William St Clair, *The Reading Nation in the Romantic Period* (Cambridge: Cambridge University Press, 2004); Mark Towsey, *Reading the Scottish Enlightenment: Books and Their Readers in Provincial Scotland, 1750–1820* (Leiden: Brill, 2010)。有关简·奥斯丁与交际阅读的重要学术成果:Patricia Michaelson in *Speaking Volumes: Women, Reading, and Speech in the Age of Austen* (Stanford: Stanford University Press, 2002)。本书的重点不在奥斯丁,因为关于奥斯丁的阅读经历已有丰富讨论。

① Rolf Engelsing, *Der Bürger als Leser: Lesergeschichte in Deutschland, 1500–1800* (Stuttgart: Metzler, 1974); Roger Chartier, "The Practical Impact of Writing," in *A History of Private Life: Passions of the Renaissance*, ed. Roger Chartier, trans. Arthur Goldhammer (Cambridge: Harvard University Press, 1989). 又见 Reinhard Wittman, "Was There a Reading Revolution at the End of the Eighteenth Century?," in *The History of Reading in the West*, ed. Cavallo and Chartier, 284–312。

② 若想了解欧洲这一时期阅读习惯的转变,可参见 Wittman, "Was There a Reading Revolution?"。

③ Elspeth Jajdelska, *Silent Reading and the Birth of the Narrator* (Toronto: University of Toronto Press, 2007)。

④ 29 June 1786, *Betsy Sheridan's Journal: Letters from Sheridan's Sister, 1784–1786 and 1788–1790*, ed. William LeFanu (New Brunswick: Rutgers University Press, 1960), 88.

益，就像诗人威廉·柯珀（William Cowper）笔下柔情蜜意的画面：赋闲乡野的绅士在他"温暖而简洁的家中"，

> 他沉浸于
> 心上人的言笑晏晏，
> 啜饮着芬芳的甘泉；
> 捧着精挑细选的书卷，
> 没有陷入自私的沉默，
> 独自翻书而郁郁寡欢，
> 不时与她分享书中的片段，
> 或是博她会心一笑，
> 或是令她受益匪浅。①

很明显，十八世纪仍然延续了分享式的阅读方式，朗诵集与晚间逗趣之书大量涌现，它们均饰有展现围读场景的插画，书籍标题也在唤起读者对于围炉夜读的美好想象，这些皆是佐证。这类书籍，如同莎士比亚戏剧的家庭版，或是杂志上删减缩略的小说，都以中产阶层为目标，他们是本书考察阅读习惯的重点人群，但不是唯一群体。他们并不一定受过正规的古典学教育，也不一定藏书丰富，但却想要提升自己和家人，希望以此相互娱乐。中产阶层的读者笔下，复述了大声朗诵与在家表演文学作品的场景，其中有大量的趣闻轶事，还有不少当时的油画和版画也展现了相伴读书的场景。风俗画里的群像画普遍将书籍描绘为画中人物自豪展示的文化资本，比如胡格诺派珠宝商查尔斯·莫伊斯－鲁贝尔（Charles

---

① William Cowper, "The Task," book 3, ll. 389–96, *The Poems of William Cowper*, ed. John D. Baird and Douglas Ryskamp, 3 vols. (Oxford: Clarendon, 1995), 2:172–173.

引言
家中装点

图 1　一个家庭的室内画像，推测为鲁贝尔家族，作者不明，作于 1750 年代，布面油画（杰弗瑞博物馆，148/2010，© The Geffrye, Museum of the Home, London）

Moyse-Roubel）与家人的这幅画像（图 1）。本书展现了大声朗读与相伴而读的阅读方式如何发挥了书籍的社交与教育功能，又如何为渴求的读者与精明的书商所称道，从而挑战了从公共到私人的"阅读革命"的观点。

大声朗读可以是坐在长椅上，给一群目不识丁的工匠念着廉价书册中的民间故事，也可以是在礼拜天的晚上，集合家人来念一篇布道词；可以是独坐一隅，一个人沉浸在诵念文本的乐趣之中，也可以是站在簇新的客厅中央，一手揪着胸口，面向文质彬彬的亲友，慷慨激昂地朗诵某部新小说的片段。书籍形式与获得方式层出不穷，读者有各种方法能接触到书籍，而且从某部作品的命运中，我们得以窥见，文本的流转有时完全超乎作者本人的想象。阿兰－勒内·勒萨日（Alain-René Lesage）的《瘸腿魔鬼》（*The Devil Upon Two Sticks*）是一部诙谐小说，1707年法文版首次付梓后，转年就有了英文译本。这本小说虽然现在已经鲜为人知，但在它首版后的一个世纪内再版了四十次，可谓百年畅销。小说内容是流浪汉的冒险奇遇，老少皆宜，迎合了各类人的喜好。1729年10月，诺丁汉的单身女郎格特鲁德·萨维尔（Gertrude Savile）就独坐闺房，捧着这本书从晚餐时分一直闷头读到了午夜。① 乔治·桑迪（George Sandy）是爱丁堡一名15岁的实习律师。他与两位同龄伙伴成立了一个阅读小组。根据他的笔记，1788年3月的某日，《瘸腿魔鬼》被收入了小组成员共享的小书库中。② 1814年赫里福德（Herefordshire）的瓦伊读书俱乐部（Wye book club）成员也轮流传阅着这本书。③ 在十八世纪八十到九十年代，这本书被曼彻斯特、哈利法克斯（Halifax）和麦克尔斯菲尔德（Macclesfield）等地区的读书协会购入，而纽卡斯尔、牛津、伦敦和巴斯等地的流通图书馆也为会员提供了这本书的租赁服务。④ 南希·伍德福德（Nancy

---

① 24 October 1729, Gertrude Savile, *Secret Comment: The Diaries of Gertrude Savile, 1721–1757*, ed. Alan Saville (Devon: Kingsbridge History Society, 1997), 191.

② 17 March 1788, Diary of George Sandy, Apprentice in *The Book of the Old Edinburgh Club* (Edinburgh, 1942, printed by the club), 24:1–69, 16.

③ Lambeth Palace Library, MS 1697 Wye Book Club Papers, Minutes and Accounts 1812–1860, accounts for 1814–15.

④ *A Catalogue of Books in the Macclesfield Circulating Library* (Macclesfield, 1779), 10; *A Catalogue of the Books in the Circulating Library at Halifax* (Halifax, 1786), 27; *A Catalogue of the Present Collection of Books, in the Manchester Circulating Library* (Manchester, 1794), 59; *A Catalogue of R. Fisher's Circulating Library, in the High-Bridge, Newcastle...* (Newcastle-upon-Tyne, 1791), 71; *A Catalogue of the Circulating Library opened by R. Bliss, Bookseller and Stationer, High Street, Oxford...* (Oxford, 1785), 55; *A New Catalogue of Bell's Circulating Library...* (London, 1778), 74; *A Catalogue of Meyler's Circulating Library...* (Bath, 1790), 53.

Woodforde）与她的伯父居住在萨福克（Suffolk）的牧师府邸。他们拥有一整套威廉·库姆（William Combe）在1790年到1791年间出版的六卷本《瘸腿魔鬼》续集。南希提到："卡斯坦斯夫人将英文版《瘸腿魔鬼》寄给了我，确实引人入胜，让人联想到当前的很多优秀人物。"几天之后她再次提到，"霜雪交加的严寒之日，我们读着《瘸腿魔鬼》取乐，有时我读，有时伯父读"。南希抱怨封冻的天气让她无法外出活动，"但我非常高兴能听伯父朗读《瘸腿魔鬼》，而且我也能为他念一些片段"。到了2月25日，他们已经读到了第五卷，她认为这是"我所读过的最为绝妙的一本书"。①

南希的经历表明，勒萨日小说的续篇与其原著一样大获成功，其原版、翻译版甚至续集都被广为阅读。它既被节选刊登在杂志上，也有缩略版供人阅读。它甚至还出过彩色拼块版。这是一种四折的小册子，每份售价6便士，彩色版1先令。读者随手翻起折页上的一块，就能知道不同情节。②你不用阅读就能知道个大概。1776年，演员兼制片人塞缪尔·富特（Samuel Foote）将这部小说搬上了舞台，并且自己出演了男主角。《瘸腿魔鬼》还出现在了流行音乐文化之中，比如十八世纪四十年代针对罗伯特·沃波尔（Robert Walpole）政府的讽刺歌谣就是以它为基调。这些零碎的材料揭示出当时书籍流通的一些重要特点：现已湮没无闻的作品也曾备受追捧；读者有多种渠道接触到书籍，比如通过借阅、参加民间读书小组，以及有组织的文学社团；读者对书籍的理解来自于不同的文学形式——舞台演绎、立体书、缩略版，还有讽刺出版物等等。

---

① Nancy Woodforde, diary entries for 16, 18, 20, 23, 25 February 1792, in *Woodforde Papers and Diaries*, ed. Dorothy Heighes Woodforde (Bungay: Morrow, 1990), 45–46.《瘸腿魔鬼》原著并未列在她的遗产清单上。

② *Dr Last; or, the Devil Upon Two Sticks* (London, 1771, published by H. Roberts), Bodleian Library Vet. A5 e.892 (1).

以书会友
——十八世纪的书籍社交

在十八世纪，不仅图书生意处在转型期，家庭也日渐演变成为一个休闲与待客的场所。约瑟夫·艾迪生（Joseph Addison）在《旁观者》（Spectator）的导言里就宣称，要将文化"带出幽室、图书馆与学院，带入俱乐部和人群中，带上茶桌，带到咖啡馆"。① 艾迪生提到的咖啡馆成为学界对十八世纪中产阶层社会交际空间的主流阐述。然而（我们可以从引文中看出）艾迪生也留意到，家庭与茶桌也是这种随意轻松的知识与文化新氛围的一部分。十八世纪家庭的装潢与社交史确证了公私边界在家庭空间中的混杂。② 殷勤拜访在这个世纪开始流行，家庭成为了一个社交性的文化空间，这些都能在家居陈设的社交化转向中看出来。本书要讲述的就是，在那些粉刷装修一新的居室之内，人们究竟在做些什么？

尽管家庭成了半公开的接待空间，但它也被誉为与世隔绝的贞洁之所，隔绝了外部花花世界的诱惑。随着从音乐会到游乐花园再到巡回图书馆等公共娱乐不断普及，对不少人来说，家庭空间相对而言愈加舒适安逸，适合消磨时光。家是家庭的具象，也是道德严正的象征。1785 年，柯珀在《任务》一诗中如是描述："家庭的欢愉，是伊甸园仅存的福气，能陪你熬过秋日……以艺术滋养

---

① *Spectator* 10, 12 March 1711, The Spectator, ed. Donald F. Bond, 5 vols. (Oxford: Clarendon, 1965), 1:44.

② Amanda Vickery, *Behind Closed Doors: At Home in Georgian England* (New Haven: Yale University Press, 2009); Vickery, *The Gentleman's Daughter: Women's Lives in Georgian England* (New Haven: Yale University Press, 1998); Benjamin Heller, "Leisure and the Use of Domestic Space in Georgian London," *Historical Journal* 53 (2010), 623–34; Michael McKeon, *The Secret History of Domesticity: Public, Private, and the Division of Knowledge* (Baltimore: Johns Hopkins University Press, 2005); Charles Saumarez Smith, *Eighteenth-Century Decoration: Design and the Domestic Interior in England* (London: Weidenfeld and Nicolson, 1993); Karen Lipsedge, *Domestic Space in Eighteenth-Century British Novels* (Basingstoke: Palgrave, 2012).

美德。"① 事实上，各家都有各自的现实，宅邸之中也藏着过度与逾越，与其他场所没有什么两样。但家的观念，以及蕴含其中的整体家庭生活，确实在十八世纪后期的道德词汇中占据了愈加超然的地位。②

人们分享阅读的方式各不相同：有人将相伴读书当成安神剂，有人喜欢表演文本，有人视之为手工活计的伴奏，有人以之消闲或打发长夜寂寞。阅读对他们而言，既是提神的酒精，又散发着危险的诱惑；既可自我提升，又能躲避无聊，甚至能替代室外散步，于健康有益。阅读当然可以只关乎独处与避世，但也能构成社会交往的基础。讨论书籍的社交史必然是一部堆砌在繁杂材料上的作品，需要领会言外之意，并能发微抉隐。但一旦着手，我们就能更充分地理解，书籍对于过去的读者究竟意味着什么。

---

① William Cowper, *The Task*, book 3, ll. 41–42, 48, *Poems of William Cowper*, 2: 164。根据霍尔与达维多夫对十八世纪晚期中产社会的研究，柯珀是中产读者们最常引用的诗人，他的名气一部分源自他对恬静家庭生活的讴歌。Leonore Davidoff and Catherine Hall, *Family Fortunes: Men and Women of the English Middle Class, 1780–1850* (Chicago: University of Chicago Press, 1987), 157.

② Davidoff and Hall, *Family Fortunes*, 149–182.

第一章
如何阅读

> 去了教堂,牧师的鼻音很重,口齿不清,经文读得一团糟,简直是最可怕又最庄严的礼拜。
>
> ——艾莉诺·巴特勒夫人(Eleanor Butler)日记,1785年9月29日①

十八世纪的阅读史中出现了两种彼此矛盾的现象。其一是默读一代的首次出现。到了十八世纪末,不少书籍已经足够廉价,识字率也普遍提升,有史以来头一回,很多人都能独立而安静地阅读。但与此同时,还兴起了一股近乎狂热的学习朗读之风:这是朗诵演说的黄金时代。当然,雄辩术(rhetoric)这种演说技艺,记载翔实,源远流长,自诡辩派开始,就已经被无数论著讨论过。历史学家业已揭示,演说文化塑造了整个近代早期,它是理解教育、思想史、政治文化、文学形式的关键;它也深刻塑造了人们思考、写作与行动,以及最重要的,发声的方式。本·琼森(Ben Jonson)宣称,"没有什么比一个人的演说更能真实展现他本人的风姿"。琼森这句

---

① Diary entry of 29 September 1785, *The Hamwood Papers of the Ladies of Llangollen and Caroline Hamilton*, ed. G. H. Bell (London: Macmillan, 1930), 56.

话可谓强烈地推崇了一个观点：说，而非写，才是思想的映像。[1] 在十六世纪，有关雄辩的理论和指南都认为，口头表现力是学习朗诵术的主要目标。[2] 到了十八世纪，围绕朗诵方式和语言效果的理论被重新包装成更丰富易得的形式，提供给渴望掌握技巧，提升自我修养的读者们。[3] 我们看到，一方面效法古代雄辩术在近代早期成了特权阶层的爱好，另一方面则出现了对文雅作风与士绅社交技能的普遍重视，两种趋势之间明显存在着张力。[4] 朗读书面文本变成了流行的技艺、业余爱好、观赏活动、学术探讨的主题以及讽刺作品的话题。本章将考察学习朗诵的文化氛围，并细细审视，在当时的人看来，优秀的朗读人应该满足哪些要求。

学习朗读：以布道为样板

十八世纪的听众们耳朵颇为挑剔。他们长年浸染于教堂布道对书面文本的口头演绎之中。[5] 经年累月聆听布道的经历，以及谈论布道之短长的大量出版文字，对于重现十八世纪的家庭朗读至关重要。在当时的文化氛围中，礼拜日布道是每周主要的朗诵表演，每位演讲者表现优良与否，都得从演说内容与表达技巧两方面综合判

---

[1] *Ben Jonson's Timber or Discoveries*, ed. Ralph S. Walker (Syracuse, N. Y.: Syracuse University Press, 1953).

[2] Jonathan Hope, *Shakespeare and Language: Reason, Eloquence, and Artifice in the Renaissance* (London: Arden Shakespeare, 2010), 30.

[3] 十七世纪也曾有文献认为雄辩术是一种自我提升的修养，比如：*The Academy of Complements* (1640)。

[4] 有关这一时期言语、阶级和文本之间的变动关系，参见 Elspeth Jajdelska, *Speech, Print, and Decorum in Britain, 1600–1750* (London: Routledge, 2016)。

[5] 有关听布道、做笔记如何影响了人们看戏剧表演的习惯，参见 Tiffany Stern, "Sermons, Plays, and Note-Takers: *Hamlet* Q1 as a 'Noted' Text," in *Shakespeare Survey*, vol. 66, ed. Peter Holland (Cambridge: Cambridge University Press, 2013), 1–23。

第一章
如何阅读

断。听众们也了解口头表达与书面文本之间的差异。1727年的某个礼拜日的午后，格特鲁德·萨维尔在家中朗读《死亡与审判》，这是自由派牧师乔治·斯坦诺普（George Stanhope）的一篇布道词。萨维尔最后断言："我认为他的演说比他的决疑论观点更好：他的论点并不清晰。"① 斯坦诺普的这篇布道首版于三十年前，因此萨维尔不大可能听过斯坦诺普本人演说这篇布道，但她清楚，他的文风较之书面文章，其实更适合口头演说。也许是他在讲坛上的魅力掩盖了逻辑上的混乱，而一旦只剩下纸面上的文字，这些问题就一览无遗了。当时的人们能够意识到同一份文本被默读与被朗诵之间的差距，这极其重要。萨维尔还评价了其他布道词。某个夜晚，萨维尔安静地做了一会儿针线活，弹了一段羽管键琴，用过宵夜之后，拿起了爱德华·杨（Edward Young）刚出版的《如实评价人生》，她热忱地赞美了它："非同一般的风格。富有诗性，极其令人愉悦。"② 几个月之后，萨维尔到圣詹姆斯教堂做礼拜，结果令她大为震惊："非同一般的布道。演讲时多处失误，演说风格过于独特，招来了教众们的嘲笑，他们完全无视任何优点。我认为这人有点杨牧师的风格，之后发现**果然**是他。"③ 可怜的杨牧师。这样的叙述让我们得知，在以教堂为主要演说场所的文化氛围中，挑剔的教众并非如想象那般温驯敬畏，轻易信服盲从，布道的牧师往往压力不小。④ 虽然萨维尔曾通过阅读对他"非同一般的风格"留下了深刻印象，但

---

① 10 September 1727, in Gertrude Savile, *Secret Comment: The Diaries of Gertrude Savile, 1721–1757*, ed. Alan Saville (Devon: Kingsbridge History Society, 1997), 60. 提到的布道词是：*Of Preparation for Death and Judgment* (1695)。

② 26 February 1728, in Savile, Secret Comment,106. 她提到的是爱德华·杨论情感对虔诚之作用的篇章：*A Vindication of Providence; or, a True Estimate of Human Life* (1728)。

③ 26 May 1728, in Savile, *Secret Comment*, 116.

④ 关于近代早期文化中糟糕布道与生动文辞并存，参见 Carla Mazzio, *The Inarticulate Renaissance: Language Trouble in an Age of Eloquence* (Philadelphia: University of Pennsylvania Press, 2008)。

杨牧师逊色的口才显然削弱了这一优点。

格特鲁德不是唯一记下了观感的听众。达德利·赖德（Dudley Ryder）是一名单身的年轻律师，父亲是一位不奉国教的布商。赖德一般每个礼拜日去听两场布道，他在伦敦不断寻觅着最合适的教堂，对每周的两场布道都有所评价。① 1715年6月的某日午后，他去参加了诗人约瑟夫·特拉普（Joseph Trapp）的讲经，之后，他与自己堂兄讨论起什么才是令人满意的布道："我们都提到，恰当的发音与自然的演说风格产生了巨大助益，但如果牧师在讲坛上采用的是日常对话时的语音语调，那就很难展现出这些优点。"② 赖德和堂兄说中了演讲中的一大讽刺：为了听起来显得真诚，流露出"恰当的"发音与"自然的"演说风格，演说者必须学会一种有别于日常普通聊天的谈话方式。亲切随意是一门技艺。赖德继续表达了对特拉普牧师演说的不满："他……在讲坛上的举止令人惊讶，姿态笨拙，手势古怪。他的布道词并没有多么非同一般，不像是一位优秀的诗人所作。"③

有意思的是，萨维尔与赖德都希望他们的牧师能够"非同一般"，却发现他们欣赏的诗人在讲坛上明显表现不佳。赖德持续评价着不同牧师的讲经，从中能够看出，他的态度颇有兼收并蓄之特点。他既喜欢平实的风格，也欣赏夸张的演绎。因此，赖德一方面去聆听了杰里迈亚·亨特（Jeremiah Hunt）在宾纳斯堂（Pinners' Hall）为独立教会的讲道，并赞誉了亨特具有"平易近人的风格特点"。他点评道："他不是语言流利之人，因此不大可能广受欢迎，

---

① 有关他寻觅合意布道的更多事例，参见 Dudley Ryder, *Diary of Dudley Ryder: 1715–1716*, ed. William Matthews (London: Methuen, 1939), 43, 50, 157, 372。

② 12 June 1715, in Ryder, *Diary*, 33.

③ Ibid.

但对于有判断力的听众而言，言之有物比风姿翩翩更重要，他会赢得这批听众的爱戴。"①另一方面，赖德也去听了史密斯在威廉斯博士之处的讲经，他评价道："史密斯在演说中调用了激情，恰如其分。他似乎在模仿演员布思。"②生动演绎同样很重要。布里斯克牧师（Mr. Briscoe）的布道就被猛烈抨击为"沉闷乏味""腔调呆板"，这令赖德反思，"表现出活泼生动是多么有益。我自己在家就没做到这点"。③赖德清楚，一场演说要成功，除了风格，嗓音也要有保障，比如倒霉的牧师梅奥（Mr. Mayo），"他在布道结束之前嗓子就哑了"。④无论是夸张的戏剧风格还是平实的娓娓道来似乎都能在教会的讲坛上找到一席之地。但是如果能力不足，显然无法面对十八世纪早期挑剔的信众。（图2）

图2　威廉·贺加斯，《昏昏入眠的信众》，伦敦，1736年10月26日，蚀刻版画（威康图书馆，伦敦）

---

① 10 July 1715, in Ryder, *Diary*, 50.
② December 1715, in Ryder, *Diary*, 157.
③ December 1716, in Ryder, *Diary*, 372.
④ 8 April 1716, in Ryder, *Diary*, 216.

阅读与演说行业

十八世纪的教堂礼拜培养了一批有鉴赏能力的听众,礼拜的声景培养了他们的品味。他们的观感由现场不可预料的临场发挥所决定:发音、风格、戏剧化、亲和力、手势、身姿以及外表。赖德和萨维尔的记录来自十八世纪的第一个二十五年,开启了后世所说的伟大的演讲年代。在近代早期的英格兰,讲经布道是一个相当引人关注的话题。但到了十八世纪中叶,一场演讲朗诵术的运动蓬勃发展起来,逐渐主宰了一切有关语言、表演以及当众演说各方面的讨论:虽然仍有大批指导讲演的书籍在出版,但以朗读为主题的文稿已经单独构成了一种文类。① 措辞的构思和语法的理念均受到了演说风潮的影响。在十七世纪,对语言文字的研究多关注思想观念,而到了十八世纪,语言学家开始全神贯注地探讨演说的沟通能力以及演讲的社会情境。

十八世纪中期风头最劲的朗诵术专家非托马斯·谢里登(Thomas Sheridan)和约翰·沃克(John Walker)二人莫属。他们通过出版论著与公开演说,宣传和推广了演说的魅力。与那个时代的其他人一样,他们都强调情感的传递胜过文本的内容。有说服力的不是文字,而是情感的真挚流露。因此,大部分传授演讲技巧的实践理论都在介绍如何把情感注入文字之中。弗朗西斯·金特尔曼(Francis Gentleman)写过一部演讲概论,如他所说:"如果我们所读所说令

---

① 有关这一时期演讲朗诵的风行,下面几项研究尤为精彩:Paul Goring, *The Rhetoric of Sensibility in Eighteenth-Century Culture* (Cambridge: Cambridge University Press, 2005), esp. 2–40; Patricia Michaelson, *Speaking Volumes: Women, Reading, and Speech in the Age of Austen* (Stanford: Stanford University Press, 2002); Jacqueline George, "Public Reading and Lyric Pleasure: Eighteenth-Century Elocutionary Debates and Poetic Practices," *ELH* 76 (2009), 371–397.

人无感,那就是失去光泽与色彩的油画。"①

演说入门这类书籍最主要是面向牧师群体,他们肯定希望通过从中得到帮助,成为教众面前富有魅力的精神领袖。演说指南既有篇幅短小、作者佚名的《演说与动作的若干规则》(Some Rules for Speaking and Action, 1716),也有约翰·沃德(John Ward)的精装八开两卷本《演讲体系》(A System of Oratory, 1759),后者收录了沃德在伦敦格雷欣学院(Gresham College)的一系列演讲,附有一篇拉丁文的演讲稿作序言。无论定位高低,演说指导类的书籍都常以古典雄辩术为典范。托马斯·谢里登甚至扬言,卓越的公开演讲将在当代英国复现古希腊与罗马的往日荣光。然而就《演说与动作的若干规则》这类廉价指南而言,重在引导读者快速入门:调整音色、改变语速、善用节奏、控制身体语言:"嘴唇不要翻动,不能咬唇、舔唇,不可以耸肩,也不要挺肚子。"②

并非所有人都赞许这股教人演讲的风潮。詹姆斯·鲍斯威尔(James Boswell)记录了萨缪尔·约翰逊(Samuel Johnson)与约翰·沃克之间的一次交锋。

> 沃克先生是一位著名的演说大师。他走了进来,我们一起上楼。我问他是不是指导过不少牧师。约翰逊说,"我希望没有。"沃克说:"我指导过一位,他是我所听到过最好的朗诵人,这与我的指点没关系,全靠他自己的天赋。"约翰逊说:"如果他真是一流的朗诵者,我应该就不会听说他的口才出自教导。"

---

① Francis Gentleman, *The Orator or English Assistant: Being an Essay on Reading and Declamation* (Edinburgh, 1771), 31.

② *Some Rules for Speaking and Action: To be Observed at the Bar, in the Pulpit, and the Senate* (London, 1716), 14–15.

16 从这里可以看到他古怪的偏见。一位牧师如果被传授了一种随和又得体的演讲方式，被人知道了又有什么不好呢？鲍斯威尔问："先生，难道您不赞同个人通过接受指导，获得好口才吗？"约翰逊说："为什么呢？先生，只要能比无人教他时读得更好，我是同意的。过去，我们并不认为朗诵之间有什么差别，大家都在伯仲之间。"①

约翰逊厌恶朗诵术，这似乎是因为，他坚信伟大的演说应当浑然天成，不能匠气太重。但他究竟是全盘反对演说培训的观念，还是仅仅认为公开演讲时应当真诚坦荡，这一点尚不清楚。约翰逊的看法说明，朗诵术运动仍是相对新颖的现象，同时也折射出人们对于朗读的满腔热情。

约翰逊和沃克之间的培育－天赋之争正是十八世纪究竟如何演说的核心问题。前面提到，达德利·赖德与他堂兄就讨论了要在讲演时**刻意假装**平易随和，因为仅仅**自然地**平易随和在公开演讲的场合是不够的。自然、亲切以及平易，这些都是朗诵术指南中的关键词。矫揉造作与刻板僵硬则要被批评。但是自然真诚必须刻意培养才能获得。这一时期所有的指南书都强调，有效（并且有感情）朗读的关键就在于，拼命模仿自然的讲话。朗读人需要将内心的真情实感，通过声调与表情，注入公共演讲之中。詹姆斯·福代斯（James Fordyce）是那个时代最高产的行为指南书作者，他的著作非常畅销。他敦促读者联想朋友给自己讲故事时脸上的神情："他们五官的灵动，他们眼神里折射出的心灵之光；他们眼波流转，时而**透露**温和柔情，时而露出恻隐之心，时而热情微笑表达恭贺，时

---

① 18 April 1783, in James Boswell, *Life of Johnson*, ed. R. W. Chapman (Oxford: Oxford University Press, 1980), 1224.

而传递着美德的光辉。"① 如果演说者能学会在讲坛之上精准投放这些效果，那势必大有改观：牧师的面容将成为"他**心灵**的**明镜**，我们能从中看到源源不断的真理与美德之映像"。②

演说类书籍最主要的消费群体的确是牧师，他们希望掌握更有震撼力的布道技巧。英国国教出现了神学风潮的转向，同时，更多的人意识到了人类内在的同理心，这都促使人们越来越追捧公开且富有感染力的演讲。③ 十七世纪后期的宗教自由主义运动倡导宗教的社会化，随之而来的是愈发重视在布道中诉诸情绪，调动情感。如果说情感成为了新型基督教的关键，那么牧师就有必要去了解，如何通过布道来激发情感。人们认为很多牧师不善言辞，不少牧师也自以为笨嘴拙舌，这或许与他们自己也无法掌控的条件有关，也就是他们所属的民族。时人普遍认为，英国人身体过于呆板僵硬以至于无法顺畅地沟通。道德哲学家与经济学家亚当·斯密观察到英国人对身体语言的抵触："一个法国人，讲的故事跟他自己毫不相干，于任何人都无足轻重，他也照样手舞足蹈、眉飞色舞，而有教养的英国人哪怕在说攸关前途命运的大事，也是面不改色。"④

斯密拿刻板的国民性格来开玩笑，但对于用语言谋求强效沟通的宗教文化来说，这却是一大困扰。由于英国人与生俱来的克制自持，他们不得不专门学习如何强烈表达情感，如何刻意流露情绪，正如吉尔伯特·奥斯汀（Gilbert Austin）在1806年评论的那样，"我

---

① James Fordyce, *An Essay on the Action Proper for the Pulpit* (London, 1753), 73.

② Ibid.

③ Dana Harrington, "Remembering the Body: Eighteenth-Century Elocution and the Oral Tradition," *Rhetorica* 28 (2010), 67–95, 71–75.

④ 18 February 1763, in Adam Smith, *Lectures on Rhetoric and Belles Lettres, Delivered in the University of Glasgow by Adam Smith, reported by a Student in 1762–1763*, ed. John M. Lothian (London: Thomas Nelson and Sons, 1963), 192.

以书会友
——十八世纪的书籍社交

图 3　夏尔·勒·布伦对惊恐的表现,《头部,通过人的表情表现灵魂中的各种激情》,罗伯特·塞耶(Robert Sayer)出版,伦敦,1760 年(威康图书馆,伦敦)

们岛上的演说者不能只凭天赋"。① 有这样一位法国人,他的著作里充满了教人如何传递强烈情感的真知灼见,毫无意外成为了他们取经效法的对象。② 夏尔·勒·布伦(Charles Le Brun)的《设计激情之方法入门》1734 年出了英文首版(图 3)。勒·布伦是法国国王的首席画师,他在书里主要讨论了如何从视觉上呈现激情,他对于激情的表现手法与理论奠定了十八世纪演说理论的基本框架。面部表情和体态动作的不同组合传递着特定的情感。勒·布伦尤其钟爱双眉的表现作用:"(眉毛)乃是整个面部最能表现激情之处。"(他也探讨了如何调整鼻子、嘴唇与脖颈。)③ 下面是他对于如

---

① Gilbert Austin, *Chironomia; or, a Treatise on Rhetorical Delivery* (London, 1806), xi.

② 还有新教牧师米歇尔·勒·福舍尔(Michel Le Faucheur),他的全身演说术专著在 1702 年出了英文版,书名为《论演说者的身体动作》(*An Essay upon the Action of an Orator*),在十八世纪不断再版,并出现于各种摘录文选之中。

③ Charles Le Brun, *A Method to Learn to Design the Passions* (London, 1734), 20–21.

第一章
如何阅读

何展现惊恐的说明:

相较前一个表情,这里要明显地蹙眉;瞳孔不能在眼眶正中,要往下;嘴唇半张,往中间而不是旁边收缩,看上去好似向后咧开嘴。这个表情的呈现需要面颊上带有褶皱,脸色苍白,嘴唇与眼珠略显灰蓝:与惊骇的表情有些相似。①

十八世纪的肖像画受勒·布伦影响很大。威廉·贺加斯(William Hogarth)给十八世纪四十年代莎士比亚戏剧理查三世的扮

图4 威廉·贺加斯,《加里克扮演理查三世》,伦敦,1746年6月20日,蚀刻版画(威康图书馆,伦敦)

---

① Charles Le Brun, *A Method to Learn to Design the Passions* (London, 1734), 30.

演者戴维·加里克（David Garrick）绘制过肖像，其中就有勒·布伦的理论痕迹（图4）。这幅画描绘了博斯沃思大战前，理查三世被他所杀之人的鬼魂惊扰，加里克脸上摆出的既恐又惊的表情正符合勒·布伦的描述。①

勒·布伦的论述将特定的激情以及与之相对应的外化特征分门别类，他也由此成了后来演说指南的重要引据来源。强调情感的具化特征，认为情绪要通过特定的手势和姿势来表达，这些看法又进一步促成了演说与规范化的身体语言相结合，而在近代早期，这原本是戏剧表演的特性。②这也反映出演说家们相信，情感的交流常常越过语言的边界。根据托马斯·谢里登的看法，"只要这些激情迸发喷涌，到达顶点，言辞就屈服于含混的发音：爱慕中的叹息、咕哝，悲痛中的呜咽、呻吟与哭泣，盛怒之下半带哽咽，惊恐时的尖叫，这些才是当时唯一被听到的语言"。③谢里登坚持认为，这些声音语调，"比单纯的言辞更能唤起共情"。

激情要借由兴奋的手势与悲痛的哽咽来传递，这类观念使得人们愈发重视演讲中非语言的内容，但若是女性想学习朗诵技巧，这类示范却未见得有助益。对激情的强调怪异地处在一种认为女性不应当表露情感的文化氛围之中——或者说，不能完全表露。④在勒·布伦的图例中，男性展现了各种浓烈的感情，比如惊恐、

---

① Jennifer Montagu, *The Expression of the Passions: The Origin and Influence of Charles Le Brun's Conférence sur l'expression générale et particulière* (New Haven: Yale University Press, 1994); Alistair Smart, "Dramatic Gesture and Expression in the Age of Hogarth and Reynolds," *Apollo* 82 (1965), 90–97.

② 关于近代早期舞台上的手势，参见 Andrew Gurr, *The Shakespearean Stage, 1574–1642*, 3rd ed. (Cambridge: Cambridge University Press, 1992), 95–103. Gurr 引用 John Bulwer's *Chirologia; or, the Naturall Language of the Hand* (1644)，详述了如何通过手势传递情感状态。

③ Thomas Sheridan, *A Course of Lectures on Elocution* (London, 1762), 102.

④ Michaelson, *Speaking Volumes*, 107–108.

怨恨、愤怒、绝望与蔑视,而女性则是纯粹的爱、欲望、希冀与悲伤的呈现。表演指导手册中提醒,女性激情受一定范围所限:"特别是女性表演者,尤其应当小心,不要越过自然给予她们的界限……有少数女子不输男子,结果却总使自己特别不受待见,非常痛苦。"①

沟通不能只靠语言和观念,情感的交流也很重要,这样的理念同样渗透到十八世纪的语言学之中。精彩的朗诵会投射情绪,唤起听众的回应。当时的理论著述被理想的演说方式所主宰;语言,曾在十七世纪被视作真实客体或逻辑思想,由此转变成传递情绪和情感的载体。②语言的首要功能不再是阐明思想,而是要向他人有意义地讲述。结果,在语言教材里,讲述成了社交行为,围绕书面语言的语法分析也按照口头语的标准来进行。一本语法入门书给出了下面这段阐释:

> 演讲与演说中有一些身体动作……是为了引起听众的注意,并向他们更精准地传达演讲者的观点与意图:写作乃是演说的具象,文本里的标点符号不仅标记了阅读的间歇,避免造成含糊混淆,而且能让读者面对作者时,更明确地辨别与理解各式各样的情绪与情感。③

在这里,写作与言说成了一回事,而书页上的标识与演说时的手势无异,都是为了强化言辞的意蕴。

---

① *The Thespian Oracle; or, a New Key to Theatrical Amusements* (London, 1791), xvi.

② Murray Cohen, *Sensible Words: Linguistic Practice in England, 1640–1785* (London: Johns Hopkins University Press, 1977), 115–119.

③ James Buchanan, *The British Grammar; or, an Essay, in Four Parts, towards Speaking and Writing the English Language Grammatically, and Inditing Elegantly* (London, 1762), 49.

因此，标点符号主要服务于演说，决定了演讲人的停顿、语速和语调，也就是"阅读的间歇"。① 1687年，亨利·凯尔（Henry Care）从句法与朗诵两个方面界定了逗号的用法："逗号……短停顿符，间隔同一句话中的不同词语，当表意不够完整时，可以补充前文的未尽之意；因而在朗读时，短促停顿之后，大意仍保持不变。"②

十八世纪的语言学家执着于研究口头演讲，标点符号也愈加被视为一种标记符号。音乐符号与发音指南之间的相似之处令理论家们十分着迷。③ 托马斯·谢里登声称，他要简化"每个词的发音，通过固定且有形的符号来保障其确定性"，就像在乐曲中那样。④ 也许，在所有尝试关联音乐与言说的著作之中，乔舒亚·斯蒂尔（Joshua Steele）在十八世纪七十年代出版的《诗意理性；或论演讲中旋律与标准的构建》（*Prosodia Rationalis; or, an Essay Towards Establishing the Melody and Measure of Speech*）给出了最精细的阐述。斯蒂尔创造了一套节奏符号，同时标识了抑扬顿挫。是否真有很多人使用这套方法来提高演说技巧，我们可能无法确知，但约翰·沃克与托马斯·谢里登这两位著名的演说理论家都推荐其弟子，在演讲时使用标记过的文本。这就需要付印时将句子拆解开，以便标注正确的重音，并在重读与非重读的词语之间加上连字符。

---

① Alicia Rodriguez-Alvarez, "Teaching Punctuation in Early Modern England," *Studia Anglia Posnaniensia* 46 (2010), 35–49; Park Honan, "Eighteenth and Nineteenth Century English Punctuation Theory," *English Studies* 41 (1960), 92–102.

② Henry Care, *The Tutor to True English* (London, 1687), 59.

③ Cohen, *Sensible Words*, 115–119.

④ Thomas Sheridan, *A General Dictionary of the English Language*, 2 vols. (London, 1780), 1:8.

第一章
如何阅读

世俗演说

十八世纪公众专注于如何才能声情并茂地朗读，这强烈塑造了他们对教堂布道的看法，重视激情也明显是针对当时的牧师。然而，除了宗教演说之外，世俗社会也需要讲演。比如律师与政客，他们的执业角色就依托于公开演讲，不少指南书将他们视为潜在市场。演说也是向上流动的一条途径。十八世纪五十年代，在生意人与工匠人群体中，一时兴起了对演说的狂热追捧，他们组织起业余的辩论与诵读协会，也就是著名的"滔滔不绝俱乐部"（spouting clubs）。① 滔滔不绝俱乐部致力于演讲术的练习与展示，为有抱负的演说人提供了即时反馈的观众。这类俱乐部一般设在伦敦城内，或者城市边缘，这印证了俱乐部的成员构成：小生意人、行商以及手工匠人，他们都渴望能拥有更加高超的演讲水平——以及随之而来的，提升社会地位的可能性。不少诗集与散文集专为这些聚会，或者更随意的场合提供朗读材料：人们可以在《滔滔不绝者指南》（*The Spouter's Companion*, 1770）、《感伤的滔滔不绝者》（*The Sentimental Spouter*, 1774）、《新滔滔不绝者指南：或，舞台要诀大全及舞台通行关窍》（*The New Spouter's Companion: or, Complete Theatrical Remembrancer and Universal Key to Theatrical Knowledge*, 1781）、《滔滔不绝者新版指南》（*The Spouter's New Guide*, 1976）和《年轻的罗斯奇乌斯：或，滔滔不绝者的消遣》（*The Juvenile Roscius: or Spouter's Amusement*, 1770）中进行选择。

时人提到滔滔不绝俱乐部时往往语带讽刺，嘲笑这帮人受教育程度低、信仰异端、政治立场离经叛道。伦敦的实习律师西拉

---

① Betty Rizzo, "Male Oratory and Female Prate: 'Then Hush and Be an Angel Quite,'" *Eighteenth-Century Life* 29 (2005), 23–49, 27.

斯·内维尔（Sylas Neville）1768年11月曾去过一趟罗宾汉俱乐部（Robin Hood Club），他抱怨道："各色人等，鲜少有人了解道德和政治主题，但都在高谈阔论，慷慨陈词。俱乐部里的年轻人激情澎湃、缺乏理智，他们听到的都是反对德行操守的论调，其中的似是而非他们既不愿，也无力察觉。"①

到1760年代，普通民众渴望提高演说技巧，这成为一个公共话题，既供人消遣，也引起了不少关切。《圣詹姆斯记事报》（*St James's Chronicle*）的一位撰稿人曾留意到，英国人笨嘴拙舌已经成为流行的刻板印象：他们"演讲能力如此逊色，简直就像北部的严寒冻住了他们的舌头，冰封了他们的嘴唇"。但在这之后，他又不无担忧地观察到，训练演说术的学校、指导朗诵的教师，还有训练宗教演说的学院，多方结合，改变了国民的沉默寡言，"为一直以来偏爱沉默的同胞们，松泛了舌头，消除了口吃"。②

十八世纪中叶，演说（oratory）不仅是上进的小商人们的爱好，还是一项颇具观赏性的活动。某些高谈阔论的滔滔不绝俱乐部显然吸引了不少平民观众，他们还加入了戏剧表演——虽然有时效果不尽如人意。1764年9月5日刊的《大众广告报》（*The Public Advertiser*）记录了一次混乱的俱乐部活动：

> 上周某天，坦普尔吧附近某滔滔不绝俱乐部内，成员们正在向一大批观众展示他们的才华，一个绝顶天才在表演《巴巴罗萨》最后一幕时入戏过深，他为了展现人物的内心澎湃，太

---

① 14 November 1768, in Sylas Neville, *The Diary of Sylas Neville*, ed. Basil Cozens-Hardy (Oxford: Oxford University Press, 1950), 51.

② "To the Printer of the St. James's Chronicle," *St James's Chronicle, or the British Evening Post*, 13 May 1762.

第一章
如何阅读

想凸出角色的悲剧色彩，以致等不及别人过来"刺杀"他，就自己先冲向了对手的短剑，这把短剑货真价值、锋利异常，刺穿了他的马甲与衬衣，血流了出来；这个场景瞬间驱散了激情的烟雾，他从自己沉浸的印度王子角色中恢复了本性，重新回归一个学徒期满的理发匠。①

当然，不少公开演讲还是更专业，会邀请当时的演说名流来开场。托马斯·谢里登写了一系列指导朗诵的书籍，四处巡回讲座，并将表演、朗读与演说结合起来，筹办活动。这类活动包含了器乐、声乐、朗诵，以及时不时的演说课，取名为"阿提卡之夜"，以此比附古希腊的消遣娱乐。这类活动难以取悦所有人。有位不满的观众就抱怨，他"说了太多演讲专论，并不符合良莠不齐的观众胃口……他的声音，按丘吉尔所说，就是'不平稳，时而低沉，时而尖利'"。②威廉·亨利（William Henley），后来人称"演讲者亨利"，专职商业演说，兼任牧师，还是一名格拉布街写手。1726年，他开设了演说园，那是一所训练布道讲经的独立学院，旨在提高公共演说的水平。③到了十八世纪六十年代，如何幽默演绎公共演讲成为了急速发展的行业新趋势。演员塞缪尔·富特（Samuel Foote）在干草市场多次表演了滑稽演说，亚历山大·史蒂文斯（Alexander Stevens）也加入了他，对演说术大肆讥讽挖苦，演出的广告词这么写道："一场幽默演讲，主题为朝圣之路，一次对探究的探究，对演说家的演说……围绕一个问题，我们将列举正确与错误的演讲示

---

① "London," *Public Advertiser*, 5 September 1764.
② John Taylor, *Records of My Life*, 2 vols. (London, 1832), 2: 27.
③ Graham Midgley, *The Life of Orator Henley* (Oxford: Clarendon, 1973).

例，这个问题是彗星轨道将如何影响黄瓜生长。"① 无论是从格调上，还是内容上，公共演说的严肃性都被削弱了。类似的晚间活动预示着，史蒂文斯后来的"头像课程"能够轰动一时。②

家中的演说

十八世纪后半叶，优美的朗读既是社交，也是时兴的供人观赏的娱乐活动，显然，听众从他人的朗读中获得了乐趣。人们乐意在家中以此消遣。虽然不少朗诵术指南主要以传授公开演说技巧为主，但它们也有面向家庭的内容。詹姆斯·伯格（James Burgh）在他 1761 年出版的《演讲的艺术》中告诉读者：

> 即便一个年轻人的前程无望于**议席**、**律师席**以及**布道讲坛**；难道他就无须**费心**学习如何用**母语**保持谈吐得体吗？难道他与朋友相聚时，就不会遇到要给大家朗读**一首诗，一段书报**的场合？难道他就不必读一读蒂洛森，或是"众人的本分"，以便将来教育子女、训诫仆役？西塞罗曾说过一句公道话，言谈之间的演说**既文采飞扬，又实用有益，甚至于私人生活中也是如此**。同在一具身躯之上，**唇齿**要比四肢高贵得多。然而，没有士绅愿意耗费时间与金钱，让儿子学会得体的**演说**。③

没有年轻人应错失让他们在公共领域和私人生活中都能获益良

---

① "At the Lecture Room," *Public Advertiser*, 24 December 1754.

② Gerald Kahan, *George Alexander Stevens and the Lecture on Heads* (Athens: University of Georgia Press, 1984), 18.

③ James Burgh, *The Art of Speaking in Two Parts*, 2nd ed. (Dublin, 1763), 3.（"众人的本分"，出自《圣经·传道书》第 12 章第 13 节。——译者注）

第一章
如何阅读

多的技能：与朋友一起读诗、读书报摘选；为全家老小念几段能提升修养的宗教论著。十八世纪的家庭朗诵构成了教养良好的年轻人的必备素养，它形式多样，需要习得。

伯格的前言如何理解，或者说他的文集到底希望哪个群体阅读使用，这些问题很难完全说清楚。朗诵术运动的流行与社交野心、发音标准化以及消除地方口音之间的关系难解难分。① 伯格将他传授的内容同牧师、律师还有政客的演说训练相提并论，这让那些野心勃勃的商人和手艺人看到了手中攥着的文化资本。詹姆斯·福代斯的《给年轻女士的布道词》(Sermons to Young Women) 中就清晰地展现了朗诵术对中下层读者的吸引力。福代斯非常清楚想要掌握演说技巧的是哪一类女士。他注意到志向远大的生意人的女儿们，他评论道："看看我们城市里的姑娘，还有本分商人与老实工匠的女儿们，她们耗时数年、所费不菲，只学到了一点［外语］的皮毛，离开寄宿学校之后不久，就全部置之脑后；与之同时，她们却无视母语不凡的妙处，对标准的发音无动于衷，这难道不荒谬吗？"② 能够得体地朗读就意味着学会了陈述展示的重要技巧，正如约翰·德拉蒙德（John Drummond）在他的《反复诵读诗歌集》(*A Collection of Poems for Reading and Repetition*) 中所阐释的那样："它能［让年轻人］克服演讲时常见的迟疑，纠正不断往下看的习惯，而这往往被解释为精神卑微、缺乏指导，没有得到恰当的鼓励；它会帮助他们不受干扰地完成演讲，让他们远离粗鲁无礼与滑稽的羞怯。"③

还有材料表明，教人朗读的行为一直延伸到了社会底层。有一

---

① Michaelson, *Speaking Volumes*, 43–46.
② James Fordyce, *Sermons to Young Women* in Two Volumes, rev. 2nd ed. (London, 1766), 1:294.
③ John Drummond, *A Collection of Poems for Reading and Repetition* (Edinburgh, 1762), vi.

本常用的《拼写与英语语法入门,专为慈善学校和主日学校设计》(*A Key to Spelling and Introduction to the English Grammar, Designed for the Use of Charity and Sunday-Schools*)教贫寒子弟学发音和语法。这些孩子很可能连写字都不会,但也被这本书督促要得体地朗读。大英图书馆里保存的版本中还夹带了不少教师的便条,其中一张上写着:"当你面向人群讲话,或是做任何演说时,不要吞字,将每个音节都说清楚,除了朗诵被格律所限制的诗歌之外。比如,不要把'将会'说成'将',把'能够'说成'能'(Should'st for Shouldest, Could'st for Couldest)"。①

家庭内部的朗诵风潮包容接纳了那些无法在公共场合演说的人。很多演说的公共空间——除了职业场合,比如法律行业、政坛与教堂,还有社交性的滔滔不绝俱乐部,以及剧场表演——都将女性排斥在外。尽管也有一些女性辩论协会,但朗诵术运动主要还是专属于男性的活动,女性参与其中,将会遭到猛烈地讥讽:②

> 美丽的西莉亚可以唠叨个没完,
> **公开地长篇大论**,炫耀自己有点儿技巧;
> 追求她的人心里必然想到,
> "在外这么聒噪,在**家**一定更糟。"③

家庭环境以及有选择的社交氛围,为想要朗读的女性提供了一个更宽容的空间,还有大批的家用指南与摘选文集都为家庭朗诵提

---

① Unknown annotator, *A Key to Spelling and Introduction to the English Grammar, Designed for the Use of Charity and Sunday-Schools* (1788), BL 12983.b.6, facing 31.
② 关于女性参与公共演说的可能,参见 Rizzo, "Male Oratory and Female Prate"。
③ "A Hint to Female Orators," *Morning Post*, 28 November 1780.

供了现成的指导。①

无论我们今天看来，家庭朗读多么质朴又怀旧，这项活动的文化根基都是源自对演说技巧的热忱，还有提升口头表达的自我要求。有些女性与孩子们明显还会私下找导师练习朗诵术：《圣詹姆斯记事报》的一位撰稿人就认为，英国人开始变得喋喋不休，既是公共演说学院之过，也是因为不少像"法罗先生这样的人，把演说的基本知识传授给所有的男孩女孩，还有他们的母亲"。②朗读时流利得体，这令年轻女士增光添彩，并让她们拥有了可供展示的特长。有不少理想化的相伴读书画面，都呈现了年轻女士同男士们一道在读书中共享闲暇的动人场景。

威廉·琼斯（William Jones）是一位略带攻击性的牧师，他显然很享受相伴读书的亲昵感——琼斯特别喜欢自己的年轻女学生，在他的日记里，突然赞叹起自己携漂亮的年轻门生一起读书时有多么欢欣喜悦：

> 乔基姆小姐来了！……自打上次在乡间别墅见到她，我就挑选了诗歌集萃等着和她共同鉴赏。当我独自一人赏析优美动人或哀婉凄厉的段落，无论散文还是诗篇……我都只能勉强感受到一半的愉悦，除非有人在我身旁——我能与她交流我的想法，分享我的欣然之情！③

---

① 类似的文集摘选比如：*The Lady's Poetical Magazine*, 2 vols. (London, 1791); *The Most Agreeable Companion*, 2 vols. (Leeds, 1782); *The English Lyceum*, 3 vols. (Hamburg, 1787); *The Sky-Lark; or, The Lady and Gentleman's Harmonious Companion* (Edinburgh, 1785)。

② "To the Printer of the St. James's Chronicle," *St. James's Chronicle*, 13 May 1762.

③ 1 December 1807, in *The Diary of the Revd William Jones, 1777–1821*, ed. O. F. Christie (London: Brentano's, 1929), 221–222.

詹姆斯·伯格的《演讲的艺术》就是一本典型的家庭朗读指南。书的内容以世俗题材为主，还有不少从别的作家那里摘录来的娱乐小品文和戏剧片段，都做好了标记、给出了建议，以方便读者朗读。于是我们会看到，"斜体要重读"，还有注释回顾全书开篇的朗读"专论"。① 在当时的朗诵术运动中，演讲时表现出激情是主流要求，为了紧跟趋势，伯格以情绪作为主题——愤慨、怜悯、生气——分类编排了所有的案例，案例来源从亚里士多德到弥尔顿再到艾迪生。这本书教人如何读书，并详尽地分析了朗读优美与演讲精彩的案例。约翰·德拉蒙德（John Drummond）的《公共朗诵与演讲的艺术》(*The Art of Reading and Speaking in Public*, 1780)，副标题为"供学校使用和私人翻阅"，也是类似的书籍。② 这本书里收录的文章以文学作品为主，体裁多样。有些是扣人心弦、鼓舞人心的演说：达摩克利斯的故事，卡西乌斯策动布鲁图斯刺杀恺撒的演说，伊丽莎白一世在蒂尔伯里的战前动员；有些则是感伤文字，比如斯特恩的《项狄传》中的勒费夫尔之死；或者是浪漫抒情的诗歌，比如弥尔顿的《晨间颂歌》，或是莫里哀戏剧中的对白；也有滑稽的小品，像是《约翰·福斯塔夫爵士如何被塞进筐里》。③ 每一篇都附有页边注，说明对应的情感或呈现方式，而读者应当如何运用口头和肢体语言，则在前言中有所阐述。

这类文集有双重意义：既是朗读指南也是文学选集，汇聚了各种零散篇章。专为交际性朗诵收录篇章的方式说明，同时期大量涌现的文学辑录很可能就是服务于这个目的，对此后文还将详述。为了便于大声诵读，文本必须短小精悍，这也是为什么十八世纪文

---

① Burgh, T*he Art of Speaking*, 扉页。

② John Drummond, *The Art of Reading and Speaking in Public* (Edinburgh, 1780), 扉页。

③ Ibid, 114.

第一章
如何阅读

学选集多以短篇小说与诗歌为内容的原因。人们根据适合的激情与效果对文字加以分类标注，有鉴于此，我们能更加理解写作与阅读的形式。如果大量文学作品都要在表演中被消费，而表演又要按照分门别类的情感投射出不同的表现力，那么，也就不难理解，十八世纪的散文小说为什么会是这种文体，我们将在第七章讨论这个问题。

针对家庭内部的朗读指导不只局限于发音——手势与激情的外化也是演说表演的一部分。朗诵术大师约翰·沃克讲述了站姿与讲演的关系：

> 如果我们只是私下面对几个人……我们要习惯朗读时保持站立；应当左手持书；尽量不要去看书，而要将目光投向观众……如果读到了圣洁、高尚、神圣的内容，眼珠和右手都要恰如其分地向上抬起，如果读到粗鄙、低下、卑躬屈膝的段落，眼珠与手要朝下；如果提到遥远或者宽广的文字，手要自然地比画距离或规模；如果出现了觉醒的美德、发自内心的情感，或是温柔感受，我们要自然地将手贴于胸口。①

对于现代的读者而言，沃克的指导不免有些呆滞刻板，矫揉造作。朗诵人是否每读到一处柔情时刻都能记得要把手掌贴于胸口？他们是否能记得，每次都恰到好处地上下移动目光？沃克的指导提醒了我们，亲切自然只是相对的概念。朗诵术运动偏好轻松自然的风格，但它的形式，现在来看，只是一种极其肤浅的情感展现。

对于那些认为按照不同激情分类朗读的方式过于程式化的人，

---

① John Walker, *Elements of Elocution: Being the Substance of a Course of Lectures on the Art of Reading*, 2 vols. (London, 1781), 2: 266–267.

后来的朗读入门提供了更实用的指导。相较前期的指南，后期的入门书针对选段逐字逐句地解说，手把手地指导读者如何朗读。朗读入门综合了两块内容：既教授读者如何诵念文本，也为他们分析文本中动人、重要与有感染力之处。这些入门指南解决的都是文学鉴赏的基本知识，由此可见，它们面向的可能都是不曾接受过文学教育的读者。① 《朗读者或诵读者》（*The Reader or Reciter*, 1799）收录内容以散文为主，还有一些戏剧选段，"有了它，任何人都能自己学会极其优雅、声情并茂地朗诵英文散文"。在广告语中，这本书的匿名作者对托马斯·谢里登如指令一般强调发音精准提出了异议，他宣称，那样容易"拘谨沉闷"。② 他采取的形式更实用，以斜体的评论穿插于文本之中，既为读者解惑，又给予他们鼓励，督促他们消除局促，变得"不尴尬"。③ 以下是他编选自《漫游者》（*The Rambler*）的一段：

> 埃班西娜之子乌比达一早离开了客栈，继续他在印度斯坦平原的旅途。（*现在你的表达要热情生动一些。*）经过休息之后，他容光焕发、精神饱满；因希冀而喜悦，因渴望而激动。（*现在表现出你仿佛正在观赏所描述之景色。*）他疾步穿过河谷，看着眼前的山丘不断向上耸立。（*你必须随着作者优美的文笔表达出心驰神往。*）④

---

① 理查德·D. 奥尔蒂克在他对大众阅读史的重要研究中提出，朗诵教程的流行极大地拓展了文雅文学的受众群体。Richard D. Altick, *The English Common Reader: A Social History of the Mass Reading Public, 1800–1900* (Chicago: University of Chicago Press, 1957), 43.

② *The Reader or Reciter: by the Assistance of which Any Person may Teach Himself to Read or Recite English Prose* (London, 1799), iv.

③ Ibid., 10.

④ Ibid., 2.

第一章
如何阅读

虽然如何表现"心驰神往"并未说得特别清楚，但这里的选段说明，如果要尽显作者的意图，需得仔细对待文本。《朗读者或诵读者》的讽刺之处在于，用来模仿练习的篇目多出自萨缪尔·约翰逊以及劳伦斯·斯特恩（Laurence Sterne），但这两位作者其实都对朗诵指导嗤之以鼻。[1] 另一点值得注意的是，无论《朗读者或诵读者》还是《谢里登与亨德森的实用方法》(*Sheridan and Henderson's Practical Method*)，所选都是三五十年以前的文本，并非时下文学。其实这与我们现在的情况一样，中层与中下层家庭的读者钟爱过去的故事与诗歌，而非时代前沿的文学作品。[2]

朗诵术运动的一大特点就是，普遍认为存在唯一正道，其余皆为歧途。依照专家意见，细致的文本分析能让演讲或朗读更加准确，于是大量指导都在解释文本本身的涵义，以便它们能被更好地表达出来。托马斯·谢里登花了八页篇幅来处理《主祷文》，这是其中一小段：

> 第一句"在天我等父者"——重音总是被错误地放置于"在"（art）这个词上，这几乎已成了普遍的读法。重读肯定词"在"，总让人觉得似乎有疑，天父究竟是在天上，还是不在；如果从我们习惯的那个词变成另一个同样重要的字眼，重读带来的不恰当也会立刻显现。[3]

谢里登的著述和传道煞费苦心地包罗了演说的各个方面——重

---

[1] 书中对约翰逊"独到风格"的点评，见 *The Reader*, 36。

[2] 有关后来劳工阶层读者的读书偏好以及阅读滞后性的观点，参见 Jonathan Rose, "A Conservative Canon: Cultural Lag in British Working-Class Reading Habits," *Libraries and Culture* 33 (1998): 98–104。

[3] Thomas Sheridan, *Lectures on the Art of Reading*, 2 vols. (London, 1775), 1:107–108.

读、停顿、语气以及手势。这些都能通过口头练习与文本精读来掌握，但某些障碍却是生来注定的。阶级与性别往往是朗诵术的核心问题，尽管少有清晰的探讨。① 有一些指南书专门以"正确"的发音方式为主题，旨在消除地方口音。1794 年，《名家美文》(Beauties of Eminent Writers) 在爱丁堡出版。这本书的序言讲授元音发音，其中这样解释，"照此规则练习，异国人与外乡客（尤其是北不列颠人）能更好掌握元音真正的发音，这才是英语发音中的首要难点"。② 类似的看法暴露了朗诵术与社会流动实则密不可分，同时也能看出，那些学习朗读的人在变成真正的雅士之前，需要花多大力气来弥补自己因出生偏狭之地而产生的困难。读者可能还不得不面对自身的性别：十八世纪的朗诵指导手册极其厌恶吟唱式的声调，而女性往往因此受到指责。③ 福代斯就批评，女性"普遍易于陷入单一的音调，而她们的老师也没有耗时劳神去予以纠正"。④ 尽管福代斯责难的是年轻女性缺乏更好的指导，但他也怀疑，让她们朗读究竟是否合适："我提到了朗诵诗文，对此我只能说，我不希望有年轻女士因此沉溺于任何非私人或在场人士未经筛选的场合；无论有多么渴望，她都只应当从最上乘的诗句与散文中，精挑细选出最感人的情绪与最动人的描述，以填充自己的记忆。"⑤

福代斯对于女性糊里糊涂的朗诵感到焦虑，因为太像表演了。我们由此看到了朗诵术运动，尤其是朗读史中自排戏剧表演与家庭

---

① 有关这一时期演说与朗诵中的阶级因素分析，参见 Jajdelska, *Speech, Print, and Decorum in Britain*, 146–195。

② *Beauties of Eminent Writers: Selected and Arranged for the Instruction of Youth* [...] *for the Use of Schools and Private Classes*, 2 vols., 2nd ed. (Edinburgh, 1794), 1:1.

③ 比如，François Fénelon, *Instructions for the Education of a Daughter* (London, 1707), 230。

④ Fordyce, *Sermons to Young Women*, 1: 291.

⑤ Ibid., 2:294-295.

朗诵这一核心张力。无论男女都务必要理解二者之间的区别。《朗读者或诵读者》的作者虽然推崇莎士比亚是展现人类激情的范例,但他也说:"读者无须进入戏剧表演状态并真的表现出这些强烈情感,只有舞台表演才当如是。"① 谢里登与亨德森选集的著者也持同样立场。他一方面督促读者要在朗读时更具表现力,另一方面又希望他们不要太过戏剧化,试图在"普通读者惯用的冷漠僵化风格[与]公开表演者们常用的戏剧套路"之间摸索出一条中间路径。② 好些朗诵导师与教育论者都强调会话式朗读与舞台式朗读之间的区别。我们并不知道,所谓的"戏剧套路"究竟包括戏剧表演的哪些元素,但哪些行为不被认可,各式指南书里都明白列举了出来:强烈的情感对比、高音量、慢节奏、吟唱式还有沉重肃穆的节奏或是"吟诵"。③ 吟唱式或吟诵式的朗读有助于在舞台上吸引注意力,但在文雅清谈式的环境中无甚效果。

戏剧化表演在家庭阅读的历史中占据了奇特的一席之地。如同当时社会流行的朗诵术教学一样,家庭中的朗诵,也强调自然主义胜过戏剧性。甚至在剧场里,矫揉造作的表演也会被批评,尤其悲剧演绎最易招来责难。伦敦的年轻律师达德利·赖德就说:"我发现,在我们剧场上演的悲剧,普遍演绎得不够自然。现实生活中如果有令人目瞪口呆、深恶痛绝与极其反常之事,人们就会称之为戏剧性,意为生硬且做作。"④ 类似的,詹姆斯·福代斯要求读者朗读

---

① *The Reader*, 142.

② *Sheridan's and Henderson's Practical Method of Reading and Reciting English Poetry* (London, 1796), ix.

③ Elspeth Jajdelska, " 'The Very Defective and Erroneous Method': Reading Instruction and Social Identity in Elite Eighteenth-Century Learners," *Oxford Review of Education* 36, no. 2(2010), 141–156, 143–148.

④ 6 Nov 1716, in Ryder, *Diary*, 360.

时,"尽可能接近日常对话中的说话方式。不要过于慷慨激昂,不要模仿**戏剧化的风格**,那样太过夸张,有失自然,只要轻松说话就行"。① 可是与此同时,舞台上的名角又被当作讲演的范例,是供大家模仿的专家。《书面语言的讲演技艺》(*The Art of Delivering Written Language*, 1775)的匿名作者将此书题献给当时最出色的演员戴维·加里克,因为他认为,加里克"在文雅知识的世界里受到万众瞩目,而且被公认为是各种口头表演的一流裁判"。② 然而,剧场风格的过度影响会让朗读变得过于装腔作势。太做作、太拘谨、太沉闷、太轻浮、没有感情,或者寡淡乏味——当时的朗诵新人需要克服如此种种潜在的障碍。在十八世纪,成为优秀的朗读者并不像听起来那么简单。

有关个人学习朗读技巧的经历,留存史料很少,我们所知主要来自朗诵指南与讲演专论。这些理论究竟与真实的演绎之间有多大关联显然难以估计,朗读时的最终呈现效果也基本无法得知。并且,很多读者压根不关心朗诵与演讲指导中不断变化的语境,而是愉快地接续朗读着一篇篇不同的选段。因此,对于本书后文提到的相伴读书,都不能预先假定,参与的读者们严格遵循了谢里登和其他导师的指导意见。重要的是,无论是在出版的指南守则,还是实际的践行过程中,人们都普遍认为,交际场合的书籍使用,彰显了文质彬彬与才艺修养,同时还表现出安逸与舒适。

查布家族住在英格兰西南部的萨默塞特。从他们的家族札记与来往书信中,我们可以一览朗读、文学造诣与文雅教养之间的关联。乔纳森·查布(Jonathan Chubb,1715 年生)是布里奇沃特(Bridgewater)本地市场中贩售木材和红酒的行商。我们对他的家

---

① James Fordyce, *Dialogues Concerning Education*, 2 vols. (London, 1745), 2: 297.
② *The Art of Delivering Written Language; or, an Essay on Reading* (London, 1775), ix.

第一章
如何阅读

庭情况所知甚少。根据一位家族成员后来回忆,他是"一个非常古怪的人,意志力强,非常矜持"。① 乔纳森·查布有做札记的习惯,他会记录自己的货物信息,比如重量、体积,他还记下了行星的运动情况,并且摘录了一系列诗文,以"不幸""贞洁"等主题分类,并按照字母顺序排列。小孩的成长进步也是他记录的内容。他对自己的儿子和继承人,约翰与杰克·查布的成绩特别得意(对两个女儿姬蒂和索菲娅,他就只记下了她们得荨麻疹和结婚的日子)。约翰生于 1746 年 5 月,他刚满 3 岁不久,他的父亲写道:"认识了大部分字,能恰当地朗读几乎所有盖伊寓言;能写出字母,但还拼不出单词。"很难想象现在的三岁小孩能朗读约翰·盖伊(John Gay)的《寓言》。到了 4 岁半的时候,约翰"几乎已经能写得那么好,朗读英文尤其是诗词的水平,超过了半数牧师,比其他应当擅长朗读的人都要好。掌握了大量拉丁词汇,虽然有点磕巴,但已经能朗读希腊文"。到了 1751 年,"杰克 5 岁了,能解读和分析维吉尔《农事诗》第一篇,而且基本挑不出大的毛病"。② 虽然还是幼童,约翰已经被鼓励去朗读成人文学作品,包括拉丁文与希腊文典籍,他的父亲于此非常得意。乔纳森·查布将引导儿子适应世界,并引导他掌握更难捉摸的社交技能——这或许也是因为,他发现自己太过矜持而无法做到。约翰 13 岁的时候前往伦敦,与他的叔父同住在齐普赛街,一起生活了一段时间,按道理,他可以自行安排生活。然而从父子俩 1759 年 10 月到 1760 年 3 月的书信来往中可以看到,父子二人皆有雄心抱负,但也时常冲突。约翰在伦敦安顿好之后,他

---

① 未注明日期的十九世纪便函,Chubb Correspondence, Somerset Heritage Centre, A/CSC 2/3.

② Commonplace Book/Notebook of Jonathan Chubb, Somerset Heritage Centre, A/CSC 1/1, fol. 26.

的父亲给他提了若干条重要意见:

> 亲爱的杰克:
>
> 　　诸事之中,首要就是习得文雅(politeness)。文雅的本质是自由与自在,矫揉造作是其对立面,相较笨拙尴尬更为恶劣。拥有自信足以让你超然于虚荣之上(任何一种虚荣心都能成就一位花花公子),也最能抵御矫揉造作。但你也得当心一味模仿,哪怕是你最赞许的人物。誊抄员就是照葫芦画瓢。如果那个人表现出自由,你也要学得一样自由,但风格上要有所区别。我们应效仿先贤,为我们自己的工作找到合适的准则,但并非照搬他们的规则;**比如**,顺理成章适应我们的规矩,就**像他们的惯例**对他们来说也是理所应当。如若不然,则如同一只寒鸦披挂着借来的羽毛。不保持本色就是失去了真我……要想学会文雅,最难的是那份自在。自在的状态应当状似轻松自然,不应当,也不能让人看出是学来的。学就是使用技巧,这与简单质朴相冲突。①

习得文雅就和学习朗读一样——必须看起来浑然天成,轻松自然。乔纳森·查布决定给儿子寄送一篇贺拉斯,用以教他社交。他督促儿子,"如有机会,要像贺拉斯与朋友一样度过夜晚时光",随后,他还引用了贺拉斯《讽刺诗》第六篇,论高尚又郑重的对谈之益处。对于如何在世上谋求成功,杰克与他父亲的看法稍有出入。他的父亲建议他不要玩扑克,可是杰克认为,回绝牌局就再也交不到朋友,而交朋友又是乔纳森·查布叮嘱过的要事。杰克还想长久

---

① Undated letter from Jonathan Chubb to Jack [John] Chubb, December 1759. Addressed "To Mr Charles La Roche Cheapside for Master Chubb, London." Chubb correspondence A/CSC 2/3.

地待在伦敦："如果不是为了回去看您,我亲爱的妈妈,还有我的姐妹们,我应该再不会想回到布里奇沃特。我无法理解,任何有斗志的人,任何想要在世上争得一点地位,或是想要有人相伴的人,如何能过乡村生活。"① 可是麻烦在于,年轻的约翰·查布原本被送往伦敦去专攻一份职业,结果,他却做出了不大合适的选择。在1759 年 12 月的一封信中,他宣布自己想要成为"一名画匠",或者说是一名画家。他列出了六条理由,最后一条"第六点原因:这个职业能盯着标致姑娘看个不停"。②

可以想见,一位富有的地方行商,本来希望儿子能学成归来,对他来说,儿子的这个想法可谓糟糕透顶。父子二人在客套的书信中试图调和两种迥异的未来设想:一种是在布里奇沃特拥有一份安稳职业,舒适自在度过一生;另一种是在伦敦奋斗于艺术行业,还停留在粗略的想象中。成为艺术家的计划无果而终,约翰·查布返回了家乡,最终成了一名镇长。他继续着画画的爱好,他的画笔和速写为他所生活的地方世界,留下了一笔丰富的图像资源。③ 约翰四五岁时的文学天赋曾让他父亲自豪不已,这份交际性的文学嗜好伴随了他一生。我们会在后面看到,他的札记里充满了即兴而作的诗篇:仿贺拉斯之作,致友人的诗,名言警句,时政民谣。其中不少内容为口头讲演专门标注勾选。④ 父辈对朗读的重视也经由他传到了下一代。1798 年,他给自己尚在本地念书的幼子莫利·查布

---

① John Chubb to Jonathan Chubb, 15 January 1760, Chubb Correspondence A/CSC 2/3.
② Undated Letter, John Chubb to Jonathan Chubb, Chubb Correspondence A/CSC 2/3.
③ 查布的画如今收藏于布里奇沃特的布里奇沃特·布雷克博物馆。参见 Mark Girouard, "Country-Town Portfolio: John Chubb's Bridgwater Drawings," *Country Life* 183, no. 49 (7 December 1989), 154–159.
④ John Chubb's commonplace books, Somerset Heritage Centre, A/CSC1/2 and A/CSC 1/3 and A/CSC 1/.

（Morley Chubb）写信，随信附上了他为莫利圣诞节展会演说准备的发言稿："如果你真要学，注意从容而清晰地发音，留意停顿以及注明要重读的词句。不要把演讲稿给任何人，因为这些文辞虽然能在演说中顺利过关，但却经不起审阅。也许等你背熟了，我会来看你，到时我就可以听听看你最后能否成功演讲。"①

约翰·查布的故事比较朴实，但我们从中稍微了解到，人们对文化教养的渴望与不断追求如何支撑起了十八世纪兴盛的朗读活动。朗读压根没有随着识字率的提高而败落，**得体**的朗读反而成为了文雅修养最核心的才华。这很可能是因为，朗读日益成为一种社交偏好，而不再仅仅是书籍消费的唯一方式。指导如何朗读有一个非常清楚的公共维度，也有一个私人维度。在一个从威尔士亲王之子到面包坊和理发店学徒，再到中殿律师学院的学员都在不断狂热追求时髦朗读的世界里，若说这些抱负与记忆没有延伸到家庭内部，简直难以想象。大量丰富的入门指南不仅告诉读者如何获得感染力；也提供了精选的伟大文学作品供读者品玩。朗诵术运动不仅决定了文辞**如何**被说出来，还决定了被说来的是**什么**。

---

① John Chubb, Letter to Morley Chubb, 1798, Somerset Heritage Centre, A/CSC 2/4.

第二章
朗读与交际

> 博与我一起在 G. P. [祖父宅邸] 用餐，我们晚餐之后步行去了基尔本（Kilburn）。卡里夫人（Mrs Cary）在 G. P. 喝酒，博与我一起在 G. P. 朗读。
>
> ——威廉·伯吉斯日记，1790 年 3 月 19 日①

在家还是出门？

1785 年，35 岁的伊丽莎白·布雷恩（Elizabeth Brain）自豪地为自己已经忙活了好几周的绣样缝上了最后的针脚（图5）。这是一幅羊毛毡，与 A4 纸一般大，轮廓清晰且针法坚定，以彩色丝线精心绣制。绣品的主题是家庭生活，当时有很多绣样都以此为题。这幅绣样的图案上，有一栋坐落于庭院之中的四方宅邸，一条蜿蜒的车道于精心安排的果树和小鹿中间蜿蜒而过。一把弧形长椅放在湖边，为井然有序的田园风光提供了一处沉思之所。在作品的最中央，伊丽莎白·布雷恩绣上了几行字："自在交谈，/ 避开野蛮的字眼 / 就像避开海中的礁石。"

---

① 日记 19 March, 1790, Diary of William Hugh Burgess, London Metropolitan Archives, F/WHB/2, volume 1。

以书会友
——十八世纪的书籍社交

图5　伊丽莎白·布雷恩的绣样，1785，毛毡布丝线绣（维多利亚与艾尔伯特博物馆，T. 750-1974; © Victoria and Albert Museum, London）

　　这幅绣样很能反映十八世纪的家庭生活。伊丽莎白·布雷恩绣的这幅作品，刻意回避宗教题材，代之以充满活力的世俗主题，既赞颂了家庭的物质乐趣，又讴歌了田园风光中的轻松对话，远离嘈杂争论，具有社交价值。她的针线功夫也证明了自己的家务才能，她将家庭视为休憩之所，但双手却并不懒惰。她的作品交织着家庭与社交、闲暇与良性产出的主题，体现出了十八世纪家庭分享式朗读的很多根本性概念。

　　到了十八世纪末，数不胜数的新场所纷纷涌现，为三五成群的人们提供了打发时间和消费的地方——游乐花园、咖啡馆、博物馆以及音乐会，这些簇新的娱乐空间引发了不少评论，点燃了人

第二章
朗读与交际

们的兴奋之情。① 毫无疑问，很多人尽情享受着外界全新的休闲活动。但我们从日记与财产清单中看出，对于颇有家财的人士，无论男女，家庭依然还是娱乐的基本场所。② 整个十八世纪，先辈们宴饮、打牌、朗读、八卦、争论和演奏，都是在家进行。选择在家而不是外出有时是由经济与地缘所决定的。那些常居乡村的人们，在家社交是常态。尼古拉斯·布伦德尔（Nicholas Blundell）是一位信仰天主教的地主，他住在小克罗斯比的庄园宅邸中，位于利物浦南边。他常常临时起意热情款待家族成员和邻里乡亲，他记下了这些场合：

> 我还在外的时候就被叫了回来，因为我的兄弟兰代尔（Langdale）来了，要在这儿小住……莫利诺大人（Lord Molineaux）派仆人过来告知我们，他打算周四过来用餐……斯卡尔斯布里克（Scarisbrick）派人知会我，他们一家以及克罗斯滕（Croston）一家人下周一将来这儿小住……威廉·安斯沃

---

① 有关文化商品化以及新兴公共娱乐的研究，参见 John Brewer, *The Pleasures of the Imagination: English Culture in the Eighteenth Century* (New York: Farrar, Straus and Giroux, 1997); J. H. Plumb, *The Commercialisation of Leisure in the Eighteenth Century* (Reading: University of Reading, 1973); David Solkin, *Painting for Money: The Visual Arts and the Public Sphere in Eighteenth-Century England* (New Haven: Yale University Press, 1993)。有关社交与文雅观念的演进，参见 Lawrence E. Klein, *Shaftesbury and the Culture of Politeness: Moral Discourse and Cultural Politics in Early Eighteenth-Century England* (Cambridge: Cambridge University Press, 1994); Philip Carter, *Men and the Emergence of Polite Society, Britain, 1660–1800* (Harlow: Longman, 2001); Paul Langford, *A Polite and Commercial People: England, 1727–1783* (Oxford: Oxford University Press, 1998); Langford, "The Uses of Eighteenth-Century Politeness," *Transactions of the Royal Historical Society* 12(2002), 311–331。

② 近来研究这一时期的成果强调，家庭远非女性独占的空间，参见 Benjamin Heller, "Leisure and the Use of Domestic Space in Georgian London," *Historical Journal* 53 (2010), 623–645; Karen Harvey, *The Little Republic: Masculinity and Domestic Authority in Eighteenth-Century Britain* (Oxford: Oxford University Press, 2012)。

思（William Ainsworth）清晨就来了。他带了鱼作为礼物。他和我一起狩猎。他在这儿小住了一阵。①

布伦德尔的宾客名单很有趣，这份名单告诉我们他都招待了哪些人——从当地贵族（莫利诺），到他的佃户（安斯沃思），再到他的远房亲戚。显然，这些接待往往是临时起意，而且需要持续相当一段时间。主家的热情好客，需要丰富的食物储备，以及接到临时通知也能迅速为大批人马备好菜肴的接待能力——布伦德尔的"支出簿"里有大量食物酒水的供给，暗示了接连不断的盛宴狂欢。②布伦德尔日记里有一点很有趣，他按社交来记录自己的生活。每一卷日记开篇的索引中都包括了以下几项：

1. 我们外宿或者回家。仆从或其他人离开或到来。
2. 我们外出就餐或者中午仍在外未归。
3. 我们在晚餐后外出访友。
4. 在家消遣或出门娱乐……
9. 来这儿用餐或者晚餐后到访的人。
15. 与酒相关。滑稽的片段或者令人愉快的……演讲。③

这是布伦德尔划分时间，区别重要年份的主要方式。布伦德尔居住在兰开夏郡（Lancashire）的小村镇上，他参与公共娱乐的途径可能因此受限。然而，并非只有拖家带口的非伦敦居民才不得不

---

① 29 July 1714, in Nicholas Blundell, *Blundell's Diary and Letter Book 1702–1728*, ed. Margaret Blundell (Liverpool: Liverpool University Press, 1952), 85.

② Ibid., 86.

③ "AppendixI," in Blundell, *Blundell's Diary and Letter Book*, 252.

选择家庭娱乐。即便是未婚的单身汉们,也有人选择与朋友们在居所内玩乐消遣,打发长夜,而不是去酒馆或咖啡馆。达德利·赖德就通过拜访朋友,或者邀朋友来做客打发了大部分休闲时光。十八世纪很多看起来像是泡在俱乐部的男士,比如詹姆斯·鲍斯威尔,对家庭娱乐其实抱有莫大热情——这不完全是因为更省钱。中产家庭的家具清单表明,待客娱乐的主要场所——起居室——往往摆设有一张牌桌、一把竖琴,还有棋盘和茶几。① 他们也经常在屋里摆放一些能取悦客人的陈设,当时的日记提到,主人会向朋友们展示自己的收藏,比如化石、印刷品或者绘画等等。诺福克郡(Norfolk)牧师詹姆斯·伍德福德(James Woodforde)曾写过,他的教士朋友向他展示钱币收藏;伦敦律师赛拉斯·内维尔(Sylas Neville)收集贝壳、化石和较为珍贵的石头,并摆放在他"最好的起居室"用来待客;② 还有一位切斯特的教堂执事亨利·普雷斯科特(Henry Prescott),就喜欢同本地的同性友人喝着"家酿啤酒",谈天说地,聊聊书籍和古董,以度良宵。③

家中娱乐的优点

待在家里一般要比外出经济实惠不少。而且还有道德优势,尤其对于女性而言。与一帮并不熟悉的陌生人共度时光真的有益吗?詹姆斯·福代斯劝诫他的女性读者们,警惕轻浮的公共社交:"这些会是真正欢愉的情景吗?不能敞开心扉;彼此难以理解沟通;除

---

① Heller, "Leisure and the Use of Domestic Space in Georgian London."

② 7 September 1769, in Sylas Neville, *The Diary of Sylas Neville*, ed. Basil Cozens-Hardy (Oxford: Oxford University Press, 1950), 79.

③ Henry Prescott, *The Diary of Henry Prescott, LL.B., Deputy Registrar of Chester Diocese*, ed. John Addy, 3 vols. (Chester: Record Society of Lancashire and Cheshire, 1987–1997).

了克己复礼,再无其他,有何意义?"① 他认为,公共的聚会消遣都是表面功夫,只有片刻欢愉。有些人不得不从这类蠢事中找乐子,他们值得同情,因为他们无法从自身,从朗读,从理性的交谈、与家人相伴,或是从"真正的友情"中,获得靠近家庭的幸福感。福代斯看重家庭,这提醒了我们,家宅不一定是逃避社交的静居之所。就如福代斯所言,友情与交谈产生的持久而有益的愉悦,在家就能获得。我们在另一位匿名作家那里也看到了类似的观点。1750 年,这位作家编撰了一本流行诗歌选集《新茶几辑录:或,供女性一乐的小品》(*A New Tea-Table Miscellany: or, Bagatelles for the Amusement of the Fair Sex*)。与福代斯的劝导一样,这本辑录专为女性读者设计,而在家中茶几前围坐聊天的乐趣,也同样具有性别指向。这位作者告诉我们,交谈,

> 如果要摆脱利益的视角,避免积怨深仇的语言毒刺,远离猝不及防的报复,最理想的场所莫过于茶几之旁。因为如果是两个商人同行在谈生意,交谈的愉快美妙就消失了:两人之间总会有分歧,都担心自己被要得团团转,为了财富可能的减损而忧心忡忡,为了财富的增益而日日焦虑,于是交谈的美妙全被诸如此类的烦扰所吞噬。所以,我们学会了掩饰和矜持,以图等到对方出现失误、暴露弱点,再占得先机。
>
> 但茶桌旁却是一扫阴郁的社交场所,所有私利观点都会消失,所有约束和礼节都被搁置,每个人都无拘无束,彼此祝福,相互分享幸福和愉悦。②

---

① James Fordyce, Sermon VI, *Sermons to Young Women in two volumes*, rev. 2nd ed., 2 vols. (London, 1766), 1:191.

② *A New Tea-Table Miscellany; or, Bagatelles for the Amusement of the Fair Sex* (London, 1750), ii–iv.

第二章
朗读与交际

　　和福代斯一样，这位作者也着重指出，公共场所可能存在着欺骗与掩饰。他同时还强调，在家聚会更有可能遇见男女混杂的场合——围坐桌旁的客人会是"带着孩子的父母、兄弟姐妹、亲朋好友以及陌生人"。① 在外社交则只能碰见清一色的男士，反而助长了"毫无气概"的虚伪之风。② 有女士加入的场合会比纯男士的聚会来得更文雅，这一点日益为人所觉察。③ 不少十八世纪的风俗画都将此作为美德与繁荣的象征。④

　　在热情好客的氛围里，去家中拜访可能有截然不同的方式。如果在伦敦，往往一天之内就有好几拨人短暂来访。但在乡村地区，因为相距更远，登门做客意味着要留宿一段时间。⑤ 当时的人们其实也在争论，不同的社交活动孰优孰劣。举行一场派对是否比一次到访效果更好？与他人相伴多久是恰到好处？据当时的日记记载，有时一天之内，登门与被登门之频繁，令人迷惑。⑥ 伊丽莎白·蒂勒尔（Elizabeth Tyrrell）住在伦敦附近，她是一位中年母亲，来自正经的商人之家。她的日记里列举了各种突如其来的招待事宜，包括亲友之间聚会、分别、晚些再次碰到、再次外出以及接待各组访客。这难免让人想到，在尚无电力供应的晚间，夜色太深或许会限

---

① *A New Tea-Table Miscellany; or, Bagatelles for the Amusement of the Fair Sex* (London, 1750), vii。

② Ibid., iii。

③ Carter, *Men and the Emergence of Polite Society*, 66–70. 有关女士加入男士聚会的重要性，见 Joseph Addison, *Spectator* 57, 5 May 1711, in *Spectator*, 1:242; James Forrester, *The Polite Philosopher; or, an Essay on that Art which Makes a Man Happy in Himself* (Edinburgh, 1734), 49。

④ Kate Retford, "From Interior to Interiority: The Conversation Piece in Georgian England," *Journal of Design History* 20 (2007), 291–307。

⑤ Susan Whyman, *Sociability and Power in Late Stuart England: The Cultural Worlds of the Verneys, 1660–1720* (Oxford: Oxford University Press, 1999), 91–99。

⑥ Amanda Vickery, *The Gentleman's Daughter: Women's Lives in Georgian England* (London: Yale University Press, 1998), 205–209; Whyman, *Sociability and Power in Late Stuart England*, 91–99。

制一些外出登门的活动。但是，与十八世纪其他的日记主人一样，蒂勒尔也经常熬到深夜：1808年8月，她在汉普顿宫与一群人待了一整天，直到晚上九点才赶回基尤（Kew）的家中。这之后他们共饮了茶与咖啡，其中一位客人演奏了小提琴，还有人吹起了长笛为他伴奏："他们奏响了乡村乐曲，有四对客人站了起来。我给他们送上了温热的酒水，他们一直跳到一点，我们才分别。"①

其他人也展现出了不分季节、通宵达旦，或者说是焚膏继晷的精力。1776年11月，玛丽·柯曾（Mary Curzon）致信北安普敦郡（Northamptonshire）未婚的嗣女玛丽·希伯（Mary Heber），告诉她自己在伍斯特郡（Worcestershire）的哈格利（Hagley）的事："这里几乎没有我们没去过的地方，因为我们很少在12点之前回家。"② 伊丽莎白·雷珀（Elizabeth Raper）住在埃尔瑟姆（Eltham），伦敦近郊。她的父亲在东印度做生意。她写道有一天白天去伦敦城再返回："我们到埃尔瑟姆时，夜已经深了……七八点钟时安全抵达了富茨克雷（Footscray）。霍瑟姆先生总是要去，可他整晚都一本正经。朗读贺加斯的比喻、啜饮、唱歌，将近1点才上床睡觉。"③ 1757年2月的某天，店铺老板托马斯·特纳（Thomas Turner）与左邻右舍以及本地牧师共度了尤其难忘的一夜：

> 大约10:20的时候，我们吃了晚饭，享用了4只炖鸡、4只炖鸭、一些碎牛肉、香肠，冷盘有烤鹅、鸡肉馅饼和火腿……晚餐之后，我们的举止非常放松，相互打闹嬉笑，大家

---

① Diary of Elizabeth Tyrrell, 4 August 1809, *London Metropolitan Archives*, CLC/510.

② 4 November 1776, "Miss Mary Curzon to Miss Heber," in *Dear Miss Heber, An Eighteenth-Century Correspondence*, ed. Francis Bamford (London: Constable, 1936), 4.

③ 25 October 1758, in Elizabeth Raper, *The Receipt Book of Elizabeth Raper* (Soho: Nonesuch Press, 1924), 19.

第二章
朗读与交际

都吵吵嚷嚷,一点儿愚蠢的小事就可以笑作一团。我们跳着舞(或者只是跳来跳去),虽然没有小提琴和任何音乐伴奏,歌颂着愚蠢的健康,不停地干杯,只求能尽快灌黄汤下肚……[大约 3:30] 我回到家……早上 6 点,正当我夫人开心地上床准备休息时,波特夫人(Mrs. Porter)闹醒了我们,她说想要一些鞑靼酱。我夫人一离开床,便赌咒发誓说她不应当下楼……接下来一定是让我也下去,我栓紧了门……房门一被打开,他们全涌了进来,因为有女士在场,我尚有廉耻心地躲在被子里,他们拽着我的四肢把我拖下床,让我穿上夫人的衬裙。我既没穿鞋也没穿袜子,他们非逼着我与他们一起跳舞,直到他们喝光了自己手里的葡萄酒还有我的啤酒。①

热情好客的方式多种多样,特纳的二十四小时通宵达旦饮酒作乐仅仅只是特例。像这样的狂欢之夜,或在家举行大派对,就与单个朋友前来饮茶或者一对夫妇晚上来打牌很不一样。并非所有人都能保有持久的热情,全身心投入轮番不停的拜访做客之中。约翰·伊夫林(John Evelyn)就抱怨,"**拜访**冗长乏味,待在那儿变成了煎熬,毫无目的地坐着实在是一种暴政"。②一个世纪过去了,仍然有人厌烦。1785 年 7 月,年轻又八卦的伊丽莎白·艾尔芒格(Elizabeth Iremonger)给她的闺蜜玛丽·希伯写信,信中提到,一轮又一轮的登门造访是家庭社交的一大祸害。③登门造访与邀请前来的区别在于,造访往往不经邀请,频繁而短促。伊丽莎白·沃特

---

① Thomas Turner, *The Diary of Thomas Turner, 1754–1765*, ed. David Vaisey (Oxford: Oxford University Press, 1984), 137–139.

② John Evelyn, *A Character of England* (London: 1659), 70.

③ 24 July 1785, "Miss Iremonger to Miss Heber: At Weston, Towcester, Northamptonshire," in *Dear Miss Heber*, 17.

以书会友
——十八世纪的书籍社交

金斯（Elizabeth Watkins）住在格洛斯特（Gloucester）。她和许多同龄的姑娘一样，习惯在袖珍笔记本上记下日常活动。这种有格式的日记分为好几栏，分别记事与评论。伊丽莎白用它记下了宾客到访的日期，还有她对到访者们的印象。1771年3月1日，她写道，"克利福德夫人（Mrs. Clifford）来了，我表现得非常冷淡"；4月7日，"李夫人（Mrs. Lee）过来喝茶——愚蠢的一晚"；5月6日，"埃尔德顿小姐（Miss Elderton）今早来了。我可一点儿都不喜欢她"。①

社交性的登门可能招人厌烦，但这是市镇文雅生活中必不可少的特征。也不是每天都适合上门拜访。牧师詹姆斯·赫维（James Hervey）担心礼拜日变成了大家默认走动拜访的日子。他觉得，如果大家都很虔诚，那么礼拜日聚聚也无妨："但是，唉！何处能看到这样的访客？何时能听到这样的对谈？大部分交谈都缺乏敬畏，言语傲慢。连一丝信仰的味道都没有。"②

对功利性更强的人来说，友情与联系可以通过恰当的造访来增进，还能通过交换拜访卡来加强。拜访卡是一张长方形的卡片，上面手写、笔刻或者凸版印着主人的名字，谁曾到访过哪儿就会留下痕迹。一旦卡片上出现了体面的地址，这些卡片就会被放入手作的卡片簿，被展示出来。③《淑女做客指南大全》(*The Ladies' Complete Visiting Guide*, 1800)里说明，拜访卡乃是一种主要的社交标准，而且拜访也是一项"严肃的常务"。作者宣称，在这本指南中，他"将上流社会最被承认的幸福简化成了——**友好**、**有教养**并

---

① Diary of Elizabeth Watkins 1771, 写在一份备忘录/记事本上, Gloucester Archives, D2685/23.

② James Hervey, *Sermons and Miscellaneous Tracts, by James Hervey* (London, 1764), 122.

③ 有关家庭拜访习惯的细致研究，参见 Whyman, *Sociability and Power in Late Stuart England*, 97–98.

且受欢迎的交往"。①

美德与展示

在一个健全的家庭空间里，总会有一些娱乐活动被认为更恰当，更合适。詹姆斯·福代斯在论述家庭闲暇时就曾长篇大论，痛斥了打牌的潜在之恶——打牌是夜间的主要活动，而他认为，它严重地违背了"人情与友谊的规则"。②"对牌局的沉溺"应当改成更优雅的活动，他尤其推崇女红刺绣。③在他看来，女红最大的意义就在于能让人同时进行其他提升修养的活动。人们对不同的女红评价也不同——比起复杂的"精巧之作"，"松泛和随意的图案"更受欢迎，这是因为它们不太费眼睛，花不了多少时间，也更实用。④福代斯以一位高洁贵妇举例：

> 她在陪坐时也从不闲着……她善女红，且品味不俗，无论在家还是在外……总是不停手中的活计，有的为了实用，有的用于装饰；与之同时，她还帮衬着维持交谈的延续，如此注意力与才能，我从未见有人能比得上。为了丰富生活，增进修养，她常常会在家中请人朗读，而她和她的闺蜜客人坐在一

---

① Patrick Boyle, "Preliminary Address," in *The Ladies' Complete Visiting Guide Containing Directions for Footmen and Porters* (London: 1800), vi. 参见 Emma Walshe, "Paper Politeness: The Currency of the Visiting Card in the Long Eighteenth Century," in *The Materiality of Writing in the Long Eighteenth Century*, ed. Eve Rosenhaft and Helga Müllneritsch (Liverpool: Liverpool University Press, 2016).

② Fordyce, *Sermons to Young Women*, 243.

③ Ibid., 231.

④ Ibid., 240.

以书会友
——十八世纪的书籍社交

旁，一边忙着手中的针线一边欣赏。①

福代斯意在树立榜样，因为他笔下的这位完美典范在闲暇时光中也从不懒散，利用这点功夫做着福代斯赞许的事：她手上忙着活计，还参与到理智高明的交谈之中——还有最重要的，她聆听别人朗读书籍，从而与她的闺蜜们一起拓展了心智。

朗读具有双重益处。既能让读书人打发无所事事的时光，又能为其他家庭活动奉上愉悦且促人进益的背景音。"蓝袜子"团体的成员、艺术家玛丽·德拉尼（Mary Delany）就推荐过鲍斯威尔的《赫布里底群岛游记》（*Tours of the Hebrides*），作为编绳打络子时聆听的绝佳读本。闲居在北威尔士的"兰戈伦女士"埃莉诺·巴特勒（Eleanor Butler），常为伴侣萨拉·庞森比（Sarah Ponsonby）朗读，而庞森比一边听，一边忙着画画、制作地图、绣十字绣或者装点日记本。②在伊丽莎白·蒂勒尔的伦敦日记中，几乎所有的读书场景，都是一位女性朗读，而其他人同时在忙着其他事。而用朗读打发无聊时光，或给其他事务作伴奏的，不只是女性。罗伯特·夏普（Robert Sharp）是约克郡的一名教师，也是一位店主。他声称："（至少对我来说）没什么比见到一个人懒洋洋窝在椅子里百无聊赖，连书也不看更让人心烦了，如果是我，宁可忍受被磨子碾压的可恨惩罚，也别让我无法读书。"③尼古拉斯·布伦德尔打理宅邸、

---

① Fordyce, *Sermons to Young Women*, 251-252.

② October 1785, Mary Delany, "The Hon. Mrs. Boscawen to Mrs. Delany," in *The Autobiography and Correspondence of Mary, Mrs Delany*, ed. The Right Honourable Lady Llanover, 2nd series, 3 vols. (London: Richard Bentley, 1862), 3:296; *The Hamwood Papers of the Ladies of Llangollen and Caroline Hamilton*, ed. G. H. Bell (London: Macmillan, 1930), 58, 61, 66.

③ 20 June 1826, in *The Diary of Robert Sharp of South Cave: Life in a Yorkshire Village, 1812–1837*, ed. Janice E. Crowther and Peter A. Crowther (Oxford: Oxford University Press, 1997), 42.

第二章
朗读与交际

收拾庭院时总是不知疲倦——他的日记里都是日常维护宅院的忙碌生活："晚饭后我试着修理剃胡刀,阿尔德雷德(Aldred)先生为我朗读了一段比格斯塔夫(Bigerstaff)先生的预言。"① 对于尚未进入中等阶层的人士而言,读书与工作之间的关系也不一样。自学成才的出版商詹姆斯·拉金通(James Lackington)回忆,他当鞋匠学徒时极渴望读书。他和其他学徒工们宁可晚上只睡三小时也要尽可能多读书,"我们中的一员坐起来工作,直到工时结束轮到下一个人,当我们都起来时,就由我的朋友,也是您谦卑的仆人约翰,为其他正工作的人大声朗读"。② 休·米勒(Hugh Miller)生于苏格兰一个沿海小镇克罗默蒂(Cromarty)的一个工匠家庭。他的伯父詹姆斯一边制作马具,一边设法读书的场景被他记在了日记里:

> 白天他常常找人在他旁边读书;他居所的另一头就是他的铺面,冬日夜晚,他会从那儿搬来一张长椅,放在家中的起居室里,紧挨壁炉前围着一圈椅子。他的弟弟亚历山大,也就是我的叔父,谋了一份晚上得空的差事,他会在壁炉前为大家朗读一些有趣的文章——他总是坐在长椅的对面,这样让还在工作的人得以借光。家族成员为主的小圈子时不时会有两三位聪颖的邻居加入,他们顺道过来聆听朗读;被朗读的书过一段时间就被放到一旁,以备众人交谈时还会提起。③

---

① 9 March 1708, in Nicholas Blundell, *The Great Diurnal of Nicholas Blundell of Little Crosby, Lancashire*, ed. J. J. Bagley, 3 vols. (Chester: Record Society of Lancashire and Cheshire, 1968–1972), 1:165.

② James Lackington, *Memoirs of the First Forty-Five Years of the Life of James Lackington* (London, 1793), 165.

③ Hugh Miller, *My Schools and Schoolmasters: or, the Story of My Education* (1852), ed. James Robertson (Edinburgh: B & W, 1993), 33–34.

是否能在工作时兼顾读书，这取决于工作环境。手艺人的作坊里，约束相对宽松，年轻学徒有可能与资深技工和老板攀上交情，而这些人更有能力负担读物的开销，也更容易组成一起购买书籍报刊以供分享的小团体。从事集体工作的人能享受到交谈带来的益处。① 饥渴的读者们竭尽所能地寻找读书的机会。仆役约翰·琼斯（John Jones）描述自己曾经匆匆布置好晚餐桌，只为了能有几分钟时间去看看餐厅书架上的收藏。② 一位不知名的石匠，四处给人做工，他的马被训练得认了路，以便他能在路上读书。③

这些叙述表明，干活时读书因为环境差异而有着截然不同的作用。对于有闲的士绅，中产阶层的男女而言，手头忙碌之时还有人在旁大声朗读，既是陪伴，又是德行之展现，因为谁都没在闲暇时无所事事。但对忙于工作的男女而言，工作时的朗读是自我提升之道，既可以学到东西又能缓解工作的辛劳。

这样的两个世界——将朗读作为打发时间的背景音以及工作挣钱同时坚持读书——在十八世纪家庭中碰撞到了一起。④ 仆役往往也参与分享式读书。格特鲁德·萨维尔有好几次愉快的散步时光，都是与侍女皮尔以及一本书共度。托马斯·特纳家的女仆经常去听她的雇主朗读，赫斯特·皮奥齐（Hester Piozzi）在给女儿读《旁

---

① David Vincent, *Bread, Knowledge, and Freedom: A Study of Nineteenth-Century Working-Class Autobiography* (London: Methuen, 1981), 123–124. 文森特注意到，工业化的进程令边工作边读书变得尤其困难，几乎所有的自学提升被挤压到下班后在家完成（第124页）。

② John Jones, "Some Account of the Writer, Written by Himself," in John Jones and Robert Southey, *Attempts in Verse* (London, 1831), 173.

③ *Reminiscences of a Stonemason: By a Working Man* (London: 1908), 50–51.

④ R. C. Richardson, *Household Servants in Early Modern England* (Manchester: Manchester University Press, 2010); 关于仆役逾矩偷听雇主，参见 Alison Light, *Mrs Woolf and the Servants* (London: Fig Tree, 2007)。

观者》（*Spectator*）时，她的女仆也在一旁听着。① 常被拿来说道的，有梳头理发以及卷发扑粉时的朗读。这类习惯如此盛行，以至于1789年的《淑女期刊》（*The Lady's Magazine*）上刊载的一篇《读书的线索》提到了这种流行的习惯。文章作者宣称，"梳理头发时非常适合读书——去瞧瞧那些流通图书馆里受欢迎的书，书页里夹着的香粉发膏把书脊都撑破了"。② 杂志的编辑继续打趣地推荐，"由于打理头发的一小时很有可能备受折磨，我会专门读报纸和政治小册子——这样能一次打发掉所有我厌恶的事情"。③

获得注视

福代斯笔下的女性典范既能做针线活又能保持聊天，还能充当一位听众：只有亲眼目睹，才能说她是道德标杆。虽然人们反复说，在家能享有率真的自由，但家庭娱乐往往离不开展示。行端品正要被到访的客人或前去造访的主家目睹，这有重要的意义。

室内装潢发展到了十八世纪中期，户主开始认真花心思装点待客空间。为了给访客留下深刻印象，男女主人们大量购入壁纸、地毯以及成套的瓷器。④ 随着英国中产阶层集体陷入消费热潮，他们的宅邸也被塞满了时髦的新奇玩意，用来向访客们展示和显摆。茶具、银盘、糖夹、灭烛钟、胡椒罐、漆器茶盘以及多种多样的物

---

① Hester Piozzi, *Thraliana: The Diary of Mrs. Hester Lynch Thrale* (Later Mrs. Piozzi), 1776–1809, ed. Katharine C. Balderston, 2nd ed., 2 vols. (Oxford: Clarendon, 1951), 1:534.

② "Hints on Reading," *Lady's Magazine*, April 1789, 177–178.

③ Ibid., 178.

④ Amanda Vickery, *Behind Closed Doors: At Home in Georgian England* (New Haven: Yale University Press, 2009), 274–276, 294–295.

以书会友
——十八世纪的书籍社交

件都登上了广告,被人们大批购买,用来炫耀。①《淑女指南》的作者就提醒说,流于形式的拜访做客往往成了打着习俗幌子的包打听:"不少人去别人家探望,但其实他们根本不关心人家的死活",作者声称,这类拜访"更像是一个间谍不怀好意的刺探,而非友邻的善意支持"。②

有一类拜访就是专程去看看其他人过得怎么样,同样也有一批人热切向来宾们展示家中的活动。詹姆斯·吉尔雷(James Gillray)的讽刺人像画《农场主贾尔斯夫妇显摆自己从学校返家的女儿贝蒂》(*Farmer Giles and His Wife Shewing off Their Daughter Betty on Her Return from School*)嘲弄的就是中产阶层家庭文化中的这股渴望。画面中,左邻右舍都被召来,大家围成一圈,听他家女儿用钢琴演奏一首民间小调,她的父母在微笑,却没留意,其实并没有人(包括狗在内)在听(图6)。《淑女的导师》(*The Lady's Preceptor*)是十八世纪中期一本言行指南,书中为读者提供了拜访时应当如何与人聊天的靠谱建议。做客时的言谈,需要小心细致和预先准备,绝不亚于对裙衫发饰的谨慎态度。书里提醒读者,不要"只摸到第一只哈巴狗的毛就如释重负……没有了它就手足无措",对如何才能在做客时焕发光彩,这位作者建议道:

> 如果拜访的场合没能为你提供一个聊天的话题,不要毫无准备,必须谈一会儿天气和时间。事先根据拜访对象准备一些

---

① Maxine Berg, *Luxury and Pleasure in Eighteenth-Century Britain* (Oxford: Oxford University Press, 2005), 197–325.

② *The Lady's Companion; or, an Infallible Guide to the Fair Sex* (1740), 62.

第二章
朗读与交际

图6 詹姆斯·吉尔雷,《农场主贾尔斯夫妇显摆自己从学校返家的女儿贝蒂》,伦敦,1809,蚀刻版画(国会图书馆,LC-USZZC2-3808)

恰当的话题绝对错不了,还能让你把控住局面。①

聊天也是社会交往中的一种表现,即便是家庭拜访,氛围相对不那么正式,得体聊天也至关重要。理论上来说,交谈能带出人最好的那一面,因为"聚在一起时总是妙语连珠,而独处时绝想不到这些奇思"。②但聊天需要锻炼,如同恩斯特家族札记的汇编人所说:"世人的机智只在对话中显现。既然这让他们闪耀,他们必得着力于此。"③

---

① Abbé d'Ancourt, *The Lady's Preceptor; or, a Letter to a Young Lady of Distinction upon Politeness: Taken from the French of the Abbé D'Ancourt, and adapted to the Religion, Customs, and Manners of the English Nation* (London, 1743), 49.

② Charles Allen, *The Polite Lady; or, a Course of Female Education* (London, 1760), 154.

③ 恩斯特家族札记(日期不明,十九世纪早期),Somerset Heritage Centre, DD/SWD/16, fol. 1r。

以书会友
——十八世纪的书籍社交

最明白聊天技巧必不可少的，恐怕要属可怜的达德利·赖德了。赖德的日记中，少年时光短促，不过极其坦率地记录了他如何学会交际的努力过程。① 大部分时候，赖德真正担心的都是说什么和怎么说。他留意其他能侃侃而谈且风度翩翩的人，只觉得自己："和女士们在一起时，特别容易显得愚蠢和不安。"② 赖德认为，读书能助他在人群中谈笑自若。他偏爱的不是指导口才、传授举止的作品，而是他觉得风格鲜明，自己能加以效仿的书籍。于是他提到，没有什么书比"贺拉斯的作品更适宜学习文雅书写与交谈了，再怎么熟读也不为过"。③ 他钦佩布瓦洛（Boileau）的轻松随意，声称要多读《闲话者》(*The Tatler*)，"以改进自己的风格，了解他思考与讲故事的方式，还有看待世界、洞察人性的方法"。④

值得考虑一下的是，这一时期文学作品中的审美标准——自在、谈话风格、风趣——被当成一种生活规范，而不管这些与一个人本身的个性有多么不契合。赖德读书时既焦虑又自我怀疑，这可能无法代表十八世纪早期的所有男性，但我们看到，他如何化用书里的内容来纾解个人的社交窘境。他很瞧不上自己的堂姐，认为她浪费时间读错了书：她"缺乏聊天的才华，说话很少，读的多是骑士小说、浪漫传奇还有悲剧作品，而且极其钟爱，但她对人性一无所知，这是一大缺点"。⑤ 有些书能助你聊天，而有的显然只会妨碍。

无论在今天看来有多肤浅，赖德直白交待了自己如何努力学会自在交谈，以及读书在其中所发挥的作用，这些对理解十八世纪人

---

① 对赖德阅读习惯更为详细的探讨，参见 Stephen Colclough, *Consuming Texts: Readers and Reading Communities, 1695–1870* (Basingstoke: Palgrave Macmillan, 2007), 68–74.

② 11 July 1715, in Ryder, *Diary*, 51.

③ 16 August 1715, in Ryder, *Diary*, 78.

④ 18 June 1715, in Ryder, *Diary*, 38.

⑤ 7 January 1616, in Ryder, *Diary*, 164.

们如何**使用**书籍有重要意义。① 詹姆斯·福代斯在他《论有才学的女性美德》("On Female Virtue with Intellectual Accomplishments")的说教文里，将读书与使用所读之书视为才学修养的基本。他声称，读书既能娱人也能教化，它让人学会享受独处，还"能让你在聊天中绽放光芒"。② 下文我们会看到，这种使用书籍的方式如何影响到书籍出版的体例，尤其是那些专为社交场合提供素材的汇编文集。

在家庭社交的环境中，所读之书与所说之话，往往是面向外界的一场表演，而不只是反映才学和个性的基本面。作家、报纸撰稿人哈丽雅特·马蒂诺（Harriet Martineau）轻蔑地回顾了这种惯例，其中女性读者

> 为了符合期待，要坐在起居室里做针线活，聆听其他人朗诵书籍选段，准备接待[女性]访客。客人来了之后，话题常常自然地转向了刚放下的那本书。因此书也是精挑细选的，以免让客人感到讶异，以至于去到下一家时，把她在上家目睹的可悲散漫抖搂出去。③

正在读书的女性是一景，她与她谈吐中流露出来的才学一道，都是访客们评价个人与家庭的典型指标。在马蒂诺看来，这类粉饰门面的做法显然是性别化的。

---

① 在浪漫主义时期书籍是聊天的基础，关于这一点更翔实的讨论可参见 Heather Jackson, *Romantic Readers: The Evidence of Marginalia* (New Haven: Yale University Press, 2005), 121–197。

② Fordyce, *Sermons to Young Women*, 269.

③ Amy Cruse, *The English Man and His Books in the Early Nineteenth Century* (London: George G. Harrap, 1930), quoted in Steven Roger Fischer, *A History of Reading* (London: Reaktion, 2003), 273.

以书会友
——十八世纪的书籍社交

书籍反映了女主人的端正品行，整个十八世纪的出版物和小说中也常常用二者之间的联系来塑造人物形象，比如提到家中书籍的名称作为品行端方与否的标志。① 在理查德·谢里丹（Richard Sheridan）的戏剧《情敌》（*The Rivals*）中，莉迪亚·兰桂希（Lydia Languish）是一位沉溺于言情小说的年轻小姐。每次父母要走进她房间之前，她都要赶快遮掩起她真正在读的书籍："这儿，我亲爱的露西，藏好这些书。快，快。把《皮克传》（*Peregrine Pickle*）抛到梳妆台下面，把《蓝登传》（*Roderick Random*）扔进衣橱，把《无辜的通奸》（*Innocent Adultery*）夹入《众人的本分》（*The Whole Duty of Man*），把《埃姆沃斯大人》（*Lord Aimworth*）塞进沙发……留一本福代斯的说教在桌上。"② 小说被迅速塞到角落，退出视线范围，留下给人看的，只有正派体面的书籍——教导行为举止的《众人的本分》以及福代斯的说教。

男性读书也是相似的道理。当时有一篇匿名讽刺诗，为了回应乔纳森·斯威夫特（Jonathan Swift）《淑女的梳妆室》（"The Lady's Dressing Room"），选取了年轻男士的校舍作为主题而作。斯威夫特的这首名篇描写了一位男士目睹了自己心爱之人的梳妆室：胭脂水粉胡乱堆着，全是污垢，屋里飘荡着汗味，凌乱不堪的场景让他嫌恶。作为回应，讽刺诗题为《校舍描述》（"A Description of a College Room"），带领读者一窥城里的年轻男士混乱不堪的道德世界：

---

① Cf. William Beatty Warner, "Staging Readers Reading," *Eighteenth-Century Fiction* 12 (2000), 391–416.

② Richard Brinsley Sheridan, *The Rivals, a Comedy, in The Dramatic Works of Richard Brinsley Sheridan*, ed. Cecil Price, 2 vols. (Oxford: Clarendon, 1973), 1:84.), 25.

第二章
朗读与交际

> 各色书籍凌乱摊开，
> 苏格兰歌曲，与深刻的哲学，
> 这儿一本普赖尔，那儿一本欧几里得，
> 一本罗切斯特挨着一本《公祷书》；
> 这儿的蒂洛森旁边摆着法文小说，
> 虔诚的索思与乡间舞步堆在一处。①

我们又从桌上堆着的书里看到了男性的道德水准：歌词、舞步、蒂洛森的布道、欧几里得的经典几何、罗切斯特伯爵的放荡诗以及《公祷书》，通通混在了一起。

读书的空间

十八世纪的文学与绘画创作常利用书籍充作道德端正的表达。选择哪些书在家中展示——无论是拿来朗读还是摆在可见的书桌书架上——举足轻重。在较大的宅邸中，由于藏书室在十八世纪变成了一般的起居空间，选择哪些书籍来展示也就更加重要。② 十六和十七世纪的家庭藏书室在文字描述中是避世与独处的空间，主要为贵族所享有。在这段时间里，私人藏书的内容逐渐发生了变化——

---

① *The Theatre of Wit; or, a Banquet of the Muses, a Collection of Pieces in Verse and Prose, Selected from the Most Eminent Authors* (London, 1746), 39–40.（这首诗里提到了几位人物：马修·普赖尔 [Matthew Prior, 1664—1721]，英格兰著名诗人；约翰·威尔莫特，罗切斯特伯爵二世 [John Wilmot, 2nd Earl of Rochester, 1647—1680]，英国讽刺诗奠基人；约翰·蒂洛森 [John Tillotson, 1630—1694]，在 1691 到 1694 年间曾任坎特伯雷大主教；罗伯特·索思 [Robert South, 1634—1716]，英国牧师，布道风格亲切幽默，出版了大量布道词。——译者注）

② Clive Wainwright, "The Library as Living Room," in *Property of a Gentleman: The Formation, Organisation and Dispersal of the Private Library, 1620–1920*, ed. Robin Myers and Michael Harris (Winchester: St Paul's Bibliographies, 1991), 15–24.

到了十七世纪末，来自欧陆的外文书籍变少了，在英格兰本土出版的英文书籍明显增多。① 有些藏书人买入书籍是为了获取其中的知识，有的则是为了地位象征——两者并不互斥。② 我们会在之后看到，出版业的扩张以及新书消费需求的蓬勃发展，使一个消费群体在十八世纪中期得以成型——小地产主、生意人以及他们的家庭热切地购入书籍并放在家中炫耀。对于更大的宅邸，或者庄园府邸而言，书房还是公开展示的重要空间。③ 文化上的**新贵**行家们，迫切想知道如何在家展示学识，通过阅读相关指南，他们学会了如何在书房中摆放书籍，如何给藏书编目。

威廉·帕尔默（William Palmer）是伦敦的一名律师。他在1759年购买了一份手稿，标题为《藏书编目制作节略》。④ 这篇文稿默认其读者并无任何管理藏书和标记图书的知识，于是从最基本的内容开始：房间格局要能够摆放各种尺寸的书架，以便那些对开本、四开本、八开本以及更小的书籍都能妥善收纳，而且要"以看上去最舒服的方式"来摆放。⑤ 注意标记索书号时不要损坏书籍的封面，有人来借书时，必须要在藏书目录上写下书名与日期。这份手稿是专为那些拥有藏书，但缺乏最基本的整理与记录知识的人而写的。

在贵族圈，书房逐渐变成了大宅里的公共中心，就像后来中

---

① David Pearson, "The English Private Library in the Seventeenth Century," *The Library* 13 (2012), 379–399, 383.

② Ibid., 387.

③ James Raven, "From Promotion to Prescription: Arrangements for Reading and Eighteenth-Century Libraries," *The Practice and Representation of Reading in England*, ed. James Raven, Helen Small, and Naomi Tadmor (Cambridge: Cambridge University Press, 1995), 175–201, 188–190.

④ "Memorandum for Making a Distinct Catalogue of a Library," Edinburgh 1759 National Library of Scotland, MS 2975 f.39.

⑤ Ibid., f.40v.

产藏书人家里的情况一样。到了十八世纪末，书房成为许多庄园府邸中最主要的非正式起居空间。① 莱比·波伊斯（Lybbe Powys）夫人在 1778 年 8 月造访牛津郡的米德尔顿庄园。她发现了一间连着客厅的书房，屋里"除了丰富的藏书之外，还有各式各样的消遣玩意儿，比如台球和其他桌上活动，以及一些不错的图片"。② 由此表明，书房收藏的不仅是书籍——还有印刷品、钱币、半身雕像以及其他古董或自然历史物件，这些物件经常成为聊天焦点。尽管威廉·帕克斯（William Parkes）在他的《家庭义务》（*Domestic Duties*, 1829）里提醒，不仅要把这些物件收集到一起，而且要挖掘出它们的故事，否则这些"就不过是花哨的小玩意儿"，"整套陈列无异于展示无知"。③ 布置书房需符合娱乐与集体消遣的要求，这样的例子在文字描述和图画里比比皆是。到了十八世纪中期，舒服的书房靠背椅与沙发，再加上几张写字台，成为了藏书室的标准配置。④ 这些舒适的家具让书房变得更具灵活性，也让人能够在此相伴而读。女性读书开始让人联想到沙发与柔软的意象，而不是男性读书的思维缜密与腰板挺直，年轻女士还因为这种懒洋洋的不恰当坐姿而受到斥责。⑤ 沙发本身也会带来一些危险：在十八世纪小说中，书房的沙发更多是让陷入麻烦的女主角躺下休息，得到恢复，而不是为

---

① Mark Girouard, *Life in the English Country House: A Social and Architectural History* (New Haven: Yale University Press, 1978), 234.

② *Passages from the Diaries of Mrs Philip Lybbe Powys of Hardwick House, Oxon* (London, 1899), 197.

③ William Parkes, *Domestic Duties; or, Instructions to Young Married Ladies* (New York, 1829), 99.

④ Wainwright, "The Library as Living Room," 16.

⑤ Jacqueline Pearson, *Women's Reading in Britain, 1750–1835: A Dangerous Recreation* (Cambridge: Cambridge University Press, 1999), 170.

以书会友
——十八世纪的书籍社交

精神世界的漫游提供场所。①

在十八世纪下半叶,书房家具装潢的销售量激增。奇彭代尔式(Chippendale)书房家具的仿制生意蓬勃发展,还有其他书房装饰:阅读椅、书台、书桌、地球仪、半身像,都能供中产阶级挑选购买。赫普尔怀特(Hepplewhite)的《细木工与家具商指南》(*Cabinet Maker and Upholsterer's Guide*)为中产人士提供了家具设计的样式,如书桌带书橱,写字台配书架,藏书柜配阅读桌,甚至还有"专用于藏书室的檐板"。悬挂式书架被推荐在"小房间或女士房间"使用。②那些没有专辟藏书室的家庭可以在家具里摆放书籍,比如"带书架的写字台"或者"带书橱的书桌"。《上流品味的全新优雅家具设计》(*New and Elegant Designs[...] of Household Furniture in Genteel Taste*, 1760)是一本铜板印刷的图样集,主打中低端市场。整本图样都在卖力宣传书房家具以及与书相关的家具,里面包罗了带写字台的书橱、女士书橱、三角楣饰书橱、"雉堞式"书橱、哥特式书橱、阅读桌以及"开放式三角楣饰写字台&书橱"等等设计款式(图7)。③至于这些桌柜橱架所收纳的内容,也受到了书籍展示之风的影响。房主利用特制的标签来装饰书籍,那是一种既能反映藏书内容,又能彰显社会地位的标识——藏书票,就像书籍装帧一样,都能按照家族纹章的样式来设计。

不过我们需要注意,不能因为有了放书的家具——书橱、带抽

---

① 沙发以这样的形式出现于 Frances Jacson's *Plain Sense*, 3 vols. (London, 1799); Catharine Selden's *The English Nun* (London, 1797); and Selden's *Serena*, 3 vols. (London, 1800)。

② A. Hepplewhite and Company, *The Cabinet-Maker and Upholsterer's Guide; or, Repository of Designs for Every Article of Household Furniture*, 3rd ed. (London, 1794), 17.

③ *Upwards of One Hundred New and Genteel Designs [...] of Houshold Furniture in the Present Taste* (London),其复制本为 *Genteel Houshold Furniture in the Present Taste*, ed. Christopher Gilbert (Wakefield: EP, 1978), 51–70.

第二章
朗读与交际

屉的写字台、藏书柜——就认定人们一定会用来放书。十八世纪的室内盗窃记录表明，能上锁的书橱被用来存放各类有价值的物品，也就是说，书橱里绝不只有书而已。伦敦一个窃贼交代，自己从上锁的藏书柜里拿走了这些东西："一张银行票券，价值 100 镑；另一张银行票券，价值 30 镑；三个金质鼻烟盒，价值 100 镑；一只有钻石旋钮的金表，价值 30 镑；一柄银质烛台，价值 20 先令；一个银质文具台，价值 20 先令；以及 400 镑现金。"① 那家人的藏书柜里并没有书。

图 7 "女士书橱"，来自《1760 年上流品味家具》，家具商与细木工协会等编，罗伯特·塞耶（Robert Sayer）出版，伦敦，1760（©The Geffrye, Museum of the Home, London）

书房并非唯一藏书与阅读之所，而且大部分中产之家都没有专门的书房。位于肖迪奇（Shoreditch）的杰弗瑞博物馆收藏了 90 份财产目录，皆出自伦敦的中产之家，足以令我们一窥当时书籍在中等家庭之中究竟被置于何地。② 逐屋浏览家具、印刷品、书籍、瓷器、亚麻织品与盘盏的清单，有时能看出书籍摆放的区域，

---

① "John Weskett, James Cooper, Theft Theft from a Specified Place, Theft Receiving, 12th December 1764," *Old Bailey Proceedings Online* (www. oldbaileyonline. org) Ref. t17641212-52.

② 有关从这份清单史料中解读书籍史的挑战之处，参见 Hannah Fleming, "At Home with Books: Resuscitating the History of Eighteenth-Century Reading and Readers at the Geffrye Museum," *Art Libraries Journal* 39/3 (2014), 5–9。

以书会友
——十八世纪的书籍社交

我们也就以此推定,书籍就是在那儿被读过。楼上的房间以及卧室很少出现书和书架——而且只有一户人家专门辟出了一间"书房"。只有一户清单上提到仆役房中有书。大部分家庭的藏书都放在客厅,表明读书要放在社交场合的习惯已蔚然成风。约翰·米特福德(John Mitford)是米德尔塞克斯郡鲍沃区(Bow)的商人。有一份1740年的清单记录了他家的情况。我们看到,在他的"公共客厅"(相对应的是他的"后屋客厅"与起居室)里,有一台八日发条钟、九把椅子、一个茶盘、一套升降食品架,以及一只装鹦鹉、带笼衣的鸟笼,此外,还有一个"读书架"。读书架周围摆满了十八世纪中期的招待物件,这说明书籍放在那儿,是要与人共读的。尼古拉斯·布朗宁(Nicholas Browning)是克里普尔盖特(Cripplegate)的面包店老板。他们家留有一份1800年的财产清单,其中有两间房里记录有"几本旧书"同"一批废纸"(不清楚这些书是否也被当成了废纸的一部分)。在布朗宁的客厅,有一件鹦鹉标本,连同"桃花心木的写字台,带玻璃门与山花饰的书橱",各式样的椅子十把,并且再一次出现了不少用来招待访客的小物件:"桃花心木的刀匣、带镶嵌的茶罐、银质糖罐、辣椒盒、一双糖钳、一对灭烛钟、书立、一张克里比奇牌记分板、一只拔塞器、一座带玻璃门与桃花心木镶角的小餐台、两套瓷碗和汤盘、一张威尔顿地毯。"① 客厅是娱乐空间,里面的牌桌、游戏棋盘、乐器,书籍和朗诵共同构成家庭文化。在十八世纪中期的中产之家里,客厅是招待客人的主要空间,其间的陈设布置多是为了方便客人们能坐在一起。②

如果是更宽敞的家宅,晚餐后饮茶、喝咖啡一般都在起居室进

---

① Nicholas Browning Baker, 3 June 1800, St Giles Cripplegate, London, NA: PROB/31/921/736.

② 关于十八世纪中产之家的藏书清单研究,参见 Fleming, "At Home with Books"。

行。这也是一处读书的空间，风靡于十八世纪中期的软垫椅，尤其是壁炉两旁摆着的长沙发，都是为了便于凑在一起的集体娱乐。① 随着十八世纪的推进，我们能看到，座椅的布置越来越随意，这或许能说明，大型派对与私密聚会同时存在，而灵活摆放家具就是为了适应两种不同的需求。

家具本身的变化也折射出人们对社会交往的态度有变。比如，从十八世纪中期开始，沙发与桌角下都出现了小轮子，这表明可随意移动、满足不同用途的家具变得更受欢迎。可折叠的桌子也出现了：它不再是笨重的，被固定放在房间中央的大家伙，而是成了一件更为轻便的家具。

范妮·伯尼（Fanny Burney）与父亲商量，为在萨里（Surrey）的韦斯特汉布尔（Westhumble）的一栋新别墅添置家具。她想给客厅置办一张桌子："……如果我最亲爱的父亲能体贴又顽皮地为我们的客厅馈赠一份礼物，我们最想要的莫过于一张桌子。不是餐桌，而是那种能处理点文件，还能放几本书的桌子，**用于聚会**，没有了它，房里总看起来有些空荡荡的。"② 结果，她父亲买了两张牌桌，放置在房间的两边，范妮评价道，"我认为，如果没有摆上两张桌子，任何房间都会少了些舒适感，甚至装潢都不太完整——一张桌子靠墙，显得井井有条，另一张摆在这里，那里，哪里都可以，用来放书信，**使人愉悦**"。③

桌子用来摆放"用于聚会"或"使人愉悦"的物品，这包括

---

① John Cornforth, *Early Georgian Interiors* (New Haven: Yale University Press, 2004), 53. 十八世纪四十年代末和五十年代初，客厅的软垫座椅长度都有所增加，尤其是壁炉两侧成对的长沙发。

② "West Humble, [1] September 1801 To Doctor Burney," in Fanny Burney, *The Journals and Letters of Fanny Burney*, ed. Joyce Hemlow, 11 vols. (Oxford: Oxford University Press, 1973), 4:501.

③ "420: West Hamble, 6 September 1801 To Doctor Burney," in Burney, *The Journals and Letters of Fanny Burney*, 504.

以书会友
——十八世纪的书籍社交

书籍与信笺。伯尼梦想中的客厅是一处轻松休闲之所。这个想法体现出人们对客厅的构想发生了转变。著名的景观设计师汉弗莱·雷普顿（Humphry Repton）曾展示过一组对比鲜明的画面，其中，十八世纪早期墙面钉着杉木板的昏暗客厅，逐渐转变为1816年那种轻快明亮又无拘无束的"现代起居室"（图8）。雷普顿的画作被拿来说明，到了世纪之交，客厅空间已经变得通风透气，成为了休闲社交之所。与十八世纪早期那种正经围坐成一圈，装潢质朴，光线昏暗，氛围拘谨的杉木板客厅不同，新式起居室通过一间玻璃暖房联结外界，同时能容纳四组兴趣各异的客人，随便他们看书、入席就座，或者以各种方式欣赏景色。① 社交必得围坐一圈的时代已经过去。取而代之的是，小孩在给成年人读一本对开的大书，有人在独自阅读，还有几位女士在桌边朗读或相互讨论着书籍。② 有了这样的座椅布置，各不相同的读书方式都能共处一室——而且日光充足，彼此之间不再需要分享照明。雷普顿对他设计的新屋期望很高——至少能掀起一场家庭社交与文化的变革，昏暗沉闷的氛围被消除，取而代之的是一种文化乌托邦，身在其中可以无所限制地任意探求各种知识。文化上的开放氛围与建筑样式上的开放风格可谓是齐头并进。

一提起十八世纪的家庭朗读与家庭文化，常会想到围炉而坐的特征。③ 除了社会交往的象征意味，在炉火旁边还具有明显又实际的优势，比如说抵御严寒，而且还有室内最大的光源。冗长的读书时光总会使人越坐越冷。安妮·利斯特（Anne Lister）是一位高产

---

① Humphrey Repton, "A Modern Living Room," in *Fragments on the Theory and Practice of Landscape Gardening* (London, 1816), 57.

② 围坐一圈的社交习惯逐渐没落，详情可参见 Girouard, *Country House*, 238。

③ Leonore Davidoff and Catherine Hall, *Family Fortunes: Men and Women of the English Middle Class, 1780–1850* (London: Hutchinson, 1987), 165–167.

第二章
朗读与交际

INTERIORS

图 8 "室内装潢：杉木板旧客厅与摩登起居室"，摘自《景观园艺理论与实践节选》，汉弗莱·雷普顿著，1816 年出版（私人收藏 / 斯特普尔顿藏品 / 布里奇曼图像）

的日记与游记作者。她的日记透露了她如何于冰冷透风的约克郡居所中苦苦挣扎,以及如何不顾环境艰苦也要坚持读书的细节。① 对她而言,读书能带来欢愉,在沮丧时能带来慰藉。她在日记中的某一处突然唱起了赞歌:"哦书籍!书籍!我欠你良多。你是我的精神养料,没有了你,它早就被折磨得精疲力竭。"② 但她的身体却不是光靠阅读就能抚慰。为了能在读书的时候保暖,她去市场上买了一对皮质的护膝。③ 她在就座、阅读和写作之前必须完成一整套流程,以下是她的叙述:

> 方格呢四折围在腰间,披上两件长大衣,此外我还戴着皮护膝,再裹上一件厚厚的过膝晨袍。我坐在窗边,这是屋里唯一适合我的位置。一张鲜绿色的哔叽,在我右边用来挡住从门口灌入的冷风。只要能确保足够的光线,窗帘全被放下来,以抵挡窗户透进来的风。④

这是一条 6 月 19 日的日记!

对于能够负担得起的家庭来说,火炉能带来暖意与光线,因而火炉近旁必然是聚会与读书的核心位置。从十七世纪中叶开始的壁炉税记录表明,80% 登记在册的家庭拥有一座壁炉,14% 的家庭拥

---

① 针对安妮·利斯特的阅读,有一项绝佳研究,参见 Stephen Colclough, "Do You Not Know the Quotation? Reading Anne Lister, Anne Lister Reading," in *Lesbian Dames: Sapphism in the Long Eighteenth Century*, ed. John C. Beynon and Caroline Gonda (London: Ashgate, 2010), 159–172。

② 20 July 1823, in Anne Lister, *I Know My Own Heart: The Diaries of Anne Lister, 1791–1840*, ed. Helena Whitbread (London: Virago, 1988), 265–266。

③ 17 July 1823, in Lister, *I Know My Own Heart*, 263。

④ 19 June 1824, in Lister, *I Know My Own Heart*, 347。

第二章
朗读与交际

有两座,只有6%的家庭拥有三座或以上。① 相较于大部分普通家庭使用的牛油蜡烛,炉火提供的光线充足得多,烟味可能也更小。有一份留存至今的目录,记录了苏格兰一处乡村别墅的藏书情况,它能说明炉火在读书文化中与众不同的意义。当时的藏书清单一般都按文类与开本来编排,书籍的摆放位置不会被纳入考量。这份藏书清单分为神学、历史、法律、纯文学几类,并按照开本尺寸从大到小标注,对开、四开、八开以及更小的版本。不过,位于南拉纳克郡(South Lanarkshire)的卡迈克尔之家(Carmichael House)根据书籍摆放位置编制了一份藏书目录。我们看到,壁板柜里搁着历史与宗教类书籍,法律文本放在藏书室的书橱里,农务书籍摆在饭厅的箱柜中。炉边橱柜里放着的书籍,根据记录所载,都是消遣读物——虚构文学、诗集、戏剧还有浪漫传奇,其中不少可追溯到十七世纪。② 这些必然是夜间娱乐时最常被读到的书籍,所以才被放在了壁炉旁的橱柜中。

围炉读书在理想化的家庭娱乐图景中具有一种象征意义。理查德·特文宁(Richard Twining)是一位银行大亨的儿子,他父亲还经营着茶与咖啡的进口生意。特文宁回忆起他们家族的活动:"我还清楚记得,在艾尔沃思(Isleworth)的那些夜晚,晚餐之后,我们围着炉火坐成一圈,父亲总是为母亲与我们读一些过去的诗词。'昨日之景象犹在我心头萦绕'。"③ 不少讴歌家庭宜人氛围的诗词都会选择围炉而坐的题材。纳撒尼尔·科顿(Nathaniel Cotton)的

---

① Maureen Dillon, *Artificial Sunshine: A Social History of Domestic Lighting* (London: National Trust, 2002), 12.

② Library Catalogue for Carmichael House, NLS, MS3528, fols. 19v–24r.

③ Richard Twining, *Recreations and Studies of a Country Clergyman of the Eighteenth Century Being Selections from the Correspondence of the Rev. Thomas Twining* (London: John Murray, 1882), 32 fn.

《炉边》(The Fireside)是脍炙人口的佳作,假借围坐炉火象征婚姻的携手相伴,而威廉·柯珀的《任务》热情歌颂了乡村家庭生活的高洁,作者描绘了一幕乡间的冬夜,令人想起炉边场景的欢乐与美好。信函被拆开,报纸被朗读,家人们准备好了一同作乐:

> 现在燃起炉火,拉下百叶窗,
> 垂下窗帘,把沙发围成一圈,
> 壶里的滚水冒着泡,滋滋作响,
> 蒸汽腾腾,把酒言欢,
> 半醉半醒,彼此稍待,
> 祥和安宁,共度夜晚。①

读书时能享受暖和又舒适的壁炉,这番吸引力一直不小,十八世纪中期,有不少畅销文集的命名都将壁炉包装成家庭和美与交际的意象:《风趣的盛宴:供炉边娱乐的连珠妙语、俏皮话、机智应答选编》(Bon-Mots, Jests, Repartees, for the Amusement of the Fireside, 1790)、《炉边指南:或,冬夜作乐。包含娱乐短章与明理小文、幻象、交往、故事、传说、寓言》(A Companion for the Fireside; or, Winter Evening's Amusement. Containing a Curious Collection of Entertaining and Instructive Essays, Visions, Relations, Stories, Tales, Fables, 1769)。

家庭的楼上空间是卧室、衣橱和更衣室,它们也能为更亲密的共读提供场所。据伊丽莎白·蒂勒尔描述,闺蜜为她读阿梅莉亚·奥佩(Amelia Opie)的《短故事》(Simple Tales)时,是坐在

---

① "The Task," in William Cowper, *Poems, by William Cowper*, 2 vols. (London, 1799), 2:108–109.

第二章
朗读与交际

床头读书，而她正晨起梳妆，这份随意不拘正好说明，此番场景非常普遍。① 留存记录最少，但可能最常见的相伴共读就发生在极少的两三个人之间，比如伴侣、家人和朋友之间。饱读诗书的"兰戈伦女士"——埃莉诺·巴特勒与萨拉·庞森比，两人在威尔士北部幸福地同居了四十年，一起读书成为了她们亲密关系的一部分。在日记里，巴特勒将念书之人与忙碌的听书人之间的关系描述为共享一处文化空间。她在1781年9月24日写道："读塞维尼夫人（Madame de Sevigne）。我的爱人正在画画。从七点直到九点，都在炉边与我的心上人畅聊，一边用纸卷着头发。"② 10月7日，巴特勒道，"为我的萨莉读卢梭。她正在羊皮纸上描地图，有一片热带的地区画错了，她一上午的功夫都打了水漂……整晚都在下雨。拉下百叶窗，烧起温暖的炉火，点亮蜡烛……一整天都充满闲适、柔情和愉悦"。③

自学成才的出版商詹姆斯·拉金通认为，结婚意味着终于能有人分享阅读的世界："一想到能有一位女士伴我共读，为我读书，我就欣喜若狂。"④ 与拉金通有着相同感受的理查德·洛弗尔·埃奇沃思（Richard Lovell Edgeworth）是一位作家，也是一名工程师，虽然他社会地位更高，但他也觉得："我费力耗神地想要提升我的理解，并将我所知的一切与夫人交流。当我们一起读书和交谈，共度那些漫长冬日夜晚之时，她清晰的评价确实有助于我文学修养的精进。"⑤

书籍可以打发时光，而且为聊天与讨论提供了基础。品书闲

---

① Diary of Eliza Tyrrel, 12 July 1818, London Metropolitan Archives, CLC/510.
② *Hamwood Papers*, 55.
③ Ibid., 58.
④ James Lackington, *Memoirs of the First Forty-Five Years of the Life of James Lackington* (London, 1793), 256.
⑤ *Memoirs of Richard Lovell Edgeworth*, 2 vols. (London, 1820), 1:352.

话不仅限于夫妻伴侣之间。① 玛丽·德拉尼曾言及与女性友人一起夜读的快乐。相伴夜读让她俩都对书籍有了更充分的理解："我们反复咀嚼并详细品读了它的滋味。"② 无论主题，读书本身就能拉近德拉尼与朋友之间的距离。1774 年 11 月，一个"永远也停不下来"的雨天，她决定留在室内，与朋友读书作伴："我们把书充作慰藉……它们讲述了动人的道德故事，令我们感到愉悦；它们驱散了丑闻与政治的不快，还让我们记住了与欣赏、尊敬和珍爱的朋友们共度的每一时刻。"③ 对德拉尼而言，读书的重点并非个人文学修养的长进，而在于共享的经历。她如此解释与波特兰公爵夫人（Duchess of Portland）之间的情谊："我们看一样的书，喜欢一样的书，我们不受打扰地讨论，我们热爱同样的作品；我们越投入，就越能体会这项消遣的乐趣。"④

读书与闲暇

十八世纪的行为指南里弥漫着一股关于如何利用闲暇的焦虑感。逐渐富庶起来的社会让越来越多中产之家的女性可以闲在家里，不用再外出劳作。⑤1801 年的《绅士期刊》（*Gentleman's*

---

① Jon Mee, *Conversable Worlds: Literature, Contention, and Community, 1762–1830* (Oxford: Oxford University Press, 2011).

② 5 July 1775, "The Hon. Mrs Boscawen to Mrs. Delany," in Delany, *Autobiography and Correspondence*, 2nd series (1862), 2:144.

③ 3 November 1774, "Mrs. Delany to the Right Hon. Viscountess Andover," in Delany, *Autobiography and Correspondence*, 2nd series (1862), 2:54.

④ 28th November 1774, "Mrs. Delany to Bernard Granville, Esq.," in Delany, *Autobiography and Correspondence*, 2nd series (1862), 2:74.

⑤ Sarah Jordan, *The Anxieties of Idleness: Idleness in Eighteenth-Century British Literature and Culture* (London: Associated University Presses, 2003), 84–122.

第二章
朗读与交际

Magazine）上载有一文，叹惋了家庭中女性角色的转变："现在……这些农场主的女儿们……不再装黄油、养家禽、腌火腿，家里的年轻**女士**们钻研起了穿搭、仪态、小说、法语和音乐，而母亲们则像名媛一般懒洋洋地闲坐于客厅，空对着她们的时髦千金摆弄出一屋子琐碎无聊的精致陈设。"①

不被打扰的闲暇彰显着家族地位。② 在十八世纪的社会史中，这一点颇为讽刺，拥有空闲时间既是对辛勤努力的嘉奖，又是产生忧虑的根源。托马斯·吉斯博恩（Thomas Gisborne）是《女性义务之问》（*An Enquiry into the Duties of the Female Sex*, 1798）的作者。他在"论时间利用"的章节中虔诚地宣布："时间乃造物者交予我等之神圣托付。"③ 每一段神圣的光阴都应当加以利用，而且应当善用。教益性读书与学习在这其中发挥着重要作用——吉斯博恩说，"每日匀一些时光读书进益，这习惯怎么劝进都不为过"。④ 在家庭之中，女性总被视为男性闲暇时的同伴：1740 年，有一位男医师如此写道，女士们"被创造出来，就是用来充当我们正经营生之余的玩物"。⑤ 赫斯特·沙蓬（Hester Chapone）在《寄新嫁娘》（*A Letter to a New-Married Lady,* 1777）中警告，婚姻有可能令人厌烦倦怠，她告诫读者，要当心"所有事情"，"他在你的陪伴下会愈加乏味疲累"。⑥ 若想避免这种命运，可同他一道读书："尽管你不会天然地与他在读书消遣的趣味上相近，但这可以逐步培养，只要你热切迎

---

① Sarah Jordan, *The Anxieties of Idleness: Idleness in Eighteenth-Century British Literature and Culture* (London: Associated University Presses, 2003), 86.

② Ibid., 20.

③ Thomas Gisborne, *An Enquiry into the Duties of the Female Sex* (London 1797), 220.

④ Ibid., 224.

⑤ Nicolas Venette, *The Pleasures of Conjugal-Love Explain'd: In an Essay Concerning Human Generation* (London, 1740), 26.

⑥ Hester Chapone, *A Letter to a New-Married Lady* (London, 1777), 16.

合他的偏好，分享他的兴趣。"①

沙蓬认为，妻子应当曲意逢迎丈夫的趣味与兴致，然而并非所有人都会同意这种看法。有的女性利用与伴侣共读的时机达到不同的目的。简·科利尔（Jane Collier）撰写的讨论讽刺行为的《论巧妙的戏弄》(*An Essay on the Art of Ingeniously Tormenting,* 1753)中有一节，专讲丈夫读书时，拒绝充当听众的妻子如何惹恼他："比如说，如果他想让你听一段莎士比亚的戏剧，你可以不时走出房间，不时摇铃要求一些明天才能备好的东西，就这样不停地打断；还有其他时候，就留心查看（你的小孩是否在屋里），莫莉的帽子是不是歪了，或者杰克脸色好不好。"② 科利尔提醒了我们，并非所有婚姻都幸福，也不是每个家庭都美满。书籍和报纸可以让夫妻彼此逃避，制造沟通的障碍。③

吉尔雷的一副版画，《婚前的和声》与《婚后的泛音》，令家庭和谐的观念跃然纸上。吉尔雷描绘了婚前与婚后的声景（图9与图10）。第一幅画中，一对爱侣唱着二重唱，读着奥维德，他们的声音、思想和身体都是神仙眷侣的样子。宠物乖顺地玩耍，房间成了典雅文化的庇护之所。第二幅画是早餐厅里的场景，明显的冲突造成了情绪的混乱。几乎能透过画面听见，妻子在一旁独唱：她的曲谱上标着"嘹亮地"，歌曲名为"折磨暴躁盛怒/我再也忍不了这绝望"。钢琴上摆着另一本乐谱："分居：带伴奏的二重唱之最终章"，一本"结婚戒指——悲歌一首"躺在地上。丈夫衣衫零乱，正在看《体育记事报》(*Sporting Calendar*)，表情沮丧。屋内的声

---

① Hester Chapone, *A Letter to a New-Married Lady* (London, 1777), 17.
② Jane Collier, *An Essay on the Art of Ingeniously Tormenting* (London, 1753), 123.
③ 有关文本如何阻碍婚姻关系的细述，参见 Leah Price, *How to Do Things with Books in Victorian Britain* (Princeton: Princeton University Press, 2012), 51–67。

第二章
朗读与交际

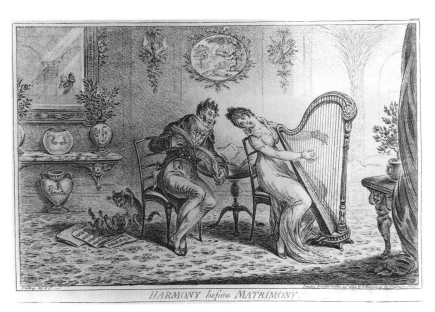

图9 詹姆斯·吉尔雷，《婚前的和声》，伦敦，1792年10月，版画（国会图书馆，LC-USZ62-100133）

图10 詹姆斯·吉尔雷，《婚后的泛音》，伦敦，1805年10月25日，版画（国会图书馆，LC-USZ62-100134）

音不止于此,有婴儿在尖叫,保姆发狂地摇着响板,咖啡壶滋滋地冒着水汽,还有一只狂吠不止的狗,以及两只尖叫的鹦鹉。一本《折磨的技艺》(Art of Tormenting)被摊开来放在椅子上。尽管美好宜人的家庭交谈在大量的良言指南中频频受到推崇,但与此同时,仍然有一股强劲的文化传统,在图画和文字上展现着不幸的家庭与悲惨的婚姻,二者分别面向两拨不同的读者群体。①

到此为止,本章关注的一直都是家庭内部的交际式读书,但要就此认定,人们只有聚在家里时才会与人共读,可能并不准确。在酒馆、咖啡屋、流通图书馆以及其他聚会场合,人们也都会凑在一起读书。即便是家中,也多指家庭范围内,不拘于宅邸府苑。那些更宽裕的中等阶层与缙绅会搬去消暑别墅小住,它们一般不远,而且能提供凉爽荫蔽的室外空间。它的主要功能就是提供一处"欢乐居",让人换个地方消磨闲暇时光。消暑别墅之间的设计与规模差别甚巨——简单、质朴、经典,或是个人色彩浓烈,反映了屋主的心血来潮与奇思怪想。它们有些是开放的,但有的显然是为了能让屋主存放书籍,因而省去了大量其他元素:十八世纪前半叶至少有两起记录在册的窃书案,由此说明,这些地方容易失窃。托马斯·汤普森(Thomas Thompson)"在韦布里奇(Weybridge)的小屋子"于某年12月14日失窃报案,当时:"他们凿穿了我消夏屋的墙壁,他们扔下了百来本书,比盗走的还多,我在邻居家的果园地上发现了它们,他们拿走的八开、四开和对开本有七十本,还偷走了拉潘的十二卷八开本英国史,等等。"② 汤普森的消夏别墅里

---

① 对这一时期不幸婚姻的探讨,参见 Vickery, *Behind Closed Doors*.

② "Hannah White, Theft other, 14th January 1743," Old Bailey Proceedings Online (www.oldbaileyonline.org), Ref. t17430114-48. 又见 "Edward Parker, Mary Hull, Theft grand larceny, 16th April 1729," Ref. 17290416-11。保罗·德拉潘(Paul de Rapin, 1661—1725),法国的辉格派历史学家,著有《英格兰史》。

第二章
朗读与交际

显然藏书颇丰。"欢乐居"多位于主宅附近，这意味着它们能用以独处，**或是**用来社交。无论哪种形式，都少不了读书。①

有不少读书活动也会**在室外**进行。十八世纪有很多书籍的扉页都画有一家子凑在小树林或河岸草地上读书的场景，这类新古典主义风格的理想图景可能将室外景象变得十分浪漫，但也说明，室外读书的活动颇为常见。十八世纪对玻璃与蜡烛课以重税，很多中产之家室内较为昏暗，于是读者们选择将文化活动挪到室外进行，也不值得大惊小怪。玛丽·拉思伯恩（Mary Rathbone）是什罗普郡（Shropshire）的一位贵格会女教徒，她在日记里写道："坐在花园里，手上做着针线活，而我的兄弟理查德读着《桑福德与默顿》（'Sandford and Merton'）。"有一回，某个亲戚在花园里为她朗读《旁观者》，还有一次给她读了库克船长的航行。② 玛丽·德拉尼常在室外的小树林或岩洞，甚至是沙滩上——"沙地上的岩洞"读书。③ 前文还曾提到，格特鲁德·萨维尔与女仆一道散步，在室外共读。萨维尔还与母亲一起去过克拉彭公共绿地（Clapham Common），在那儿为她读了一段"阿格尼丝·德·卡斯特罗"（Agnes de Castro），这是阿芙拉·贝恩（Aphra Behn）散文小说里的一个短篇。几日之后，她们一行又沿金斯顿街（Kingston Road）漫步了几英里，沿路，她开始朗读贝恩的另一部短篇小说，《美丽的弃夫者》（*The Fair Jilt*）。第二天，她们在温布尔登度过了一下午，将这部小说读完了；不久之后，她们用完了晚餐，读起了

---

① Karen Lipsedge, "A Place of Refuge, Seduction or Danger? : The Representation of the Ivy Summer-House in Samuel Richardson's Clarissa," *Journal of Design History* (2006),185–196,188–189.

② 15 June 1790, *Reynolds-Rathbone Diaries and Letters, 1753–1839*, ed. Eustace Greg (Edinburgh, 1905), 54; 又见 8 June 1786, 39, 以及 29 November 1785, 32。

③ 23 August 1776, "The Duchess of Portland to Mrs. Delany," in Delany, *Autobiography and Correspondence*, 2nd series (1862) II, 254.

贝恩的《奥鲁诺克》(*Oroonoko*)。①

萨维尔的读书之旅提醒我们注意，书籍便携对于十八世纪休闲阅读有多重要——书籍广告和序言文字里常提到这一点。《鸟舍，亦或英伦曲调杂志》(*The Ariary, or, Magazine of British Melody*) 号称收录了1443首歌曲，"都容纳在一本轻便的袖珍书里"。②《指南：名家名篇优选集》(*The Companion: being a Choice Collection of the Most Admired Pieces from the Best Authors*, 1790) 声称，"这样的文学读物能省去搬运大部头的麻烦和花费"，且方便携带，是"轻便恰当的尺寸"。③ 就像现下的旅客会带着小说、iPod 和 iPad 来打发时间，十八世纪的游人也会在旅途中或等待时读书。马车本就颠簸，更别说路面还坑坑洼洼，即便是最短的旅途也会变得无比漫长。约翰·查布少时从萨默塞特前往伦敦，他到巴斯之前，基本一路都在晕车，之后恢复了足够的元气才撑完余下旅途。后来他给父亲写信："我人生中从未像今日这般渴望能够在车厢里有本书。"④ 玛丽·德拉尼在旅途之后的信中写道："前往斯托（Stow）的路上，萨莉在考斯康普（Causcomb）用了早餐，她给我们带了本书，以供车厢内消遣，书名为《凯茨比女士致亨利埃塔女士信简（布鲁克夫人译本）》(*Letters from Lady Catesby to Lady Henrietta* [translated by Mrs. Brooke])；这些书信奇特有趣，是极好的爱情故事——由法文翻译过来，有些优美的情致与不同一般的格调。总而言之，它还是

---

① Gertrude Savile, *Secret Comment: The Diaries of Gertrude Savile, 1721–1757*, ed. Alan Saville (Devon: Kingsbridge History Society, 1997), 55.

② "The Preface," *The Aviary; or, Magazine of British Melody* (London, 1765), n. p.

③ *The Companion, being a Choice Collection of the Most Admired Pieces from the Best Authors, in Verse and Prose* (Edinburgh, 1790), I, vi–vii.

④ John Chubb to Jonathan Chubb, 23 October 1759, Chubb Correspondence, Somerset Heritage Centre, A/CSC 2/3.

第二章
朗读与交际

令人愉悦的，也算实现了借书人的心意。"① 与其他赶赴爱尔兰的游客一样，德拉尼也时不时被恶劣的天气耽搁行程，在此期间，按她的说法，"我们轮流看着《漫游者》和《投机客》（*Adventurer*）——《投机客》更受我们钟爱"。②

人们读书的物理环境与社会情境多种多样，我们接下来将会看到，读书环境的多样性影响了书籍本身的形式。一旦将书籍重新放回到客厅、花园和马车之中，我们就会发现，社交情境中的阅读史与十八世纪生活的其他方面皆密不可分，这包括：公共社交焦虑、无所事事、空虚寂寞、交谈的益处、亲密关系的增进。人们相互拜访，观看彼此读书，他们还会做出评判：不仅要看某人读得有多好，还要看所读是哪种书。在家读过的书籍对读者与听者都有着极私人的意义，但它们也是个体向世界展示自我的一种方式。

---

① 18 October 1760, "Mrs. Delany to Mrs. Dewes," in *The Autobiography and Correspondence of Mary Granville, Mrs. Delany*, ed. Lady Llanover, 3 vols. (London, 1861) 3:604–605.

② 12 June 1754, "Mrs Delany to Mrs. Dewes," in *The Autobiography and Correspondence of Mary Granville*, 276.

第三章
使用书籍

> 书乃少时的指南，老来的娱乐；它们令人得以幽居独处，免于自怨自艾；人生困苦，也能助我们平缓度过；忧虑失望，我们也不再执着；总而言之，书籍能提供方向，满足求索欲并给予支持。
>
> ——阿贝·德安古（Abbé d'Ancourt），
> 《淑女的导师》，1743 年 ①

复原我们如何以及为何聚在一起读书的历史是否可能呢？在上一章，我们看到了书籍的社交与其他社会习俗的紧密关联——对交际的理解，登门拜访的惯例，对闲暇时光的利用，家庭空间的性质，与人交谈的价值。尽管识字率提高，人们接触到书籍的机会增多，不少人可以独立阅读，但仍有很多因素促使人们继续聚在一起读书。② 其中有一些因素决定了人们决定读什么以及如何读：大家凑在一起，以书籍充当公共消遣、表演与讨论的基础，这些都被认

---

① Abbé d'Ancourt, *The Lady's Preceptor; or, A Letter to a Young lady of Distinction upon Politeness: Taken from the French of the Abbé D'Ancourt, and adapted to the Religion, Customs, and Manners of the English Nation* (London, 1743), 62.

② 读书习惯的演变可能涉及时间消磨方式以及时间观念的改变。Reinhard Wittman, "Was There a Reading Revolution in the Eighteenth Century ?," in *A History of Reading in the West*, ed. Roger Chartier and Guglielmo Cavallo (Oxford: Polity, 1999), 284–312, 299.

第三章
使用书籍

为具有社交益处。直接又实际的原因也同样存在——光亮与视觉。如果考虑到十八世纪人面对的实际困难，他们阅读量之大，简直是非比寻常。在阿尔冈油灯（Argand oil lamp）问世以及北美廉价的矿物油到来之前，家庭内部的采光方式原始，并且价格极为昂贵。黑夜确实是漆黑一片，就如詹姆斯·鲍斯威尔在日记里记录的那样：

> 大约凌晨两点，我无意间熄灭了我的蜡烛，炉火早就灭了，也凉了，这令我陷入了巨大困境，手足无措。我小心翼翼摸下楼，进入厨房。可是，哎呀，这里也和格陵兰的冰山上一样，一点火光都没有。①

照明条件是由阶级属性决定的。最贫苦的家庭依赖自制的灯芯草烛、油烛和油灯，这些点起来烟大呛人，而且需要持续地看顾。②油烛的原料来自动物脂肪，点燃之后需要多次剪烛芯（修剪烧焦的灯芯），不然烛光会摇曳昏暗，而且直冒黑烟。最佳的照明方式是蜡烛，只有富裕的家庭才用得上。蜡烛按重量计价，被课以重税。它们按每磅多少支来划分等次：已知有 4 支、6 支、8 支、10 支与 12 支每磅，4 支 1 磅的蜡烛是最长最大的一种。选择多大的蜡烛，要看活动时间大概有多长——这是主人家应当考虑的事宜。蜡烛被放在烛台里以便四处搬动，或者插在墙壁上的烛台座里，此时后面经常摆上一面镜子反射出更多的光。除非点燃大量蜡烛（只能是巨富之

---

① 21 March 1763, in James Boswell, *Boswell's London Journal, 1762–1763*, ed. Frederick A. Pottle (London: McGraw-Hill, 1950), 224.

② 要想了解这一时期家庭照明的整体情况，参见 Maureen Dillon, *Artificial Sunshine: A Social History of Domestic Lighting* (London: National Trust Publications, 2002) 12–67。

家），否则几支蜡烛提供的点点烛光只能缓解黑暗，无法为整间屋子提供充足明亮的光线。在很多家庭，最大的光源仍然来自于炉火。①

有些房间相较其他屋子更难照亮。根据估算，要照亮一间有护墙板的房间需要六支蜡烛，灰墁粉饰的房间需要八支，挂满油画的房间需要十支。②不是所有烛都是蜡制的，使用蜡烛还是油烛有社会阶层的差异——后者常被分给仆从与孩童。但还有些人完全不被允准单独照明。詹姆斯·拉金通记录了自己的学徒年代："我眼神很好，所以我总能借月光看书，这也是因为师傅绝不肯让我拿一支蜡烛进房间，我认为这一禁律乃是一种迫害。"③

社会阶层再往下走，就连足够的窗户也没了。英格兰的农家小屋往往窗户极少，而在苏格兰，情况更加糟糕。亚历山大·萨默维尔（Alexander Somerville）既是一位战士，也是一名报纸写手。他的双亲是边境地带的流动散工，也是宗教作品的虔诚读者。据萨默维尔回忆，他的父母自有一套办法来解决这种问题："我的父母拥有一扇窗户（房子上没有），窗户就是一小格玻璃，当他们在贝里克郡（Berwickshire）各地作工时，都随身带着这扇窗户，每到一处作佃户时，就将它安在居住的小破屋上。"④夜间选择独自看书，无论是在另一间房里，还是与人同在堂屋内，都所费不菲，更别说会多有不便（图11）。如果一个人亮堂地读书能让很多人也受益，为什么还要勉强就着不足的光源与小开本耗费眼神呢？

---

① Maureen Dillon, *Artificial Sunshine: A Social History of Domestic Lighting* 48.

② John Cornforth, *Early Georgian Interiors* (New Haven: Yale University Press, 2004), 129.

③ James Lackington, *Memoirs of the First Forty-Five Years of the Life of James Lackington* (London, 1793), 100.

④ Alexander Somerville, *The Autobiography of a Working Man* (London, 1848), 3. David Vincent, *Bread, Knowledge, and Freedom: A Study of Nineteenth- Century Working-Class Autobiography* (London: Methuen, 1981), 122–123; Marjorie Plant, *The Domestic Life of Scotland in the Eighteenth Century* (Edinburgh: Edinburgh University Press, 1952), 35–36.

第三章
使用书籍

即使有了人造光源，想轻松阅读也还有其他技术障碍，亦即眼科医学有限的发展。大声朗读让那些看不清楚的人士得以接触书籍与信笺，还有很多人需要借助别人的眼睛来读书。伊丽莎白·蒙塔古（Elizabeth Montagu）既是作家，有时也组织文化沙龙。她给波特兰公爵夫人写信说起："我听从了夫人您的忠告，一点儿事也不管，全凭我姐妹的眼睛来读书。"① 玛丽·德拉尼也担心读书会有损视力。她向自己的朋友保证，自己"读书再也不会加起来超过两小时（而且

图11 《父亲在烛光下为家人读书》，丹尼尔·多德（Daniel Dodd）和托马斯·库克（Thomas Cook）雕刻，来自约翰·马歇尔公司（John Marshall and Co.，）1783年出版书籍的扉页画（私人收藏／斯特普尔顿藏品／布里奇曼图像）

也鲜少这么长时间），而是中间休息，并拣选良本，点好蜡烛，每周三天。"② 威廉·伯吉斯（William Burgess）是马里波恩（Marylebone）的一名胡格诺派学童。15岁时，他在日记里记录，每周去给年迈病

---

① 30 May 1741, "To the Same," in *The Letters of Mrs. Elizabeth Montagu, with Some of the Letters of Her Correspondents*, 3 vols. (London, 1809), 1:210–211.

② 31 October 1774, "Mrs. Delany to Bernard Granville, Esq.," in *The Autobiography and Correspondence of Mary Granville, Mrs Delany*, ed. The Right Honourable Lady Llanover, 2nd series, 3 vols. (London: Richard Bentley, 1862), 2:50.

弱的祖父念一会儿法语文学。① 许多读者都将眼睛疲累归咎于昏暗的烛光。②

蜡烛与书页的相对位置也至关重要。安妮·利斯特 1818 年 2 月某日的日记中写道："做不了什么，我的眼睛耗费太过，尤其是右眼。最近借烛光看书过多，既没好好利用白天，也没合理运用烛光。我坐得离光源太近，结果光线反而没有合适地照在书页上。"③ 点一支蜡烛读书，既要想办法让烛光投射到纸页上，还不能太过晃眼，当时普遍认为烛光摇曳有伤视力。炉火也有风险。《淑女期刊》1789 年 4 月刊载了一则"读书提示"："有些人抱怨白日里太缺时间，竭力想在夜间的床头阅读中补回来——防火保险公司的职员可不大满意这种方式。"④

兰开夏郡的地主尼古拉斯·布伦德尔与自己的眼疼症进行着旷日持久的斗争。他不断尝试了各种方法，在 1710 年夏天达到了巅峰。在相当长的一段时间里，他买了"眼镜用以收藏"，并且尝试了各种药物疗法——他的处方簿里收藏了 29 张针对"双目酸疼""泪眼不止"以及"灼烧感"的药方。⑤ 据他自己记录："卡伍德大夫（Dr. Cawood）亲自负责治疗我的眼睛。他为每只耳朵都出了诊方。"⑥

---

① William Hugh Burgess, MS Diaries from January 1788 to October 1790, vol 1 F/WHB/, London Metropolitan Archive.

② 到了十九世纪晚期，关于如何健康阅读已经形成了一套具体的观念：不应当躺着看书，书本不能离眼睛太近，坐车赶路时不能看书，夜里太晚也不能看书。Chris Otter, *The Victorian Eye: A Political History of Light and Vision in Britain, 1800–1910* (Chicago: University of Chicago Press, 2008), 41.

③ 5 February 1818, in Anne Lister, *I Know My Own Heart: The Diaries of Anne Lister, 1791–1840*, ed. Helena Whitbread (London: Virago, 1988), 38.

④ "Hints on Reading," *Lady's Magazine*, April 1789, 177.

⑤ 17 January 1710, in Nicholas Blundell, *Blundell's Diary and Letter Book, 1702–1728*, ed. Margaret Blundell (Liverpool: Liverpool University Press, 1952), 67.

⑥ 30 June 1710, in Blundell, *Blundell's Diary and Letter Book*, 67.

第三章
使用书籍

也许不难预料,耳朵疗法并未起作用,过了一个月之后,我们发现,"依照卡伍德大夫的吩咐,我开始喝明目茶,用鼠尾草的种子敷眼"。① 在我们看来,布伦德尔舍近求远有些奇怪:他更乐意花功夫搜寻药方、鼠尾草种子,不惜通过诊治耳朵来促进视力,也不使用眼镜。但在那个时代,眼镜是刚出现的新鲜玩意。十九世纪中期有一位医学作者回想起以前没有眼镜的时代,只有哀伤和遗憾。他宣称,眼镜才是社交乐趣与审美享受的关键:"[它们]令我们看清楚,同一屋檐下,坐在桌子另一头的朋友们的脸,使我们欣赏到了大自然的外化之美与艺术作品的动人,让我们能仰望苍穹数看繁星……那些在眼镜发明前已经衰老和近视的人啊,他们该有多么悲惨。"②

眼镜从十六世纪就开始出现,但直到十八世纪晚期才被普遍使用。值得注意的是,眼镜虽然被当时的文学作品多次提到,但并不被视作关键的阅读辅助,反而被当成略古怪的装饰品。许多滑稽故事里流传着一位天资不足的法官,被告诫要用放大镜,而非眼镜,去看清自己的同僚;还有时人对西班牙人的刻板印象,说他们为了时髦,只在正餐时戴眼镜;柯珀写过一首打油诗,调侃眼镜究竟是戴在眼睛上还是挂在鼻子上。③ 十八世纪晚期到十九世纪早期,眼镜开始被广泛地使用,这才使得近视、散光和老花眼等问题得到了诊断与处理。④ 十八世纪的眼镜加上了眼镜腿,这是最大的改进之处——此前,眼镜都是摇摇晃晃地挂在鼻子上。这就衍生出一个问

---

① 20 July 1710, in Blundell, *Blundell's Diary and Letter Book*, 67.

② David Brewster, "The Sight and How to See," *North British Review* 36 (1856), 176.

③ Daniel Gunston, *Jemmy Twitcher's Jests; collected by a member of the Beef-Steak-Club* (Glasgow, 1798), 21; Giovanni Paolo Marana, *The Eight Volumes of Letters Writ by a Turkish Spy*, 23rd ed., 8 vols. (Dublin, 1736), 8:80; "Report of an Adjudged Case, not to be Found in any of the Books," in William Cowper, *Poems by William Cowper, of the Inner Temple*, Esq (London, 1782), 315.

④ Otter, *The Victorian Eye*, 40.

以书会友
——十八世纪的书籍社交

题,在没有镜脚的时代,人们如何大声朗读书籍呢?站立起来,按照指南书里的那些要求为听众表演朗读,扶着鼻子上的眼镜防止掉落,同时手里抓着一本书,是否真能做到呢?想必对很多人而言,需要先行记熟诗歌散文的段落,才能真正生动地演绎。

阅读,尤其是阅读一些小字号的版本,被普遍认为有伤视力。解决视力问题的主要方法就是停止阅读。童年时的利蒂希娅·范·卢恩(Laetitia van Lewen),因为视力不好,被母亲禁止看书。有一回,她私下偷看德莱顿的《亚历山大的盛宴》(*Alexander's Feast*)被发现了,害怕会惹来一顿鞭打。尼古拉斯·布伦德尔因为求治无果,也被敦促戒绝阅读,以防眼部问题恶化。威廉·威尔伯夫斯(William Wilberforce)是国会议员,也是一位废奴主义者,年少时,他就展露出稳健有力的演讲风范,在赫尔(Hull)念文法学校时,老师总让他上台,为其他男生朗读。然而,成年后不久,他的视力便开始退化,他在书信里常提到视力退化带来的麻烦。他告诉女儿,"我的双眼如此疲弱,无法借着烛光写信,尤其昨晚没睡好,白天还工作了整整一天",若非如此,他本该早些寄一封更长的家书给她。[①]于他而言,朗读是必需品。在某些情境下,还可能是种享受。据他的儿子(不无怀旧地)回忆:"为家族核心成员读书是他的一件乐事,他会滔滔不绝地分享自己的知识储备,翻开一本接一本的书摆在自己周围,用来说明、质疑或证实当晚讨论的主题。"[②]不过,威尔伯夫斯并不总如同这桩轶事所说那样喜欢听人念书。他提到,曾听别人读了一整卷斯塔尔夫人的文稿,就不如他自

[①] Robert Isaac Wilberforce and Samuel Wilberforce, *The Life of William Wilberforce*, 5 vols. (London, 1838), 4:312.

[②] Ibid., 79.

第三章
使用书籍

己理解来得透彻。① 在另一处，他评论道，纯粹聆听一本书，其实很难聚精会神："我还是希望能做一些事，可惜视力减损……听人给我读书时，我也留意到一些段落，但却无法像亲眼看书时那样，一眼便能领会，听人读书的收获总是难如自己读书所得那样融会贯通。"②

可读性

正如玛丽·德拉尼提到，要"拣选良本，点好蜡烛"，开本大小对阅读健康至关重要。流行的八开本满足了市场对廉价书的需求，但八开本的字体非常小——相当于新罗马字体 10 号字大小。有的畅销书会出一些比标准版放大 1.5 倍的版本。皇家配镜商乔治·亚当斯（George Adams）在他的《论视力》（*An Essay on Vision*, 1789）一书中估计，按照一般人的"天然"视力，可以相隔 15—16 英寸看清"字号大、印得清晰的字样"。③ 这本《论视力》号称专门为视弱或视力受损的读者所写，读这本书，能让他们防止视力进一步恶化，了解自身的情况，然后选择最合适的眼镜。不过，考虑到在十九世纪以前的不列颠，眼镜尚未普及，印刷字体的大小对广大读者群体而言可能更关键一些。

玛丽·戴维（Mary Davy）的小说《被驯服的风骚女人》（*The Reform'd Coquette*, 1736）有一则这样的广告，广告词宣称，这一

---

① 8 September 1818, "William Wilberforce, Esq to H. Bankes, Esq," in *The Correspondence of William Wilberforce*, ed. Robert Isaac and Samuel Wilberforce, 2 vols. (London, 1840), 2:410.

② 27 July 1826, "William Wilberforce, Esq. to Z. Macaulay, Esq," in *The Correspondence of William Wilberforce*, 2: 501.

③ George Adams, *An Essay on Vision, Briefly Explaining the Fabric of the Eye and the Nature of Vision: Intended for the Service of Those Whose Eyes are Weak or Impaired* (London, 1789), 72.

以书会友
——十八世纪的书籍社交

版乃"大字号印刷,专供年迈女性阅读"。① 禁书《回答人们通常为不领圣餐所找的一切借口》(*An Answer to all the Excuses and Pretences which Men Ordinarily Make for Their Not Coming to the Holy Communion*)印到了第16版,这一版"专供那些好奇者、年长者以及字体太小读不了的人,字号印得很大"。② 戴维的小说能有大字版着实不同寻常。通过浏览书籍目录与广告就能发现,能在广告里宣传"以大字号印刷"或者"字号极大"的小开本,往往都是最普及的家用宗教书籍——《圣经》《公祷书》或是《众人的本分》。对日常读者而言,便携与字号,就是两个加分项的结合。一个书商以"八开本的《公祷书》,字号很大,能装进衣袋"作为卖点,显然是理解了客户们的实际需求。③ 约翰·卡思伯特(John Cuthbert)在塞拉利昂传教。他在家书中写了不少游历心得之后,于末尾处加上了:"如果您能为我寄来大字版本的赞美诗与《圣经》诗篇,我将记住您的恩惠,因为法国人拿走了我的眼镜,我现在视线模糊。"④

偶尔,出版商也会透露一些书籍排版与读者需求之间的关联。⑤ 1759年,塞缪尔·理查森(Samuel Richardson)致信芭芭拉·蒙塔古(Barbara Montagu)小姐。信中,理查森解释道:"有时,一些词语,比如像是**做着**(*making*)、**拿着**(*taking*)等等,会因为狭

---

① "Register of Books Published in July, 1736," *Gentleman's Magazine*, July 1736, 427.

② Advertisement, "This Day publish'd," in *Westminster Journal or New Weekly Miscellany*, 2 March 1745.

③ "Books Printed, and Sold by the Bible-Sellers of London"广告语,in *The Whole Duty of Man, Laid Down in a Plain and Familiar Way* (London, 1753), 衬页。

④ Alexander Pringle, *Prayer for the Revival of Religion in All the Protestant Churches* (Edinburgh 1796), 144 中引用的信。

⑤ 许多由约翰·纽伯里(John Newbery)出版发行的早期儿童读物都是小而紧凑的版式。直到1779年安娜·利蒂希娅·巴鲍德(Anna Laetitia Barbauld)的《三岁孩童之课业》(*Lessons for Children of Three Years Old*)出版后,我们现在所熟悉的那种留白很大、明了简洁的版式才得以确立。

窄的页面塞不下，**被拆分开**拼写。年轻的读者们时不时被长辈们要求为自己念书，为了他们考虑，会将字母 e 加到这行的末尾，以便他们能完整地读成**做着**（make-ing）。"① 在理查森看来，文本的朗读需求意味着，要下更多功夫让读者了解单词是如何换行的。有时，文选辑录的广告会宣传书籍内容的呈现观感，强调这本书适合用作朗读。《散文诗歌集锦》（*Beauties in Prose and Verse*, 1783）的前言称："纸张上乘，字号大，字体清晰，专为公开朗诵而设计，无须费力耗神地细看，也不用担心因为字体太小看不清而出错。"②

朗读不仅能为视力不济者解决困难，还能给缠绵病榻或垂死之人带去巨大的慰藉。弗朗西斯·埃奇沃思（Frances Edgeworth）所写的玛丽亚·埃奇沃思（Maria Edgeworth）传略中描述了不少为病痛者朗读的桥段：1805 年，玛丽亚久病不起，"她感觉有时如果能够支撑着下来，躺在书房的沙发上，她能享有的第一项娱乐，就是听夏洛特给她读一段《最后的吟游诗人》（*Lay of the Last Minstrel*）"。③ 玛丽亚也为姐妹露西读过《伊芙玲娜》（*Evelina*），她还借机强调，很有必要存一些轻松读物，以备病痛时拿出来读，以缓解不适："年轻人不要过早就把消遣小书囫囵读了，否则，等到需要慰藉伤病时，就变得无甚可看了。"④

玛丽·德拉尼经常为她年迈体弱的丈夫亚历山大·彭达维斯（Alexander Pendarves）读书，读书时的环境往往并不讨喜："如果

---

① Samuel Richardson to Lady Barbara Montagu, October 15 1759, Cornell University Library, Rare Books and Manuscripts Collection, 4600, box 48. 感谢琳达·布里博士提供了这份材料。

② *Beauties in Prose and Verse, Selected from the Most Celebrated Authors* (Stockton, 1783), vi 的前言。

③ *A Memoir of Maria Edgeworth, with a Selection from Her Letters*, 3 vols. (London, 1867), 1:189.

④ 1 January 1820, *Maria Edgeworth to Miss Ruxton, A Memoir*, 2: 45.

他犯了痛风的毛病，就没法忍受屋里有一丁点火光（即便是在冬天），于是我只能在三小时的彻骨严寒中，哆嗦着与他一起读书。"①
也有人认为，书籍不仅能帮人转移注意力，还能助人缓解忧郁、消沉的情绪。达德利·赖德叙述了一位苦恼不堪的朋友来访做客的经历：

> 惠特利先生（Mr. Whately）进来时，看起来极度沮丧，他闷闷不乐，面色阴郁，沉默无言。他告诉我，现在的他感觉再难高兴起来。我竭尽所能地想让他脱离这种情绪，但全是徒劳。我将《监护人》（*Guardian*）念了一遍，内容与他处境相似，我以为这能令他动容，使他高兴。可他无动于衷。我又提起一首弥尔顿写忧郁的诗，希望能像弥尔顿笔下文字一般，令他的忧郁变得讨喜些。然而都没什么用。②

惠特利先生显然不为所动，但赖德觉得读书有疗愈之功，这种想法并非异类。当时许多滑稽故事集都号称是"顺气良方"。为临终之人朗读是床边陪护的重要职责。这类场景中，一般多读宗教作品——但也并不尽然。伯明翰的书商威廉·赫顿（William Hutton）记下了父亲临终前的病榻情景：

> 周一上午，我的兄弟为父亲读书［某本不知其名的世俗读物］，我觉得读了有两个钟头。他询问父亲，是否还要继续，

---

① "Letter IX," in Mary Delany, *The Autobiography and Correspondence of Mary Granville, Mrs Delany*, ed. The Right Honourable Lady Llanover, 1st series, 3 vols. (London: Richard Bentley, 1861), 1:63.

② 5 April 1716, in Dudley Ryder, *The Diary of Dudley Ryder, 1715–1716*, ed. William Matthews (London: Methuen, 1939), 214.

父亲回答，"是的"。可是，父亲是否听懂了他读的内容，他的声音是否安抚了父亲，抑或对书籍的热爱仍不由自主地持续着？对此，我无从确知。①

汉娜·雷诺兹·拉思伯恩（Hannah Reynolds Rathbone）是什罗普郡一位贵格会牧师的妻子。据她所记，1807年12月27日，她的丈夫为直系亲属朗读了每年一次的布道，结果就成了绝响：转年，他的朋友在威廉·拉思伯恩的卧室里为他们一家人念了布道词，而他在床上奄奄一息。②

书籍也可能损害听者和读者的健康。诗人约翰·拜罗姆（John Byrom）的日记里写了这么一段："周四：我的姐妹埃伦前夜睡得不错，上午也并无不适，到了中午却突然再度恶化。她以为是他们的朗读（因为他们正在读克拉伦登的历史）干扰了她。"③诗人与书信作者安娜·苏厄德（Anna Seward）就认为，自己肺部不适全赖之前朗读莎士比亚过于热情："我认为我在那儿[做客诺丁汉时]弄伤了自己，因为架不住各路朋友的强烈呼吁，为他们当众朗诵了几节莎士比亚的戏剧选段……要读莎士比亚，我可没法不卖力气。有一晚，我大声朗读了《麦克白》里所有的重头戏，此后就再没畅快地呼吸过。"④

---

① *The Life of William Hutton, Stationer, of Birmingham: and the History of His Family, Written by Himself* (London, 1841), 93.

② 27 November 1807, *Reynolds–Rathbone Diaries and Letters, 1753–1839*, ed. Eustace Greg (Edinburgh, 1905), 123.

③ *The Private Journal and Literary Remains of John Byrom*, ed. Richard Parkinson, 2 vols. (Manchester: Chetham Society, 1854–1857), 1 (1854): 46.

④ 31 July 1794, "Letter XCVII. Mrs Jackson," in *Letters of Anna Seward, written between the years 1784 and 1807*, 6 vols. (London, 1811), 3:384–385.

以书会友
——十八世纪的书籍社交

读书习惯

分享式读书会助长什么样的读书习惯呢？近来有一位文学评论家，分别以演绎和内省区别了朗读与默看：当读者大声读书，他或她都在演绎其他人的语言，但如果读者是在默看，读书过程就更加自省，更有益于自我的反思。①朗读也并不一定会阻碍自我反思——不少评论人士纷纷用自己的朗读习惯证明，朗读给自己听，其实更能让人沉浸在文字之中。在分享式读书的场景中，要考虑到两类体验感受。一方朗读出文本，另一方（可能有很多人）成为沉默的听者。这种交换创造出一个空间，声音的投射与静默的深思在此间同时发生——这样的二重性在许多油画中有所体现。画面中绘有成双成对的读者，朗读人嘴唇微启，全神贯注投入朗诵，一旁是陶醉并陷入深思的听者，他们的目光往往并不投向朗读者与书本，而是沉醉于自己的想象之中。②看着这些如痴如醉的听众，我们能解读出，内省关联着一般性的读书经历。读书的样子象征着个人自省，这一特点也在虚构文学对单个读者的描写中有所体现。书籍史学者利娅·普赖斯（Leah Price）的研究提出，小说将读书作为独处的一种形式，书籍促人内省，不在于读书人如何看书，而在于读书人的自我审视。③

我们从日记中能看出，对有些人而言，交际式阅读需要涉猎多种书籍的短篇选段，而不是长时间专注于同一个文本。书籍史学者

---

① Elspeth Jajdelska, *Silent Reading and the Birth of the Narrator* (Toronto: University of Toronto Press, 2007), 8.

② Garrett Stewart, *The Look of Reading: Book, Painting, Text* (Chicago: University of Chicago Press, 2006), 231–273.

③ Leah Price, *How to Do Things with Books in Victorian Britain* (Princeton: Princeton University Press, 2012), 47.

第三章
使用书籍

认为，略读和浏览的习惯都不独属于这个时代，也不是只有分享式读书才如此。彼得·斯塔利布拉斯（Peter Stallybrass）在写"间断式阅读的漫长历史"时提出，在文字载体由卷轴变为抄本（或书籍）的过程中，书签才第一次被派上了用场，读者从此才得以在一个文本中，前后来回地穿梭。"当文化评论者们留恋地回味起那个想象中的过去，追忆那时的读者如何展开书卷，连续地从头读到尾，他们是在**倒转**抄本与印刷书籍发展成为索引式形态的历史。"① 近代早期的读者从连续式阅读向浏览式阅读过渡，而不是反向发展。二十一世纪的不充分阅读并不是新鲜事。有古人习惯在前，也许能让我们换个角度去考虑当前针对"分心阅读"（distracted reading）产生的焦虑。② 就像现代人不断更换频道一样，十八世纪的读书人与听书者也会出于兴趣和心情，变换阅读种类。安妮·利斯特在十九世纪早期的日记就是绝佳的例子：她与同伴们从这儿拣选一点，那儿摘录一节用来朗读——一篇东方罗曼史的书评、理查德·波尔威尔（Richard Polwhele）的布道词、《公祷书》、一段族谱、沃尔特·司各特（Walter Scott）新出的小说、萨缪尔·约翰逊的《苏格兰西礁游》（*Tours of the Western Isles of Scotland*）、卡罗琳·兰姆（Caroline Lamb）的《格伦纳维》（*Glenarvon*）。也有人拒绝选择这种同时阅读多本的读书方式。牧师兼学者托马斯·特文宁（Thomas Twining）就觉得，要同时兼顾两本书是一件难事，他向自己的兄弟说起心得体会："你时常读诗，如果你也和我一样有空闲就好了；但即使是我……也总是觉得，当我尝试着两本书一起读，其中一本会吞噬掉另一本，除

---

① Peter Stallybrass, "Books and Scrolls: Navigating the Bible," in *Material Texts: Books and Readers in Early Modern England*, ed. Jennifer Andersen, Elizabeth Sauer, and Stephen Orgel (Philadelphia: University of Pennsylvania Press, 2001), 42–79, 45.

② 关于分心阅读和短暂注意力的悠长历史，参见 Frank Furedi, *Power of Reading: Socrates to Twitter* (London: Bloomsbury, 2015), 143–147.

以书会友
——十八世纪的书籍社交

非是那些成了次要插曲的书籍本身非常轻松易读。"①

《淑女期刊》也对混乱的阅读习惯表达了担忧,它劝诫读者,"阅读……应当有稳定的习惯——不要从历史跳到小说,从小说蹦到神学,又从神学蹿到诗歌"。期刊主编提供了一份别致的读书时间表,说是来自一位名叫"尤金尼奥"的伟大朋友。这位朋友"上午浏览报纸,从中午起研读历史,晚餐之后主要是消遣读物,夜间一般是新书和小册子,因为按他自己的说法,它们极可能让他睡得香甜"。②

安妮·利斯特却很乐意杂乱地读书,她与同伴总会大声朗读各色书籍,她的回应与评论都记录在了短小的笔记中。但是,以她为代表的这类人士究竟有几次能读完整部书呢?考虑到利斯特涉猎之广,她应当不大可能将每本书看完。利斯特有不少读书记录都表明,她拿起书一般直接从中间往后翻,并没有完整读下来的打算:"我正满腹柔情时,M——让我读沃尔特·司各特新出的小说《修道院》(*The Monastery*)第 2 卷的前 126 页……这蠢透了。"③ 她不像是之前读过第 1 卷,应该也没想读完第 2 卷。稍后,她记录自己读了德裔小说家兼剧作家科茨布(Kotzebue)的小说《莱昂泰恩·德·布隆德海姆》(*Leontine de Blondheim*)的第 3 卷。与之前一样,她显然也没看过前面两卷。有意思的是,没读完整本并不妨碍,也未削弱她的情感回应。寥寥百余页仍然对她造成了强烈的冲击:"我读出了一股浓郁的忧伤,还以为这类情感在我身上已经灭

---

① "Interchange of Criticisms. — A Good-Natured Man.—Plans for the Future. To his Brother," 6 November 1778, in *Recreations and Studies of a Country Clergyman of the Eighteenth Century: Being Selections from the Correspondence of the Rev. Thomas Twining* (London: John Murray, 1882), 57.

② "Hints on Reading," *Lady's Magazine*, February 1789, 80.

③ 10 April 1820, in Lister, *I Know My Own Heart*, 120.

第三章
使用书籍

绝了。今早我又痛哭了两回，一次比一次难过。"① 有时，她对小说的了解会更加零碎，甚至来自文学评论中的节录："用过茶之后，我为姨母朗读了她最爱的托马斯·穆尔对《拉拉·鲁克，东方罗曼史》（Lallah Rookh; an Oriental Romance）的评论……从这部叙事诗中摘录出来的章句实在优美。"②

利斯特习惯抽选、摘录与回看，当我们思考书籍对于读者的影响时，这些读书习惯尤其重要。利斯特的日记有时会详细记录她所读的页码与卷次，我们从中得知，她惯于抽选着看书。十八世纪公共朗诵的史料也表明，许多读者与听者都不是，也无法成为"完成派"。他们并不认为非得从头至尾看完一本书才算唯一的读书方式，何况，此法也不适合分享式读书的习惯。家庭或家族成员往往只能了解一鳞片爪的书籍内容。萨拉·莫尔（Sarah More）写信给牧师托马斯·惠利（Thomas Whalley），信中提到他刚出版不久就已风靡一时的小册子《责难》（Animadversions），她在家偶然听人说起："帕蒂睡前有位夫人给她读这本书，我为了能从那儿听来哪怕一页，一直跑上跑下，大家都在猜想这究竟是谁的手笔。"③

这种不完整读书的习惯值得我们讶异吗？也许并不。或许可以这样说，浮光掠影地阅读也不妨碍我们理解文本，没准还更为高效，法国评论家皮埃尔·巴亚尔（Pierre Bayard）在《如何谈论那些你没读过的书》（How to Talk About Books You Haven't Read）里就这么主张。巴亚尔提出，节选着读书"能够兼顾深度与广度，不至

---

① 14 February 1821, in Lister, *I Know My Own Heart*, 146.
② 19 August1817, in Lister, *I Know My Own Heart*, 12.
③ 8 March 1802, "Miss S. More to Dr. Whalley, 22 Devonshire Shreet, London," in *Journals and Correspondence of Thomas Sedgwick Whalley*, ed. Rev. Hill Wickham, 2 vols. (London: Richard Bentley, 1863), 2:215–216. 这本小册子是惠利的 *Animadversions on the Curate of Blagdon's Three Publications* (London, 1802)。

于迷失在细节之中"。① 他引据了保罗·瓦莱里（Paul Valery）对马赛尔·普鲁斯特（Marcel Proust）的评价。1922年末，普鲁斯特去世后不久，瓦莱里就说道："虽然我没有读完马赛尔·普鲁斯特洋洋巨著中的任何一卷，虽然我难以领略小说家的笔法，但我找时机看过《追忆似水年华》片段，所以心知肚明，文坛刚刚蒙受了巨大的损失。"② 瓦莱里并没为自己的零碎阅读感到难堪，他更进一步提出，《追忆似水年华》被碎片化阅读，恰好证明了它的非凡之处，因为任意翻开一页都值得一看。③

瓦莱里的论证有点强词夺理，不过也说明，各种读书方式自有旨趣——这有助于我们理解十八世纪零碎读书的习惯。据十八世纪的图书馆借阅记录显示，书籍并不常以连续而完整的次序被借走，很多时候，人们都是 "杂乱无章地读书"，匆匆浏览。④ 读者借走单本卷册阅读，不见得就会继续看完整套书。有一家流通图书馆记录，至少有一部多卷本小说的最终卷佚失后，仍能吸引读者继续借阅。看书杂乱无章的读者从学生到成年人都有。他们常常借走某部小说里的一卷，归还后，隔了很长时间，再来借另一卷，这表明，不从头到尾完整读书，并不只是由于读者丧失了兴趣。

究竟哪类书籍是以这种方式借阅的？塞缪尔·理查森的长篇书信体小说当属其中之一，或许也在情理之中，尤其是他的《查尔斯·格兰迪森爵士》（*Sir Charles Grandison*），28次借出有17次都是这种模式。除了理查森之外，亨利·布鲁克（Henry Brooke）的

---

① Pierre Bayard, *How to Talk About Books You Haven't Read* (London: Granta, 2007), 15.

② Paul Valéry, *Masters and Friends, trans. Martin Turnell* (Princeton: Princeton University Press, 1968), 295; 由 Bayard, *Books You Haven't Read*, 17 引用。

③ Valery, *Masters and Friends*, 298; 引自 Bayard, 20.

④ Jan Fergus, *Provincial Readers in Eighteenth-Century England* (Oxford: Oxford University Press, 2007), 108–117.

第三章
使用书籍

《傻瓜显贵》(*The Fool of Quality*)吸引了最多杂乱无章的读书人。但另一方面,菲尔丁(Fielding)的《汤姆·琼斯》(*Tom Jones*)似乎就总能被完整地借走。有些十八世纪小说的文字特点易于零散阅读:遭匆匆翻阅的书籍原本多是以连载形式面世,而优秀的连载作品所具备的特质——套路固定、大段分离的叙事以及前情重述——同样吸引了匆匆浏览的一般读者。比如像《傻瓜显贵》,或是斯摩莱特(Tobias Smollett)的《汉弗莱·克林克历险记》(*Humphrey Clinker*)等流浪汉小说中的冒险情节,易于随手翻看——这类小说里贯穿了多条线索,情节之间的因果关联也比较松散,即便没看完整部书,也能理解其中片段。书信体小说中,相互分立的片段以及感性的插曲,也使得一章一节本身有了可看性。

上述对片段式读书的分析忽略了一点,就受众而言,很可能已经是第二遍甚至第三遍遇到了之前已经看完或听完的书籍,因此并不需要从头到尾地看或听一整本。他们能不能记得读过的内容有时并无多大干系——约克郡教师罗伯特·夏普提到了反复阅读的乐趣:"遗忘是否不无乐趣呢?显然,当你读完一本消遣读物就将其抛诸脑后,那么再读时仍能充满乐趣,因为预料不到情节的走向,也回忆不起什么内容。"① 有的情况下,一遍就足够了:"我的伯父正在给伯母与萨弗里小姐读《阿米莉亚》,② 于是我得空按你要求给你写信。我可以向你保证自己没有丧失任何乐趣,因为这已经是我第二回听此书,谁都应该比我更有耐心。"③ 但对于主流读者而言,就如同当下,虽然书籍便宜又普及,还是有很多人喜欢不断重温熟

---

① 6 June 1831, in *The Diary of Robert Sharp of South Cave: Life in a Yorkshire Village, 1812–1837*, ed. Janice E. Crowther and Peter A. Crowther (Oxford: Oxford University Press, 1997), 314.

② 亨利·菲尔丁(1707—1754)所著《阿米莉亚》(*Amelia*, 1751)。——译者注

③ Eliza Pierce to Thomas Taylor, "To Thomas Taylor Esq. This—," in *The Letters of Eliza Pierce, 1751–1775* (London: Frederick Etchells and Hugh Macdonald, 1927), 57.

悉的故事，那么在一个书籍相对昂贵又难以获得的年代，反复阅读一定是常事。

匆匆浏览和挑拣着读书的习惯普遍存在——但没被普遍认可。当成百上千的读者在书籍中如同蜻蜓点水一般愉快地阅读时，还有不少人认为这是粗枝大叶，粗心马虎。① 后来的批评者往往将其归咎于出版形式——美篇集锦、索引、节略本、辑录本，以及分卷销售的书籍——助长了随意化的阅读。萨缪尔·约翰逊在《闲人》(*Idler*) 第 85 期中提出，文集与文摘的过剩滋养了一代懒惰的读者，他们"比我们的先辈更喜欢轻松的文字"。他宣称，文集汇编"满足不了真正的需求，只会分散选择"，而且这类作品"提供的都是我们已拥有的，呈现的都是我们因为自身懒惰而忽视的"。② 在约翰逊看来，懒散的编辑们没有提供新内容，只把同样的文本做了重新组合，而读者们因为懒得去翻原文，也察觉不到这一点。然而，约翰逊自己也同时采用多种阅读方式：既有充分而深入的精读，也有轻松享乐的翻阅，他自己把后者称为"只是读"。③ 要再现这类片段式、跳跃性的阅读历史，难点之一就在于，如何选择不带贬义的术语对它加以描述。那些容易想到的表述词语，比如"略读""蜻蜓点水"和"杂乱无章"，都在暗示，这种阅读方式比不上"深入地"、更持续地通读全本那么有价值。④

家人凑在一起读书是十八世纪家庭的常事，原因很多，其一

---

① 比如，Giovanni Bona, *A Guide to Eternity, Extracted out of the Writings of the Holy Fathers*, translated by Sir Roger L'Estrange, 5th ed. (London, 1709), 192。

② Samuel Johnson, *Idler* 85, 1 December 1759, *The Idler and The Adventurer*, ed. W. J. Bate, J. M. Bullitt, and L. F. Powell (New Haven: Yale University Press, 1963), 264–266.

③ Robert de Maria, *Samuel Johnson and the Life of Reading* (Baltimore: Johns Hopkins University Press, 1997), 138–178.

④ 有关"肤浅"读书的价值探讨，参见 Stephen Best and Sharon Marcus, "Surface Reading: An Introduction," *Representations* 108, no. 1 (2009), 1–21。

第三章
使用书籍

是：一人读书时，其他人还能干活，既节约了眼力，也节省了蜡烛。家人共读的方式是家庭教育的主要部分，家长也得以决定子女们学习的内容。但毫无疑问，与之并存的还有独自默读的阅读习惯。个人的阅读记录总是一次又一次地表明了读与阅之间的连续性。亨利·伍尔科姆（Henry Woollcombe）是普利茅斯的年轻律师，他记了十年日记，正好是十八世纪的最后十年。他阅读主要为了提升道德水准与文化修养。伍尔科姆后来在普利茅斯官场身兼多份要职，终身未婚，他的日记为我们揭示了一位有闲有钱的男士如何认真追求智识兴趣的人生。① 在他成功的职业生涯中，他搜集了不少历史、纯文学与法律文本。② 他首先是一位静默的读书人，在日记里写下自己的读后感想。1796 年，他的日记开篇就是一番大胆的宏愿：

> 当我反思去年，细想我读了多少书，脑中记住了些什么，事实是，除了书名之外我其实基本想不起来其他。我自然是希望能找到什么方法，让我再次回顾的时候，比现在更有满足感；为了实现这个目的，我决定采用如下计划，真诚希望它能达到预期效果，除了能让我从不可轻视的世俗知识中获益，还能厘正我的人生，使我最终抵达那专为贤达而设的，饱受祝福的广厦之中。③

---

① 有关伍尔科姆如何体悟自己单身状态的研究，参见 David Hussey and Margaret Ponsonby, *The Single Homemaker and Material Culture in the Long Eighteenth Century* (Farnham: Ashgate, 2012), 8–10。

② "An Account of the Antiquarian and Archeological Manuscripts of Henry Woollcombe FSA, c.1839," Plymouth and West Devon Record Office, 2395.

③ 31 January 1796, Henry Woollcombe II Diary 1796–1803, Plymouth and West Devon Record Office, Ref 710/391, fol. 1.

以书会友
——十八世纪的书籍社交

  伍尔科姆的计划是要记下所有读过的书。起初这计划并没怎么奏效。在一些杂乱无章的条目之后，读书笔记逐渐减少，退化成用法语写下日常活动的简短笔记。转年，他开始认真实施计划，对读过的书籍加以评论，并常常将自己的反馈与《旁观者》上刊载的萨缪尔·约翰逊评述相比较。伍尔科姆偏好默读，往往会整本读完。他不是随意的浏览者，而是对某些特定素材抱有明确的目标和决心："我决定每天读一篇《漫游者》（礼拜日除外），完成后再开始读一些其他刊物上的文章。"① 尽管受到了其他文学评论的影响，尤其是约翰逊的《英国诗人列传》，但他还是喜欢自己独立作出评价："我觉得蒂克尔所有的作品都太冗长了。"② 有时，他自己的阅读体会与主流评论意见相悖，他会感到失望："今晚我从家族聚会中尽早抽身离场，读了一段汤姆森的《夏日》（Summer）。我并没有特别喜欢，不确定这是由于其他人的溢美之词令我期待过高，还是什么别的原因。"③ 亨利·伍尔科姆很少提及他人在场，即便日记中偶尔出现旁人，也多是一种干扰："这周晚上我都在家，读了不同作者的诗作，他们都在约翰逊的《英国诗人列传》中被提到，读完诗作，再去比对约翰逊描述的作者生平，但我发觉母亲与安妮并不喜欢。今晚我开始读罗伯逊的苏格兰史。"④

  虽然伍尔科姆偏好独自看书，但书籍于他仍有社交功能。他住在爱丁堡的兄长威廉曾告诫他与人讨论读书心得的重要性："你热爱读书，而且也算时间充裕，不工作时你毫无疑问都在阅读……继

---

① Woollcombe Diary for 1797, fol. 3.
② Ibid., 8.（托马斯·蒂克尔 [Thomas Tickell, 1686—1740], 英国诗人。——译者注）
③ Woollcombe Diary for 1797, fol. 41.
④ Ibid., 8.（威廉·罗伯逊 [William Robertson, 1721—1793], 十八世纪著名的苏格兰历史学家，代表作有《苏格兰史，从玛丽女王到詹姆士六世》[*The History of Scotland, During the Reigns of Queen Mary and of King James VI*, 1759]。——译者注）

第三章
使用书籍

续告知我你的阅读进度,还有你对这些作品的见解。也许一开始你会觉得麻烦,但你很清楚,这都只是表面的困难。"[1] 威廉向亨利解释道:"你会因此养成独立思考与判断的习惯,如果人不具备这种能力,步入生活之际就会处于危险之中,他的意见会被巧言诡辩的一切技巧所动摇,而犹疑与踌躇会随时冲入他的脑海。"[2]

从这个意义上说,亨利·伍尔科姆的日记保留了有关书籍的对话(与他自己),在这个过程中,他形成自己的观点,并确定了哪些是受其他人影响的看法。他的日记内容还表明,他认为阅读能促进与他人的交流。"今晚我看完了汤姆森的《夏日》,差强人意,但仍然算满足,因为如果人们讨论起这个话题,我也不会显得无知。"[3] 伍尔科姆也许不常朗读,但他认为要在人群中出众,阅读至关重要。在看完了蒲柏的作品后,他满意地评价道:"我从中收获了极大的愉悦,希望没有忽略当中的妙处,我现在自认为对他的诗作了然于胸,希望和人交谈时也能显得这么熟稔。"[4] 他偶尔也试着朗读,仿佛是为了让自己不至生疏:"我拿起了《阿姆斯特丹编年》(*Chronijk van Amsterdam*),这是我在荷兰买的,但还没读过,欣然发现它很容易理解……我大声朗读了一遍,明显感到自己朗诵技巧生疏了,但我希望能重新捡回来。"[5]

亨利·伍尔科姆的读书日记是勤奋之作——他努力让自己变得博闻强识,学会独立思考,并把书本经验运用于生活之中。他的日记说明,独自阅读也有社交维度,而且,透过阅读体验去考察书籍

---

[1] Letter from William Woollcombe at Edinburgh to Henry Woollcombe at Britonside, Plymouth, 28 October 1794, Plymouth and West Devon Record Office, 710/406.

[2] Ibid.

[3] Woollcombe Diary for 1797, fol. 42.

[4] Ibid., 135.

[5] Ibid., 4.

在日常生活中的作用，很有必要。

不同的读者展现出其他的习惯。什罗普郡的汉娜·玛丽·雷诺兹（Hannah Mary Reynolds）嫁给了利物浦的贵格会教徒威廉·拉思伯恩（William Rathbone）。她婚前的日记总提到她的个人阅读，既有独自看书的时候，也有与人一同读书的时候。她与兄弟共同执行一项雄心勃勃的"读书计划"，并定期写下了自己的反馈。不过，日记里大多数还是与他人一道读书的情形。她写道，"我的叔叔乔、沃克先生等人与我们共进了晚餐；读了鲍斯威尔的《赫布里底群岛游记》"；①"J. 思雷舍（J. Thresher）同 H. B.、J. A. 还有我一道在餐厅用茶。读了皮奥齐夫人的信札。R. L. 等人都在客厅"；②"与 E. R. 跑到庭院中，W. R. 为我们细读了《旁观者》里的一节。我被这种细致的探讨迷住了"。③ 显然这类阅读以娱乐为主，内容多为世俗读物——这不像是我们一贯认为的，贵格会显贵的妻子会读的书籍，尤其她的丈夫每个礼拜日还会为仆役雇工举办"开放日"。朗读活动有各式各样的人参与，虽然其中长辈较多，但他们也读这类娱乐小品文。1787 年 1 月，她的岳父为大家朗诵了《失乐园》；在 9 月某个湿漉漉的一天，男主人为待在客厅的孩子们读了詹姆斯·汤姆森（James Thomson）的《四季》（Seasons）。她的丈夫去世后，一连好多个夜晚，她与家人都在一起读着布莱尔的《论纯文学与修辞的演讲》（Lectures on Rhetoric and Belles Lettres）。④ 之后，她的儿子还朗读了司各特的史诗大作《玛米恩》（Marmion），以及汤姆森的《逍遥宫》（The Castle of Indolence）。在她的日记中，与

---

① 25 November 1785, in *Reynolds–Rathbone Diaries*, 32.
② 12 April 1786, in *Reynolds Rathbone Diaries*, 36.
③ 8 June 1785, in *Reynolds Rathbone Diaries*, 39.
④ 休·布莱尔（Hugh Blair, 1718—1800），爱丁堡大学的修辞学教授，生前以布道和修辞演说闻名于世。——译者注

第三章
使用书籍

人一起读世俗作品是常有之事，这究竟说明了活动确实频繁，还是它们于汉娜·玛丽意义非凡，抑或是因为宗教阅读太过日常反而未被记录，仅凭日记难以判断。

日记尽管貌似真实，但对生活的展现并非那么一目了然——尤其是有关阅读的日常。拉尔夫·杰克逊（Ralph Jackson）的青春日记就凸显了这类史料的复杂特性。杰克逊来自北约克郡（North Yorkshire）的里士满（Richmond）。他少时被父亲送到纽卡斯尔（Newcastle）行商（贸易中间商中的一类，这位从事煤炭生意）威廉·杰斐逊（William Jefferson）处做学徒。拉尔夫从1749年10月离家之后就开始记日记，一直到1790年去世。他由一个喜欢捉鸟打球、下笔错字连篇的呆笨少年蜕变成一位富裕的地主、商人，还担任了一方长官。这是他的日记开篇：

> 当我开始写下日记，父亲叮嘱我——
> 不要如此度过
> 看夕阳西沉，
> 两手空空
> 一事无成。①

这本日记从一开始就是父亲为了督促儿子勤勉惜时的产物。结果，日记也成了父亲检查儿子的方式。② 刚做学徒的头几个月，拉

---

① Journal A, 1749–1750, "Ralph Jackson's diaries (Book A). Newcastle, October 1749–June 1750. Journal Letter A–began October 16th 1749," in "Ralph Jackson's Diaries" (http://greatayton.wikidot.com/ralph-jackson-diaries). （此处与后续引文取自网上的日记手稿，获取日期：2015年7月27日。）

② 参见 Barbara Crosbie, "The Rising Generations: A Northern Perspective on Age Relations and the Contours of Cultural Change, England c. 1740–1785" 第4章（未发表的博士论文，University of Durham, 2011), 122–151.

尔夫日记里的主要活动是玩牌——只去过一次教堂。他第一次回里士满过圣诞节,他父亲显然看了他的日记,而且认为他过得毫无意义。节后回到纽卡斯尔,日记里去教堂的次数明显变多,打牌少了很多。拉尔夫的父亲继续通过他的日记来监督他。1752 年 1 月,他在家中写道,"父亲有办法督促我坚持写日记,我到最远的小房间里写在了这本上"。① 杰克逊在城里与他的师傅威廉·杰斐逊住在一起。杰斐逊没有子女,孑然一身,可能是鳏夫,也可能终身未婚。同在一个屋檐下的还有叫乔治的老仆和女佣珍妮。显然,宅子里有一定的文化社交氛围——拉尔夫提到过几次,师傅曾经在他们上床前,"讲了一些愉快的故事"。他刚来不久,曾向杰斐逊借阅过读物,得到了一本"十足的商人"(The Compleate Traidman),估计是笛福的《十足的英国商人》(Complete English Tradesman)。

拉尔夫·杰克逊自己并没有藏书,主要依靠家里满足读书需求。1753 年初,他过完圣诞返回纽卡斯尔,收到了家里寄来的包裹,里面有一本题为"忒勒玛科斯"的书。杰克逊的父母并不常给他寄书。但他们选的这本弗朗索瓦·费奈隆(François Fénelon)的《尤利西斯之子,忒勒玛科斯历险记》(The Adventures of Telemachus, the Son of Ulysses,1699),1742 年版序言称其为"有史以来最适宜青年人塑造心智的一本书"。显然,他们是想让拉尔夫通过阅读修身养性。忒勒玛科斯在智者门托尔的指引下完成了富有教益的历险,费奈隆依托于荷马史诗中的这段故事,讲授了一连串关于世俗道德与政治本质的经验教训。

拉尔夫·杰克逊与这本书的故事颇有趣味。他顺从地在很多场合将这书读了很多遍,也常带去和朋友比利·廷德尔(Billy

---

① Journal C 1750, in "Ralph Jackson's Diaries," 21 January 1752.

Tindell)一起读。但随着1753年逐渐过去,拉尔夫开始寻求其他自我提升的途径。到了1753年年中,拉尔夫已经形成了一套与人共读的活动模式——他总会带着《忒勒玛科斯》去读给廷德尔太太听,同时还有《纳尔逊绅士地理指南》(*Nelson's Geography, The Gentleman Instructed*),他有时用德式长笛给朗读伴奏,为廷德尔一家助兴。根据日记,1753年的夏日,他越来越频繁地上教堂,有时去聆听卫理公会牧师的布道,有时是为了给他的朋友比利·赫兹佩思(Billy Hudspath)与约翰·斯凯夫(John Scafe)念布道词,还有时一边走路一边读《众人的本分》。杰克逊的日记不再局限于平日里的所听所读,还开始有了他的信仰感悟。日记似乎不再一如其父盼望,只记录社交生活与专业精进,而越来越成为他精神生活的告解簿。《忒勒玛科斯》不再符合他的新倾向。到了1753年6月,拉尔夫·杰克逊宣布:"我去廷德尔夫妇家,朗读了那本糟糕的《忒勒玛科斯》,回家之后,我先进到主卧室里,然后下楼读了《众人的本分》和《新约》。"① 又过了两天,他把《忒勒玛科斯》与一件旧衬衫打包寄回了里士满。

从此开始,拉尔夫的日记里就只剩下了宗教阅读。他早上五六点钟起来读《众人的本分》,或者《十字架上的耶稣》,并且常溜达去斯凯夫那儿朗诵布道与演讲词:"我买了些醋栗带去汤斯·斯凯夫处,在那里读祷词。斯凯夫先生闷闷不乐,所以我试着安慰他,念些祈祷文。"② 日记里,他不再去廷德尔家读书,也不再读地理、杂志和《鲁滨逊漂流记》。拉尔夫自认为他有责任督促少年玩伴比利·赫兹佩思,还有老仆乔治提升信仰境界。这是一种完全不一样

---

① Journal E 1752, in "Ralph Jackson's Diaries," 4 June 1753.
② Ibid., 27 July 1753.

的共同活动:"我读了今日的日课,还有《创世记》的几章,我现在打算在上帝的帮助下将《旧约》与《新约》通读一遍,不留下任何遗漏。"①

这种情况并未一直持续。到了1756年,日记再一次敷衍马虎了起来,少有朗诵读书的记录。但这份日记表明,个人的发展需要不同类型的伙伴、不同类别的阅读,以及不同形态的记录。最开始,拉尔夫·杰克逊拿着他的世俗读物去拜访邻居,在那儿可能蹭到炉火、茶与点心("我还去了玛丽·戴维森[Mary Davison]家,但她那儿的壁炉没有烧起来,所以我只盖了张毯子"),到后来,他在厨房里读《圣经》,在另一户邻居家读布道词,还自己一个人晨读宗教作品。

分开读书?

拉尔夫·杰克逊的故事告诉我们,阅读具有若干分裂的角度。在他的日记里,越来越虔诚的信仰改变了他的固有看法,原本与人一块儿读世俗读物的习惯变成了他眼中道德败坏的行为。在转向卫理公会时,他有一段时间疏远了以前共读费奈隆的家庭。这说明,并非所有的家庭读书活动都能在社交上黏合起所有成员。十八世纪晚期劳工读者的传记中,常见到同一种强烈对比,一方面是劳工阶层的读者们想要习得文化教养,而另一方面,家里的其他人都在忙乱喧哗,根本无视文字的召唤。② 这类传略总是预设,文学性的交往活动应该发生在外界,而不在宅院之内。主人公往往与另一

---

① Journal E 1752, in "Ralph Jackson's Diaries," 28 July 1753.

② Vincent, *Bread, Knowledge, and Freedom*, 120–122. 例子见 John Clare, *Sketches in the Life of John Clare,* ed. Edmund Blunden (London, 1931), 48–49。

第三章
使用书籍

个有志于自我完善的工人碰面,这个人物常被称为"爱书人""读书人和思考者",或者是"一个爱朗诵的人"。① 在这里,"读书人"指的不仅仅是能读书之人,而是指共同怀有理性求索和道德提升愿望的人士。在这类传记文学里,家庭是一个文化上的孤寂空间,对自学成才的工薪阶层来说,代表着物质艰辛与精神困顿。

劳工阶层的家庭中出现了文学的分野,显然,阅读并不总能在交互环境中起到联结作用。和今天一样,当时也有些读者刻意利用读书与他人隔离开来。有一回,萨缪尔·约翰逊到访查尔斯与范妮·伯尼的家中,他的一番经历恰好揭示了如何利用书籍制造隔阂:他研究了查尔斯·伯尼的书柜,专注得"几乎用眼睫毛把它们[书籍]刷了一遍",之后找到了自己的目标,法语《百科全书》中的一卷。"他把它拿了下来,独自超然站在一旁,好像全然忘记了众人,开始[……]沉稳地自顾自地读了起来;刻意地独自一人陶醉,仿佛在自家书房之中。我们都火冒三丈:因为我们听他说话实在感到疲倦、郁闷,喘不过气来。"② 约翰逊出席正宴也随身带着读物,落座后,他将书裹在桌布里,或者放在腿上,同样的,这也是把书当成了屏障,用来回避与人交谈和交流。③

约翰逊在这些场合读书是排他性的,也是安静的,但有时,朗读也会产生社交割裂。④ 读书,有时能毁了被朗读的内容。玛丽·贝里(Mary Berry),从小随祖母在约克郡长大。她说起自己的祖母

84

---

① Vincent, *Bread, Knowledge, and Freedom*, 125–127.
② *Boswell's Life of Johnson*, ed. G. B. Hill, rev. L. F. Powell, 2nd ed., 6 vols. (Oxford: Clarendon, 1934–1964), 2:36 4n3.
③ DeMaria, *Samuel Johnson and the Life of Reading*, 27.
④ 有关十九世纪将朗读作为社交屏障的研究,参见 Leah Price, *How to Do Things with Books*, 45–71。

强迫我每天早上为她念《诗篇》和《圣经》章节；但是，既没有释义和评注，也没有段落蕴含的历史知识，我讨厌这桩任务，想方设法逃避。这位亲爱的长辈让我每个礼拜日都为她读《旁观者》的周六特刊，于是，直到我人过中年，才重新开始看那些精致短文，这才领会了这些篇章书册中的美感。①

糟糕的朗读会令高潮陡然低落，也会产生气势汹汹的咆哮，听众们的评价也是丝毫不留情面。1798年9月的某天，安娜·苏厄德（Anna Seward）的医生朋友斯托克斯先生（Mr. Stokes）从切斯特菲尔德（Chesterfield）来做客，她失望道："他毫无激昂的语调，也没有声律，反而是古怪的抑扬顿挫，与文辞表达的情感根本不合拍。听过斯托克斯医生朗读自己的作品，哪怕是最自负的作家也会遭到打击。他有种本事，能把弥尔顿的无韵诗念得与无名之辈的章句一样枯燥乏味。"至于他的夫人，苏厄德在其他很多方面都深感钦佩，但她费劲地想让自己不再嫌弃她的口音，"她的语调听起来有一种生硬感，是德比郡（Derbyshire）和兰开夏郡的地方口音，太有损她对话时的高雅风度，即便是她非凡的思想、充沛的想象与表达的精准也难以勉强相冲抵"。②

就算是成熟的朗读者有时也会误判家庭娱乐的需求。约翰·亨德森（John Henderson）有次在家朗诵的情形被一篇小传记录了下来："我曾听他朗诵过一段悲剧；他站在自家客厅中，极其反常地大喊大叫[……]显然，他没有事先了解，在这间房里应当使用多大

---

① Mary Berry, *Extracts from the Journals and Correspondence of Miss Berry, from the Year 1783 to 1852*, ed. Lady Theresa Lewis, 2nd ed., 3 vols. (London, 1866), 1:7.

② Anna Seward, Letter to Mrs Childers, September 19, 1798, in *Letters of Anna Seward, Written Between the Years 1784 and 1807*, 6 vols. (Edinburgh, 1811), 5:151–152.

第三章
使用书籍

音量才恰当。"① 朗诵术指南里间接提到了,在人群之中糟糕的朗诵显得丢人,譬如会警告小孩,没有起伏的朗读很尴尬,"像是无知孩童,不懂自己在读些什么"。②

一些有关共读的记载中似乎也存在着强制因素——不仅是对于倔强的小孩而言,还有那些有违心愿被迫聆听的成年人。1794年9月的一天,玛丽·贝里在家中给人回信。信中,她描述了自己与客人为大雨所困,共处一室的磨难。客人是丘吉尔一家,他们完全对屋里的其他人置若罔闻。她提到,自己无法仔细回信,

> 因为我写信的时候,丘吉尔一家人也在屋里;打从早餐之后外面就一直大雨滂沱,他们既不能乘坐订好的马车外出,也不能去花园;他一段接一段地向我们大声朗读着,其中有一半都是我们军队溃退的坏消息[……]我还没来得及消化掉一半这些内容,他就读到了一笔奶牛买卖——我指的不是普鲁士国王,也不是我们又成了他的摇钱树;而是丘吉尔先生希望为路易舍姆区要一些奶牛,因此他一直在读给他妻子听,直听得我头昏脑胀。③

丘吉尔一家罔顾同伴,不讨人喜欢也要继续朗读,他们的举动并不稀奇。被迫聆听的观众们会将朗诵理解为自我陶醉。理查德·坎伯兰(Richard Cumberland)在伊斯特伯里(Eastbury)待过一段日子,其间住在乔治·巴布·多丁顿(George Bubb Dodington)的

---

① *Memoirs of Richard Cumberland, Written by Himself* (London, 1806), 256.

② Anne Fisher, *A Practical New Grammar; or, An Easy Guide to Speaking and Reading the English Language Properly* (London, 1767), 154.

③ Berry, *Extracts*, I, 437.

乡间别墅，他的记叙暗示了主人家朗诵时的一丝虚荣。多丁顿明显只挑选适合自己的篇章朗读："然而他的选择有些奇怪，他为女士们读了菲尔丁的《江奈生·魏尔德》(Jonathan Wild) 全篇，明显是出于自己的喜好，选择了讽刺作品，没有考虑到女士们想要听优雅文字，但他用自己的举止和幽默加以衬托，斯文的听众们也挺满意，至少露出了愉悦的样子。他选的莎士比亚怎么说也透着古怪，因为他选的都是小丑唱主角的场景。"①

如果有人一定要公开朗读自己的作品，总是容易遭人嘲笑。剧作家小乔治·科尔曼（George Colman）记录了这样一个夜晚。一位乔治·基特（George Keate）先生分享了个忧伤的段子，他说自己曾因为惊骇万分而被吓掉了所有毛发，包括胡须在内。科尔曼父子俩被逗得合不拢嘴。挣扎着"想收住粗鄙高亢的一阵狂笑"，小科尔曼说道，"在说完自己的故事之后，他[基特]忧郁地开启了另一个话题，从口袋里拿出一份自己写的剧本草稿，并且请我的父亲（噢，惊悚！）允准，让他读给他听"。② 在类似记载中，听众们的厌倦是显而易见的。按照约翰·泰勒（John Taylor）所述，古典学家理查德·波森（Richard Porson）就对周围的人毫不在意。波森坚持要朗诵，这是粗鲁无礼的表现："后来，我经常每晚在斯特兰德（Strand）的'突厥头'酒馆碰到他，他在那儿……常朗读一首讥讽蒲柏那篇精妙的《艾洛伊斯致亚伯拉德》('Eloisa to Abelard'）的戏仿之作，这总让周遭的朋友索然无味。有人怀疑，这篇对蒲柏优美诗作的拙劣仿冒是否就出自他自己的手笔，他热情而频繁地朗诵这一篇，非常执拗，无疑只有作者自己才会对作品有如此溺爱。"③

---

① *Memoirs of Richard Cumberland, Written by Himself* (London, 1806), 82.
② Richard Brinsley Sheridan, *Memoirs of the Colman Family*, 2 vols. (London, 1841), 2:327.
③ John Taylor, *Records of My Life. In Two Volumes* (London, 1832), 1:240.

第三章
使用书籍

社交场合中，听众对于朗诵里的潜台词也绝非无知无觉。念出特定内容意味着说出了一些不可说之事，代表着某种形式的下流与戏弄。根据记载，安妮·米勒（Anne Miller）夫人曾于林肯郡（Lincolnshire）的伊斯顿大宅举办聚会，她将手工誊写的诗词放入一只罗马花瓶中，然后由参与聚会的男士们轮番朗诵。有好几次，因为有人捣乱，让宾客们读到了不得体的诗句，令朗读者窘迫不安。① 据弗雷德里克·雷诺兹（Frederick Reynolds）描述，霍勒斯·曼（Horace Mann）爵士有次参加一场文学雅集，几个爱开玩笑的人把双关的格言换成了赤裸裸的下流话，害他不小心向坐在他身边的女士读了一首淫诗。曼撕碎了那张字条，走了出去，听他朗诵的女士"接着就脸红了，窃笑了一阵，然后为自己摇起了扇子"。② 这些场景可能只在更高雅一些的文学聚会中才能看到，但它们也说明，这一时期发生在客厅里的文学游戏并非总是温和宜人的。

朗读的准备

史料业已表明，很多书都是以选段形式被朗读，而且只有最动人的章节才会用于表演。那么究竟如何着手朗读呢？有些朗读者明显事先下了一番功夫。福代斯在写给年轻女士的指南里告诫她们，"任何一位文采斐然的作家，对于他笔下那些超凡脱俗、愉悦动人的段落，如果能深刻于心，那将获得莫大的欢欣，也具有莫大的用处，其他日常活动难能与此一桩相媲美；或者时时熟读，直到烂熟

---

① Dr Thomas Sedgwick Whalley, *Journals and Correspondence*, 2 vols. (London, 1863), 1:321; Joseph Cradock, *Literary and Miscellaneous Memoirs* (London, 1826), 77–78.

② *The Life and Times of Frederick Reynolds*, 2 vols. (Philadelphia, 1826), 1:97–98.

于心；或者抄抄写写；或者两相兼顾"。① 有些朗读者会为了他们的观众事先从文章中挑选段落。比如说上文提过的玛丽亚·埃奇沃思，她描述了自己父亲为孩子们甄选读书内容：

> 他喜爱新颖的小说，优美的诗词；他明白哪些内容能让年轻人觉得有趣；无论是诗词还是散文，无论小说还是戏剧，他都读得引人入胜，令年轻的听众们心生愉悦……对他的孩子而言，阿拉伯故事集、莎士比亚、弥尔顿、荷马与希腊悲剧，第一次听到这些都是由父亲朗读，这份欢愉与精彩的章句联系在一起，被孩子们记在了心里。②

书籍空白处的批注为我们了解朗读前的准备提供了蛛丝马迹。菲利普·麦克德莫特（Philip MacDermott）是都柏林的一位大夫。他有几卷藏书传世，从中能看到，他如何清晰区分和标注了适合不同场合表演的段落。他有一小本拜伦的《恰尔德·哈罗德游记》（*Childe Harold's Pilgrimage*），里面全是脚注、释义以及赏析评语。此外还有批注，摆明了他想找出一些能通过朗读来与人分享的段落。在第 4 诗章开头的那一页，他在页尾写道："有超凡之美的佳句——诗节 1——2——3 11——12——13——14——15——16——17。"③ 由此说明，书籍里被标注出来的段落，原本都会被熟记背

---

① James Fordyce, *Sermons to Young Women in Two Volumes*, rev. 2nd ed., 2 vols. (London, 1766), 1:295.

② Memoirsof Richard Lovell Edgeworth, Esq. Begun by Himself and Concluded by His Daughter, Maria Edgeworth, 2 vols. (London, 1820), 2:125–126.

③ Philip MacDermott, 对 *Childe Harold's Pilgrimage: A Romaunt* (London, 1827) 的评注，BL 11642.a.51, 105, 引自 Heather Jackson in *Romantic Readers: The Evidence of Marginalia* (New Haven: Yale University Press, 2005), 73。

第三章
使用书籍

诵,这是口头表演中最关键的训练。利蒂希娅·皮尔金顿(Laetitia Pilkington)是个 5 岁的小姑娘,她读德莱顿的《亚历山大的盛宴》,被发现了。她的父母立即要求她在朗诵前先记熟,如果她能做到,就奖励她 1 先令。弗朗西丝·斯通(Frances Stone)这个小姑娘有一本约翰·盖伊的《寓言》,书内笔记向我们揭示了她理解和领会文章的方式:在两年的时间里,她每天受教的内容都被记在了书上(假期休息除外),每节都划出了不少诗句,有可能是用来做朗诵练习,也可能是为了读给家人们听。① 托马斯·吉斯博恩在《利用时间》("The Employment of Time")里教导年轻女性读者,记住诗句篇章,不仅为了一时之间充实思想,还是为了"当年华老去,无力时常翻书之际,思绪可转向自己的内心;长存于心的记忆,即便正在凋落 [……] 那些透过生生不息的胸怀,不断散发着欣喜之情的诗句,仍能涌上心头"。②

接下来的章节中我们会看到,还有读者自己摘选内容汇编成册,以飨亲友。札记本,这种摘抄文章、录入个人札记的习惯,乃是悠久传统。到了十八世纪,札记本被用来贮存朗诵材料。③ 朗读者为他们的朗读内容编制索引,以便记录哪些已经读过,他们还会记下一些趣闻逸事,没准哪天就能派上用场。安妮·利斯特在 1818 年 5 月写道:

> 一整个上午直到三点,都在往第二卷摘录本里誊抄零散册页上的笔记,并给我那一卷诗词与摘抄制作一份索引,顺带

---

① Patrick Spedding, "A Reading of Gay's Fables," Script and Print 30 (2006), 181–185.

② Thomas Gisborne, *An Enquiry into the Duties of the Female Sex* (London, 1797), 218.

③ David Allan, *Commonplace Books and Reading in Georgian England* (Cambridge: Cambridge University Press, 2010), 144–149.

以书会友
——十八世纪的书籍社交

说一句，我必须为索引找到些更方便的名字。事情一件接一件地在我心里冒出来。我现在考虑要把我所有的摘抄本翻一遍，统一用明喻制作词条，比如说：强壮如赫拉克勒斯，放荡如提比略，羞怯如达芙妮，诸如此类；我之后朗读都要用到这些索引。它们肯定会有用，因为平日里想找到精彩的明喻，总没那么容易。①

让读书变得"有用"，这不仅是利斯特的重点，还是这一时期反复回响的论调，而且对于理解人们对待书籍的方式也极为重要。正如她的日记所示，有用并不总意味着实际能提供什么知识，而是要在社交时显得如鱼得水。

得体合宜

朗读前的准备不仅包括提前找到优美的段落，还得拣选出恰当得宜的文本。要跨越漫长的历史长河，判断古人有礼与无礼之间的界限，对我们来说绝非易事。我们也许倾向于认为，这界限与性别之分完全一致，也就是说，男人们喝着潘趣酒，哼着粗鄙的歌曲，而女人们端坐着，一边忙着针线活，一边听别人朗读感伤小说。但显然，如此假定遮蔽了更复杂的故事。上文提到，托马斯·特纳有一条日记，里面记着牧师**夫人**早上六点醉醺醺地过来，硬拽着他一起喝酒跳舞的事情。近年来研究十八世纪大众文化的成果表明，下流玩笑与残暴故事在男女之中都很流行。② 当时的家庭娱乐，是文

---

① 9 May 1818, Lister, *I Know My Own Heart*, 124.
② Simon Dickie, *Cruelty and Laughter: Forgotten Comic Literature and the Unsentimental Eighteenth Century* (Chicago: University of Chicago Press, 2011), 4.

第三章
使用书籍

雅还是粗鲁，充分体现在了十八世纪出版的成百上千的笑话书和谜语集中。从它们之中能看出，双关语是诙谐游戏的关键；朗读者与听众都喜欢猜谜以及语带双关的笑话；表演对白玩的也主要是文字游戏，在粗鲁的词句和文雅的意涵之间来回穿梭。日记和通信里也是如此。1809 年 3 月的某天，伊丽莎白·蒂勒尔记下了充满文字游戏和滑稽表演的一晚："乔治去费希尔斯夫人家喝茶，欣赏一位年轻女士的表演和歌唱——亨肖夫人带来了她的字谜书，让我们消遣了一晚上——十一点之后不久，乔治就回来了，对这次拜访非常满意。"① 德雷克小姐写信给闺蜜玛丽·赫伯（Mary Heber）说起她们交换的书籍，还提到，虽然有些笑话可能"不得体"，但它们还是受欢迎："康韦将军的谜语当然是不得体，尽管如此，我觉得范肖夫人回答得非常机灵和巧妙。"②

女性同样喜欢粗鄙言辞和含沙射影，但这反倒是引起了男性的忧虑。我们熟悉的达德利·赖德，就时常对自己听到的内容感到困惑。他在 1716 年 5 月某天写道："鲍威尔先生的谈话里最糟糕的一点是，他时不时地就冒出**双关语**，我很震惊，而马歇尔夫人看起来非常愉悦，丝毫没有惊讶之色，让我觉得纳闷。"③ 接下来的情形也被他记在了日记里，"我们度过的这一晚，打诨说笑是够多了。荤段子和双关语撑起了整个晚上，我觉得再没有比这个更能打动马歇尔夫人的了。我都不确定，自己之前是否曾与哪位女士这般侃侃而谈，像这次一样"。④

---

① 26 March1809, Diary of Elizabeth Tyrrell, London Metropolitan Archives, CLC/510.

② 15 December 1791, "Miss Drake to Miss Heber: At Weston, Towcester, Northamptonshire," in *Dear Miss Heber, An Eighteenth Century Correspondence*, ed. Francis Bamford (London: Constable, 1936), 117.

③ 29 May 1716, in Ryder, *Diary*, 247.

④ 18 September 1716, in Ryder, *Diary*, 332.

以书会友
——十八世纪的书籍社交

对于当时的男女而言,何为恰当的娱乐,这与我们原本所料想的不尽相同。西拉斯·内维尔曾去北约克郡的里士满拜访一位老相识,他在日记里讲述了这段经历。内维尔称赞主人是一位"善良且值得敬佩,[……]令人景仰的老绅士",他"非常体恤且周到"地招待了他。为了说明这位主人聊天时的"幽默气质",西拉斯复述了三个他所讲的诙谐故事。其中一个说的是一对争吵不休的夫妻。在丈夫临终一刻,妻子要为他合上双眼,他突然睁眼大喊:"又偷窥,你这贱人!"①

玛丽·德拉尼不喜欢读小说,其他类型的大众文学也不怎么中意。她明显钟情于相当污秽的色情题材。一方面,从她的信件中可以看出,她越来越喜欢用礼仪规范来约束交际阅读。比如切斯特菲尔德的文字,在她看来,就"极其有伤风化"。她给朋友斯帕罗小姐写信,叮嘱这位易受误导的朋友,要把赫斯特·沙蓬给年轻姑娘的箴言手册印在心上。②但她自己并没有摒弃那些朗朗上口又能带来欢声笑语的下流内容。在都柏林的某天晚餐后,她评价道,"我正在写作,唐和凯利朗读起了汉斯·卡维尔(Hans Carvell),还有其他这类妙不可言的段子,这怎么可能忍得住不听呢?但如果我有什么有趣的话要说,我会把耳朵堵上的"。③《汉斯·卡维尔的指环》是马修·普赖尔(Matthew Prior)的诗作,风靡一时,它被收录在笑话集与诗集中,不断再版。这首诗并非任何现代意义上的"妙不可言"。它是一个关于丈夫性无能、女子不忠以及汉斯·卡维尔

---

① 22 October 1781, in Sylas Neville, *The Diary of Sylas Neville*, ed. Basil Cozens-Hardy (Oxford: Oxford University Press, 1950), 275.

② 13 November 1774, "The Following Rules were Written by Mrs. Delany," in Delany, *Autobiography and Correspondence*, 2nd series (1862) 2:55–56.

③ 24 January 1732–1733, "Mrs. Pendarves to Mrs. Ann Granville," in Delany, *Autobiography and Correspondence*, 1:397.

第三章
使用书籍

与魔鬼订下契约的故事。为了恢复性能力,魔鬼交给汉斯·卡维尔一枚指环,结果这枚指环却是卡维尔夫人的肛门。诗作结尾,妻子大喊,"你这头喝醉了的熊?/你的指头捅进了什么鬼地方",此乃不朽之句。① 萨缪尔·约翰逊形容这个结尾"不太体面"。我们也难以将它与玛丽·德拉尼的一本正经联系到一起——不过她确实听见了,而且还听懂了,这也提示我们,当时的社会规常具有复杂的肌理。②

如果我们去看十八世纪笑话集的采编逻辑,我们可以发现,其中掺杂着各式内容。十八世纪中期有一部集子叫作《约翰·菲尔丁先生笑话书》(*Sir John Fielding's Jests*),副标题为"给客厅与厨房的新段子"。这表明它对楼上楼下的人都有吸引力,无论有无陪伴都适用。这部笑话集据说出自坊间,尤其是男性为主的酒馆环境:读者被告知,书里的笑话和段子"精心改编自原始手稿和笔记,来自这位著名的天才与他欢乐的伙伴们(当世最风趣的一帮人),他们往往聚在"莎士比亚""贝德福德双臂"以及"玫瑰"酒馆……消烦解忧,作乐欢笑,培养幽默感"。③ 它状似比较正派:"陈旧的笑话、寡淡的诗作,以及粗俗的段子,都由我们精心剔除了。"④ 那么何谓"正派"?从前面五十页的内容来看,各种滑稽段子调侃了性、排泄、卖淫、不忠与臭脚丫等主题。这本笑话集在当时肯定比其他集子要规矩,但也不是那么得体。⑤

---

① *The Literary Works of Matthew Prior*, 2nd ed., 2 vols. (Oxford: Clarendon, 1971) 1:188.
② Samuel Johnson, *The Works of Samuel Johnson, LL.D.*, 12 vols. (London, 1810), 10:175.
③ *Sir John Fielding's Jests; or, New Fun for the Parlour and Kitchen* (London, 1781), 扉页。
④ Ibid., iii.
⑤ 有关该主题,参见 Keith Thomas, "Bodily Control and Social Unease: The Fart in Seventeenth-Century England," in *The Extraordinary and the Everyday in Early Modern England*, ed. Garthine Walker and Angela McShane (Basingstoke: Palgrave, 2010), 9–30。

这类集子的道德水准良莠不齐。有鉴于此，某些编者试图专门按照家庭使用的场景来制定内容。著名的托马斯·鲍德勒审查版《家庭版莎士比亚》(The Family Shakspeare, 1818) 就自我标榜："原文未添一字：仅仅删去那些在家不宜朗读出口的字句。"但事实上，供家庭朗读选编的集子，往往也是形色混杂，常常包含不经思忖便难以应付的内容。

就算是包装成了家庭适用装，也并非能得到所有人的认可。《令人满意的导师》(The Pleasing Instructor, 1795) 收录了诗与散文，副标题为"寓教于乐，包括精选散文、故事、幻想和寓言"。在此书传世的一本中，我们能看到，有位读者审查了家庭阅读的内容（图 12）。这本书的第 359 页被糊住了一部分诗词文字。书的主人用肥皂铺面的商标挡住了马修·普赖尔所说的"长勺"(The Ladle)。诗作本身并没有特别冒犯——它重述了奥维德笔下巴乌西斯与菲利门 (Baucis and Philemon) 的故事，两位天神下凡，与一对凡间夫妻共度一晚，并允诺了他们三个愿望。在普赖尔这一版故事里，夫妻俩一不小心许了个用长勺堵住妻子臀部的愿望，于是他们第三个

图 12 被消除的页面，遮盖了马修·普赖尔的"长勺"，见《令人满意的导师》，1795，私人收藏（承蒙安德鲁·霍尼提供，牛津）

第三章
使用书籍

愿望就是把它弄走。书主认为这首诗不得体，于是用纸遮挡，让这本书重新变得适宜家庭。

不是所有人都会这么精心在阅读前做准备。有些人扫一眼书页，当场迅速选出适合的文字。托马斯·霍尔克罗夫特（Thomas Holcroft）有一位年长的朋友，他常常"随身带一本弥尔顿的口袋书，或者杨格的《夜思录》（*Night Thoughts*）……每当晚餐一结束，他总是拿出一本他的最爱，翻到任意一页，不管认不认识，都要请邻座之人朗读他以为优美的段落"。① 玛丽亚·埃奇沃思的父亲对诗人兼博物学家伊拉斯谟·达尔文（Erasmus Darwin）推崇备至，她回忆道："我时不时瞧见，如果有人质疑其优长，他就会随手翻开《植物园》（*Botanic Garden*），开始朗读。他只扫一眼，挑出最佳的诗句，读得抑扬顿挫、波澜起伏。"②

《植物园》是一部厚重的诗作，分为上下两卷，超过2500行，且注释繁复。但与这里提到的其他读物类似，它也会被读者拿起来，进行朗读。而且我们再一次看到，对消费习惯的探讨有助于根据类型来理解书籍的用途。《植物园》代表着十八世纪文坛流行的一种类型，长篇的叙述诗或松散诗体，对许多当代读者而言，较为陌生。这类长诗一般都分为若干卷，在数千行的双行押韵诗节里穿插着大段的描写、哲思与政论。最受欢迎的长篇松散诗当属詹姆斯·汤姆森的《四季》。1730年代首版之时，这部讴歌自然的长诗共分四卷出版。我们深知，当时男女老少都熟悉和喜爱这部诗作，时时朗读。我们不知道的是，他们如何朗读，为何钟爱。从当代视角很难理解，《四季》为何会是十八世纪最受欢迎的诗歌。它冗长、

---

① *Memoirs of the Late Thomas Holcroft, Written by Himself* (London: Longman, Brown, Green, and Longmans, 1852), 105–106.

② *Memoirs of Richard Lovell Edgeworth*, 2:136.

松散、水准参差不齐，而且无论思想还是诗体，都不够连贯，令不少现代读者深感困惑。即便是当时的读者，也有人觉得如果它能简洁紧凑些就更好了。萨缪尔·约翰逊曾对汤姆森的诗做过一番举要删芜："某日，编写过《西伯的诗人传》（Cibber's Lives of the Poets）的希尔斯，同我坐在了一处。我取下了汤姆森，朗读了长长一段，然后问他，难道不出色吗？希尔斯表达了无比的钦佩。好吧，先生，（我说，）多余的每一行诗都被我略过了。"①

然而，对于连贯与简洁的执着也许并没有那么重要。现代读者与评论人在文学类型中找寻连贯性，但我们了解到，读书的习惯，尤其是交际读书，包含了蜻蜓点水式的翻书、摘选、挑拣标记出来的段落。那一代读者只想找到独立的段落并时刻大声朗读出来，《四季》多有前后矛盾之处也就不成问题。下文中，我们还将看到，摘选的习惯也决定了书籍出版的形态。十八世纪的杂集与刊物包装好了节选的诗歌、散文与乐曲，以满足不求全，但求内容丰富、方便易得的读者。对摘选的暗示也体现在了出版物标题与书名上："集锦""精华""拾遗"被有趣地编排，或是"收藏""陈列"以供浏览。编书人预料到这类合辑被使用的方式，预先从整部作品里挑选出滑稽、感伤、夸张与诗意的片段，这也正是汇编的优点所在。

毫无疑问，在当时，精要式的读书习惯很普遍——但它毫无争议吗？十八世纪末期，汉娜·莫尔（Hannah More）在她的《当代女性教育方式之局限》（Strictures on the Modern System of Female

---

① James Boswell, *Life of Johnson*, ed. R. W. Chapman (Oxford: Oxford University Press, 1980), 743. 希尔斯，即罗伯特·希尔斯（Robert Shiels, 1700—1753），苏格兰诗人、编书人，曾帮助约翰逊编纂《英语词典》，并且编写了《大不列颠与爱尔兰诗人生平》(*The Lives of the Poets of Great Britain and Ireland, to the Time of Dean Swift*)，1753 年出版时，由西奥菲勒斯·西伯（Theophilus Cibber, 1703—1758）挂名，因此叫作《西伯的诗人传》。——译者注

第三章
使用书籍

Education）中责难道，"节本、精粹和概要如蜂拥一般，要想变得心智肤浅，它们不可或缺"。① 更多人和萨缪尔·约翰逊的看法相同，他们认为这类出版物贩卖的学问太过廉价：它们令年轻女性知道了著名历史人物的名字，但对这些人物的品行一无所知。摘选本收录的"寥寥几段美文"，"激起了年轻人表演朗诵的虚荣心"，但"既没有充实心灵，也未曾培养品味"。② 莫尔指出，"某些善于交际的年轻女士"，引经据典都是陈词滥调，让人一听便知，乃是出自于那些"荟萃贩子"源源不断生产出的文学摘录。莫尔的指责关联着她对社交技能的批评——在她眼里，那只练就了表层，没有修得内涵。她的评论表明，当时围绕着如何提升自己才恰当存有争论，并且它还干系到我们对家庭读书史的理解。

在十八世纪，人们总会出于许多不同原因而大声朗读。朗读既迫于外在压力，也出于自我需求。家庭成员因为夜间朗读诗篇和祈祷词的"义务"而坐在一起；父母为子女们读书，并要求他们也念给自己听；夫妻与友人一同读书取乐、提升自己，消磨时光。人们读书可以是表演性的，也可能是为聊天提供某种基础；朗读还可作为一种文学评论的形式，让作者在其他人面前试读新作。人们为病人与垂死之人读书，但过度读书也会造成不适。人们可能连续多天读同一本书，也可能每本杂书都只简短地读一点；即便其他人在"发出声响"，也有人会选择独自一人阅览。勤谨之人提前标记好段落，其他人则找到什么就读什么——有时，这会带来不幸的结果。考察共同读书的环境，除了丰富我们对阅读习惯的了解，还为我们

---

① Hannah More, *Strictures on the Modern System of Female Education* (London, 1799), 2nd edition, I, 173.

② Ibid., 174.

以书会友
——十八世纪的书籍社交

考察十八世纪的文体与书籍内容提供了新视角。书籍是由使用预期所决定的：储备有趣的故事、顺口溜或笑话，偏好感伤短文或滑稽对话，搜罗诗歌中显眼又独立的段落；熟悉莎士比亚特定的几段，而不用了解一整出戏；读小说打乱卷次顺序。接下来的章节将进一步更细致地考察，当我们开始关注书籍的社交，我们就会开启不同的视角。

第四章
获取读物

> 斯特里特菲尔德小姐的女仆来问索尔夫人,能否借给她"米耳壳与失鲤鱼"("*Milk and asparagus lost*")。
> 于是她给了她弥尔顿的《失乐园》,结果正是她想要的。
> ——范妮·伯尼文件集的杂稿短笺 ①

要讲述读者与他们在家读书的故事,就要考察他们获得书籍的途径。历史学家一般会告诉我们,那是一个印刷文化经历爆炸式增长的时代,见证了"格拉布街"的诞生。亚历山大·蒲柏和乔纳森·斯威夫特笔下的伦敦,充斥着六便士一本的通俗小册子,还有数不胜数的颂歌、小说和游记,它们成不了文学作品,注定要沦为废纸,用约翰·德莱顿(John Dryden)的名言总结就是,"包馅饼的垫纸,乞丐的厕纸"。1700年以前,英国每年共出版1800种各类书刊。到了1800年,这一数字飙升到了6000种。② 然而,虽然生活在这样一个印刷业蓬勃发展的时代,绝大多数人仍极难得到文学

---

① Egerton 3702 B fol. 72, The Barrett Collection of Burney Papers, The British Library, "Fol. 60–75 Charlotte Barrett, d. 1870 née Francis; wife of H. Barrett: Miscellaneous notes: n.d."

② James Raven, "The Book as a Commodity," in *The Cambridge History of the Book in Britain*, ed. Michael F. Suarez and Michael L. Turner, 6 vols. (Cambridge: Cambridge University Press, 1999), 5:83–117, 92.

以书会友
——十八世纪的书籍社交

书籍——有可能比一百年前更艰难。[1] 近来对十八世纪书籍生意的量化研究强调，书籍在当时售价昂贵——应当被视为那个时代的奢侈品。[2] 此外，识字率依然有限，并且在半个世纪里无甚改观。[3]

不过，考虑到家庭共读的习惯，我们必须超越书籍价格与识字率这些指标性数据。在十八世纪的家庭生活中，书籍与阅读材料非比寻常，并深植于家庭文化氛围之中。即便是对中等阶层藏书之家的小样本考察，也能看出，书籍的确在十八世纪家庭中变得更普及。[4] 但也许更值得留意的是，多种获取渠道同时并存：除了书贩和他们兜售的新书之外，还有报纸与期刊、二手书摊与书店、流通图书馆、缩略版、改写本、分册出版物，还有传统的分享与借阅。书籍、报刊、小册子以及书信都可供朗读，无论是在家中，在聚会时，还是在公共场合。

所有这些方式都为更广泛的受众创造了接触文学作品的途径，也为文学消费提供了其他的模式。举例来说，我们或许会认为，乔纳森·斯威夫特的《格列佛游记》，在伦敦初版售价 8 先令 6 便士，

---

[1] James Raven, "The Book as a Commodity," in *The Cambridge History of the Book in Britain*, ed. Michael F. Suarez and Michael L. Turner, 6 vols. (Cambridge: Cambridge University Press, 1999), 5:83–117, 85ff.

[2] 关于低端阅读市场获取文本渠道的减少，参见 William St Clair, *The Reading Nation in the Romantic Period* (Cambridge: Cambridge University Press, 2004)。圣克莱尔的观点与方法一直受到质疑，其中关键的反驳，参见 Thomas F. Bonnell, "When Book History Neglects Bibliography: Trouble with the 'Old Canon' in *The Reading Nation*," *Studies in Bibliography* 57 (2005–2006), 243–261。还可参见 Robert D. Hume, "The Economics of Culture in London, 1660–1740," *Huntington Library Quarterly* 69 (2006), 487–533, 497, 524。

[3] John Brewer, *Pleasures of the Imagination: English Culture in the Eighteenth Century* (London: HarperCollins, 1997), 167; R. S. Schofield, "Dimensions of Illiteracy, 1750–1850," *Explorations in Economic History* 10 (1973), 437–454; Margaret R. Hunt, *The Middling Sort: Commerce, Gender, and the Family in England, 1680–1780* (Berkeley: University of California Press, 1996), 84–89.

[4] Lorna Weatherill, *Consumer Behaviour and Material Culture in Britain, 1660–1760* (London: Routledge, 1996), 49.

第四章
获取读物

远高于普通劳动者的周薪，因此，除了少数社会精英，其他人都无法获得。① 然而，像《格列佛游记》这样的流行作品同时有多种载体：它被简短地印在糙纸上，出现在廉价故事书里，被制作成缩略版，在报纸上连载。一个月之内，这本书的梗概故事就只需要 6 便士了。② 《伦敦周刊》（*London Journal*）上全是格列佛的对白，到了 11 月 26 日，《周刊》（*Weekly Journal*）上一位虚构作者已可以轻松说出，"差不多每个人都读过了我兄弟里梅尔·格列佛的游记"。③ 11 月底，《帕克便士邮报》（*Parker's Penny Post*）上也开始了连载。丹尼尔·笛福的《鲁滨逊漂流记》在 1719 年问世时，还只是一部关于幸运旅程的故事，它逐渐获得了各种赞誉，比如，它被誉为第一部英国小说、不列颠帝国的真正象征、经济自由主义的化身、每一个基督徒的写照。在十八世纪，民间冒险故事于家中、酒馆和咖啡馆里流行一时，无处不在。《鲁滨逊漂流记》因为代表了这一类故事而风靡。你可以买到克鲁索（Crusoe）与星期五（Man Friday）的黄铜装饰品摆在壁炉上，或者斯塔福德郡制造的瓷像；它还被制作成给孩子看的布裱童书，"儿童剧"的立体书，以及一系列廉价故事书；到了 19 世纪中叶，它还出现在了各式各样的廉价儿童瓷器上。④

斯威夫特《格列佛游记》与笛福的《鲁滨逊漂流记》有着类

---

① October 1726, in *The Monthly Catalogue: Being an Exact Account of all Books and Pamphlets Published* (London, 1723–), 111.

② "This Day is publish'd, (beautifully printed) Price 6 d.," *Evening Post*, 22–24 November 1726.

③ "To Mr. Read," *Weekly Journal or British Gazetteer*, 26 November 1726.

④ Margaret Lambert and Enid Marx, *English Popular Art* (London: Batsford, 1951; new ed., London: Merlin, 1989), 41, 58. 关于儿童瓷器的文学主题，最常见的有《鲁滨逊漂流记》，贝纳丹·德·圣比埃（Bernardin de Saint-Pierre）的《保尔和薇吉妮》，以及《汤姆叔叔的小屋》，参见 Noel Riley, *Gifts for Good Children: The History of Children's China, 1790–1890*, 2 vols. (Somerset: Richard Dennis, 1991), 1:86–114。

以书会友
——十八世纪的书籍社交

似的际遇，它们都迅速流入了同时代的社会文化之中，这也印证了一些作品的快速流行，它们被转变为不同形态，以满足各类志趣，迎合各种购买需求。在印刷文化高歌猛进的同时，文学史的发展却慢得多。人们的阅读显示出了相当的滞后性——人们更乐意去读以往的作品，因为他们更偏爱过去的内容，也可能是因为旧作更易得。从数量上看，全国各地的家庭藏书目录都说明，老书大大多过新作。检视伦敦中产家庭的藏书目录，我们发现，登记入册的书目里，30年以上的老书占了绝大多数。约翰·米特福德是鲍沃区的商人，他在1740年制作了一份藏书目录，共列有74种书籍。其中只有5本是前一年出版的，有21本是十七世纪的书籍——主要是对开本，可能是继承而来，也可能从二手书店购得。① 旧作的魅力——或其易得性，在汇编作品中也有体现。诗歌与散文的杂编合集虽然会以内容新颖与时髦为卖点，但主体内容往往都有些年头。② 家庭藏书反映了几代人购买与阅读的旨趣，所耗不菲，也不太可能被丢弃。一般说来，某一时期常见到的书籍，主要体现了上个世纪而非时下的阅读风尚。贝尔（Bell）的多卷本《英格兰诗人诗篇》（*Poetical Works of the English Poets*），约翰·库克（John Cooke）编的散文家与剧作家文集，都收录了早期英国作家的作品，不断为新读者提供阅读机会——这类汇编文集尤其偏好几十年前流行的作家与文字。③

---

① National Archives, C113/11, Inventory of John of Bow, 1740. 简·哈姆雷特（Jane Hamlett）与劳里·林迪（Laurie Lindey）为杰弗瑞博物馆获取和抄录。又见 National Archives, C108/285 Inventory of Mr Webb, 1792。

② Jennifer Batt and Abigail Williams, "Poetry and Popularity," *Eighteenth-Century Life* 专刊，2016。

③ Thomas F. Bonnell, *Most Disreputable Trade: Publishing the Classics of English Poetry, 1765–1810* (Oxford: Oxford University Press, 2008). 关于这类合集杂录如何影响了手头不宽裕的读者，参见 Richard D. Altick, *The English Common Reader: A Social History of the Mass Reading Public, 1800–1900* (Chicago: University of Chicago Press, 1957), 55–60。

第四章
获取读物

如何使用可支配收入也存在很大的不确定性。书籍史家也许能确定十八世纪的两先令在二十一世纪的购买力——但无法由此推断出,大众针对特定文化内容的消费习惯。用两先令买一本伊丽莎·海伍德(Eliza Haywood)的《过度之爱》(*Love in Excess*)可能要花掉一周的租金,但也有人会觉得,买书要比买一顶新帽子来得划算。

那么人们的书籍购买力究竟如何呢?从社会的薪资结构来看,一位准男爵的年收入在1500镑左右,牧师在50—70镑之间,绅士为280镑,进出口商人与经销商大约在200—400镑之间。另一方面,商铺店主与零售商贩每年能挣45镑,农场主与自由小农在40—90镑之间,长工与仆佣是15镑。虽然没有所得税,但进口关税与财富税比较沉重。大笔花钱买新书,上剧院看戏和购置绘画,只有社会上层的极少数人才做得到。① 雅各布·范德林特(Jacob Vanderlint)在1734年曾以家庭为单位估计,若要过上"中等程度的生活",一家之主需要每周有4先令的"零用钱",妻儿需要每周2先令的"水果、玩具等",还需要与亲朋好友聚会玩乐,花费4先令。这样一年算下来,总共约为315镑。若是要在丈夫死后继续保障妻儿的生活,家庭每年还需额外储蓄75镑。② 范德林特估计,一位"绅士"的年收入至少要达到500镑。③ 而劳工阶层的家庭,没有专供玩乐的这笔开销。在这些收入阶层之内,有些人手头会更宽裕——单身汉,家庭关系简单并保持健康的幸运人士,相比那些家里有病人、亲戚众多、需要补贴的家庭,有更

---

① Hume, "The Economics of Culture."
② Jacob Vanderlint, *Money Answers All Things; or, an Essay to Make Money Plentiful among All Ranks of People* (London, 1734), 76, 141–142.
③ Ibid., 19.

以书会友
——十八世纪的书籍社交

充裕的现金。①

渠道与阶层

书籍市场存在着价格分层：少量昂贵高端的书籍在上，不断涌现的廉价出版物在下。② 直到十九世纪早期，因为有了以蒸汽为动力的印刷机，大规模生产成为可能，不列颠读者才拥有了平价读物。③

对于中等阶层的家庭来说，每周用于消遣娱乐的花费总共是2—4个先令，他们不会经常去买定价6先令的书籍。显然，再往下的阶层，比如劳工群体，他们不会在任何出版物上花费超过1便士。我们以往视之为十八世纪文学主体的，包含戏剧与诗歌的个人著作，只是偶尔且少量地由"中层"群体所消费。杰弗瑞博物馆的中层家庭藏书目录显示，在生意人之间，藏书多寡、价值高低都相差较大，但没有家庭藏书超过100本。《圣经》或《新约》最为常见——除此之外，有人只拥有不到10册装订本书籍，也有人藏书多达90本。总的来看，这一群体对宗教、游记以及历史类作品的偏爱胜过小说、诗歌和戏剧。古典文学与外文书籍鲜少出现。这同

---

① Hume, "The Economics of Culture." 有关住房与食物方面的开支，参见 Kirsten Olsen, *Daily Life in Eighteenth-Century England* (Westport: Greenwood Press, 1999)。关于这一时代的相对物价，参见 St Clair, *The Reading Nation*, 24。

② 在世纪之初的1709年，从出版商的目录来看，152本推广书籍，一半定价不超过1先令，最常见的定价是6便士，约占到了所有书籍的1/4。有58本价格低于6便士。定价最高的几本价格在3—5先令之间。到了18世纪末，范妮·伯尼的3卷本《卡米拉》，在1785年要价7先令，4卷本《奥多芙的神秘》要价1镑。有关图书出版业的经济情况，参见 St Clair, *The Reading Nation*, 19–42。以及 Hume, "The Economics of Culture," 509。

③ Raven, "The Book as Commodity," 85–91.

第四章
获取读物

其他书籍史家关于中等阶层读者的结论一致。①

萨缪尔·约翰逊在《漫游者》上曾轻率地说过，"每种尺寸的读物都要求与之匹配的能力"。② 他说得没错，十八世纪的出版物之间差异甚巨。廉价印刷品的消费群体跨越了各个社会阶层。每年出版的年历，包含了各种信息，比如星象、潮汐和农时。年历在十七世纪最为畅销，销量仅次于《圣经》。③ 到了十八世纪中期乃至后期，年历的市场份额被口袋书弱化，甚至是取代。口袋书小巧便携，但其中信息丰富，令人惊讶，它包罗了诗词精粹、菜谱、歌谣、多条伦敦市内路线的马车出租费用，还有酒店列表。小本故事书与"小书"也为人们提供了更容易的接触图书的渠道。这类小本书由流动的小商小贩（Chapmen，来自古英语中的"céap"，意为生意）兜售，面向手头不宽裕、识字不多的成年顾客，不值几个便士，还附有木刻版画，这类小本书从民歌民谣、节略的十七世纪浪漫传奇、希普顿修女（Mother Shipton）的预言、国民英雄故事如沃里克的盖伊（Guy of Warwick）、犯罪纪实、宗教文本，到删节的散文体小说，无所不包。④《朝圣历程》(Pilgrim's Progress)、《鲁滨逊漂流记》、《摩尔·弗兰德斯》(Moll Flanders)、《汤姆·琼

---

① Stephen Colclough, "'R. R. A Remarkable Thing or Action': John Dawson (1692–1765) as Reader and Annotator," *Variants*, Reading Notes 2/3 (2004), 61–78.

② 6 August 1751, in Samuel Johnson, *The Yale Edition of the Works of Samuel Johnson*, ed. W. J. Bate and Albrecht B. Strauss, 23 vols. (New Haven: Yale University Press, 1969), vol. 5, The Rambler, 11–12.

③ Cyprian Blagden, "The Distribution of Almanacks in the Second Half of the Seventeenth Century," *Studies in Bibliography*, 11 (1958), 107–116.

④ 关于小本故事书的界定以及它与儿童文学之间的关联，参见 Jan Fergus, *Provincial Readers in Eighteenth-Century England* (Oxford: Oxford University Press, 2006), 161–175. 有关小本故事书的发展历史，参见 Margaret Spufford, *Small Books and Pleasant Histories: Popular Fiction and Its Readership in Seventeenth-Century England* (Cambridge: Cambridge University Press, 1981)。

斯》、《约瑟夫·安德鲁斯》(*Joseph Andrews*)、《格列佛游记》以及《吉尔·布拉斯》(*Gil Blas*)都有小本故事书的版本。①

并不只有社会底层才购买这类廉价书。有大量史料表明，士绅阶层也阅读昙花一现的出版物，包括小本故事书、民谣、年历还有小册子。要说大众群体与精英圈层消费着截然不同的出版物，在印刷文化中相互隔绝，这观点站不住脚。② 相比这类廉价书而言，价格贵一些——但仍比原版便宜的，是十八世纪常见的删节本。早在1705年，约翰·邓顿（John Dunton）就注意到，由写手们提炼的删节本如此盛行，以至于"原作配节本简直如同夫配妻一般天经地义"。③ 出版商们认为，推出删减版乃一项公共责任，因为能让更多人接触到文学作品。在1719年出版的《鲁滨逊漂流记》简明版中，托马斯·考克斯（Thomas Cox）声称，既然笛福旨在让读者"遵从神意学会忍耐"，那么他的版本更胜一筹。他的版本不仅更方便携带，而且调低了定价，更适合"大部分人的情况"，因此"能让这书人手一册"。④

这类出版物的优点不只有价格实惠——它们明显更短，能更快

---

① Michael J.Preston,"Rethinking Folklore, Rethinking Literature," in *The Other Print Tradition: Essays on Chapbooks, Broadsides, and Related Ephemera*, ed. Cathy Lynn Preston and Michael J. Preston (London: Garland, 1995); Pat Rogers, *Literature and Popular Culture in Eighteenth- Century England* (Brighton: Harvester, 1985), 162–182, 183–197.

② 参见 Jonathan Barry, "Literacy and Literature in Popular Culture: Reading and Writing in Historical Perspective," in *Popular Culture in England, c. 1500– 1850*, ed. Tim Harris (London: Macmillan, 1995), 84。亦可见 James Raven, "New Reading Histories, Print Culture and the Identification of Change: The Case of Eighteenth-Century England," *Social History* 23 (1998), 268–287, 287; Anna Bayman, "Printing, Learning and the Unlearned," *The Oxford History of Popular Print Culture*, vol. 1, *Cheap Print in Britain and Ireland to 1660*, ed. Joad Raymond (Oxford: Oxford University Press, 2011), 76–87。

③ John Dunton, *The Life and Errors of John Dunton* (London, 1705), 56.

④ Thomas Cox, *The Life and Strange Surprizing Adventures of Robinson Crusoe ... Now Faithfully Abridged* (London, 1719) 前言, A2r–v。

第四章
获取读物

读完。理查森的《克拉丽莎》(*Clarissa*)一问世便一鸣惊人。但有趣的是,早期的反馈都强烈呼吁这套七卷本的小说应当出节略版。① 《克拉丽莎》终于有了简化版,原著里多声部的书信体叙述被冷漠单调的回顾叙事所取代——整个故事的讲述方式都发生了改变。② 当时所有读者都可能相互之间议论《克拉丽莎》,并为之痛哭流涕,但他们却并不了解为现代文艺评论者们所熟知的整部小说。因为简明本总不被藏书家所重视,也不比精装本,能被人妥善保存,它们的传世数量远远少于出版量。尽管如此,十八世纪出版的《鲁滨逊漂流记》(这本的篇幅还不算特别长),现存于世的有75%都是缩略本——这令我们不得不再次追问,对于笛福那个时代的读者及其子孙后代而言,究竟什么才是"真正的"鲁滨逊漂流记?当他们在一篇日记或一张信笺里谈起《吉尔·布拉斯》或库克船长的历险故事时,我们怎知他们读的不是更廉价的、删减后的,抑或是分段出版的版本?当时的读者最熟悉的究竟是什么版本?对于当时推出了很多廉价版的书籍都值得用这个问题去追问一番。

  本书接下来的章节描述了杂录、集萃以及家庭版图书如何为了吸引新读者和囊中羞涩之人,而对莎士比亚作品进行改装的故事。《指南:名家名篇优选集》的编纂人表示,这套书里汇集了各种故事,以及"摘选自那些太长以至于无法凝神读完的诗作"的精巧片段,③ "让那些手头不宽裕,无力买书取乐或寻求指教的人,多少

---

① Lois E. Bueler, ed., *Clarissa: The Eighteenth-Century Response, 1747–1804*, 2 vols. (New York: AMS, 2010).

② Leah Price, *The Anthology and the Rise of the Novel: From Richardson to George Eliot* (Cambridge: Cambridge University Press, 2000), 15.

③ *The Companion, Being a Choice Collection of the Most Admired Pieces from the Best Authors, in Verse and Prose*, 3 vols. (Edinburgh, 1790), 1:v.

能充实他们的书房"。① 这套三卷本图书将让不少家庭接触到"佳作名篇，若非如此，他们可能需要再购置十倍于此的书卷，才能看得到这么多，可即使买了那些书，他们也不会真有工夫去阅读"。② 阅读史，尤其是交际阅读的史料支离破碎，往往在书籍来源与形式的诸多细节上晦涩不明。如果每次史料中提及，有人为亲朋好友朗读了一小段汤姆森的《四季》或一章《约瑟夫·安德鲁斯》，而我们就默认，他们所读的必是昂贵的牛皮精装四开多卷本，我们有可能是错误的。

十八世纪前半叶，报纸期刊迅猛发展，英格兰有阅读习惯的读者倍增。除了某些重要著作之外，其他小说印量都比较少，一般在750册，有时甚至只有500册，而且很少加印。与之对比鲜明的是，像《每月评论，或文艺期刊》(*Monthly Review, or Literary Journal*)这类出版物，内容以新书长评、精选摘录还有"偶尔的外国文章"为主，在1768年的印量为3000册，到1776年更是达到了3500册。③ 无数著作通过书评中的摘选段落而流传，这要比整本原著版流通广得多。杂志与系列出版物价格低廉，因而拥有大批消费者。从订阅记录来看，读者群体混杂：包括了贵族士绅、工匠学徒、商铺帮工以及家庭仆役。在1746年到1780年期间，绝大多数期刊都是6便士一本，订阅价一般为6先令6便士一年，约等于一部两卷本新小说的价格。④ 在本书的第七章，我们将看到，到了

---

① *The Companion, Being a Choice Collection of the Most Admired Pieces from the Best Authors, in Verse and Prose*, 3 vols. (Edinburgh, 1790), vi.

② Ibid., vii.

③ Antonia Forster, "Review Journals and the Reading Public," in *Books and Their Readers in the Eighteenth-Century England*, ed. Isabel Rivers, 2 vols. (London: Continuum, 2003), 2:178; 引自 Fergus, *Provincial Readers*, 7。

④ Nicholas Seager, "Serialization of Defoe's *Tour in All Alive and Merry*," *Notes and Queries*, 62 (2015), 295–297.

第四章
获取读物

十八世纪下半叶,杂志期刊将成为短篇小说的主要发表途径。

十八世纪报刊阅读的画面大量留存于世,印证了当时人们对新闻出版物的普遍需求,也揭示了读报的社交特质。因为人们有分享报纸的习惯,销售与流通数据并不能反映出真实的读者规模。在日记与书信的记载中,为一群人朗读晚报,朋友间相互借阅杂志,屡见不鲜。似乎朋友和熟人之间交换杂志和刊物极其频繁。康沃尔郡的牧师约翰·彭罗斯(John Penrose)曾傲慢自大地提到两位女士,他在巴斯时遇到了她们:"马什夫人与格雷厄姆夫人的社交状态我无法置评。我借给她们《伦敦记事报》(*London Chronicle*),她们借给我《每日公报》(*Daily Gazetteer*),这是我们之间主要和几乎唯一的交流。"① 类似的交换,为彭罗斯以及其他读者提供了好机会,他们不用自掏腰包,就能借此获得一系列的新闻报刊。随叔伯隐居在萨福克乡间的南希·伍德福德总会开心地接受邻居迪凯纳先生的《绅士期刊》,或是他丢弃的伦敦报纸。

这类出版物不会被长久保存,但它们刊载的诗歌与故事,被誊抄到了札记本中,由此留下痕迹。想必是人们预料到,它们原本的载体不会被留存备查,这才有了摘录的习惯。札记本的主人很少透露摘选段落的出处,不过也有例外。什罗普郡霍德内特(Hodnet)村的牧师雷金纳德·希伯(Reginald Heber)往札记本上抄了一篇短文,题为"最终结论"。他附上了自己的笔记,"这篇坚定又犀利的短文是从爱尔兰报纸上抄来的"。② 伊丽莎·查普曼(Eliza Chapman)习惯搜集自己喜爱的诗篇。在摘录本里,她也草草记下

---

① "Friday, May 16th," in Rev. John Penrose, *Letters from Bath, 1766–1767, by the Rev. John Penrose* (Gloucester: Alan Sutton, 1983), 119.

② Reginald Heber vol of Miscellaneous Verse Ms Engl Poet e.111 dated 1788 by Bod. fol. 42 verso.

了诗篇的来源:《先驱晨报》(*Morning Herald*)、《早报》(*Morning Post*)、《镜报》(*Mirror*)。① 马登家族的剪贴簿里既有摘抄,也有剪贴,主要收录新闻、笑话和"诗人角"里的内容。奥斯沃斯特里(Oswestry)的哈丽雅特·皮戈特(Harriet Pigott)的剪贴簿里夹杂着本地诗歌、戏剧、孩子的感谢信,还有水彩素描。报刊是多种读物的载体,剪藏的习惯再次强化了这类载体的重要性。然而,即便承认,期刊报纸激发了读者们摘录文字片段的读书习惯,我们还要记住,可能因为载体无法长存,那些文学内容才被抄录下来。如果是其他更为考究的书籍,它们被安然地放在书架上,读者应该不会急切想去摘抄(借阅的文本段落也常见于摘抄簿,因为阅读机会受到了限制)。期刊杂志鲜见于藏书目录,但多卷本的《旁观者》合集比较常见。内容杂糅且昙花一现的出版物,如果是零散着购买,则很少在正式的藏书列表中留下踪迹。

除了报刊之外,书籍也会被拆分零售。② 任何内容都能采用这种出版形式——从医学词典到拉潘的《英格兰史》《失乐园》、巴罗的布道词、算术书、产权转让专论、画册或书法集。③ 从1730年代开始,将书籍拆分开出售的生意大获成功,为不同的收入阶层提供了不同形式的书籍——从纸张考究的对开本到十二开本,应有尽有。乔治·克拉布(George Crabbe)在《藏书》(*The Library*, 1781)里写道:"摘要、节本取悦了浮躁的时代","删节的《圣经》,带着评注,就这么流传 / 伏尔泰的《启蒙》,全村人手几页"。④ 在十八

---

① 伊丽莎·查普曼的诗歌笔记, Bodleian MS Montague.14。

② R. M. Wiles, *Serial Publication in England Before 1750* (Cambridge: Cambridge University Press, 1957), 6.

③ 这里提到的巴罗,即艾萨克·巴罗(Isaac Barrow, 1630—1677),英国神学家,数学家,是牛顿的数学老师。——译者注

④ George Crabbe, *The Library: A Poem* (London, 1781), 8.

第四章
获取读物

世纪，书籍常常按张出售，并由消费者自行装订。如果要购买 1741 年第四版的钱伯斯《百科全书》（Cyclopaedia），一次性购入与拆开来买，比如一次买三张，真正的区别只在于，消费者可以每周花六便士买两张对开折页，而不用一次性支付高昂的四几尼。[①] 拆分式买家相较整本购入者而言，应该能更早地读到作品，因为按期订阅的读者能在整部作品上市前就先获得前面的章节。[②]《格拉布街周报》（Grub Street Journal）对此公然表达了愤慨，"化整为零的出版简直疯狂得不可思议……几天前，我买到了三便士的福音书，门房、车夫还有扫烟囱工会觉得它方便又亲切"。[③] 书籍被公然商品化，激怒了这位作者，《圣经》也被分拆售卖，俨然如同兜售几盎司面粉和糖一样。这个理由有点儿虚伪。出版印刷行业一直都是针对特定市场进行生产与销售的生意。书籍按张销售，只不过是让原本因昂贵定价而对书籍望之却步的消费群体获得了购买的机会。如果考虑到被拆分售卖的书籍类别——从哈利藏书杂录中的古籍到希腊语类属词辞典附录——显然，拆分式卖书，作为一种销售技巧，其辐射范围，远不止《格拉布街周报》所设想的"门房、车夫还有扫烟囱工"。[④]

[①] 钱伯斯（Ephraim Chambers, 1680—1740），英国的百科全书编纂者，编有《百科全书，或，文艺与科学全典》（Cyclopaedia; or, An Universal Dictionary of Arts and Science），1728 年首版，为 18 世纪法国的百科全书编纂奠定了框架和基础。——译者注

[②] 参见 Wiles, Serial Publication, 8–9.

[③] "Mr Bavius," Grub Street Journal, 19 September 1734.

[④] 这类书包括 Proposals for Printing, by Subscription, Harleian Miscellany a Collection of Scarce Tracts and Pamphlets, Found in the Late Earl of Oxford's Library and An Appendix to the Greek Thesaurus of H. Stephens, and the Greek Lexicons of Constantine and Scapula。参见 "List of books publish'd periodically, January 1745," Gentleman's Magazine, 1744.

以书会友
—— 十八世纪的书籍社交

新的读者

十八世纪的识字率状况错综复杂。即便到了 1800 年，识字率仍非常有限，但在十七与十八世纪内，识字率的确有了提升。1500 年，只有 1% 的女性和 10% 的男性能识文断字，到了 1800 年，女性识字率达到 40%，男性达到 60%。① 在识字率攀升的同时，新的读者群体，尤其是女性读者读什么书以及如何读书，引发了强烈的社会忧虑。我们将看到，这种忧虑主要集中在小说阅读方面，但也不只是小说。1734 年 9 月，讽刺小报《格拉布街周报》上有人叹惋道：

> 有那么多的底层人士，相较于温饱，想的更多的是陶冶心灵……过去我总认为，有 95% 的人生来就是捣鼓买卖和手艺的；让他们去读书是害了他们，他们不会变得更好或更明智，反而会变得莽撞、烦人和好斗。②

这段文字写于 1734 年。显然，当时仍存有未消的疑虑，不少人担忧知识与信息在中等阶层中的广泛传布会产生不良的社会后果。半个世纪之后，这类忧虑转向了阅读群体中更低的社会阶层。层出不穷的大众出版物总会在序言里强调，书中内容皆有益心智，以安抚社会上的保守人士。萨拉·特里默（Sarah Trimmer）是一位虔诚的福音派圣公会信徒，她的丈夫在布伦特福德（Brentford）生

---

① 有学者充分讨论了这一时期识字率提升的证据，参见 David Cressy, *Literacy and the Social Order: Reading and Writing in Tudor and Stuart England* (Cambridge: Cambridge University Press, 1980), 176–177; Schofield, "Dimensions of Illiteracy," 442–443, 445–446; Peter Earle, "The Female Labour Market in London," *Economic History Review* 43 (1989), 328–353, 333–336, 343–344; Hunt, *Middling Sort*, 85。

② "Mr. Bavius." *The Grub Street Journal*, 19 September 1734.

第四章
获取读物

产砖瓦,很富有。她创办了一系列教育资源,为年轻人输送启发性的道德指导。《家庭杂志》(*Family Magazine*)由她在1788年创刊,并在1789年之前担任主编。这本杂志为渴望阅读的中层家庭提供了合适的内容。她在杂志简介里正视了大众强烈的阅读欲望:"无可否认,到目前为止,中上层之家都是最幸运的,他们翻阅着精挑细选的书籍,在家打发闲暇的时光。这个国家早已忘却,普罗大众的无知会造成怎样的悲惨结果,也是时候试试教化的作用了。"①

显著的变化就发生在一个世纪之内。1734年,《格拉布街周报》的惊恐针对的是中产阶级,当时的报纸写手认为,生意人与手艺人如果读了书,容易变得莽撞和好斗。50年过后,萨拉·特里默作为生意人的妻子,理所当然地认为,在家读"精选"好书对中层人士有益,可以且应当向更底层的民众延伸。但她也承认,她对此尚存一些忧虑:"唯一不赞成去教导穷苦人的一点……是,知识上的拓展让他们的水准过于接近他们的雇主……当然,如果只向他们精准地提供实用书籍,刻意让他们**满足于**现状,并引导他们踊跃**履行其职责**,还是能够提防危险的。"②

仆役

萨拉·特里默显然认为,应当鼓励仆役和阶层更低的人去读书——尽管是读恰当的读物。杰弗瑞博物馆收藏的清单里,只有一两份记录了仆役房中的一两本书——没有一份提到了仆役房里有

---

① Sarah Trimmer, *The Family Magazine; or, a Repository of Religious Instruction and Rational Amusement* (1788) 简介, 1.

② Ibid., 2.

书橱。① 不过也有些雇主会特意鼓励他们的仆人学会阅读，这往往是出于信仰，就像特里默一样。② 有史料表明，到了十八世纪晚期与十九世纪早期，一些大家族里出现了仆人的藏书——国民信托组织负责保护的乡村别墅书房中就有这类藏书的线索。到了十九世纪中后期，文献资料更加充分翔实。博德利图书馆收藏了一套十九世纪初出版的布面装的小本故事书，题写有"莫雷维尔大宅的仆役藏书"，可能是指沃里克郡（Warwickshire）的莫维尔大宅（Morville Hall）。书里是一系列关于喝酒赌博的警示故事，估计更多来自于雇主的意愿，而非仆役们自己的喜好。③ 有时，仆人会单独得到主人给予的书籍。书商账目记录了沃里克郡教士约翰·帕克（John Parker）曾经购买了四本伊丽莎·海伍德的《给侍女的礼物》（*A Present for a Servant-Maid*），估计是打算送给他的仆人或者教区信徒。④

也有迹象表明，仆役们采用与雇主一样的方式，通过书商购买阅读内容，到了十八世纪后期，这些迹象更加明显。英格兰中部的书商克莱的经营档案说明，仆役们或是购买整本书籍，或是购买连续出版物，既为了满足求知欲，也为了自我提升。像是《人人自为律师》（*Every Man his Own Lawyer*）和《书信写作大全》（*The Complete Letter-Writer*）这类书籍，为他们提供了获得新技能的途径，愈加成为十八世纪的必备书目。宗教类作品已然流行，此外还

---

① 1778 年理查德·戴维斯的目录清单 "Gullivers Travals 2 Voll 3 Books & some pamphlets"，在女仆房中，National Archives, C110/187。

② J. Jean Hecht, *The Domestic Servant Class in Eighteenth-Century England* (London: Routledge and Kegan Paul, 1956), 99–100。

③ Collection of chapbooks Bodleian,Vet. A5 e. 6858. 另一个仆役藏书的例子，见 Owen McKnight, "Reading for Servants," *Worcester College Record* (2013), 96–100。

④ Jan Fergus, "Provincial Servants' Reading in the Late Eighteenth Century," in *The Practice and Representation of Reading in England*, ed. James Raven, Helen Small, and Naomi Tadmor (Cambridge: Cambridge University Press, 1996), 202–225, 205。

第四章
获取读物

有时兴的休闲文学。长篇小说的关注度很低,但我们可以看到,各类从业人员,比如中层的生意人、农场主和手艺人,都愈发对杂志和其他较廉价的文学类型兴趣浓厚。克莱的账目里,有大批戏剧、音乐以及纯文学的销售记录。布洛克大宅(Brockhall)是桑顿(Thornton)家族在北安普敦郡的一处庄园宅邸。布洛克大宅的一些仆役从克莱处总共订购了五本戏剧。不仅是布洛克大宅,还有其他大宅的仆役们也会购买戏剧用以相互朗读和表演。①

并非所有仆役们都能通过如此良性的方式获得阅读文本。②老贝利档案中有关偷书贼的条目记录了仆役们从雇主那儿偷拿书籍,以及其他值钱物件的案件。这些偷来的书籍大多被变卖给了经营二手书的商贩,但从某些叙述来看,有些人偷书是为了自己阅读。1761年有一桩案子:玛丽·盖伍德(Mary Gaywood)是伦敦一位园艺家的妻子,她和丈夫住在米尔班克(Millbank)的尼特小楼(Neat Houses)。她指控跟随了自己二十年的侍女偷窃书籍与厨房用具:

> 上周二晚,她外出了,周三也没回来,我们丢了一只奶油罐;我以为她不太舒服,于是去威斯敏斯特看望她,她住在那里的约翰大街;在楼上,我看见她在阅读一本书;我上前,发现那是《朝圣历程》,是我自己的书。我转身,发现了我的奶油罐;然后我走向窗口,那里放着一本《公祷书》,一本《圣

---

① Jan Fergus, "Provincial Servants' Reading in the Late Eighteenth Century," in *The Practice and Representation of Reading in England*, ed. James Raven, Helen Small, and Naomi Tadmor (Cambridge: Cambridge University Press, 1996), 215-225.

② 十九世纪的仆役与雇主(或是"掸灰者与读者")之间围绕书籍产生了种种张力,有学者就此做了精彩讨论,参见 Leah Price, *How to Do Things with Books in Victorian Britain* (Princeton: Princeton University Press, 2012), 175–218。

以书会友
——十八世纪的书籍社交

经》,以及一本《黛安娜的果园》(*The Groves of Diana*),全都是我的财产。上面有的写着我的闺名,有的写着我的夫名。①

另一起案件中,犯事的是威廉·弗朗西斯(William Francis),罗伯特·梅尔维尔(Robert Melville)将军的侍从。他入室偷盗被当场发现,拿着主人的两本书。在法院,他辩称自己一直在自学读书:"去年夏天,我正整理书籍,为它们掸灰,拿到了这两本开始读起来,我是在自学朗读。它们被我放进了我自己的盒子里。我大错特错,把其中一本借给了这里的一人,同时我告诉了他,书属于梅尔维尔将军。"②

直到1781年,借雇主书籍以自学的辩解都被能法庭所接受。这恰好说明,不少主人都允准仆役们使用自己的书房或书橱,而十八世纪的劳工阶层自传里也反映,通过这种方式接触到书籍,愈加激发了他们的向往之情(图13)。③ 对十九世纪早期劳工家庭的调查表明,少有家庭一本书都没有——可能是几册小本故事书,冒险游历记的零星单册,还有些旧报纸与杂志。④ 但总的来说,他们的藏书以宗教类型为主——《圣经》,也许还有《公祷书》,零散的经义阐释,还可能有《朝圣历程》。有这些宗教书籍不意味着读这些书——约翰·克莱尔(John Clare)嘲笑道,"十户有九户都把《圣

---

① "Eleanor Clark, Theft grand larceny, 21st October 1761," *Old Bailey Proceedings Online* (www.oldbaileyonline.org) Ref. t17611021-24。另一起仆从盗窃案,参见"John Frank, Theft burglary, 12th January 1780," Old Bailey Proceedings Online (www. oldbaileyonline.org) Ref. t17800112-2。

② "William Francis, Theft grand larceny, 14th December 1785," *Old Bailey Proceedings Online* (www. oldbaileyonline. org) Ref. t17851214-46.

③ 关于这一时期仆役群体文学自我表征的研究,参见 R. C. Richardson, *Household Servants in Early Modern England* (Manchester: Manchester University Press, 2010), 38–62。

④ David Vincent, *Bread, Knowledge, and Freedom: A Study of Nineteenth- Century Working Class Autobiography* (London: Methuen, 1981), 110–111.

第四章
获取读物

经》平静地摆在书架上,除了礼拜日诵经时查阅片刻,就再也不会翻开"。① 《圣经》一般用来记录家庭成员的出生与死亡,而不会真用来读。家庭资源如此有限,想要多看些世俗读物的劳动阶层们,自然寄希望于雇主的收藏。

在十八世纪中期到后期,士绅书房可带来身份的拔擢,这类观念充斥于杂志小说中。《淑女期刊》里常见的

图 13　菲利普·道(Philip Dawe),《挑灯夜读的女性》,伦敦,1772 年,直纹纸网线铜版画(杰弗瑞博物馆,93/2009;© The Geffrye, Museum of the Home, London)

人物形象,是参观乡间大宅的灰姑娘被允准进入上流社会,他们的生活方式中最吸引人的莫过于书籍随手可得:她们有时表现得熟谙文学,以证明她们通过嫁给府邸少主跻身于有书房的阶层,完全合乎情理。② 这类故事将地位更高的家庭设想成一座学识与修养的灯塔,为前来拜访的客人展现知识的全景。

但即便是藏书丰富,拥有书也不意味着读了书。笛福的《地道的英国绅士》(*The Compleat English Gentleman*)里有一位乡绅,他

---

① John Clare, *Sketches in the Life of John Clare*, ed. Edmund Blunden (London, 1931), 51.

② 比如,可见 "Letters from Miss Heartfree," *Lady's Magazine*, March 1776, 141。

的藏书包括一本《圣经》、一卷家谱、三本大众读物、四五册《公祷书》、一些旧报纸、歌谣录、一份低音维奥儿琴的乐谱、两份小提琴乐谱，还有一本乐谱集。这位乡绅向朋友打听："我该如何处理这些书？我一本也未读过。还有一堆旧杂志和报纸，我想得有一二蒲式耳那么重。那些都是我每周为牧师准备的内容，他抽烟斗的时候，我们会聊上几句。"其友回答："啊，可是先生，没有哪位绅士不藏书。现在可比以往更流行这个。"① 笛福的作品夸大了藏书人的市侩，但这也成功地说明，藏书目录与书籍清单构成了阅读史的基础，而对这些史料的诠释有必要小心谨慎。单凭一份目录无法让我们理解，作为财产被编列入册的一本书，它对于藏书人究竟有何意义。② 目录清单也不能为我们区分哪些被真正读过，哪些只是因为值钱才被留下：这些书籍究竟是常被拿起翻阅，还是作为昂贵高雅的收藏才被家庭保存下来呢？

地域便利

英格兰的书籍生意依托于以伦敦为中心向外辐射的运输网络。到十九世纪早期，90%的英国书籍都在伦敦印刷。虽然地方书商在不断增多，但他们更多是作为书籍经销商，还可能是报纸出版人，而非新书的出版方存在。③ 蒲柏、斯威夫特和盖伊都在格拉布街。这里是大众出版的中心，伦敦城的心脏。他们的选址，投射出书籍

---

① Daniel Defoe, *The Compleat English Gentleman*, ed. Karl D. Bulbring (London, 1890) 135. 又见 *The Eccho, or Edinburgh Weekly Journal*, 8 July 1730.

② 参见马克·珀塞尔关于爱德华·利，这位十八世纪贵族藏书与读书的研究。" 'A Lunatick of Unsound Mind': Edward, Lord Leigh (1742—86) and the Refounding of Oriel College Library," *Bodleian Library Record*, 17 (2001), 246—260, 257.

③ Raven, "The Book as Commodity," 95.

第四章
获取读物

生意与更宏观的经济的真实状况。伦敦既是上百项贸易与行业的所在地，又坐拥巨大的消费市场，主宰着英国的经济。1650年，伦敦的消费人口约为10万，这一数字一直到1750年都保持了相对的稳定，1800年达到90万，而到1830年更是接近200万，这为伦敦城带来了更多样的种族与阶层构成。①

与此同时，整个国家正在经历一场"英国城市复兴"的洗礼，汇聚文化追求、休闲与奢侈品生意的地方性区域集群正在兴起。② 虽然大部分书籍仍在伦敦出版，但文学活动，作为都市高雅文化生活的一部分，逐渐在全国各地发展起来。休闲活动增多也是城市复兴的体现：公共音乐会、地方剧院、会堂、景色优美的散步步道、草地滚球场——以及书商、图书馆与报纸显著增多，地方上参与文化讨论的人变得更多，对文学抱有热情的受众范围拓宽。萨缪尔·约翰逊在他1780年版的《弥尔顿传》里，对比了十七世纪中期壮丽的诗人年代与眼下的情形，他留意到，"在当时，读书还不是全民娱乐；无论是生意人，还是绅士们，都不以无知为耻。当时的女士们不曾憧憬文学作品，也不是家家户户都有一橱柜的学问"。③

到了十八世纪中期，获得出版物的渠道迅速发展起来。最近一项研究估计，"在1700年，约有200个书商分布在50个不同城镇……到了1740年代中期，订购《哈利藏书杂录》(*The Harleian Miscellany*)的代理商目录显示，有381位书商分布在174个城市中

---

① Raven, "The Book as Commodity," 88; B. R. Mitchell, *British Historical Statistics* (Cambridge: Cambridge University Press, 1988), 25, 77, 89, 102.

② Peter Borsay, *The English Urban Renaissance: Culture and Society in the Provincial Town, 1660–1770* (Oxford: Clarendon, 1989).

③ "Milton," in *Samuel Johnson: The Lives of the Poets, a Selection*, ed. Roger Lonsdale and John Mullan (Oxford: Clarendon, 2006), 86.

心"。① 书籍生意的兴旺还可以从单个城镇的情况中看出来。比如，伯明翰早在1730年代就有7位书商，并在10年之内，发行了本地的第一份报纸。当地有各种规模的图书馆，既有1779年建立的个人订阅图书馆，藏书从科学到神学，涵盖甚广，也有1800年出现的9家商业化流通图书馆。② 其中卢卡斯（Lucas）流通图书馆号称藏书2535册，小说、游记、历史和科学读物无所不有。诺里奇（Norwich）在1700—1759年间共涌现了30位书商——并非同时营业。像是大雅茅斯（Great Yarmouth）这样的小村镇，也有8家书商同时经营着书籍生意。③

学习小站

这股蔓延于地方城市的文化新风中，最为人所津津乐道的莫过于流通图书馆（图14）。图书馆往往兼售药品或保险，能提供多种图书，读者只需支付一定费用，就可定期借阅（被称为流通图书馆，不是因为图书馆巡回流动，而是因为书籍流向了不同的读者）。这类机构为用户提供了相对来说负担得起的文学内容。会员资格部分取决于会费，每家图书馆各不相同。④ 即便在同一家流通图书馆，也有价格的差异——读者可以选择不同开本的书籍借阅，或者按照年龄分类，以确保承担相对较低的会费（年长者借阅以及

---

① Borsay, *The English Urban Renaissance*, 131.

② Leonore Davidoff and Catherine Hall, *Family Fortunes: Men and Women of the English Middle Class, 1780–1850* (London: Hutchinson, 1987), 156.

③ Borsay, *The English Urban Renaissance*, 135-136.

④ 参见 "Circulating Libraries: Some Subscription Costs," in David Allan, *A Nation of Readers: The Lending Library in Georgian England* (London: British Library, 2008), 表格 4.2, 148. 更多关于流通图书馆收费的史料，参见 St Clair, *The Reading Nation in the Romantic Period*, appendix 10, 665–675.

第四章
获取读物

图 14　艾萨克·克鲁克香克，《流通图书馆》，布纹纸上的铅笔、墨线与淡水彩（耶鲁英国艺术中心，保罗·梅隆收藏，美国 / 布里奇曼图像）

借阅小开本都更便宜）。订阅式的图书馆尤其适合出行中的旅人，他们出门在外，不能把所有途中想读的书都装进行囊。度假胜地的图书馆还连带有其他娱乐项目。① 约翰·斯韦特（John Swete）牧师在 1795 年 3 月兴奋地写道："每样优雅，每样享受，每样娱乐，在这儿都能找到——冰激凌、女帽铺、纸牌、台球、流通图书馆，我还看见公共棚廊里的一位先生从口袋里拿出了一本小说——此间风尚当如是！"② 多塞特（Dorset）海滨的韦茅斯（Weymouth）在 1780 年代

---

① 有关于疗养胜地的图书馆情况，参见 Colclough, *Consuming Readers*, 91–96。
② *Travels in Georgian Devon: The Illustrated Journals of the Reverend John Swete, 1789–1800*, ed. Todd Gray (Tiverton: Devon), 2:139.

153

成为了一处度假胜地后,以"英格兰最胖"的名声跻身名流的书商詹姆斯·洛夫(James Love),给他的书店起名"品味之殿",并将其打造成为公共娱乐空间。书店从早上六点一直营业到晚上十点,店里除了书,还有台球室,有乐师伴奏的流通书馆,还有一间公共展览厅。洛夫声称,他订阅的130份报纸能比邮局早两个小时送到。[1] 显然,有些流通图书馆会被擢升和塑造为社交空间。它们与我们现在说起的安静的图书馆不同,它们是让人相互交谈的高雅场所。[2]

十八世纪究竟有多少家流通图书馆,估算数据从200到1000,差异很大。我们确知的是,流通图书馆从1740年代开始盛行。不同的流通图书馆以不同的藏书作为彼此区别的重要标志——早期研究小说在流通图书馆藏书中占比的分析表明,有的图书馆九成都是小说,有的只占到了5%。[3] 还有其他差异。图书馆如果开在富裕的温泉小镇上,比如像切尔滕纳姆(Cheltenham)或巴斯,来往的都是出手阔绰的旅人,图书馆收费更高,提供的书籍种类更多。帕潘托尼奥收藏(Papantonio Collection)里有英国流通图书馆标签,我们可以看到,除了租赁图书外,流通图书馆还售卖其他东西,包括邮票、墙纸、戏票以及保险。[4] 现代人觉得图书馆像磁石一样吸引着爱看小说的读者。十八世纪也有一些流通图书馆符合现代人的刻板印象,而且以小说丰富作为卖点。北安普敦郡,凯特林(Kettering)的沃特斯图书馆总共只有188本书,但主要都是叙事小

---

[1] "Repertory for News," *Times*, 4 July 1789.

[2] 关于流通图书馆及其读者群体,参见 Colclough, *Consuming Texts*, 88–117.

[3] Paul Kaufman, "The Community Library: A Chapter in English Social History," *Transactions of the American Philosophical Society* 57 (1967), 11–13; Charlotte A. Stewart-Murphy, *A History of British Circulating Libraries: The Book Labels and Ephemera of the Papantonio Collection* (Newtown, Pa.: Bird and Bull, 1992).

[4] Stewart-Murphy, *A History of British Circulating Libraries*, 69.

第四章
获取读物

说，还有斯塔福德的罗杰斯流通图书馆，藏书350本，全是小说。① 也有图书馆选择收集大量有教益的非虚构内容，在广告上只字不提小说。② 有学者调查了伦敦流通图书馆的藏书后发现，在所有可供借阅的书籍里，小说只占到20%。③ 克莱在中部地区的书籍生意，以及当地的图书馆藏书都能说明，"相对而言，小说在地方性的印刷文化中并没有那么重要，年历、教材、《圣经》、《公祷书》、神学作品、布道词、历史以及美文作品更受欢迎"。④

流通图书馆为自身藏书较少的群体提供了更丰富的阅读经历，而由于社会流动、女性独自外出活动，以及不同文类相应价值的争议，保守派们燃起的熊熊怒火通通指向了流通图书馆。⑤ 爱德华·曼金（Edward Mangin）先生在1808年发表了一篇气势汹汹的文章，题为《论休闲阅读：人们似乎认为它能塑造情操与品味》（"An Essay on Light Reading: As It may be Supposed to Influence Moral Conduct and Literary Taste"，1808）。一开篇，曼金就只看到了特定的书籍——"某阶层的小说、浪漫传奇以及诗歌"。⑥ 他认为，流通图书馆一无是处，无论是藏书所遭受的待遇，还是读者群体，还是书籍对读者所造成的影响，他都不赞同。他描述道，书籍被漫不经心地"交付、扔下、再拿起、翻开、阅读，等还回图书馆的时候，书上还一贯荣幸地留下被看过的痕迹；比如，有一两页被撕掉

---

① Allan, *A Nation of Readers*, 138.

② 比如，BL 1430.b.19, "Hargrove's Circulating Library," in *The History of the Castle and Town of Knaresborough* (Knaresborough, 1769), final folio verso。

③ Kaufman, "The Community Library," 3–67.

④ Fergus, *Provincial Readers*, 7.

⑤ "'Inlets of Vice and Debauchery': The Circulating Libraries," in Allan, *A Nation of Readers*, 119.

⑥ Edward Mangin, *An Essay on Light Reading: As It may be Supposed to Influence Moral Conduct and Literary Taste* (London, 1808), 2.

了，有别针的刮痕、指甲的抓印，还有在书页空白处留下的各色画符"。① 他并不介意小说"**偶尔**能为**顶层**与**底层**人士提供消遣"，② 从女贵族到女仆佣都行，他最担心的是"绅士与生意人的子女，他们才是维系这一领域的命脉"。③ 这些缺少鉴别力的读者，尤其是各家的女儿们，就这样被误导，就此生成了虚妄的世界观，误解了自己在世界中的位置，这只会耽误他们今后的人生。

曼金的议论表明，介入文学作品的程度与谁该读什么书是分不开的。他默认，去图书馆借书看的人并不熟悉书籍的世界，因此经不住所借之书的诱惑。托马斯·吉斯博恩也持这种观点。他声称，流通图书馆里的书籍"总是被愚蠢与恶习所玷污"，它们"乏味地流转于门户之间，[而且]打扰了本不想读它们的受众"。④ 然而真实的情况却是，女性只占读者群体的一小部分，有大量读者，尤其是较为阔绰的读者，他们既借书也买书。⑤ 流通图书馆只是另一种获取书籍的方式——却不是唯一方式。安妮·利斯特就把哈利法克斯的流通图书馆当成一日的消遣，用来见朋友，借一些她想读但没有的书籍。商铺店主托马斯·特纳自己买书，也向朋友借书，还利用埃德蒙·贝克（Edmund Baker）开在坦布里奇韦尔斯（Tunbridge Wells）的流通图书馆。在十八世纪，获取阅读内容的渠道是一种混合经济，几乎所有人都能找到他们的入场券。有位匿名的小册子作者曾教导人们如何开设流通图书馆，他介绍了如何区分一所"学习

---

① Edward Mangin, *An Essay on Light Reading: As It may be Supposed to Influence Moral Conduct and Literary Taste* (London, 1808), 3.

② Ibid., 10.

③ Edward Mangin, *An Essay on Light Reading: As It May Be Supposed to Influence Moral Conduct and Literary Taste* (London, 1808), 12.

④ Thomas Gisborne, *An Enquiry into the Duties of the Female Sex* (London, 1798), 229.

⑤ Jacqueline Pearson, *Women's Reading in Britain, 1750–1835* (Cambridge: Cambridge University Press, 1999), 160–161.

第四章
获取读物

小站"的各类潜在读者，有钱人可以用 1 几尼入会一年，中层人士可以用 4 先令订阅一个季度——"那些不怎么宽裕却有闲暇的人，花上 18 便士或 2 先令的小钱，也能尽享一个月的读书时光"。①

度假小镇和大都市里的流通图书馆，它们的广告词总是强调，在这儿除了能借书，还可以讨论与交流思想（图 15）。《坦布里奇韦尔斯导览》(*Tunbridge Wells Guide*)的作者认为，该镇的流通图书馆就像咖啡馆一样，是一处"社交美德胜过偏见与先入之见"的地方。这类场所作为公共空间，呈现出"轻快的自由和愉悦的欢乐"，尤其是妇女也可进入，不像某些女士禁入的咖啡厅。②有一首匿名讽刺诗《巴斯：诗一首》(*Bath: A Poem*, 1748)，讲述了一次利克（Leake）之旅，温泉镇上的一家书店和流通图书馆，这次旅行被描述为引人瞩目的社交娱乐："现在，摩肩接踵一大群人，簇拥着纨绔大少，为了消磨

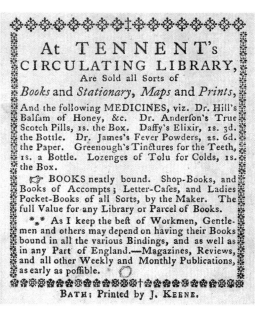

图 15 坦南特流通图书馆广告，巴斯，1780 年（大英图书馆，RB. 31. B. 95 [63]）

---

① *The Use of Circulating Libraries Considered; With Instructions for Opening and Conducting a Library* (London, 1797), 9–10.

② *The Tunbridge Wells Guide; or, an Account of the Ancient and Present State of that Place* (Tunbridge Wells, 1786), 103–104.

一个钟头,去到利克明净宽敞的商号。"① 也并非所有的流通图书馆都是社交中心——有的图书馆通过一本目录上的索书号借书,只有借阅服务。②

流通图书馆不是十八世纪读者借书的唯一渠道。为了得到文本,新机制和新方式大量涌现,使得阅读整体风貌为之改观。订阅图书馆和图书俱乐部繁荣一时,斯蒂芬·科尔克拉夫(Stephen Colclough)研究了谢菲尔德(Sheffield)的一名学徒,约瑟夫·亨特的借阅习惯。他的结论再度说明了读书活动的社交化。③ 图书俱乐部与订阅图书馆不以盈利为目的,这是一群人自发组成的小团体,他们凑在一起买书,有时会转手倒卖,但不是书商和生意人经营的赚钱买卖。④ 只需交纳订阅费用,整个家庭就能享有一所共用的图书馆。与流通图书馆的情况相似的是,价格各不相同。它们往往要求一笔可观的入会费,但每年续费相对便宜。利物浦图书馆,成立于1760年代,它的入会费是1镑11先令,每年还需交纳5先令年费。在接下来的几十年里,价格显著提高。1785年的兰开斯特友爱协会(Lancaster Amicable Society)同样收取1镑11先令的入会费,但每年续费要12先令。⑤ 虽然有关图书俱乐部的史料并不完整,但也能看出,这些机构为会员们相互讨论购入的书籍提供了不少机会。林肯郡的波士顿文学协会(Boston Literary Society)在创立之初,就由11位初创成员决定,要围绕他们的阅读以及反馈组织讨论。⑥

---

① *Bath: A Poem* (London, 1748), 21.

② 对于这种类型的图书馆,参见 *A Catalogue of the Circulating Library Opened by R Bliss, Bookseller [...] High Street Oxford* (Oxford, 1785?), iv.

③ Colclough, *Consuming Texts*, 96–111.

④ Allan, *A Nation of Readers*, 29.

⑤ 参见表格 3.3, "Subscription Libraries: Some Membership Costs," in Allan, *A Nation of Readers*, 92。

⑥ Boston Literary Society Rules fols 1r–2r, 引自 Allan, *A Nation of Readers*, 53。

第四章
获取读物

将阅读当成社交活动是各类书籍俱乐部得以建立的前提。① 俱乐部的会员们在酒馆、会堂和咖啡馆碰面，即便是已经坐拥百城的读者也会来参加，可见俱乐部绝不只是提供书籍那么简单。② 在《乡村书籍俱乐部》(*The Country Book-Club*, 1788) 里，查尔斯·希利托（Charles Shillito）嘲讽了这类群体宴乐

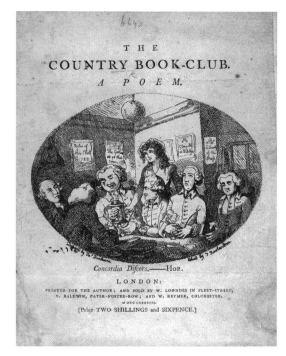

图 16 《乡村书籍俱乐部》封面页，查尔斯·希利托，伦敦，1788 年（© The British Library Board，11641.g.12）

的场面（图 16）。他模仿蒲柏《群愚史诗》(*The Dunciad*) 的笔意，讥讽一群理发师兼外科大夫③、乡绅、自学成才者还有教区牧师，他们聚在一起，酩酊大醉，嚼舌当地的蜚短流长，在一堆廉价出版物的包围中，堕入了文学的混乱场面：

---

① 还可参见基思·曼利对赫尔订阅图书馆的研究，其中揭示了订阅图书馆的争论元素与审查制度，还有年度聚会中就"争议性"问题的争吵。Keith Manley, "'Jeremy Bentham has been Banned': Contention and Censorship in Private Subscription Libraries Before 1825," *Library and Information History* 29 (2013), 170–181。

② Allan, *A Nation of Readers*, 53–54。

③ 亨利八世到乔治二世期间，英国的理发师都能为顾客处理伤口和拔牙，到 1745 年，两种职业才正式分开。直到十九世纪初年，外科才从一门师徒间传承的手艺逐渐转变为需要经过大学训练才能习得的科学。——译者注

159

> 狂欢，唯有尽情狂欢。
>
> 高脚杯倒满令酒罐生怨；
>
> 紧接着就是火力全开，污秽下流的争辩。
>
> 赢家，焕发出复仇的容光，
>
> 逻辑强，拳头更强。
>
> 书籍成了投掷的武器；
>
> 厚重书籍，疾如炮弹，漫天飞窜。
>
> ……
>
> 最终，浓烈的果汁灌进了每个大脑，
>
> 只留混乱建立起它普遍的统治。①

尽管记载读书团体聚会的史料鲜少，但有的读者会记录下经手的书籍。弗朗西丝·汉密尔顿（Frances Hamilton）住在萨默塞特郡的毕晓普斯利迪尔德（Bishops Lydeard），她是一位医生的妻子，守寡在家。她加入了1766年成立的汤顿阅读协会。在她1780年代和1790年代的日记与账本里，就有协会成员之间书籍流转的记录，以及她自己的一些阅读体会。她的记录证明，书籍转手极快——1791年2月26日，她记录，"2月3日收到，2月26日送出——这书本不该留放超过3天。送达国会"。下一本书是"约书亚·图尔明（Joshua Toulmin）的《基督徒戒》（*Christian Vigilance*）。2月19日收，2月26日送，只能留3天"。②她提到的都是精短之作，不过其他读书团体的借阅期也很紧张，一般在一周左右。相较于别的阅读形式，团体阅读在时间上更集中，不比其他阅读环境，读者会在各色书籍中浏览，阅读时间也被相应拉长。汉密尔顿没有留下任何

---

① Charles Shillito, *The Country Book Club: A Poem* (London, 1788), 38.

② Memorandum book for Frances Hamilton, Somerset Heritage Centre, DD\FS 5/2.1–5/2.2.

第四章
获取读物

集体的书籍讨论记录，但她的笔记却说出了阅读的社交功能：1788年10月，她收到一本《威廉·史密斯牧师诗作》(The Poetic Works of the Revd William Smith)，书中附有一版朗吉努斯（Longinus）的《论崇高》。她极受震动："感谢作者，他折射了朗吉努斯的光辉。胸无点墨之人也能有所收获。他读书时将更具鉴赏力，更能辨别作者文字的优美与瑕疵，也会更有满足感。"她接着写道："在交谈中，他将变得侃侃而谈，准确而自然的谈吐令他更受尊重。他们从这样的文字中领会真正的品味，从而激发对文学的兴致。"①汉密尔顿认为，有抱负的人如果掌握一些文学批评的原理，显然就能在文化圈更从容地对谈。笔记里的其他条目记录了书籍在群体中的直接用处，还收录了一堆笑话和即兴段子。②

书籍俱乐部和订阅图书馆的界域太过模糊，很难一概而论。③内佩夫雷（Innerpeffray）图书馆位于珀斯郡（Perthshire）的偏远乡下，致力于造福本地居民，尤其是提升学生群体的教育程度。图书馆正经收藏了很多学术书籍，藏书注重门类齐全，其中介绍实用知识与论述公民社会之构成的书籍尤其多。图书馆虽然地处偏僻，藏书却不狭隘，有众多法文、意大利文、拉丁文和希腊文的书籍，还藏有不少世界历史与地图集。馆内的十八世纪藏书中鲜有小说、戏剧和诗集，其中借阅量最大的是历史类与宗教类。图书馆还设有一间阅览室和一所学校——它的主要社会职能是教育，服务成人与幼童。这并不稀奇。有研究揭示了图书馆以往被忽视的作用，在乔治

---

① Frances Hamilton, Account and Day Books, Somerset Heritage Centre, DD\FS/7, fols. 368–7（笔记本的背面也被用上了）。

② Frances Hamilton, Memorandum Book, Somerset Heritage Centre, DD\FS 5/2.1–5/2.2。

③ 对于从订阅图书馆借阅书籍的详尽案例分析，参见 Paul Kaufman, *Borrowings from the Bristol Library, 1773–1784: A Unique Record of Reading Vogues* (Charlottesville: Bibliographical Society of the University of Virginia, 1960)。

王时代的利兹地区，经营买卖的生意人从当地的订阅图书馆获得了有益的知识，帮助他们完成了专业的训练。①

根据内佩夫雷图书馆的有趣记录，有些读者选择联合借阅——想必是为了一同阅读。② 德文郡南部的玫瑰园读书俱乐部则是另一番景象。俱乐部每年在特里戈尼镇（Tregony）上的"女王之首"（Queen's Head）举办晚宴。理查德·波尔威尔对此有所描述，"室外，车驾云集，小镇熠熠生辉"，而"室内，则是理性的盛宴，流淌着热情"。③ 这家俱乐部，除了执事人特里斯特（Trist）牧师，成员均为女性，也被称为香粉文学社。该社成员不超过十三位，主要阅读历史、游记、传记、政治与美文。④

罗伯特·伯恩斯（Robert Burns）曾为拉纳克郡（Lanarkshire）的芒克兰友爱协会打理事务，这是一所服务教区的小型订阅图书馆。他的经历表明，借书业务也有不少难处。图书馆由罗伯特·里德尔（Robert Riddell）发起，他是赞助人，也是古玩商。里德尔召集了他的佃户与务农的邻居，他们同意结社3年，支付5先令作为入会费，每月第4个礼拜日聚会时再交6便士。这笔经费用来买书，支出必须经过大多数成员同意，每月优先借阅图书的资格在成员之间轮替。爱丁堡书商彼得·希尔（Peter Hill）向协会提供书目，伯恩斯负责与他打交道。最开始，伯恩斯对这个计划信心十

---

① Rebecca Bowd, "Useful Knowledge or Polite Learning?: A Reappraisal of Approaches to Subscription Library History," *Library and Information History* 29 (2013), 182–195.

② 更宽泛的苏格兰阅读背景，参见 V. Dunstan, "Reading Habits in Scotland circa 1750–1820" (未出版的博士论文, University of Dundee, 2010)。

③ Richard Polwhele, *The Language, Literature, and Literary Character of Cornwall* (London: T. Cadell and W. Davies, 1806), 98.

④ K. A. Manley, "Lounging Places and Frivolous Literature: Subscription and Circulating Libraries in the West Country to 1825," in *Printing Places: Locations of Book Production and Distribution since 1500,* ed. John Hinks and Catherine Armstrong (London: Oak Knoll, 2005), 107–120.

第四章
获取读物

足。他在给希尔的信里写道,为下层民众提供阅读材料,是"给予他们单纯又值得称道的娱乐方式;而且,还能让他们的理性思维得到提升"。① 可问题在于,伯恩斯喜欢的那些书,协会成员并不买账。伯恩斯想订购世俗作品,而读者们想要宗教读物:"《投机客》《约瑟夫·安德鲁斯》《堂吉诃德》《闲人》《一千零一夜》《普赖斯博士论天命、祈祷、死亡与奇迹四篇》(*Dr. Price's Dissertations on Providence, Prayer, Death & Miracles*)、《蓝登传》,还有《观察者》第五卷——这些书你开个合理的价格,我们协会啥也不懂,他们一直要求以下那些该死的垃圾,你必须把它们也寄过来,越便宜越好。"②

伯恩斯接着列出了那些"该死的垃圾",乃是一系列实用神学的书籍。他写给希尔的信语气变得越来越暴躁,显然,在阅读观念上,他和协会成员存在明显的鸿沟。通过阅读,芒克兰友爱协会的成员们想得到的乃是信仰的增益,而非文化的熏陶。这意味着,当时"自我提升"的观念中潜藏着由不同理解而产生的张力。

不用全部购入就能轻易获得不少书,这是参加书籍俱乐部的魅力所在。除了本身的特色,书籍俱乐部的风靡还与时代风潮息息相关。当时全社会出现了对各种俱乐部和其他组织化社交活动的狂热,阅读和讨论书籍也属于这类公共消遣。从乔治·桑迪的日记就能看出,年轻人也非常喜欢这类社团。③ 乔治·桑迪在爱丁堡做见习律师,他的日记从 1788 年写到 1789 年,那时他大约 15 岁。日记里提到,他打算模仿成熟人士的欢乐俱乐部,和另外两个朋友

---

① August or September 1791, "469. To Sir John Sinclair of Ulbster, Bart," in *The Letters of Robert Burns*, 2nd ed., ed. G. Ross Roy, 2 vols. (Oxford: Clarendon, 1985), 2:107.

② 17 Jan 1791, "430. (9) [Peter Hill]," in *The Letters of Robert Burns*, 2:66.

③ "Diary of George Sandy, Apprentice W.S., 1788," in *The Book of the Old Edinburgh Club*, 45 vols. (Edinburgh: Printed by T. A. Constable, 1908–), 24 (1942), 1–69.

休·沃森（Hugh Watson）、詹姆斯·米利根（James Milligan）组成"兄弟俱乐部"，主要活动是周末带上一点威士忌或"甘兰布利"，到爱丁堡近郊，游览名胜。他们还野心勃勃地想要小规模收藏一批书、画和古董。加入俱乐部不要入会费，但必须在俱乐部存放一本书、一枚钱币或是一幅油画。桑迪自命为"干事和书记"，负责会议记录，他显然很享受在文件上留下特别的印鉴——他之后到苏格兰银行做文秘，早年对公文官话的热衷一定令他如鱼得水。书籍都放在桑迪家保管，所以他还兼任图书管理员。所有藏书里，他占 34 本，休·沃森 5 本，而詹姆斯·米利根占 7 本。他们很快争执起借阅规则，桑迪还一度禁止米利根继续借书。日记里记录了书籍在成员之间流转的模式：

> 1788 年 3 月 17 日，"今天新进了《瘸腿魔鬼》和《温和牧羊人》（*Gentle Shepherd*）。詹姆斯·米利根借走了《彭南特游记》（*Pennant's Tour*）第一卷"。①
>
> 18 日礼拜二，"乔治·桑迪之前从安德鲁·邓肯（Andrew Duncan）处借走了约翰逊的游记，米利根提出要留下这本书作为报复，因为邓肯几年前借了一本他的书，结果弄丢了。我们将设法解决此事"。②
>
> 29 日礼拜六，"休·沃森和乔治·桑迪今晚参加了拍卖会，休·沃森用 14 便士买下了一套旅行游记。注意，这可是相当便宜，此事说来话长，另有文章"。③

---

① "Diary of George Sandy, Apprentice W.S., 1788," 16.
② Ibid., 19.
③ Ibid., 26.

第四章
获取读物

从俱乐部的记录能看出，小伙子们享受着俱乐部日常运转的正规机制——他们用各种正式文书来确认相互之间的借出与借入，如果借书出现分歧，还会夸张地援引1787年结社时的奠基文件来解决争端。[①] 俱乐部的组织运作折射出社会上更宽广的社交文化，对于桑迪和他的小伙伴来说，这与俱乐部本身所提供的资源一样重要。

读书人要依赖多条渠道才能满足自身的阅读需要，包括直接购买、从亲朋好友处借阅、加入俱乐部和流通图书馆，还有看报纸杂志上的连载。考察约翰·彭罗斯在1760年代从巴斯寄出的家书，我们能发现，为了得到阅读材料，免不了诸多往来。彭罗斯是康沃尔教区的退休牧师，为了治疗痛风，他前往陌生的温泉小镇疗养。在茶会、车马颠簸以及巴斯行之间，他遇到了卫理公会、演奏会和游乐花园，都没什么特别的感触，但他确实对日常用度产生了困惑（"这里黄油的价格非常不稳定"）。[②] 1766—1767年，他在家书里细致叙述了两趟旅程。按他的设想，他的来信应该会被朗诵给全体家庭成员。通过书信，他既能与家人保持联络，也可以在陌生环境下维持常态。彭罗斯第一次去巴斯时，欣喜地接受了几份阅读的馈赠，这意味着他不用再为了读书给流通图书馆交纳费用。

> 他（格兰特博士，一位牧师）让我随意使用书房里的书籍，休厄尔上校也是，楼上的女士们借了我约翰逊版莎士比亚，所以我还没找图书馆订阅（也不知道我是不是还需要订阅）。维维安先生就订阅了，他在这儿待两周，他愿意在此期间和我共

[①] "Diary of George Sandy, Apprentice W.S., 1788," 55-56.

[②] "Monday, Apr. 28," Penrose, *Letters from Bath*, 63.

以书会友
——十八世纪的书籍社交

享图书馆的借阅目录。①

他能通过一位订阅人向图书馆借书，这说明，书籍流通的范围很难估量——几乎可以肯定，维维安先生的借阅权限是不允许外借的。其后的书信展示了彭罗斯的阅读方式，以及他孤身在外，为了获取书籍，仍与家人保持联系，并创造出一种增进感情的妙招。他把自己近来的读书心得都为家人誊抄了一遍。身在时尚中心，他感到新鲜有趣，于是答应给家人寄一本《新巴斯导览》(*The New Bath Guide*)。这本书戏谑了小镇和镇上的人，在他看来根本不值得写在纸上，"但这本书既然时髦，试问谁又能免俗"？② 彭罗斯还察觉，书报误送增加了阅读花费，再加上已经令人忧虑的生活开销，继续通过邮路寄送可能过于昂贵：

> 我自邮局给费鲁赫特先生寄了一封信，希望他依旧把《伦敦记事报》送往彭林（Penryn）。你一定能稳妥地把报纸收好，就像玛丽和查尔斯之前做的那样。我担心，恩尼斯先生去伦敦之后，他的《伦敦记事报》就不再送来了；如果没送来，我希望由你去和恩尼斯家的仆人讲，他家主人粗心大意，借走了我的第1466期然后遗失了。③

彭罗斯继续追踪着他遗失的《伦敦记事报》，并且事无巨细地写在了信里。为了弄清楚他的报纸去了哪儿和该去哪儿，他的联络网越铺越大："4月15日与16日，星期三和星期四的《伦敦记

---

① 17 April 1766, Penrose, *Letters from Bath*, 38.
② 13 May 1766, Penrose, *Letters from Bath*, 108.
③ 29 May 1766, Penrose, *Letters from Bath*, 150.

第四章
获取读物

事报》没有送给我。如果是费鲁赫特先生因为疏忽寄往了彭林（只要有可能），那便无事；如果不是，请霍金斯夫人把她的给我，不用寄来这里，可以放在家里以便之后与其他期一块儿装订；如果霍金斯夫人没有，要告知我，我可以写信去伦敦再要一份。"①有些彭罗斯想看的书籍在巴斯找不到，就算发动借书人的联络网也不行，所以他写信回家求助："在走廊的书柜，你会找到阿伯内西（Abernethy）的四卷布道词和另一卷短文与布道合集。希望你可以告知我每一卷的第一篇。"②离开巴斯前，彭罗斯感到自己有必要协调归还所有借来的书籍："起程之日临近，我已将所有借来消遣的文学书籍寄还作者，有休谟的《英国史》第一卷、伍德的《叙说巴斯》（Account of Bath）第2卷、《新巴斯导览》、诗作、科尔曼版的泰伦斯、罗瑟拉姆（Rotherham）的《信仰随笔》（Essay on Faith），还有马西永（Massillon）的法语文道词。"③

　　约翰·彭罗斯的折腾经历正说明，借书让他与新结识的朋友打交道，也让他与在家的亲人分享见闻。不仅是借书，买书也是一项高度社交化的活动。乔治·桑迪叙述他和朋友去拍卖会淘到了便宜书，还有此处的"说来话长"，都体现出了类似内容的日记和叙述有一处共性：购买书籍具有娱乐价值，无论买新书还是二手书。从现存的书籍带价拍卖目录来看，同时安排其他娱乐项目助兴可刺激销售——同作为享乐的一部分，买书时伴有美酒佳肴，二者都是

---

① 22 April 1767, Penrose, *Letters from Bath*, 171.

② 13 April 1767, Penrose, *Letters from Bath*, 167.（阿伯内西，即约翰·阿伯内西 [John Abernethy, 1680—1740]，著名的爱尔兰长老会牧师。——译者注）

③ 29 May 1766, Penrose, *Letters from Bath*, 150.（泰伦斯是古罗马戏剧家，以喜剧闻名。科尔曼版的泰伦斯，指的是由十八世纪英国喜剧作家乔治·科尔曼 [George Colman, 1732—1794] 翻译成英文的泰伦斯喜剧作品；罗瑟拉姆，即约翰·罗瑟拉姆 [John Rotherham, 1725—1789]，英国神学家；马西永，即让·巴蒂斯特·马西永 [Jean Baptiste Massillon, 1663—1742]，法国主教，以布道著称。——译者注）

乐事。伦敦主祷文路（Paternoster Row）上的"女王之首"酒馆在1740年9月举办了一次书籍拍卖会，活动广告上宣传，"晚餐将在一点准时上桌，还有一杯美酒佐餐。"①

随着书籍市场快速商品化，书籍销售要靠噱头和时髦创意才能大卖。卖书的促销活动既是生意也是娱乐：从冬夜亮灯贩售与泰晤士河上的冰雪集市，再到夏日温泉小镇的促销，这些活动到了1750年代已是遍地开花。② 二手书市场一样兴旺发达。③ 不少消费者对以旧换新和购买二手商品已经习以为常，而且因为那个时代早夭稀松平常，所以旧物倒手要比我们现在更快。④ 那些嗜书之人毫不掩饰地留意着他们邻居的藏书。南约克郡（South Yorkshire）的约翰·威尔逊（John Wilson）在札记簿里为本地家族的藏书都做了编目，默认自己要去收购。还有，尼古拉斯·布伦德尔之前的邻居莫利诺在格兰奇（Grange）的家中卖书，布伦德尔赶了过去："在格兰奇用餐。因为这批书才来这儿。我买了一些。"⑤ 买书的场所往往是在家里。布伦德尔的情况是，要么有人上门来推销，要么是他到别人家寻书，总之不去书店。⑥ 约克郡教师罗伯特·夏普也提到过一位贩书的游商，还有他古怪的销售用语："我到罗伯特·马歇尔（Robert Marshall）家时正好他也在，他向阿韦达·贝克（Awd Beck）

---

① "A Catalogue of Books in Quires and Copies" (1740), John Johnson Collection, Bodleian Library, Trade Sale Catalogues vol. (80).

② Raven, "The Book as a Commodity," 108.

③ Ibid., 90，96.

④ Hume, "The Economics of Culture," 500.

⑤ Nicholas Blundell, *Blundell's Diary and Letter Book, 1702–1728*, ed. Margaret Blundell (Liverpool: Liverpool University Press, 1952), 50.

⑥ September 1725, in Nicholas Blundell, *The Great Diurnal of Nicholas Blundell of Little Crosby, Lancashire*, ed. J. J. Bagley, 3 vols. (Chester: Record Society of Lancashire and Cheshire, 1968–1972), 3:166. 比如，"A Catalogue of Books in the Possession of Henry Falshaw of Buckden taken 1747," Commonplace Book of Wilson Family of Broomhead Hall, Sheffield Record Office, MD145, fol. 265。

第四章
获取读物

兜售一本烹饪书，要价1先令；他说，那些大书毫无用处，只会让看的人犯糊涂，他们做出来的肉骨头不是没熟透就是煮过头。"①

还有不怎么提及阅读内容的人士，从日记和信件也能窥得一二他们的买书习惯。像诺福克郡的牧师詹姆斯·伍德福德，他在日记里对阅读内容和体会守口如瓶，却又让人忍不住联想。伍德福德记录了不少他买书的情况："向诺里奇的培根先生购买了2卷《英国贵族》，8/0。同上，《遗嘱汇编》，3/0。同上，《诺里奇议员》，1/8。同上，《法院日程表》，2/0。总计14/18。""在培根先生处购买了乐谱书，支付1.0。""下午2点，迪勒姆（Dereham）的书商巴克先生来拜访我，付了8先令6便士给他。我请他留下来与我们共进晚餐，他答应了。"② 伍德福德总和他的侄女一起读书，但他从不在日记里提起这些书籍的用处，也没分享过他对书籍的评价。是因为这些内容不应该放在日记里，还是只有书籍交易才让他觉得有趣？

社交性交流

如上所示，大部分书籍的交换，以及读书心得的交流都通过邮件实现。见解被表达和分享，往往依托于三方或四方的书信交流。伊丽莎白·艾尔芒格致信闺蜜玛丽·希伯："我赞同赖特森夫人（Mrs. Wrightson）对骚塞（Southey）诗的偏爱，在布里斯托尔（Bristol）时，我开始熟读他的诗……赖特森夫人也喜欢他的《圣女贞德》

---

① 20 February 1827, in *The Diary of Robert Sharp of South Cave: Life in a Yorkshire Village, 1812–1837*, ed. Janice E. Crowther and Peter A. Crowther (Oxford: Oxford University Press, 1997), 109.

② 19 March 1790, 2 August 1792, 1 January 1788, in *The Diary of a Country Parson, the Reverend James Woodforde*, ed. John Beresford, 5 vols. (London: H. Milford, Oxford University Press, 1924–1931), 3:179–180, 3:367, 3:1.

（*Joan d'Arc*）和《西班牙文学信札》（*Letters in Spanish Literature*）吗？我从书评里看了克莱里（Cleri）书的摘选，也听了别人聊天时的观点——都充分满足了我的好奇心，这个话题长期以来都备受争议。"① 年轻的伊丽莎·皮尔斯（Eliza Pierce）与体弱多病的伯父伯母同住在德文郡。她与托马斯·泰勒（Thomas Taylor）时常通信，后来两人终成连理。皮尔斯经年累月地照顾着亲人，她原以为自己这辈子就这样了，好在与泰勒在通信中聊聊读书给了她喘息之机。在信里，她品评了弥尔顿《快乐的人》（*L'Allegro*）和《沉思的人》（*Il Penseroso*）两篇诗作，提出了不同见解；泰勒寄给她的《塔西陀》令她欣喜；伯父伯母读菲尔丁的《阿米莉亚》时她偷偷跑开，因为她觉得，《汤姆·琼斯》大获成功之后，菲尔丁就应该封笔。这样的书信交流就像对话。她在 1766 年 1 月评价道："用笔聊天（原谅我的措辞），谈论书籍和旁人故事，真令人愉快，但与此同时，人也不能忽略自身。"②

玛丽·德拉尼是借书的大户，既找朋友借书，也向朋友出借，她还热衷于分享文学事务。她通过书信与异地亲友，比如姐妹、侄女、侄孙女，还有闺蜜交换阅读内容。她的信札里都是这类事务。"既然我们不能在一处，次之的乐趣就是读同样的书，我读'查尔斯'［格兰迪森］爵士觉得悦目愉心，或许他也能取悦你。"③ 交换

---

① 25 July 1798, "Miss Iremonger To Miss Heber: At Weston, Towcester, Northamptonshire," in *Dear Miss Heber, An Eighteenth Century Correspondence*, ed. Francis Bamford (London: Constable, 1936), 180. 骚塞，即罗伯特·骚塞（Robert Southey, 1774—1843），英国湖畔派诗人，1813 年被封为桂冠诗人。

② 29 Jan 1766, "To Thomas Taylor Esqr: at Mrs Collins's in The Church Yard Bath," in *The Letters of Eliza Pierce, 1751–1775* (London: Frederick Etchells and Hugh Macdonald, 1927), 97.

③ 20 November 1753, Mary Delany, *The Autobiography and Correspondence of Mary Granville, Mrs Delany*, ed. The Right Honourable Lady Llanover, 1st series, 3 vols. (London: Richard Bentley, 1861), 3: 242.

第四章
获取读物

读物和朗读一样，都是通过欣赏同样的文学作品来建立亲密感。德拉尼的书籍交换也呈现出三边关系："承蒙您的热情帮忙，把我的书提供给了奥克维先生。我再还给您另一本书，附上我诚挚的感谢……我收到了《女人的价值》(Women's Worth) 等书，完好无损，和我寄走时一样，这样，迪尤斯夫人和安妮·考文垂女士以后对我的藏书有任何兴趣，我都乐意满足。"①

家庭藏书如何让书籍有了更广泛的受众，这个问题值得更多研究。② 伊丽莎白·罗丝（Elizabeth Rose）是基拉沃克（Kilvarock）的女领主，居于苏格兰高地的奈恩（Nairn）附近。根据她的档案文献做个案研究，可以看出书籍在家族中的流转对阅读体验的影响。罗丝的信件、日记和书籍出借记录表明，家族书房为家庭后代的教育提供了助益，炉火旁的相伴读书为她和继女之间建立了情感联结。③ 使用藏书的不仅有女性亲属——一位佃户、一名本地律师还有几位牧师都从基拉沃克借书。伊丽莎白·罗丝同亲友通信时，也会讨论她借出的那些书籍。这再次证明，书籍的交换和出借包含了思想的交流。④ 罗丝的阅读内容不止于自家藏书，她也利用当地的流通图书馆，还到邻近的乡间大宅借书。家庭借书也是混合经济。罗丝和其他读者一样，发现借书会限制阅读——为了还书，有时她需要匆匆摘录，有时还得颠倒着阅读不同卷次。

印制的个性化藏书票交易兴旺，那是证明家庭书籍分享世界

---

① "Mr George Ballad to Mrs Dewes," in Delany, *Autobiography and Correspondence*, 1st series, 3:323–324.

② Mark Towsey, " 'I Can't Resist Sending You the Book': Private Libraries, Elite Women, and Shared Reading Practices in Georgian Britain," *Library and Information History* 29 (September 2013), 210–222.

③ Ibid., 212.

④ Ibid., 214-216.

以书会友
——十八世纪的书籍社交

真实存在的实物证据。① 藏书票既彰显了对书籍的所有权,又确保书籍能在更大范围的亲友圈里流通。有了它们,占有书籍变得郑重其事,看到它们,就意识到这是私人藏书。有很多书籍都是论张买入,再根据主人的品味和收入装订成册的,随便拿起一本,都能看出主人的地位,判断作品的价值。当然,并不只有女性才交换书籍。沃尔特·盖尔(Walter Gale)是梅菲尔德(Mayfield)的教师,他在本地的朋友圈内交换书籍。② 根据盖尔的日记,换书活动融入了更一般性的交际场景:"我们中午一道前往埃利奥特家,他[哈斯尔先生,魔术师,或者是占星家]请我喝了杜松子酒,我在'科金磨坊'(Coggin's Mill)请他用了晚餐……到了九点,他拿着我的利特尔的《星象入门》(Introduction to Astrology),回到了希斯菲尔德(Heathfield)。他让我写信向罗瑟菲尔德(Rotherfield)的怀特先生索要罗利(Raleigh)的世界历史,那本书就在他手里。"③

南希·伍德福德完整保存了借书记录,同时还有她与伯父一起在家朗读这些书的情况。她的日记里充斥着缺少同伴的沮丧,也变相说明了乡村教区生活会有多乏味。1792年11月30日,她遗憾地写道:"从13日开始,就没人来拜访过我们,自16日起,就再没发生什么值得一提的事情。这个月底,我一直在散步、读英格兰史以及缝补伯父衬衣中打发时间。"④ 她无法接触到更宽广的世界,于是,每次由文学带来的兴奋都被她记录了下来。他们的熟人杜凯纳

---

① Norna Labouchere, *Ladies' Book Plates: An Illustrated Handbook for Collectors and Book-lovers* (London: George Bell and Sons, 1895), viii.

② "Extracts from the Journal of Walter Gale, Schoolmaster at Mayfield, 1750, Edited by R. W. Blencowe, Esq," in *Sussex Archaeological Collections, Relating to the History and Antiquities of the County* (London: The Sussex Archaeological Society, 1857), vol. 9.

③ 6 January 1750, in "Extracts from the Journal of Walter Gale," 188.

④ 30 November 1792, Nancy Woodforde, "Nancy Woodforde: A Diary for the Year 1792," in Woodforde Papers and Diaries, ed. Dorothy Heighes Woodforde (Bungay: Morrow, 1990), 81.

第四章
获取读物

先生（Mr. Du Quesne）总给她带来阅读材料，像是《绅士期刊》、布丰的《博物志》还有各种伦敦的报纸，她就和伯父一起朗读。当地乡绅约翰·卡斯坦斯（John Custance）夫妇也是可靠的书籍来源。1792 年 3 月一个落雨的午后，她去到刚刚建好的韦斯顿（Weston）大宅，卡斯坦斯夫人正在产褥期（她生了十一个孩子，有三个还在婴孩时就夭折了）。南希描述了那一晚。她为卡斯坦斯夫人带去了《卡尔顿之家杂志》（*Carlton House Magazine*）：

> 我认为能取悦她一会儿，产褥期的人能被任何小玩意儿打动。我与卡斯坦斯夫人一起用了晚餐，畅聊书籍等物事，度过了非常美好的一晚。晚餐后，我与卡斯坦斯夫人上楼落座，与她聊了将近一个钟头……夜里大雨瓢泼，卡斯坦斯夫人用她的马车送我回府，贝蒂和我同路——到家赶上了餐后茶。我带了第二卷"特伦克男爵"回来，卡斯坦斯夫人还借给我约翰·爱尔兰（John Ireland）插画的"贺加斯"第一卷。①

这一回，南希先与男主人在楼下谈论了一会儿文学，应该聊得不错，因此讲述特伦克男爵，这位奥地利战士生平故事的第二卷被借给了她。她接着上楼，带给他妻子一本借来的杂志，俩人八卦了名流逸闻（她说他们讨论了约克公爵的赌博），卡斯坦斯夫人借给她一册约翰·爱尔兰的"威廉·贺加斯"。这些借出的书籍由她为伯父朗读，或者由伯父读给她而再度产生了社交经历。

我们所处的时代，阅读文本五花八门，随处可得。我们很难想

---

① March 1792, Mary Woodforde, "Mary Woodforde's Book, 1684–1690," in *Woodforde Papers and Diaries*, 47–48.

以书会友
——十八世纪的书籍社交

象,在过去,得到一本新书有多么令人激动。通过考察一个分享、购买、出售和借阅书籍的世界,我们揭示了文化交互的精细肌理。透过这些个案,我们窥探到一个分享印刷品,分享故事和分享热情的世界。虽然大部分书籍在面世之初,只有少数读者会去购买,但很快,通过多样化的文本传播途径,更多人能看到和读到。文本的流通方式按市场需求而区分。从这一章和接下来的章节都能看出,许多人使用文本的方式,譬如看报纸、借阅书籍、读连载和节本,都难以留下痕迹。图书馆和书籍俱乐部这类正式或非正式的机构为阅读勾勒出更宽泛的社交与教育意味,它们还提供了一处空间,让人们常在此共享思想的火花。日记和书信记载中常见的借书行为,创造出一个交换网络,拓宽了人们获取书籍的范围和数量。除了提升读者自身的文化修养和幽默感,阅读还缔造了与他人联系、交往的机会。

第五章
家中的诗文

> 我亲爱的波莉,
>
> 我刚刚读完了你甄选的[诗]文集,你的摘录真是品味不凡。
>
> ——哈丽雅特·宾尼(Harriet Binny)①

在十八世纪,诗文的作用很多。家人之间分享关于天意和苦难的虔诚诗句,邻里之间交换嘲讽本地选举的打油诗,爱人之间互寄感伤之词,叹惋宠物的死亡,年轻姑娘们通信诉说对友谊的冥想。谜语、字谜、饮酒歌、双关语、莫名其妙又快活畅意的顺口溜,让朗读者和听众们欢呼雀跃,他们以此打发冬日的夜晚,理论上,也借此来消解忧愁。诗词格言被缝在了绣样上,塞缪尔·巴特勒(Samuel Butler)《胡迪布拉斯》(*Hudibras*)中的名句被转印在茶壶上,还有喜闻乐见的歌谣与大幅传单被钉在墙上。诗文的广泛传播揭示,报纸、杂志或诗集里的选段与读者的个人理解之间有着密切关联。它还表明,很多读者和编者压根不在乎文本的作者。十八世纪(从1710年的《安妮法》算起,一个所谓发明著作权的时代),

---

① MS Harding b. 41, fol 9 v.

有大量诗文没有被指派到任何作者名下——自赋诗词与诗人佳句之间也不见区分。① 从诗文的社交用途来分析,主题、个人的社会关系与社交娱乐性要比诗文原作者是谁更加重要。读者和编者按照自己的需要,更换诗文意旨。长诗被切碎,成为主题鲜明的若干短篇;厚重的哲学探讨被精简,转化为方便引用的格言,而这些生动的创造发挥完全无视作者的本来意图。

那么,诗文究竟有何特别之处?它能发挥与其他文类同样的作用吗?弱化文学类型,比如戏剧、诗文与韵文之间的差异,仅着眼于文学的功用,如教导、虔敬、取乐,或是感伤,来探讨家庭读书是可行的。不过,十八世纪的诗文确实具有某些特质,令读者的接受方式与众不同。最明显的是,它与口述传统最为相关——为了让诗歌的音步和音韵能成立,一首诗势必要被朗读,不管是让我们真正听到,还是在大脑中想象。我们默认印刷文字会转化为口头表演,即便这并没有实际发生。对句的形式与格言式的特征,让十八世纪大部分诗文都能轻易被摘引,继而进入各种其他载体,从札记本、杂集到茶杯、戒指和绣布。诗文相对简洁,所以人们能更频繁地抄录、收集、撰写、朗读或是寄送,这是戏剧、小说和散文这种较长文类难以媲美的。我们将在下文看到,那些文类也被改造得更适合节选阅读——但诗文的轻便性依旧无可比拟。诗文进入各家各户之后的命运——被读者和编者们分割,然后化作可引用的零星片段——必然对诗人的写作构思产生影响。十八世纪诗文的格言化趋势,是否就是因为,作者其实知晓哪些部分会最受读者喜爱而摘引?诗文的构思——就像 21 世纪内嵌于网站和在线出版物中的"搜

---

① 关于这一时期版权的演变,以及版权对文本所有权的意义,参见 Mark Rose, *Authors and Owners: The Invention of Copyright* (Cambridge: Harvard University Press,1993)。

索优化"一样——是否鼓励了摘取和引用？诗人在写作时会在多大程度上考虑朗读人的业余水平？诗人安娜·苏厄德主张：作者们不应当自我设限，遣词造句还要兼顾那些最笨的读者，这么做会限制诗文。她认为，诗人们反而要接受"避无可避的情况"。①

札记与汇编

要探究十八世纪读者如何在家中一起读诗，一个关键性的背景乃是发端于文艺复兴时期的札记传统——把简短的段落誊抄在手稿簿上并进行归类编目。做札记源于古典教育和修辞学，这两门学问都重视对多种论据做分类处理。随着时间推移，做札记有了更宽泛的含义，它被用来指代人们摘录喜爱段落的行为，札记本也变成了博采众长、别具匠心的大杂烩。既是选集，又是百科全书，还是食谱药方，札记本可以算作一种生活书写。②大量史料能够证明，受过教育的男女仍然在收集古典学知识，然后分门别类进行编目，这样的做法贯穿整个十八世纪，由此足以说明，汇编的性质变化过程中并不存在一个单向且决定性的转折点。但是，在研究型图书馆、家族文献以及地方档案馆里，还堆着数不胜数的手写卷册，这些来自十八世纪的文本也可以被宽泛地称作札记本——或者更常见的是称之为"诗集"笔记本，内里收藏着读者珍爱的诗文。这些卷册的

---

① Anna Seward to George Hardinge, 25 March, 1787, *Letters: Written Between the Years 1784 and 1807; in Six Volumes* (Edinburgh and London, 1811), 2:275–276.

② 有关札记古典起源的简史，参见 David Allan, *Commonplace Books and Reading in Georgian England* (Cambridge: Cambridge University Press, 2010), 35–45。有关札记作为一种生活书写的论述，参见 Adam Smyth, *Autobiography in Early Modern England* (Cambridge: Cambridge University Press, 2010), 123–158。在十七世纪，札记的性质产生了变化，参见 Ann Moss, *Printed Commonplace-Books and the Structuring of Renaissance Thought* (Oxford: Oxford University Press, 1996)。

以书会友
——十八世纪的书籍社交

主人不一定细读了文艺复兴时期的人文主义文本，也不打算构造一个百科全书式的材料汇编去了解整个世界，而是用札记本收集他们自己所喜爱的选段，以求在新的语境中重新调配和使用。这一类的汇编说明，十八世纪读者开始与读物之间构建起创造性的联系，他们挑拣出显眼的作品，制造了与当下的播放列表相类似的文学翻版。从一早开始，做札记之人就被告诫，要选取那些语言优美，用词简洁的文字，以求不太费唇舌之力就能清楚表达观点。① 警句隽语最为适合。随着札记本社交性质的强化，出自长篇诗文中的妙语、警句和箴言，开始涌入十八世纪读者的笔记本。

手稿的汇编与传播支配了近代早期文学，札记本只是其中的一个方面。尽管十八世纪见证了印刷文化的勃兴，但分享手抄本的习惯仍在延续。② 手抄本的交换有助于将想法近似的同道中人整合进同一个圈子。③ 文本的传阅，以及随之而来的效仿、增补和戏仿，都是十八世纪基本的阅读习惯。④ 整个十八世纪，普通读者都在延续着将文学作品抄写进个人笔记本的习惯。

要在档案里找到这些文学收集并不容易，一大难点在于，它们很少被清晰地归类。"札记簿"可能会是一份家庭账目，而"记账本"里却有日记条目、手抄诗文和草图。有些读者的笔记在几个主题之间来回倒换。乔治·霍依兰（George Hoyland）是谢菲尔德的一

---

① Allan, *Commonplace Books and Reading in Georgian England*, 71–73.

② 从印刷到手稿的转变过程因为彼得·斯塔利布拉斯的研究变得更加复杂，他提出，印刷出版并非明确摆脱了手抄文化，反而刺激了人们更常动笔书写。参见 Stallybrass, "Little Jobs: Broadsides and the Printing Revolution," in *Agents of Change: Print Culture Studies After Elizabeth Eisenstein*, ed. Sabrina Alcorn Baron et al. (Amherst: University of Massachusetts Press, 2007), 340–367.

③ Harold Love, *Scribal Publication in Seventeenth-Century England* (Oxford: Clarendon, 1993), 177–230.

④ 参见 Margaret Ezell, *Social Authorship and the Advent of Print* (Baltimore: Johns Hopkins University Press, 1999)。

第五章
家中的诗文

名裁缝,他的笔记本最开始用来记录生意账目并制作家具清单,稍后,他开始在上面抄录各种他喜欢的诗文和新闻,主要来自当时的新闻报纸。① 还有的笔记本里汇集了人们有可能感兴趣的一切内容,札记本逐渐发展为一部家用百科。

威尔逊家族住在谢菲尔德郊外的伊登谷(Ewden Vally),他们拥有那里的布鲁姆希德府邸(Broomhead Hall)。家族的札记本编写于十八世纪三十到四十年代,内容丰富,以简短笔记为主。札记本内有不同的字迹,说明家族内部有阅读和誊抄实用信息的整体氛围。约翰·威尔逊(John Wilson)可能是其中主要的贡献者。他是家族的继承人,曾读过当地的文法学校,之后一直赋闲在家,与周围的邻居隔着大片荒原。据威尔逊在十九世纪的传记作者说,他之所以能在业余研究和文学爱好上投入大把时间,全因为家业稳定,可以让他"热情好客,并维持在邻近乡绅中的体面"。② 威尔逊作为古玩藏家在当地颇有名气,他在有生之年,汇编了一套丰富的手稿收藏,从多条渠道搜集了成堆的本地文献和邻近家族的相关史料,藏品从克莱沃的安妮王后离婚证词,到题为"铅矿自由权利与习俗"的诗文。③ 他的家族札记本杂糅了实用忠告、趣事珍闻、娱乐活动以及转录誊抄的文学片段。札记的开篇是"在海上定位经度",然后转向"如何规划一英亩地",接着是"债券条款"的法律细则,再到一组用奇特符号谱写的舞曲(图 17)。④ 札记本里有一些值得

---

① Order book of G. W. R. Hoyland, draper and tailor, 22 West Barr, Sheffield, Sheffield Record Office, MD1191.

② Joseph Hunter, *Hallamshire: The History and Geography of the Parish of Sheffield* (London: Lackington, Hughes, Harding, Mavor, and Jones, 1819), 276.

③ Ibid., 276.

④ Commonplace Book of Wilson family of Broomhead Hall, Sheffield Record Office, MD145, fol. 7, fols. 14–15.

图 17 来自布鲁姆希德府邸，威尔逊家族札记本中的一页（谢菲尔德市政厅，图书馆档案和信息：谢菲尔德档案 MD 145）

留意的事实性内容："学问中的无知""杰出的记忆""超凡的力量""中国著名的城墙"，还有一系列的"实用技能"，包括如何擦亮子弹、修补瓷器、给小提琴上清漆，以及怎样测量岩石或尖顶的垂直高度。[1] 再往后是一连串文字游戏和带数字的字谜：

    B not yy nor nice

    Uc how A fool U B

    My love is true

    Which IOU

    C, U, B as true to me[2]

---

[1] Commonplace Book of Wilson family of Broomhead Hall, Sheffield Record Office, MD145, fol. 7, fols. 121–122.

[2] Ibid., fol. 229.

第五章
家中的诗文

札记本的封底上写有家族成员的出生日期，这和其他家庭通常在《圣经》里记录的内容一样。总体来看，札记本反映了家族成员对不同领域的兴趣、爱好和需求，实用信息占据了绝大多数篇幅。札记里的"诗篇精选"也基于类似的考量。摘录的诗篇混合了十七世纪与十八世纪的作品，还有一些新作，比如蒲柏《人论》(*Essay on Man*)、弥尔顿《失乐园》、德纳姆的《库珀的小山》(*Cooper's Hill*)，还有罗斯康芒(Roscommon)伯爵、安布罗斯·菲利普斯(Ambrose Philips)以及乔纳森·斯威夫特的诗作。① 注明出处的摘录极少，大部分都是从长诗中节选出一段再重新拟定标题。除了名家之作，还有匿名的打油诗和谜语——有一首《情诗》写在边缘，每句的韵脚都是"ation"，还有一句斯威夫特的名言，"悬而未决的生活与蜘蛛无异"，被抄在了页边。看不清诗集收录的思路——似乎就是入了作者的眼，同样能打动他的，还有"物理学精选奥秘"或"穆罕默德(Mahomet)虚假的天堂之行"这类文章。约翰·威尔逊后来的传记作者埋怨他本该更有条理地做汇编工作。他把威尔逊描述成一个厌恶"排列与组合"的人，还指责威尔逊浪费大把时间"费力抄写那些特别常见的书籍，如果能用这些时间将抄录内容编纂得更有条理、更具关联，那该多好"。② 今天，正是威尔逊家族的札记本让我们真正看到，摘抄札记如何将文学嵌入了家庭，虚构作品如何经由摘选，服务于家庭生活。

有时，做札记似乎局限在特定的社会群体之中。博德利图书馆藏有一卷匿名的笔记，内容始于十八世纪六十年代，题为"年迈的

---

① 德纳姆，即约翰·德纳姆(John Denham, 1615—1669)，英国诗人；罗斯康芒伯爵，即第四任罗斯康芒伯爵温特沃思·狄龙(Wentworth Dillon, 1633—1685)，英国诗人；安布罗斯·菲利普斯(1674—1749)，英国诗人、剧作家。——译者注

② Hunter, *Hallamshire*, 277.

以书会友
——十八世纪的书籍社交

娱乐；或，在琐事中消磨晚年"。① 札记没有署名，据卷内提及的人物推测，作者应该是莱斯特郡（Leicestershire）的专业人士或小乡绅圈子的一员。这本札记的内容不由家人决定，而主要来自朋友圈。② 札记本里只有诗文，在许多不同情境下抄录，前面有目录页，尾页将整部文集题献给"弗洛拉"，后来判断是一位"布里奇小姐"。开篇第一首叫《友善之人》，是一首对友爱团体的赞歌：

> 钟敲了五下；煮好的咖啡芳香四溢，
> 抹上黄油的面包（如纸）就在视线里。
> 就像针指向北极点，
> 球倾向中心辊；
> 日晷对着太阳，
> 迫不及待彼此奔向友爱。
> 每周他们在晚间共度，
> 你来我往，就这么循环往复。
> 但是啊！盛宴、畅聊和嬉闹，
> 不知不觉，光阴匆匆，逝之悄悄。③

我们由此看到了日常室内活动的生动一幕。来访者里有男有女，有博士、军官，还有他们的夫人。饮食主要是咖啡和面包，这并不过分——地方上这类社交活动大多如此。后文以简明笔触描绘了参与

---

① "Lusus Seniles; or, Trifles to Kill Time in Confinement and Old Age," Bodleian Library, Oxford, Ms Eng poet d.47.

② 考虑到其中收录的首篇诗歌标题，有可能这个小圈子组成了某种友善协会，但无文献史料可证实。

③ "Lusus Seniles," fol. 1 verso.

第五章
家中的诗文

其中的成员,他们之中有几位被称为"小炮仗""勇敢少校",还有"查士丁尼之子"。在札记的最后,我们找到了破解密码的关键,从而得知,查士丁尼之子是"平民史密斯博士","勇敢少校"是哈格里夫斯少校,还有被称为"小炮仗"的韦斯特博士。札记里的其他诗篇主要是与友善协会成员相关的故事。其中一篇题为"一位绅士希望西沃德小姐描绘前去牧师会堂参加利奇菲尔德议会的常客",另有"一颗苹果扔来,尊敬的伯恩小姐手上青了一块(即兴)"。[①]字里行间提到常见的笑话和经历,戏谑地使用暗号密语,都能说明,这本札记是供朋友间分享和传阅的。

《年迈的娱乐》尤其有趣的是,在熟人之间的来往唱和中,也穿插着正经诗人的作品——而且个人写的歪诗和从出版物上誊抄来的诗篇之间,没有任何区分。从出版物抄来的诗篇大多来自当时的诗集、杂志和歌本,显然,抄录既留住了转瞬即逝的社会交往,又保存了随意阅读流行出版物的成果。

缘起于友谊的文集还有很多。玛丽·阿兰森(Mary Allanson)来自约克郡里彭(Ripon)附近的乡绅家庭。她有一本从1768年起使用的笔记,收录了她18岁到24岁之间创作和收集的诗文。这是阿兰森婚前的文集,主要都是写给女性朋友的诗作,比如1768年的一篇《悼斯旺小姐》《1769年11月4日为道森小姐芳诞而作》以及1771年的《致博蒙特小姐》,此外还有一些祝酒词。[②]这本笔记再次展现了用诗文致意的社交世界,以及社交活动依托书写形式才得以长存。玛丽·马歇尔(Mary Marshall)手工缝订的文集,现藏于博德利图书馆。文集内容始于拿破仑战争时期,里面全是关于

[①] "Lusus Seniles," fol. 86r, fol. 83r.

[②] Verse notebook of Mary Allanson, Bodleian Library, Ms Eng Poet f. 28.

浪漫与忠诚的诗歌,既有手写稿,也有从其他出版物上剪下来的诗文。她肯定曾与朋友哈丽雅特·宾尼分享过这本手札,因为宾尼在里面留言:"我亲爱的波莉,我刚刚读完了你甄选的[诗]文集,你的摘录真是品味不凡。"自制手札的分享故事说明,分享,也是在向外界展现自身文学品味。

十八世纪的札记本彰显了一种思维方式,一种使理解文学作品变得高度私人化的方式。① 摘抄喜爱的诗文、新闻报道,或者有用的知识,都是一种自我书写(autobiography),都在那个时代迅速发展着。做札记使个人通过阅读表现出他们的兴趣、他们对世界的回应,以及他们的抱负。札记本里不仅有个人的文学感悟,还包含了群体的文学历程。玛丽·马登(Mary Madan)的家庭剪贴簿里有非常私人的诗文,比如父亲写给亡子的哀歌,威廉,不过十岁半,"1769年8月26日卒",与这篇悼文放在一处的是亲友们认为实用的各种零碎文字,从蔬菜账单到时人颂歌。② 还有的文集记录了家庭文学创作。保罗·欧瑞·特里比(Paul Ourry Treby)住在普利茅斯郊区普林普顿的圣玛利(St Mary)。他的札记本说明,业余赋诗在十八世纪晚期地方乡绅社交生活中扮演了何种角色。特里比的笔记本饰有手绘水彩,画的是当时的人物形象。与约克郡的威尔逊家族手札本一样,特里比的手札既体现了研究兴趣,又逐渐多出了业余爱好,比如他射中的猎物清单,或是由他设计的狗屋。

在手札里,特里比将自己有些笨拙的诗作抄送给了邻近的特里劳尼家(Trelawney family)的女儿们,后来,他娶了她们中的一位为妻:

---

① 参见 David Allan, *Commonplace Books and Reading in Georgian England*, 215–225。

② Mary Madan, Verse scrapbook, Bodleian Library MS Eng. Poet c.51.

第五章
家中的诗文

> 特里劳尼家的美丽仙女利蒂希娅(Laetitia)与玛丽,
> 她们的言辞与行动从不改变,
> 带着敬意请首先允我问候安康。
> ……
> 只要天气晴朗礼拜四就定好,
> 参加普林河石堤的竣工聚会。
> ……
> 随身携带纸笔和肉膳,
> 他们准备作画写诗和用餐。
> 悠闲安度漫长的社交一日
> 宾主尽欢,彼此满意。①

在普林河边的野餐会上,他们绘画、写作、分享诗歌,这都是活动的一部分。和其他札记本类似,源自个人生活的业余诗节与誊抄来的佳作名篇混杂在一起——蒲柏的《普世祈祷》(Universal Prayer)、赫伯特的《死亡之殿》(Court of Death),还有柯珀的《漂流者》(The Castaway)。特里比在札记中还记录了一次晚间作诗祝酒的乐事。他先描绘了当时的场面:"场景:一个冬日夜晚,炉火正旺,幽默、欢快,还有好酒,每位朋友都轮流向他最爱的姑娘敬酒。"他接着摘引了贺拉斯的颂诗第37篇②,并将自己的劝酒诗附在了后面:

---

① Diary of Paul Ourry Treby, at Eton College, 1798, Plymouth and West Devon Record Office, 2607/4.
② 贺拉斯《颂诗集》第1部第37首《致同伴》,全诗译文可参考李永毅译注:《贺拉斯诗选——拉中对照详注本》,中国青年出版社,第32页。——译者注

以书会友
——十八世纪的书籍社交

> 饮酒将失去多少满足，
> 如果没有祝酒黄汤就下肚。
> 这一位在我被俘的灵魂上摇摆，
> 温柔娇羞又面色不赧。①

在这之后，特里比罗列了朋友们的祝酒诗，显然，当晚的诗作都被大声朗读了出来："由吉奇博士所作的哈里森斯小姐与欧瑞小姐之歌"，"马歇尔先生作的又湿又脏地会见欧瑞小姐"，"克罗帕马博士为欧瑞小姐在埃克塞特给园丁福特订购玫瑰而作的十四行诗"。在所有大作中，有一段戏谑的玩笑之语，"欧瑞小姐让吉奇博士亲吻她的马之后而作"：

> 吻你的马这要求极是特殊，
> 接下来还会有什么离奇古怪，
> 造访古德莫尔我为客你是主，
> 你可会要求我亲你的屁股。②

这本诗集笔记，与其他札记一样，都是年少轻狂之作，它捕捉了一段充满狂热迷恋、文学抱负与顽皮友情的青春岁月。布里奇沃特（Bridgwater）的约翰·查布的札记本最开始也是这种风格。第一本笔记从他十岁开始，开篇，他邀请朋友约瑟夫·伯罗斯（Joseph Burrows）来参加生日聚会。这篇的结尾是相当庄重的对句，"年少

---

① Diary of Paul Ourry Treby, at Eton College, 1798, Plymouth and West Devon Record Office, 2607/4.

② Ibid.

第五章
家中的诗文

时的友情 / 成年后当历久弥新"。① 随后的诗篇纪念了其他情感——一首《致某某小姐》转译了皮拉摩斯（Pyramus）与提斯柏（Thisbe）的故事；还有《致舍伯恩的博伊斯小姐》。有一封稍夸张的信，写给埃克塞特的詹姆斯·帕特里奇先生。信里附了一段《忠实的牧羊人》(*Il Pastor Fido*) 的摘译②，以及一连串对伏尔泰、阿那克利翁（Anacreon）与贺拉斯的改写和模仿。《抽奖：一曲康塔塔》完全由咏叹调和宣叙调组成，查布还穿插了一些短小的窘境与警句。札记簿里的这些文本都是社交性的文本，但种类各不相同。临近1773年的尾页，是一首嘲弄布里奇沃特市长选举的讽刺诗：

赛姆斯（Symes）还是考克斯（Cox），谁当市长这是一个问题，
是笨蛋还是恶棍，究竟谁该坐那把交椅。
折中一下，就变简单，
让加德纳当选——就能一举两全。③

这首诗的传播范围要比查布其他大多数诗更广泛，因为它被钉在了小镇的中心地区，惹得新当选的市长加德纳暴怒，他写信给

---

① Commonplace Book of John Chubb, Somerset Heritage Centre, A/CSC 1/2, fol. 3.
② 《忠实的牧羊人》是巴蒂斯塔·瓜里尼（Battista Guarini, 1538—1612）创作的田园剧，瓜里尼是意大利文艺复兴时期的宫廷诗人，后世认为，他与托尔夸托·塔索（Torquato Tasso, 1544—1595）共同开创了田园剧这一新文类。《忠实的牧羊人》是瓜里尼最负盛名的作品，1590年在威尼斯出版，1595年公演，即刻轰动一时。在接下来的两个世纪中，不断有剧作家与音乐家对它重新改编和演绎，比如英国戏剧家约翰·弗莱彻（John Fletcher, 1579—1625）在1609年发布英文版《忠实的牧羊人》(*The Faithful Shepheardesse*)，德裔英国作曲家乔治·弗里德里希·亨德尔（George Frideric Handel, 1685—1759）1712年在伦敦发布了同名歌剧，并在1734年大幅修改后再度公演。——译者注
③ Commonplace Book of John Chubb, Somerset Heritage Centre, A/CSC 1/2, fol. 155.

以书会友
——十八世纪的书籍社交

查布：

> 先生
>
> 　　我的朋友考克斯先生可靠地告知我[，]那晚被挂在十字路口对面的讽刺诗的作者就是你[。]如果真是这样[，]你就是个放肆的无赖[！]肮脏的流氓[！]而且你还说我的女婿、查尔斯·安德顿（Charles Anderton）先生是市长的阉鸡[，]简直鬼扯[！]我吕儿[女儿]说就算你是他也不是……如果我打算和你争吵[，]你完全不是我的对手[，]所以你最好别再挑衅。①

这篇别字连篇的粗俗回应与查布收藏的大部分书信都迥然有别，它也让我们看到在业余作家身处的环境，识文断字与清楚表达的水平依然有限。约翰·查布的诗作既描摹古意，又讥讽本地时弊，既有写给子女的诗词，又有致敬共济会的颂歌。他既书写他们，也同他们一道交流文字——与此同时，他还认识了附近下斯托伊村（Nether Stowey）的塞缪尔·泰勒·柯勒律治（Samuel Taylor Coleridge），并与他保持通信往来。② 要理解书写的社交，我们有必要认识到潜在的多样化，以及跨阶层传播的可能。

约翰·查布第二本札记的主要素材与第一本类似。③ 第一本中的诗歌被转抄了过来，注明了特定人物和历史典故，比如"某某小姐"变成"范妮·沃伦小姐"。很有可能，这本笔记是在他后来的朋友圈里传阅，而他们并不熟悉查布年轻时即兴创作的背景。第

---

① Undated 1773 letter from C Gardiner to John Chubb, Chubb Correspondence, Somerset Heritage Centre, A/CSC 2/4.

② 塞缪尔·泰勒·柯勒律治（Samuel Taylor Coleridge, 1722—1834）英国诗人和思想家。——译者注

③ Commonplace book of John Chubb, Somerset Heritage Centre, A/CSC 1/3.

第五章
家中的诗文

三本札记以散文为主,大多是他的阅读摘抄。与其他类似文集不同,这一本开篇附有一段前言,阐明了笔记的功用:

> 以下选段的汇编人,没有被赐予强健的记忆,那些由丰富而崇高的思想所激发的感触,那些在翻书中不时看到的宽宏的情感,实用的知识,风趣的智慧和优雅的措辞,笔者想要回忆实难如愿,由此将最打动他的段落篇章抄录如下,以坐拥那些卓绝的才华。①

从约翰·查布留下的广泛涉猎的材料来看,他是个有趣的人。他的札记本里有诗文、散文、图画和书信,对于一个没接受过大学教育,也不以文学写作为生的商人来说,这不多见。此外,这些材料贯穿了他的一生,向我们展现了汇编和笔记的演变历程。最初,查布写下的都是少年激情,随着年岁的增长,札记本成了他对家庭,对本地时政和对阅读的记录。

印行的札记

辑录了一鳞片爪诗文的不仅只有手抄札记。十八世纪早期出版行业的热门项目就有诗歌札记类书籍,这类书一般收录了对英国诗歌和戏剧的短小节选,根据主题分类,按照字母排序。② 其中,流传最广的是首版于 1702 年的爱德华·比希(Edward Bysshe)的《英

---

① Commonplace book of John Chubb, Somerset Heritage Centre, A/CSC1/4。
② 更早期出版的札记书籍多从 1600 年前后出现,参见 Zachary Lesser and Peter Stallybrass, "The First Literary Hamlet and the Commonplacing of Professional Plays," Shakespeare Quarterly 59 (2008): 371–420。

国诗艺》(*Art of English Poetry*)。① 这是一本韵脚与引文辞典,按主题分类,读者能够轻易翻到从"冲突"到"海豚"再到"怀疑"的诗文示例。② 很多人拥有并使用《英国诗艺》,但绝大多数都不承认。这本书表面上是为了帮助初学者构思诗句,但它更普遍的用法是被当成诗意效果手册,里面的一系列引文能直接拿来润饰其他类型的写作。如果你想深情感叹一句存在的本质,可以翻到"生命"这一节,在约翰·德莱顿的"当我想到生活,全是一场骗局;/被希望愚弄的人,却最爱欺骗",莎士比亚的"生活就是行走的阴影;一个蹩脚的演员",或者托马斯·沙德韦尔(Thomas Shadwell)的"生活如空气/呼啸的剑锋下它就让路"中选择一句。③ 我们已知亚历山大·蒲柏、塞缪尔·理查森、亨利·菲尔丁、艾萨克·沃茨(Isaac Watts)、萨缪尔·约翰逊、奥利弗·哥尔德斯密斯(Oliver Goldsmith)、休·沃波尔(Hugh Walpole)和威廉·布莱克(William Blake)的藏书里都有《英国诗艺》。④ 就像是二十一世纪的维基百科,《英国诗艺》为很多不赞成这种学术捷径的读者与作家提供了丰富的素材。可以确定,萨缪尔·理查森的巨作《克拉丽莎》中,有很多文学引用都来自这本手册(比希在转录和作者归属上的一些错误被他照搬了过去),然而小说里却没有承认这一点,好几个世纪以

---

① 这部书 1702 年首版时采用了 8 开本;到 1714 年出了 12 开本,并在 1718 年、1724 年、1737 年和 1762 年四度再版与重发。《英国诗艺》的内容历经了四次扩充,分别以 1702 年版、1705 年版、1708 年版以及 1718 年版为代表。最初,书中收录了来自 48 位不同作者的 1452 段引文,经过第一次增补后,扩充了将近一半的内容,收录引文达到 2123 条;经过第二、第三次修改后,引文相应达到了 2517 条和 2693 条。有关 1702 年之后这本书的各式版本,参见 A. Dwight Culler, "Edward Bysshe and the Poet's Handbook," *PMLA* 63 (1948), 858–885, 861–862。

② 这三个主题名都以字母 D 开头。——译者注

③ Edward Bysshe, *The Art of Poetry* (London, 1702), 201–202.

④ Peter Dixon,"Edward Bysshe and Pope's 'Shakespear,'" *Notes and Queries* 11 (1964), 292–293; Michael E. Connaughton,"Richardson's Familiar Quotations: 'Clarissa' and Bysshe's 'Art of English Poetry,' " *Philological Quarterly* 60 (1981), 183–195.

第五章
家中的诗文

来,评论家和读者们都认为,理查森对英国文学经典非常精通。

按照编写的初衷,《英国诗艺》不是为了让人在书斋中独自研修,而是一本消闲读物。比希在献词里声称:

> 混杂了这么多主题,以及对它们各不相同的想法……可能比不上一部体裁完美、主题单一的作品那么令您满意,但也许它能让您更轻松愉快,因为这里没有故事线索,也没有前后呼应,您既无须保持全神贯注,也不用耗费过多时间,这本书您可以随意拿起和放下,与其把它摆在书柜,不如放在起居室或庭院。①

比希认为,从内容和形式上看,这本书适合"蜻蜓点水""杂乱无章"地阅读。书中全是选段,没有冗长的故事或一贯的观点,非常适合捡起读一会儿就放下。形式与用途相关。比希的考虑是,轻松的家庭阅读(起居室而非书房)需要篇幅短小、可随意翻阅的文体。我们还能看到,出版物与手抄本之间,编者与读者之间,存在某种循环往复。爱德华·比希的机灵就在于,他把传统上有索引、靠手抄的引文集付梓出版。这种新式书籍,编者耗时费力地汇集了英国诗人们"最崇高的思想",以便读者轻而易举就能利用,无须再去阅读原文。就这样,《英国诗艺》里的引文被读者重新吸收,再度出现于小说、信件和札记本之中。

借用、再利用并且重新加工的一套模式,通常为人所忽略,但却构成了家庭文学氛围的基础。传统文学批评的常见问题,比如典故的确切出处,或是文本借用的意图,在这样非正式、不被承认,

---

① Bysshe, *The Art of English Poetry*, 献词, n.p.

甚至意识不到的文本交互语境中并没有意义。一般读者对待他们知识的来源,包括文学知识,并没有我们以为的那样严谨。他们只要喜欢就取用,根据自己的目的来改写,在此过程中,他们使文本形式获得了一条崭新且不可预料的发展轨迹,贯穿整个十八世纪社会。读者引文的出处很难说明白。约翰·安德鲁斯(John Andrews)住在南德文(South Devon)的莫德伯里(Modbury)。1772年,他在日记或者说是备忘录中记录了修缮工作、庄园打理和社交拜访,还多次提到天气,这些内容都伴有含义隐晦的诗歌引文。1772年1月,他记下了詹姆斯·汤姆森的《四季》里的几句诗:"随着明日太阳升起,我们一年的辛劳又要开始,年复一年,周而复始。"①2月25日,他从艾萨克·比克斯塔夫(Isaac Bickerstaff)的《村庄里的爱情》(*Love in a Village*)里引用歌词:"唉,如果我命中注定 / 某个卑贱的乡巴佬。"3月15日,他从托马斯·阿恩(Thomas Arne)的歌词里摘引了"希望的曙光初现,我的灵魂苏醒 / 还驱散了绝望"。4月12日他摘录的是来自蒲柏的《人论》("Essay on Man"),"野草与花朵芜杂的荒原 / 禁果在花园散发着诱惑"。

  安德鲁斯似乎在用这些诗歌片段润饰自己的生活,用引文来折射他对日常事件的情绪反应——更具体的情形我们无从得知。究竟他的摘选是他本人博览众家的成果,还是浏览了英国诗歌精粹汇编所得?虽然无法确定安德鲁斯的摘引究竟从何而来,但考虑到这些引文在出版的文集汇编里颇为常见,这有可能是出版札记反哺手写笔记的一个例证。

  在十八世纪,还有不少内容翔实的札记手稿能佐证,人们为了满足个人爱好的需要,重新修改出版文本。如上文所示,札记本的

---

① Diary and memorandum book of John Andrews of Modbury, 1772, Plymouth and West Devon Record Office, 535/11.

第五章
家中的诗文

主人乐意将自己写的诗文与作家作品混在一处,不做标注。安德鲁斯习惯从近期的杂志报纸或诗文辑录,而不是作者原著中采集,这并不稀奇。有的札记作者甚至懒得费事誊抄,而直接把印刷文本贴在笔记本上,与亲手改写的素材或自己创作的文字放在一起。① 玛丽·马登(Mary Madan)的诗文剪贴簿始于十八世纪的最后十年,但内里有很多家人转抄的诗文,还有不少直接从杂志上剪下来的片段,大部分内容都比它们汇编成册的时间要早得多。② 总体而言,这一卷札记汇集了几代人文学涉猎所摘选的精粹和家庭成员业余而作的即兴诗文,它们与笑话、账单、新闻消息,还有零星的警句都粘贴在了一起。

还有一些文集暴露了出版物与手抄本之间存在着更为曲折的关系。伊丽莎·查普曼的文集只有薄薄一册,收录了从1788年到1789年手写的诗文。③ 它应该是查普曼年轻时住在埃塞克斯期间所作。书里很多诗词出自查普曼的一个情人或是追求者之手,他自称"涂鸦人"(Scriblerus)。和其他的诗文手札一样,这一本也收录了很多写给汇编人的诗:《致病愈的伊丽莎诗一首(1788年11月)》《献给伊丽莎,来自笼中她最爱的那只知更鸟(1789年3月)》。④ 查普曼也转抄她赠与别人的诗作,比如《伊丽莎给教女的生日赠诗

---

① 关于剪贴簿的发展史,参见 Ellen Gruber Garvey, *Writing with Scissors: American Scrapbooks from the Civil War to the Harlem Renaissance* (Oxford: Oxford University Press, 2013);有关早期的文本剪切和粘贴,参见 Juliet Fleming, William Sherman and Adam Smyth,"Renaissance Collage: Towards a New History of Reading"专刊,*Journal of Medieval and Early Modern Studies* 45 (September 2015)。

② Mary Madan, Verse scrapbook, Bodleian Library MS Eng. Poet c.51.

③ Eliza Chapman's poetry notebook, 1788—1789 年,"Poetry, Selected and Original, 1788 & 1789." Bodleian MS Montagu e.14。

④ Ibid., fols. 31, 46, 79.

与一件印花床罩（1789 年 5 月 27 日）》。① 文集里的大部分内容都来自查普曼与女性朋友及男性仰慕者之间的诗词酬和。但与其他札记一样，这些个人诗作与出版物上的诗文混杂在一起：题为"诗，摘选与原创"。

与多数札记主人不同，查普曼勤谨地记录了她的摘引来源。她从 1789 年的《先驱晨报》上抄录了一首"美国当地诗人作的"《隐退》。②《冬日赋诗》来自威斯希姆·诺克斯（Vicesimus Knox）辑录的《雅文选编》(Elegant Extracts)，而《十四行诗：入眠》则是从《晨报》上转抄的。③ 札记里也有源自出版物但未作说明的情况。有一首题为《午夜致伊丽莎》的诗，署名"涂鸦人"，日期为 1790 年的 7 月 1 日。诗歌描述了主人公对伊丽莎纯粹的爱令他苦思冥想，不惜一死他也想知晓

> 当仁慈的墓穴埋藏我所有的愚蠢，
> 我的爱而不得，我的热情和自尊，
> 那么当有一缕温柔的伤愁，
> 令你神思黯然；晶莹的泪珠由此而流
> 惋惜啊，知晓他的心
> 哪怕最后的颤动，也只为她一人而已。④

诗句感人至深，虽然对现代人来说，有点过于感伤。值得注意的是，这首诗里除了最后几句可能是"涂鸦人"为了伊丽莎·查普

---

① Eliza Chapman's poetry notebook, 1788—1789 年，"Poetry, Selected and Original, 1788 & 1789." Bodleian MS Montagu e.14, fol. 49.

② Ibid., fol. 56.

③ Ibid., fol. 28, fol. 41.

④ Ibid., fols. 71-72.

第五章
家中的诗文

曼而写,其他大部分词句都并非出自他笔下。这首诗其实改编自蓝袜社成员伊丽莎白·卡特(Elizabeth Carter)的一首宗教诗《午夜沉思》,也被称为《夜篇》,首版于1739年。"涂鸦人"替换了原诗中每处对上帝的致意。于是,伊丽莎白·卡特虔诚的祷告,"向您!全知的主!我奉上 / 这段平静而清醒的思考",被改成了浪漫的表白,"向您,掌控我心灵的女导师,我奉上 / 这段平静而清醒的思考"。① 原本向上帝的致意变成了对伊丽莎的恳求,而卡特拥抱死亡,作为开启来生荣耀的序幕,在"涂鸦人"这里变成了一心求死,只为证实伊丽莎对他的爱。

很难说该如何理解这种诗歌改写。将一首原有的宗教诗歌充作个人一时的情感流露,肯定有失格调。但它仍算取巧,只是改动几处,就得到了一首深情动人的诗作,献给心爱的伊丽莎·查普曼。查普曼打算承认这一借用吗?这首诗不是为了讽刺而戏仿,也不是对原诗的刻意仿写——大部分诗句都一模一样。我们遇到了业余读写活动中的未知领域。改写有多重要?伊丽莎·查普曼知道原诗吗?她欣赏这类改写吗?还是说,一旦她发现,自己收到的情诗不过是在别人宗教诗的基础上改了寥寥数笔,她是否会为此大怒?

我们见识到了一种个性化色彩浓厚,循环利用之风盛行的文化氛围。诗歌的归属权错综复杂——编者调整文本结构以应付各种演说需要,读者改写抄来的诗文以契合特定的议题。不承认原作者也能不断循环利用文本素材,大家都乐意。有时连作者自己都不清楚,哪些文字归属于谁。理查德·洛弗尔·埃奇沃思就记不住自己写过的文字,他对引用自己和引用别人的区分感也因此变得迟钝。

---

① Elizabeth Carter, *Poemson Several Occasions*, 4 th ed. (Dublin, 1777), 32.

以书会友
——十八世纪的书籍社交

小说家玛丽亚·埃奇沃思和她的兄弟姐妹常用父亲自己的文字去捉弄他:"他写过些什么,自己通常不记得,我们常给他读那些片段,而他听不出;我们就会骗得他的称赞,因为他认为那是别人写就的作品。"① 也许我们可以暂停片刻,先审视一番我们的文学借鉴概念——剽窃、盗用以及引经据典——乃是默认每位读者都充分了解文本的原始出处。但显而易见,他们并非如此。读者们并不总能知道一句引文或一个片段出自哪儿,而自己读到过什么,写下过什么,他们也时常忘记。在一篇关于阅读的文章里,米歇尔·德·蒙田(Michel de Montaigne)讲述了他在读书时如何从文本中提炼思想:

> 我翻阅众书,而非逐一细读。我从中保留的,是我不再觉得属于别人的内容。那不过是材料而已,依托于此,我的判断得以进益,我的思想由此萌生;至于作者、地点、辞藻以及其他内容,我转瞬即忘。②

借由上述文本借鉴的案例来看归属权问题,似乎尤其混乱,但有时可能正是在不经意之间,那些如潮汐般忽涨忽落的辞藻与内容,构成了日常阅读的习惯。

演说与抱负,美德和价值观

正如前文所示,相伴读书与社交抱负和道德提升息息相关。专

---

① *Memoirs of Richard Lovell Edgeworth, Esq, Begun by Himself, and Concluded by his Daughter*, 2 vols. (London, 1820), 2:334.

② *The Complete Essays of Montaigne*, trans. Donald Frame (Stanford: Stanford University Press, 1957), 296. 有关人们忘记了自己阅读过的书籍,参见 Pierre Bayard, *How to Talk About Books You Haven't Read* (London: Granta, 2006), 47–57。

供家庭使用的出版诗文集,旨在教人如何朗读。《谢里登与亨德森:读英文诗的实用技法》引导读者,朗读英国诗文集萃时,掌握变调和语气。这本书的编者承认,他不可能事无巨细、面面俱到,因为,"最主要还是取决于细致的表达、眼神与举止……也许,只有这样的风度,才能赋予一首诗最充分的美感,或者说是令人着迷的光彩,但这些却无法变成条条框框的规则"。[①] 话虽如此,他还是尽力提供了一些建议,并利用斜体排印,逐段引导读者朗读选段。

如何朗读科顿的《炉边》

亲爱的克洛艾,人群熙攘,

前两个词要用温柔、深情的语气。

虚荣,富有还有得意洋洋,
都在愚蠢的迷宫里行走;
尽管被认为独特又高傲
我们宁可选择站在一旁,
也不同他们一起白白忙活。

我们这个词要重读。

我们常常要从欢乐的世界里隐退

---

① *Sheridan and Henderson's Practical Method of Reading and Reciting English Poetry* (London, 1796), 6.

> 回到家人身边与炉火相对，
> 用爱填满我们的光阴。

按照我们建议的读本诗开篇两个词的语气来读这一句。

> 没有吵吵嚷嚷的邻人，
> 没有爱管闲事的生人，
> 搅扰我们由衷的欢喜。
> 如果我们珍视这实在的幸福，
> 这瑰宝就在我们心中常驻。

*如果你读这些诗句的同时，将手掌温柔地放在胸前，就能有恰当的效果——瑰宝一词要专门标记出来。*①

朗读建议提供了一种改编原作的方式——这里是推翻了原本的格律。当编者-导师要求读者将重音放在"我们"上时，他成功地忽略了原诗的形式，只为了强调他所认为的诗里最关键的要素，那就是说话人与克洛艾之间的深情相伴，之后还有相应的手势进一步强化情感表达。这本书还告诉读者，朗读约翰·盖伊的寓言时要"干脆直率"，还得注意在必要之处注入"强度和力量"。②

轻松的文本似乎需要特别阐释：这显然是担心，朗诵者过于注重完美的发音，忘记了摆在眼前的，原本是一首诙谐小品。编者严厉建议道："在应当语气**轻松**和舌头**轻快**的地方却字正腔圆，会

---

① *Sheridan and Henderson's Practical Method of Reading and Reciting English Poetry* (London, 1796), 25-26.

② Ibid., 82.

第五章
家中的诗文

立刻毁了诗人的本意,尤其令人厌恶。"① 要想出色的朗诵,就得注意,不要把所有的字词都读得"**费力或使劲**",还要懂得区分,哪些作品需伤感和悲戚地对待,得采用"迟缓的风格去表达",② 而哪些则要热情活泼。这本书里汇聚了广泛的风格:戏剧性的、感伤派的,以及田园文学、寓言和滑稽对话。此外还有赞美诗、歌曲和民谣,它们另有一套朗诵建议,这表明音乐体裁并不一定被咏唱,而是常常通过朗诵来表现。十八世纪的很多诗集都收录了歌谣,既没有标明音符,也没有曲调的提示,或许当时的读者能够很容易地搭配上一首耳熟能详的曲调,但也有可能音乐作品像诗文一样,由朗读来展现。艾萨克·沃茨脍炙人口的赞美诗被科顿·马瑟(Cotton Mather)包装成既可朗读又能唱颂的文本,变为了每日敬拜的一部分。③

正如这类指南所示,诗歌文集不仅提供了朗诵建议,还提升了文学品味,尤其吸引中等阶层的读者,他们渴望获取原本只有精英人士才拥有的文雅交际之道。约翰·沃克的《演说提高练习:名篇选集》(*Exercises for Improvement in Elocution, Being Select Extracts from the Best Authors*, 1777),宣称针对那些为了磨炼演说技巧寻觅合适素材的人士。④ 沃克曾当过演员,后来成了一名教师,因为讲授演说和写作技巧成名。他拥护屈折语的"机械"学派,与托

---

① *Sheridan and Henderson's Practical Method of Reading and Reciting English Poetry* (London, 1796), 106.

② Ibid., 202.

③ Christopher N. Phillips, "Cotton Mather Brings Isaac Watts's Hymns to America; or, How to Perform a Hymn Without Singing It," *New England Quarterly* 85 (June 2012), 203–221.

④ John Walker, *Exercises for Improvement in Elocution, Being Select Extracts from the Best Authors, for the Use of Those Who Study the Art of Reading and Speaking in Public* (London, 1777).

马斯·谢里登的"自然"学派分庭抗礼。① 在《演说提高练习》的广告词中他提到,这本选集还能为人们在文化修养方面提供一般性指导:"艾迪生的《论品味》,埃肯赛德的《想象的愉悦》(The Pleasures of Imagination),还有蒲柏的《论批评》,不只为读书提供了极好的范本,在某种意义上,还构成了一套文雅知识体系。"②

作为"一套文雅知识体系",沃克的文集瞄准了这样一群读者,他们想学会如何**谈论**读过和听过的文章。演说文集很好地引导新读者去理解他们所朗读的文本。《演说提高练习》十二开本的广告里提到它"开本小、价格低";对一些读者来说,类似的文集不仅要便捷地提供演说选段,同时还得是一部正经的文学选集,能通过它接触到名家作品——这甚至是他们接触文学的唯一途径。书里收录的篇章都有评述性导言,用以提示关键概念。有的读者肯定会被书里的建议弄糊涂。艾迪生《旁观者》的一段导言就呈现了两种传统(且互斥)的观念,既说品味是先天赋予的,又反过来主张可以靠后天习得:"我这里说到的品味,很难通过指导来获得。某种程度上,这种能力一定是与生俱来的……但是……也还是有些方法能培养和增进。"③

《演说提高练习》旨在将这些"方法"提供给那些担心自己品味先天不足的人。沃克还主张凸显人类进步中的属灵层面。沃克是一位皈依天主教的教师,他利用编辑身份,重构了经典诗歌文本,以增进文化、个性和心灵的教化。在介绍马克·埃肯赛德(Mark

---

① 沃克作为演说家的影响力,参见 Jack Hall Lamb, "John Walker and Joshua Steele," *Speech Monographs* 32 (1965), 411–419; E. K. Sheldon, "Walker's Influence on the Pronunciation of English," *PMLA* 62 (1947), 130–146。

② Walker, Exercises, Advertisement, n.p.(埃肯赛德,即马克·埃肯赛德[1721—1770],英国诗人和医生,最著名的诗歌作品就是《想象的愉悦》。——译者注)

③ Joseph Addison, *The Spectator*, 19 June 1712.

Akenside)的长诗《想象的愉悦》选段时，他解释说，为了更全面地展现人类生存之境况，自己从爱德华·杨的《夜思录》里摘取了几段，加入了原作之中。他评价埃肯赛德："在他笔下，人类图景是壮阔而优美的，但尚不完整。灵魂，被自然地注入了欲望和权力，必将不朽，可整首诗里几乎未曾提及。"沃克在他的版本里补上了这一缺漏，他解释道：

> 这方面的缺陷已经由杨博士的精湛文笔充分补足；杨博士如一位贤明的智者，他看到了人之立身卑微，而想象力宏伟堂皇，力证了人类之不朽；出于这一考量，《夜思录》里的几段诗文被摘选过来，它们与埃肯赛德的大作相组合，才构成了人类力量、处境与结局的全景。①

我们从当下的视角看沃克，他的举动可谓冒险。他大刀阔斧地对不同文本进行了裁剪和拼贴，一举将它们糅合成为一首新诗，用以传递他认为本该具有的宗教寓意。埃肯赛德的《想象的愉悦》被赋予了宗教来世的意味，继而被重新组合，以契合文集的整体议题。这与我们之前在手编文集中看到摘录与改写重组的习惯没有区别。

类似《演说提高练习》的文集收录了大量片段式的文字，专为社交场合的讲演与朗读准备，其篇幅必须轻薄短小。然而十八世纪主流的诗歌作品，比如汤姆森的《四季》与埃肯赛德的《想象的愉悦》动辄数千行，因此需要被拆分，以便读者浏览和收集。被截短的诗歌拥有了全然不同的身后名。亚历山大·蒲柏的《温莎森林》(*Windsor Forest*)是一首内容丰富的时政诗歌，阐发

---

① Walker, *Exercises for Improvement*, 67.

了作者对《乌特勒支和约》的见解，它被普遍截取为乡间运动主题的典型选段（与政治颂歌相比，乡间运动的吸引力一般更广泛，也更持久）。① 这首诗还被转换成其他形态：描写猎犬及其主人的四行诗句，出现在一块米白色的陶片上，饰有射猎的印花，题为"猎犬"，各种有关猎犬的讨论都会引用这四行诗，在当时的报纸和参考书里，广为流传。②

文集的内容多以主题归类，少按作者区分，选段的呈现方式也凸显主题，而不强调作者。约翰·德拉蒙德在他1762年出版的《反复诵读诗歌集》里就采取了这样的态度。③ 德拉蒙德认为，多样化是演说成功的关键："既然新鲜感能博得关注，而关注会令人勤勉，那么品类多样将避免单调、短促、乏味和不耐烦"。④ 这部汇编文集里，没有如何朗读的指导建议，只有按照字母顺序列出的各个主题，从"忠告""苦恼"和"年龄"（以字母A开头——译者注），一直到"风趣""女性"和"词语"（以字母W开头——译者注）。⑤ 每个主题下，汇集了若干来自不同作者的篇章或"语句"，对原本

---

① 从这首诗中选取的诗节被冠以了"捕鱼""飞鸟""野雉"之名，*A Collection of Poems for Reading and Repetition Selected from the Most Celebrated British Poets*, 2 vols. (1762), 1:34, 35–36, 85。

② 图像与改编，见David Drakard, *Printed English Pottery: History and Humour in the Reign of George III, 1760–1820* (London: Jonathan Horne, 1992), 105。我没能找到这块陶片。这几句诗常常出现在讨论野外运动的书籍中，John Boreham, *A Description of More Than Three Hundred Animals, Interspersed with Entertaining Anecdotes* (London, 1829), to *Time's Telescope for 1817: Or a Complete Guide to the Almanack* (London, 1817)。

③ *A Collection of Poems for Reading and Repetition; Selected from the Most Celebrated British Poets*, ed. John Drummond (Edinburgh, 1762).

④ Ibid., v.

⑤ 从这个角度来看，它与十八世纪早期的出版札记有类似之处，比如爱德华·比希的《英国诗艺》，由短小的诗歌节选为内容，按照主题分门别类，在出版形态上模拟了札记手稿的编排形式。《反复诵读诗歌集》的区别在于，选段更长，最多达到30行，而且在按照字母顺序编排中，首次出现的选段都没有标明作者。

第五章
家中的诗文

的句法与各自的出处,都毫无提示。于是,在"天意"之中,我们看到了六行诗文,分别出自比维尔·希根斯(Bevil Higgons)《宽厚的征服者》(*The Generous Conqueror*,1702),詹姆斯·汤姆森的《爱德华与埃莉诺拉》(*Edward and Eleanora*,1739)和萨缪尔·约翰逊的《艾琳》(*Irene*,1749)。读者们猛然见到以这样方式组合呈现的诗句,大概难以想到,它们其实出自不同作品,读者们也觉察不出,不同作品之间交错着迥异的文风和语境。摘选自诗体戏剧与来自纯诗歌的诗句之间也不加区分——人们从文学经典中挖掘出金句或难忘的片段,它们的基本内涵与原来的语境脱节。读者的书页上,没有语境,只有语句,以及适合朗读的语音语调——这可能就足够了。显然,对很多编者和读者来说,完全抽离文学来源的读书体验,很可能是常事。

詹姆斯·汤姆森的《四季》是十八世纪最脍炙人口的诗歌之一。除了贯穿整个世纪的无数版本之外,它还总被摘录到文集杂录之中,变为短小的诗歌摘选,并被重新安上"向神祷告"或是"描绘日出"等标题。[①] 口袋本和年历书的诗歌片段里也能见到这首诗的踪影。[②] 汤姆森的这部长诗一共有5500行,被反复翻印的只有某些特定诗节,读者很可能丧失对全诗的整体理解。《四季》中穿插有感伤的叙事片段,譬如慕茜陀拉(Musidora)的故事,或是帕莱蒙和拉维妮娅(Palemon and Lavinia)的爱情,这些简短的独立情节经过后来的再加工,获得了鲜明的特色,不仅《四季》里的插图多以此为主题,由《四季》衍生的大量瓷器、陶器和挂毯也以之为题

---

① 关于十八世纪诗歌的出版,参见 Sandro Jung, "Visual Interpretations, Print and Illustrations of Thomson's The Seasons, 1730–1797," *Eighteenth-Century Life* 34 (2010), 23–64。

② 关于《四季》在美国年历书中的翻印,参见 Louise Stevenson, "The Transatlantic Travels of James Thomson's The Seasons and Its Baggage of Material Culture, 1730–1870," *American Antiquarian Society* 116 (2006), 121–165, 125。

材,直到十八世纪末期。① 针法熟稔的年轻女士坐在客厅取乐,手里就会绣着拉维妮娅的故事。汤姆森虚构了几段乡村居民曲折坎坷的动人故事,用以阐发他对哲学与宗教的深沉思索,但他能否预料到,这些故事会被抽离而出,用于朗诵?虽然我们无法回答这个问题,但在庞杂的资政、经世与科学宏论中,能剥离出引人怜悯的片段,触发读者的感伤共鸣,《四季》的成功离不开这个因素。

诗歌在器物上的衍生有一个显著特征,它能取悦殊异的品味,满足不同的市场。为了追念第二任阿盖尔公爵约翰(1678—1743),公爵夫人给密友展示了一只金质题字鼻烟盒。在盒盖的内壁上,刻有《秋日》中的一段,是詹姆斯·汤姆森讴歌阿盖尔作战英勇的颂诗。作为一件私人定制、价格高昂的私密物品,阿盖尔的人生之秋,经由汤姆森对他威武果敢的讴歌,被定格在了这只特别的鼻烟盒上。它展现了一种存在于诗歌、物件与受众之间的,极私人的联系。

汤姆森诗歌并不只在精英圈层的器物上能看到,面向中层消费者的陶具和印花陶器,也是汤姆森诗歌的常见载体。② 随着转印技术的发明,陶壶和德比的素烧瓷都印上了帕莱蒙和拉维妮娅的诗节。③ 以这对恋人为原型制作的斯塔福德郡小塑像,呈现出质朴的田园风格。这样的物件延伸了阅读体验,既让人回忆起某个时刻,又令人想到整部作品,以及一同读书的同伴或时光。屋主们把这些

---

① 至于读者关注的重点如何从寓意深刻的四季描绘转移到了这些感伤情节,参见 Jung, "Visual Interpretations," 42–44。

② Stevenson, "Transatlantic Travels,"121–165。关于这一时期中等阶层家庭收藏高档陶瓷的情况,参见 Sarah Richards, *Eighteenth-Century Ceramics: Products for a Civilised Society* (Manchester: Manchester University Press, 1999), 104–126。

③ 有关帕莱蒙和拉维妮娅在转印陶瓷壶上的形象讨论,参见 Drakard, *Printed English Pottery*, 64; Frank Hurlbutt, *Old Derby Porcelain and Its Artist-Workmen* (London: Werner Laurie, 1925), 42。

第五章
家中的诗文

小物件摆在书架上,与好友们交谈时引出话题,在他们的回应中拉近彼此的距离,重温文学片段带来的愉悦。

从其被商品化的过程来看,拉维妮娅片段大受欢迎显得饶有趣味。这段插曲出现在《秋日》的开头,其后的诗行描述了辛勤劳作和由此带来的社会进步:

> 因此每种文明生活
> 被安排,得保护,受激励,井井有条,
> 铸就完满。浑然一体,
> 社会由此繁盛、崇高、文雅
> 还有幸福。(115-119)

几行之后,奢侈出现了,"她倾吐着闪闪发光的商品"。奢侈与奢侈品都是辛勤劳作的成果,但就像同时期数不胜数的说法所指出的那样,它们也表明了十八世纪肤浅娇弱的社会风气。[①] 商业繁荣的惠益以及由此引发的戒惧,这一棘手命题正是拉维妮娅故事发生的时代背景,而过渡到她的叙述,象征着都市精明世故向乡村品质德性的转变。拉维妮娅年轻美丽,她与守寡的可怜母亲相依为命,通过日复一日的劳作来维持生计。帕莱蒙是有钱的地主,他见到了田野里蓬头垢面的拉维妮娅,洞察到她高洁的内心,坠入爱河,让她们母女摆脱了一贫如洗的乡村生活。这是一个强调内在价值而非外在表象的故事。反对物质主义的片段,被转化成为商品,大肆销售。接下来我们还会看到,斯特恩和理查森的作品中类似的感伤片段,

---

① 参见 John Sekora, *Luxury: The Concept in Western Thought, Eden to Smollett* (Baltimore: Johns Hopkins University Press, 1977)。

也遭受了相同的待遇。

诗文与美德

如前文所示,家中用来朗读的文本常常充当文化教导与宗教训育的媒介。指南书里提供的指导意见,与文集中塑造女性品味和智性追求的尝试,非常类似。① 行为指南的作者们,不仅推荐闲暇时应读的书目,还具体指导该怎样读书。我们曾在第二章提过托马斯·吉斯博恩,他虽然不提倡年轻女性读小说,但他也宣称,如果能养成习惯,去阅读和背诵"足够的诗歌精选片段,不为在交际时引述卖弄,而是为了自身的提高",会令她们相当受益。② 增强判断之力,擢拔虔敬之心,促进高尚之德行,还能在病倒或老来之时聊作慰藉。③ 正如第一章曾提过的那样,当时人们对于朗诵术运动的看法存在些许矛盾:尽管女性需要掌握演说技巧,保持经常阅读的习惯,但背诵和朗读的主要目的,绝不应当是炫耀卖弄,而是智性与德行的自我精益。

讲话与思考的规矩还通过其他的女性休闲活动被不断强化,其中包括书写与刺绣。托马斯·戴奇(Thomas Dyche)的《英式发音指南》(*A Guide to the English Tongue*)极为畅销(1707—1800年间一共出了102版)。这本书"介绍如何轻松自然地念出常用词汇与正确姓名,其中需特别留意的口音已标明,从而避免难听的发音",书里收录了一系列的诗句,可以用来练习发音和书写。④ 有些

---

① 参见 Mary Weightman 的文集 *Poems on Various Subjects Selected to Enforce the Practice of Virtue*, ed. Thomas Tomkins (London, 1780), 1800 年之前有 8 个版本。

② Thomas Gisborne, *An Enquiry into the Duties of the Female Sex* (London 1797), 230–231.

③ Ibid., 232.

④ Thomas Dyche, *A Guide to the English Tongue: in Two Parts*, 2nd ed. (London, 1710).

第五章
家中的诗文

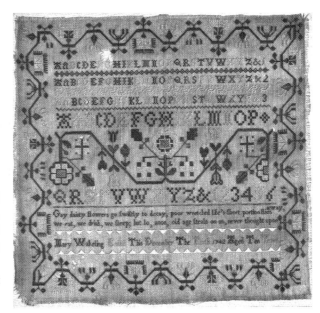

图 18 玛丽·韦克林的绣片，1742年，毛呢丝绣（维多利亚与艾尔伯特博物馆，394-1878；©Victoria and Albert Museum, London）

诗文还被年轻女士缝在了绣片上，进一步将正确生活的原则嵌入家庭活动之中。[①] 1742年，玛丽·韦克林（Mary Wakeling）十岁，她绣了一幅绣样，这本书里有这么几句被她缝在了上面："娇艳美丽的花朵容易衰败，苦难悲怆的人生过得很快，我们吃，我们喝，我们睡，然而呀，倏忽间，衰老已经悄然到来。"（图18）埃莉诺·斯皮德（Eleanor Speed）1784年5月完成了一幅绣品，绣片上方缝有这么一句："贮藏之重唯在内容，除此之外别无他求。"（图19）这类格言在很多文集里都能看到，像是《神圣、道德与历史格言集……有益于年轻人提升品味，纠正语音》（1712年版，1730年版，1752年版），或是《英文拼写指导》（1760）。十八世纪有不少读者，尤其是年轻姑娘，她们熟悉并运用诗文的方式之一，就是通过劝谕

[①] 有关绣样的精选，参见 Clare Browne and Jennifer Wearden, *Samplers from the Victoria and Albert Museum* (London: V&A Publications, 1999)。

以书会友
——十八世纪的书籍社交

图19　埃莉诺·斯皮德，1783—1784年，亚麻丝绣（维多利亚与艾尔伯特博物馆，T. 56-1948，©Victoria and Albert Museum, London）

文本再到针线活计的文本传播途径。

诗歌与德行的融合在手抄的诗文集里尤其明显。伊丽莎·沃纳（Eliza Warner）住在沃里克郡，她把自己创作的和别处抄来的诗歌收集到一起，她说："这本手稿送给我的侄女苏珊娜·克拉克（Susanna Clarke），以作留念。以下册页是从不同的资料里搜集而来，这才有了现在的形式，献给我的母亲，这些都是为她而做。"①

像马登和威尔逊的札记本一样，伊丽莎·沃纳的文集也是跨世代的，她为母亲誊写了她年轻时的诗作，继而又在晚年为侄女转抄了一份。开篇第一首诗将这部手札献给了

---

① Notebook containing poems, essays, sermons, and hymns written and collected together by Elizabeth Warner and dedicated to her mother, Warwickshire Record Office, CR4141/7/45.

第五章
家中的诗文

> 我年少懵懂时的导师,
> 她用虔敬和真理培育了我的智识,
> 她用母性的关爱来教导,
> 让我学会了言说、思考和行事之道。①

不出意料,文集里的诗歌大都与德行高尚的生活方式有关——《对〈诗篇〉第十九篇的改述》《读凯瑟琳·塔尔博特夫人有感》《路得和波阿斯的故事》。② 与这些篇章收录在一起的,还有"想法与思考",比如一本正经地训斥想赖床的家伙:"舒展地躺在懒惰的床上,也不去享受自然赋予早起之人的各种甜蜜,这侈靡简直荒唐。谁能拒绝加入自然的万象齐鸣。"③ 文集收尾之作让我们看到了沃纳所理解的文学价值:

《论出版》
> 这伟大的源泉,知识与喜悦从中流淌而出
> 但也常令人流下悲伤的泪珠。
> 角色在不经意间感人肺腑
> 欢乐或苦痛在不自觉中散布。
> 我们欣然追溯往昔
> 过往岁月在不同诗行中显形,
> 间或在平淡的韵文里回顾

---

① Notebook containing poems, essays, sermons, and hymns written and collected together by Elizabeth Warner and dedicated to her mother, Warwickshire Record Office, CR4141/7/45. fol. 1r.

② 凯瑟琳·塔尔博特(Catherine Talbot,1721—1770),蓝袜社成员,作品以宗教和道德主题居多。——译者注

③ Notebook containing poems, essays, sermons, and hymns written and collected together by Elizabeth Warner and dedicated to her mother, Warwickshire Record Office, CR4141/7/45. fol. 17.

> 古圣先贤，被拣选之人寥寥可数，
> 生为材杰，能唤醒人心，
> 成就伟业，开化人性。
> 唉！这眼泉水本该奔涌不息
> 却为邪恶与背叛所败坏！
> 沦为肮脏的沟渠
> 被腐蚀的智慧向着未来而流。
> 或许我能仔细选取更有水准的书籍
> 抚平激情，修补心灵。
> 又或者偶尔找些滑稽的报刊，
> 轻松愉悦地打发一段时间，
> 作者们，执笔责惩，
> 那些蠢事，鞭笞吧，但饶了其他常人。①

文集的汇编人很少这么清晰地披露自己日常阅读的宗旨。伊丽莎·沃纳的自编诗歌集是为了在家族的女性成员中传阅，以标榜德行，推荐阅读。②

消烦解忧

伊丽莎·沃纳谴责"错误的"阅读有害无益，还向读者散播"被

---

① Notebook containing poems, essays, sermons, and hymns written and collected together by Elizabeth Warner and dedicated to her mother, Warwickshire Record Office, CR4141/7/45. fol. 78.

② 札记本是女性展现自我的方式，有关这方面的讨论参见 Susan Stabile, "Female Curiosities: The Transatlantic Female Commonplace Book," in *Reading Women: Literacy, Authorship, and Culture in the Atlantic World, 1500–1800*, ed. Heidi Brayman Hackel and Catherine E. Kelly (Philadelphia: University of Pennsylvania Press, 2008), 217–244。

第五章
家中的诗文

腐蚀的智慧",抨击意味明显。她的诗歌集汇聚了那个年代常见于手稿、杂志和出版文集中的感伤派和宗教主题诗文。但有关诗文如何被阅读和使用,也还有其他的故事可讲。出版的诗集中最明显的一个特征,就是滑稽、即兴、诙谐的小诗蔚然成风,这些诗歌能招来笑声,而不是引发严肃的思考。为了展示乔纳森·斯威夫特多变的诗文风格,现代文学评论与作品选集往往摘引他巧妙的自传诗。然而,经过研究斯威夫特诗歌在文集歌本中的再版情况,我们发现,最受十八世纪读者偏爱的是那些常为我们忽略的、俏皮的小品诗歌。① 要考量诗歌的社交功用,幽默文集对于理解读什么与为什么读都至关重要。

从《欢快豪侠乐事集》(*The Merry Medley for Gay Gallants*,1755)到《费希尔伴你欢声笑语》(*Fisher's Cheerful Companion to Promote Laughter*,1800),五花八门的诙谐文类都被辑录到一处,这类书里通常搜罗了笑话(趣闻轶事的小文,里面有刺激的反转,突兀或机灵的回答)、谜语、俏皮诗歌、文字游戏以及乐曲。《开怀乐事》(*The Laughers Delights*)一书宣称,"无论何时都能让人大笑一刻,专门用来开怀、顺气和解忧,载欢载笑地打发夜晚时光。适用于所有人,尤其是那些要服用药物的人"。② 诗歌与其他打趣逗乐的文本一样,都能够驱散忧愁,提振心情,而诗歌在这一时期,与风靡的笑话书共同被用来凑趣,这是为我们所忽略的重要

---

① James Woolley, "Swift's Most Popular Poems" in *Reading Swift: Papers from the Sixth Münster Symposium on Jonathan Swift*, ed. Kirsten Juhas, Hermann J. Real, and Sandra Simon (Munich: Wilhelm Fink, 2013), 367–382.

② *The Laugher's Delight; or the Alive-and-Merry-Fellow, Containing, the True Art of Jesting* (London, 1765), 扉页。

应用场景。①

幽默文学通常假设,如果能给愁苦下一剂快活欢喜的猛药,它就能得到治愈。在整个十六、十七和十八世纪,都有数量可观的文献专注于社交欢愉的治愈功能,或如同十七世纪的忧郁理论大家罗伯特·伯顿(Robert Burton)所说:"在这病态(忧郁)中,没有比欢声笑语更好的陪伴。它始于悲伤(孟他努 [Montanus] 所言),必将止于欢悦。"② 这类幽默文学跨越了阶级与性别的界限。它介于口头文化与出版文化之间,既模仿着社交,又激发了更多的社交,而反过来,笑话、玩笑和诙谐诗也被抄进了手札和书信里,再度开始口耳相传。

按照十八世纪医师理查德·布莱克莫尔(Richard Blackmore)的定义,忧郁是"总想着同一组事物,脑海中常常留下悲伤、沮丧和恐惧的情绪";中世纪的生理学认为,这是体内存在大量干冷的胆汁所致。③ 只有当胆汁过多,与其他体液比例失衡,才成为一种疾病。④ 根据体液学说,解毒疗法能让四种体液重新恢复平衡。⑤

---

① 关于笑话书在十七世纪的作用,参见 Adam Smyth, "Divines into Dry Vines: Forms of Jesting in Early Modern England," in *Formal Matters: Reading the Forms of Early Modern Texts*, ed. Allison Deutermann and András Kiséry (Manchester: Manchester University Press, 2013), 56–72; 以及 Smyth, " 'Ha, ha, ha': Shakespeare and the Edge of Laughter," in *Staged Transgression*, ed. Rory Loughnane and Edel Semple (Palgrave Macmillan, 2013), 49–62。

② Robert Burton, *The Anatomy of Melancholy, What it is, With all the Kinds, Causes, Symptomes, Prognostickes, & Severall Cures of it ... By Democritus Junior*, 6th ed. (Oxford, 1651), 305. (孟他努,公元二世纪中期基督教会灵恩运动的先驱。——译者注)

③ Sir Richard Blackmore, *A Treatise of the Spleen and Vapours: or, Hypocondriacal and Hysterical Affections* (London, 1725), 164.

④ Johan Verberckmoes, *Laughter, Jestbooks, and Society in the Spanish Netherlands* (London: Macmillan, 1999), 60.

⑤ Ibid., 60-61.

如果是黑胆汁太多，则有必要调整生活方式。① 布莱克莫尔推荐了一些治疗办法，比如服用名字听起来骇人的催吐药、泻药，以及其他清洗法子。他还建议去"骑马、结交新朋友、换个环境，以及各式物件"。② 锻炼与开心是关键，室外散步、旅行、狩猎、球类运动、音乐和笑话这些都能达到效果。开怀大笑令人痊愈，因为人们觉得大笑能令心脏膨胀，从而制造出新鲜血液。③ 餐后的放松被认为特别有益，根据一本流行的荷兰养生小册子的说法：晚餐后"阅读令人高兴的史书并开启让人愉悦的对谈"，能振奋精神。④ 从十六世纪到十七世纪，用欢笑来治疗逐渐成为老生常谈，罗伯特·伯顿在他的《忧郁的解剖》（*The Anatomy of Melancholy*）里，系统分析了忧郁的病因与疗法，其中欢笑疗法是必不可少的一部分，而伯顿这本书最后给出的建议是，"不要形单影只，不要无所事事"。为了驱散忧郁，伯顿提倡各式各样的身心运动，从狩猎、垂钓，到写藏头诗、跳舞。开玩笑、说俏皮话、语笑喧阗构成了这幅休闲图景中的关键内容。有人觉得轻松愉快的活动有失身份，伯顿对此的回应是："时不时地（普鲁塔克语），最正直、诚实和勇敢的人士也会享用宴饮、插科打诨、摆弄玩物，就和我们吃肉要放调料一样。"⑤ 伯顿将他对这一问题的建议总结如下：

---

① 十八世纪的医学见解仍然强调血液的重要性：理查德·布莱克莫尔解释体液失衡是源于"缺乏大量丰富的优质血液"，Blackmore, *A Treatise of the Spleen*, 155。

② Blackmore, *A Treatise of the Spleen*, 174.

③ Verberckmoes, *Laughter, Jestbooks, and Society*, 62–63.

④ Heyman Iacobi, *Het Schat der armen, oft een medecijn boecxken dienstelijck voor alle menschen, inhoudende hoemen sijn ghesontheyt onderhouden sal* (Amsterdam, 1626), 7. 引自 Verberckmoes, *Laughter, Jestbooks, and Society*, 65。

⑤ Ibid., 303.

> 我要对你们说,每位忧郁的人士
>
> ……
>
> 多赴筵席,和朋友相处,不那么悲哀,
>
> 他们的欢声笑语也许能令你开怀。
>
> 利用可靠又纯洁的运动、风景、戏剧、游戏。①

伯顿的书写于十七世纪中期,但之后的年代里,仍有许多人相信欢笑的治愈力。蒂莫西·罗杰斯(Timothy Rogers)是十八世纪的一名大夫,他意识到忧郁有程度与范围的差异,对于轻微者,他建议,"不那么根深蒂固的[忧郁],……可以借酒浇愁,也可以利用社交消遣来驱散"。② 读者或编者是否真的相信书里那一套治疗郁结消沉的说法,我们其实很难知晓。但在十八世纪的读者之中,快活的诗歌与谜语集的确广为流传,而且读者们都很清楚这些段子能带来欢乐。这类文集的扉页画也大同小异,画中有一群人聚在酒馆,他们喝着潘趣酒,叼着烟斗,椅子被推到了后面,享受着这本书所带来的幽默氛围。③ 类似场景还反复出现在男性社交狂欢时所使用的陶壶、大酒杯和马克杯上。(图20)④

---

① Heyman Iacobi, *Het Schat der armen, oft een medecijn boecxken dienstelijck voor alle menschen, inhoudende hoemen sijn ghesontheyt onderhouden sal* (Amsterdam, 1626), 7. 引自 Verberckmoes, *Laughter, Jestbooks, and Society*, 305.

② Timothy Rogers, "Mr. Timothy Rogers Advices to the Relations and Friends of These under Religious Melancholy," in *Counsels and Comforts to Troubled Christians: In Eight Sermons by James Robe* (Glasgow, 1749), 276.

③ 关于文集里这类扉页画的使用,参见 Abigail Williams, "How to Read a Book: Eighteenth-Century Frontispieces and Popular Collections," *Anglistik* 25 (2014), 91–102, 99–100.

④ 有关酒碗、酒杯、酒壶上的图案,参见 Drakard, *Printed English Pottery*, 84–89.

第五章
家中的诗文

图20　饰有饮酒场景的酒碗，韦奇伍德，斯塔福德郡，1775年前后，铅釉陶器，黑色涂料与珐琅漆转印（维多利亚与艾尔伯特博物馆，C. 391-1923；©Victoria and Albert Museum, London）

文雅与粗俗

如果有人认为，谜语玩笑主要扎根于大众文化，那同样也有大量史料能证明，无论在英伦还是欧陆，贵族们也都喜欢并收集笑话。① 笑话书均价每册1先令左右，绝非市场上最廉价的出版物——廉价故事书一般才要价半个到1个便士。这类文集的定价、形式和宣传语（"字字珠玑""妙语连珠"）都表明，它们主要面向中上层的读者群体。② 前文已论述过，内容为幽默诗歌、讽刺文章和悬疑谜团的文集专门针对某类社会群体——从《快乐的歌者，或水手

---

① 幽默从大众转向精英的过程，参见 *A Cultural History of Humour: From Antiquity to the Present Day*, ed. Jan Bremmer and Herman Roodenburg (Cambridge: Polity, 1997) 一书的前言，第5页。

② 研究幽默的历史学家留意到，讲笑话的人社会形象一直在变动。中世纪之后，搜集滑稽段子，讲述幽默故事已经蔓延到社会各阶层，很明显，讲笑话甚至成了绅士圈内交谈技巧的一部分。参见 Derek Brewer, "Prose Jest-Books Mainly in the Sixteenth to Eighteenth Centuries in England," in *A Cultural History of Humour*, ed. Bremmer and Roodenburg, 90–111, 91–92。

的喜悦》(*The Jovial Songster; or, Sailor's Delight*, 1784),到《客厅娱乐,或楼上欢喜》(*Fun for the Parlour; or, All Merry Above Stairs*, 1771),扉页画里都有一组穿着考究的女士,娴静地围坐桌边,聆听其中一人读书。

《客厅娱乐》并没有特别粗野,但也不完全一本正经:主要戏谑了酩酊大醉、风流韵事、泼辣妻子还有不幸婚姻:

> 老调重弹
> 斯库拉老掉牙,
> 年轻时候牙齿好,口舌却也少不了;
> 没牙的斯库拉我们该说啥才好?
> 舌头太长,牙齿磨光。①

和面向纯男性酒局的文集相比,这本书已极尽文雅。《希拉里娅,或欢乐的甲板》(*Hilaria, or the Festive Board*)1798年面世,宣称"为作者出版",有人认为那是查尔斯·莫里斯船长(Captain Charles Morris)。这本书(非常极端地)代表了十八世纪这类饮酒歌、笑话书和打趣歌杂集。书的题词从弥尔顿到贺拉斯,皆指向阿那克利翁式古典风格激发的饮酒诗歌,而在前言中,编书人努力矫饰着正派的体面,引用了来自弥尔顿、萨缪尔·约翰逊、所罗门和罗伯特·伯恩斯的文字,介绍一卷汇聚了黄色段子和讥讽杂文的合集。《欢乐的甲板》其实是一本下流段子大杂烩。书里有些内容要么能引发哄堂大笑,要么会惹起众怒:反爱尔兰人歌曲、政治讽刺文章、关于割礼与阴毛的诗作、无数讥笑失败性交的诗文,还有可怜

---

① *Fun for the Parlour; or, All Merry Above Stairs* (London, 1771), 84.

第五章
家中的诗文

的女高音马拉夫人（Madam Mara），也在这本书里被嘲弄：

> 著名的音乐会为了把亨德尔纪念，
> 那里无拘无束，我大声歌唱，
> 当国民的升调降调把音调改变
> 都与国王汇集一场。
> 马拉夫人（现在注意接下来会发生什么）
> 她开始了动人的唱腔；
> 莫摩斯戏弄了阿波罗，
> 这位迷人的女士从此把脚跟站稳。①

  书里不少诗歌都附有曲调，虽然并不清楚它们是否会真的被唱出来。这本文集是为了公共朗读所设计，设想的场景是，有一群男人，要么在一个粗陋的类似重唱和轮唱俱乐部，要么在家中或酒馆，凑在一处喝着潘趣酒。这本书以及其他文集（像《笑与胖》[*Laugh and Be Fat*]）提醒我们，王政复辟时期放荡不羁的社会文化，在更文雅的十八世纪也依然昌盛。笑话书受追捧与交谈时维持优雅，二者并行不悖。

  十八世纪的笑话谜语常常挑战着现代的敏感边界。笑话书里有很多老套的类型和情景——戴绿帽子的丈夫、威尔士人、盲女人、骂街泼妇、天生蠢货。然而这些笑话被当时无数人津津乐道，他们誊抄下这些段子，热切地向他人复述，就像西拉斯·内维尔与他的伙伴们所做的那样。包容与排斥是十八世纪幽默文化的核心。成熟的讽刺套路确认了一种规范，某一个群体能一起嘲笑群体以

---

① "The Flats and Sharps of the Nation," in *Hilaria; or, the Festive Board* (London, 1798), 25.

外的其他人的特点与不幸。笑话书是否普遍有厌女倾向呢？① 的确如此，但女性也参与其中。《客厅娱乐》专门面向文雅的女读者，内里都是丈夫憎恶悍妇，丈夫庆幸妻亡，还有婚姻中丈夫遭遇的不幸等等。虽然也有嘲讽酗酒大醉的段子，但贬斥丈夫的玩笑明显少得多。在这里，女士们与那些厌烦其他女性的男士一起哄堂大笑，并且也嘲笑他们，难以确定她们是怎样确定排斥对象的。讥笑他者的笑话非常流行，这反映了笑声与社会乐趣之间的复杂关联。玩笑书里大部分的笑料，说是能驱散忧愁，其实都在嘲讽他人的不幸。戏谑之时，所有笑出声的人之间的社会纽带得到确认，而排斥和嘲弄那些受害者，也助长了敌对与仇外情绪。② 最近有研究表明，笑话书还只是十八世纪嘲弄与残忍文学的表象之一，而在以往的观念里，仁爱与情感才是当时的主调，二者实难协调。③ 我们现在知道，有关残疾、性暴力、畸形和穷困的笑话在当时的幽默文学中比比皆是，男女咸宜，从它们1—3先令的售价来看，也只有可支配收入较多的人士才负担得起。戏谑与玩笑能带来欢乐，增进社交场上的凝聚力——但这些笑话往往基于排斥，而当时人们认为，这类排斥会导致忧郁。难怪罗伯特·伯顿在书里对开玩笑抱有双重态度：玩

---

① 参见 Tim Reinke-Williams, "Misogyny, Jest-Books, and Male Youth Culture in Seventeenth-Century England," *Gender and History* 21 (2009), 324–339。

② 参见 Stanley J. Kahrl, "The Medieval Origins of the Sixteenth-Century English Jest-Books," *Studies in the Renaissance* 13 (1966), 166–183; F. Wilson, "The English Jest-Books of the Sixteenth and Early Seventeenth Centuries," in *Shakespearian and Other Studies*, ed. Helen Gardner (Oxford: Clarendon, 1969), 285–324; Derek Brewer, "Prose Jest-Books Mainly in the Sixteenth to Eighteenth Centuries in England," 90–111。

③ Simon Dickie, "Hilarity and Pitilessness in the Mid-Eighteenth Century: English Jestbook Humor," *Eighteenth-Century Studies* 37 (2003), 1–22, 5。

第五章
家中的诗文

笑既能产生乐趣,也能以"讥嘲和中伤"伤害到被嘲弄的对象。①

分享乐趣

要把握诙谐诗歌、笑话谜语在社交网络中发挥的作用,我们可以从个体读者的材料着手。沃里克郡档案局保存了一批十八世纪三十年代的信件,展现了四位教养良好的年轻女士在青春期后期的书信交流,她们是:凯瑟琳·科林伍德(Catherine Collingwood)、玛丽·彭达维斯(Mary Pendarves)、安妮·弗农(Anne Vernon)和玛格丽特·卡文迪什(Margaret Cavendish)。玛丽·彭达维斯后来成了蓝袜社的玛丽·德拉尼,玛格丽特·卡文迪什做了波特兰公爵夫人,她是十八世纪最负盛名的古董藏家之一。凯瑟琳·科林伍德在日后成了思罗克莫顿夫人(Lady Throckmorton),而安妮·弗农,嫁入了格兰维尔(Granville)家族,也是一位豪门女主人。在信件所展示的人生阶段中,她们的生活全是镇上八卦与社会交往。通读来往书信,很快就能发现,信件都遵循着同一种模式:先赞美收信人一番,接着责怪为何没有更早写信,再汇报一番彼此都认识的熟人近况。信的最后,她们会讨论阅读,并常常交换某些谜语,轻松又押韵的笑话巩固了小团体的友谊。她们之间传阅的游戏类似于字谜——警句隽语、离合诗、象征符号,以及好友名字的变体——正是伯顿为预防或治疗忧郁所开出的药方。② 它们是一种口头消遣,

---

① 正如玛丽·安妮·伦德(Mary Anne Lund)提出的,双重视角正是伯顿读书方法的特征:"疗愈式与危害性读书间的张力并不是持续存在的,偶尔评价几句读书令人不安,或是毒害身心,都无法否认读书是一项治愈活动,尽管这些看法确实动摇了这一点。"Mary Ann Lund, *Melancholy, Medicine, and Religion in Early Modern England: Reading "The Anatomy of Melancholy"* (Cambridge: Cambridge University Press, 2010), 98.

② Burton, *Anatomy of Melancholy*, 285.

是社交货币,也被视作重要的欢乐源泉。1734年8月27日,安妮·弗农写信给凯瑟琳·科林伍德:"自我上回开心地见到你之后,我长胖了点,希望你也能丰盈起来,我的法子是大笑,因为我们这儿有一位幽默风趣的男士,哈考特小姐总是捉弄他,如果你知道些什么把戏一定写信告诉我,其他小谜语或者字谜也行。"①

还有其他书信让我们看到,笑话如何在更广范围中散播。玛格丽特·波特兰在1733年9月16日给凯瑟琳·科林伍德写信,信里说道:"我同样给你寄了一本生僻字字典,等我前去拜访时,希望你能与那位绅士交谈,听说他要迎娶斯潘塞小姐。别把它收起来了,我还要拿回来。再会,我亲爱的'凯莉花'。"② 一年之后,波特兰在9月16日再次去信写道:"我觉得寄给你的颂歌实在太傻了,不过待我见到你时,我要给你看那些与你提过的,非常优美的诗歌,如果你喜欢,可以抄下来,它们不是俱乐部的作品,而是诗意之仆所作。我解开了你的谜语,惊艳了不少人,我回赠你一个,你可以拿去给风趣者。"③ 波特兰的信件通常带有一些密码。朋友之间的秘密有了以花草为名的暗号,每人都被安上了代号:有荨麻、玫瑰,还有一位"亲爱的威廉"。1734年10月20日的一封信如此结尾:

> 我收到了风趣者的来信,你没有写信给她让她很生气,她寄给我一个谜语,我希望你能尽快替我解开。

---

① Anne Vernon to Catherine Collingwood, 27 August 1734, Letters written to Catherine Collingwood, Warwickshire County Record Office, Throckmorton papers, Tribune, CR 1998/CD/Folder 49.

② Margaret Portland to Catherine Collingwood, 16 September 1733, WRO, Throckmorton papers, Tribune, CR 1998/CD/Folder 49.

③ Margaret Portland to Catherine Collingwood, 16 September 1734, WRO, Throckmorton papers, Tribune, CR 1998/CD/Folder 49.

第五章
家中的诗文

> 如果一段花边宽不过指甲,
> 为了适口的麦酒旅人要去哪儿,
> 日头正高牧羊人何处小憩,
> 就是我们一见钟情的那位女士。①

这批信件表明,四位女士都急切地想收到这类谜语,再向其他人转述,这些玩笑两度取悦于人,首先是最初的收信人,然后再由她用以取悦其他朋友和宾客。

还有其他女性圈子也同样热衷于交换谜语和带韵脚的文字游戏。伊丽莎白·蒂勒尔是基尤的一位家庭主妇,她嫁给了当地的市政官。平日里,她与孩子们的功夫都花在了拜访做客与外出旅行之上;她记录下用谜语打发的夜晚:"乔治去费希尔斯夫人家喝茶,欣赏一位年轻女士的表演和歌唱——亨肖夫人带来了她的字谜书,让我们消遣了一晚上——十一点之后不久,乔治就回来了,对这次拜访非常满意。"② 社会地位更高的哈考特伯爵夫人伊丽莎白,在她牛津郡的努内汉姆科特尼的大宅中,曾用一个游戏令宾主尽欢。这个游戏被她记在了手札本里:

> 1799年流行一种智力游戏,人们相互之间给出一些词,然后将它们写进短诗里,其中有些展示给了努内汉姆协会的成员,他们同意采用相同的方式取乐,早上他们分开前,给出了

---

① Margaret Portland to Catherine Collingwood, 20 October 1734, WRO, Throckmorton papers, Tribune, CR 1998/CD/Folder 49.

② Diary entry 26 March 1809, Diaries of Elizabeth Tyrrell, 1769–1835, and her daughter Elizabeth, London Metropolitan Archives, GB 0074 CLC/510.

下面这些词语。①

哈考特夫人接着列出了不同成员给出的词语。她的朋友布鲁克·布思比（Brook Boothby）贡献了寡淡乏味的"绝妙"与"何时"；汉考克夫人拟了"罗宾"与"朴实"，以及（显然野心最大的）哈考特夫人抛出了"颤动"与"深奥"。一天结束之时，这群朋友聚在一起，相互展示运用这些词语炮制的作品。

对这类看起来微小的乐趣，要理解它们的吸引力，必须考虑到当时女性普遍处于闲居与孤立的状态。无数时评都详细阐述了女性无所事事与无聊乏味导致的后果，这与中上层女眷的闲暇时光增多有关。② 在《闲人》第 80 篇里，萨缪尔·约翰逊描写了向往市镇生活的时髦女郎："她们已经见识过大都市的挤攘与喧哗，回城的愿望不过是空虚心灵的躁动不安，与其说是愿望的指引，不如说是被厌恶所驱赶，他们更乐意离开乡村，而不是为了去看看市镇。"③

十八世纪晚期行为指南的写手们为女性的倦怠感开出了阅读（正确阅读）的药方。托马斯·吉斯博恩认为，对于乡绅之女来说，"客厅里不会总有访客；牌桌上不是总能坐满；郡里的市镇每个月只开一次舞会"。面对令人如此沮丧的社交氛围，年轻女士应当利用家庭娱乐的资源："与家人聊天，做针线活，读一本书，即便不是小说也行，总而言之，随便什么消遣都好过无所事事的冗长时

---

① MSS Verses of Elizabeth Countess of Harcourt, 1750–1804, Bodleian Library Mss Eng. D. 3887, fol. 168.

② Sarah Jordan, *The Anxieties of Idleness: Idleness in Eighteenth-Century British Literature and Culture* (London: Associated University Presses, 2003), 84–122. Diane Buie, "Melancholy and the Idle Lifestyle in the Eighteenth Century"（博士论文，Northumbria University, 2010), 86–97。

③ Samuel Johnson, *The Idler* 80, 27 October 1759, in *The Idler and The Adventurer*, ed. W. J. Bate, J. M. Bullitt, and L. F. Powell (New Haven: Yale University Press, 1963), 250.

第五章
家中的诗文

光。"① 波特兰公爵夫人与密友的通信来往能让我们隐约窥得乡村隐居的乏味生活。1734 年 5 月 24 日,安妮·弗农在牛津郡给凯瑟琳·科林伍德写信:"我希望伦敦比科克索普(Cockthrop)要好,现在这里又冷又湿,和圣诞时一样,除了读书读到眼珠脱落,什么也干不了。"② 在下一封同样从乡村居所寄出的信里,她接着抱怨道:"别以为我不明白伦敦的亲朋好友们意味着什么,别那么残忍,但我吹嘘自己独处的快乐,与其说有什么巨大的愉悦,还不如说是有益于我的哲思,其实任何事物形单影只都难讨人欢喜;你让我开心了许多。"但她也推崇乡间独居的惬意:"我宁愿你也能体会隐居乡野的生活,如果能来与我为邻就更好,乡间生活带给我的乐趣如此之多,让我为所有未尝其滋味或无缘领略的朋友感到遗憾,因为我相信,这与其他意向一样,只要看到它的合理之处,就会越来越喜欢。"③

弗农对乡村生活的态度是,因其无聊而鄙视,因能哲思而赞美。她与朋友之间分享笑话与游戏,形成了一个风趣的圈子——在书信上——那是点亮乡间生活的方式之一。显然,赋闲在孤零零的乡间大宅中百无聊赖,只在社会阶层较高的群体中才会发生,但是,女性缺乏外部工作经历,同时又需要利用起个人时间,这是文雅娱乐出版物大幅激增的原因之一。我们能看到,自十八世纪中期以来,口袋版的书籍愈加风靡,谜题、谜语都被视为文雅女性的必备。《淑女期刊》的常设栏目里就有"猜谜列表"一项,里面是字谜游戏和趣闻轶事,以供年轻的文雅女性打发时间。

---

① Gisborne, *An Enquiry into the Duties of the Female Sex*, 216.

② Anna Vernon to Margaret Portland, 24 May 1734, WRO, Throckmorton papers, Tribune, CR 1998/CD/Folder 49.

③ Anna Vernon to Margaret Portland, 17 June 1736, 1 August 1737, WRO, Throckmorton papers, Tribune, CR 1998/CD/Folder 49.

这一章所描述的内容揭示了诗歌在人与人之间传播的一些方式，比如借用、改写、取乐和借以表达感伤。很多经久不衰的诗文，作者在构思时就已经默认，它将构成演说者与他人之间交流的一部分——书信体诗歌、贺拉斯式的颂歌、诙谐幽默的对话体，都被内置了社交形态。但正如前文例证所示，任何内容都可以被拿来分享。制作札记的传统让我们洞察到，读者如何将看过的内容进行个性化处理，他们将业余自创的文学内容与摘选自即时出版物的片段并置一处。在普通读者的笔记里，我们看到了剪藏中蕴含的创造力，以及对所谓著作权的公然漠视。在文集和演说合集内，我们发现出版物与手抄本之间的循环关系，出版书籍模仿了札记手稿的形态，又被读者重新摘选到手札之中。无论印刷还是手抄载体，轻松的文学形式都更具吸引力——数以百计的谜语和金句，被越来越有闲的阶层用以自娱自乐。通过阅读达成自我提升的愿望与对诙谐、风趣和低俗段子的渴望，可谓是携手并进。

第六章
戏剧与朗诵

> 因为整个冬季的夜晚,我们都有充足时间在房里做任何有益之事,保姆(贝蒂)与我表演了禁忌的戏剧,还尝试了能让这漫漫长夜过得愉悦一些的其他活动。
> ——玛丽·克拉克致爱德华·克拉克,1700 年 4 月①

十八世纪的读者对戏剧的热切之心大约同我们当下读小说的心态差不多。为剧场设计的文本被迅速转移到家庭场景,从而拥有了不同经历——被默读、被改编成叙事、被朗诵,或是变成了业余表演。十八世纪末,演说朗诵的风尚与家庭演出的兴起,都塑造了人们对业余戏剧和朗诵演讲的观感。读书、朗诵和表演之间界限分明,而这又关系着合宜得体的基本问题。

演还是不演

在简·奥斯丁的《曼斯菲尔德庄园》(*Mansfield Park*)里,伯特伦一家私下排演了《山盟海誓》(*Lover's Vow*)。这段情节可能是

---

① Mary Clarke to Edward Clarke, April 1700, in "Correspondence of Edward Clarke of Chipley," transcribed by Bridget Clarke. Correspondence to Edward from wife Mary, 1675–1704, Somerset Heritage Centre, DD\SF/7/13.

这一时期家庭戏剧表演在小说之中最著名的例证：

> 他向剧场走去，正好在他父亲和他的朋友第一次遇见时到达那里。托马斯爵士发现他屋里还点着蜡烛，相当吃惊，顿时把目光投向周围，看到了最近还有人待在这儿的其他迹象，以及家具一片混乱的情景。特别引起他注意的是书柜已从弹子房门口移开，但他还没来得及对这一切感到惊异，又听到了弹子房中传出的声音——有人正在那儿用响亮的嗓音讲话，他不熟悉这声音，只觉得它很响，跟呐喊似的。于是他向门口走去，幸好屋子已经打通，他拉开门，便发现自己已到了舞台上，面对着一个大喊大叫的年轻人，还差点给他撞倒。①

以上片段描述的是托马斯·伯特伦爵士回到家，发现家人正兴致勃勃排演戏剧，他既惊愕又不赞同。奥斯丁小说里的这一刻令许多现代读者困惑不解，那是脱离历史语境的例子。一代又一代的读者都想知道，在家表演究竟错在何处。他们把这件事解读为托马斯爵士专制霸道的证据，或是奥斯丁为了凸显这部作品的欺骗主题。② 然而，如果将这一场景置于十八世纪的家庭文化当中，我们就会发现，它工整分隔出了这一时代对朗诵与表演的道德区别。为了打消埃德蒙·伯特伦对排演《山盟海誓》的迟疑，汤姆·伯特伦早些时候提醒了那些想当演员的人，父亲一直鼓励在家朗诵："并且对戏

---

① Jane Austen, *Mansfield Park*, ed. John Wiltshire (Cambridge: Cambridge University Press, 2005), 213.（整段小说译文出自：简·奥斯丁:《曼斯菲尔德庄园》，项星耀译，上海译文出版社，2008年，第171—172页。——译者注）

② 有关这段情节的讨论，以及这部小说里更多的阅读情节，参见 Patricia Michaelson, *Speaking Volumes: Women, Reading, and Speech in the Age of Austen* (Stanford: Stanford University Press, 2002), 127–134。

第六章
戏剧与朗诵

剧表演、演讲、朗诵这类事，我认为他一向很有兴趣。相信他会鼓励他的孩子这么做。我们曾多次对着尤利乌斯·恺撒的尸体痛哭，曾为'生存还是毁灭'伤心，不就是在这间屋里，他也看得津津有味吗？① 汤姆动情回忆起家人曾朗读的著名戏剧片段，提到了《哈姆雷特》，以及约翰·霍姆（John Home）广受欢迎的悲剧白体诗《道格拉斯》（*Douglas*）里的台词。但是，汤姆把"戏剧表演、演讲、朗诵"放在一起，很不老实地将私人表演与朗诵混为一谈，前者他父亲绝不会赞同，而后者却为社会普遍接受。②

他的父亲以及其他许多人都不会对这个问题犯糊涂。我们将在下文中看到，十八世纪后期，业余戏剧表演成为精英圈层的风尚，由此引发了影响深远的道德争议。但对十八世纪的中层家庭而言，在家朗读戏剧或戏剧选段，都完全无可指摘，甚至是道德上的进步。汤姆提到的台词很可能出自十八世纪晚期最畅销的朗诵文集——威廉·恩菲尔德的《演说者》（1774）。③ 恩菲尔德是一位一神论牧师，在沃灵顿（Warrington）异议者学院教授文学。他的书旨在让弟子们学会"公正而优雅的朗诵"。和同时期不少同类文集一样，《演说者》结合了道德提升与社交进步。④ 书里有超过140篇长短不一的选段，既包括叙事、说教与论争文章，又收录了演讲稿、长篇大论、对话以及描述性文字与悲情的片段。⑤ 这本文集选

---

① Austen, *Mansfield Park*, 149.（小说译文参考奥斯丁：《曼斯菲尔德庄园》，第120页，略有改动。——译者注）

② 不赞同态度可能还与耶茨先生的在场有关，他不是家庭成员，但也参与了表演。在范妮·伯尼的《流浪者》中，也有一例类似的家庭戏剧情节。

③ 参见 Margaret Weedon, "Jane Austen and William Enfield's *The Speaker*," *Journal for Eighteenth-Century Studies* 11 (1988), 159–162.

④ William Enfield, *The Speaker; or, Miscellaneous Pieces, Selected from the Best English Writers, and Disposed Under Proper Heads* (London, 1774), iii.

⑤ Weedon, "Jane Austen and William Enfield's *The Speaker*," 159–162.

取了文学杂志、个人作品与畅销文集中的内容——直到十九世纪中期，它都被不断再版、剽窃和盗用。恩菲尔德给文集写了一篇以演说为主题的长序。他在序言里提出，读者不应只在社交显摆时才运用演说技巧，而是要运用到公共生活中。① 但正如汤姆所回忆的那样，这部文集也常常供家庭娱乐使用，在他的例子中，是在圣诞节，在这个长期以来都让人联想到"嬉闹"的假期里被用到。

恩菲尔德没有以出名的演说者作为榜样，而其他同类文集却拼命利用名人效应。《谢里登与亨德森：读英文诗的实用方法》这本书我们在前文已经提过，它出版于1796年，距离朗诵术运动的高峰期已过去二十年。该书自称是"对恩菲尔德博士的《演说者》的必要介绍"，并提供了循序渐进提高朗读技巧的实用建议。在序言中，编者哀叹"学究气的枯燥方法"，并解释说，他的方法是聆听名人演说而总结的经验，"有些演说大师在讲演时制造了极大的愉悦"。② 这里的大师包括演员约翰·亨德森，他素有"巴斯的罗斯克乌斯"之称，还有身兼演员、剧作家的朗诵术大师托马斯·谢里登，这两位都享有导师和舞台演员的声望。书的编者自称，他有特殊渠道能接近这些人物，并且吹嘘说，书里不少选段都是"我听到他们在公开演说和社交作乐时朗读或背诵的"。③ 按编者的说法，亨德森先生"私下"朗读过戴维·马利特（David Mallet）的《威廉与玛格丽特》，自己当时就在现场观赏。④ 书里指导读者们还原谢里登

---

① William Enfield, "An Essay on Elocution," prefixed to *The Speaker; or, Miscellaneous Pieces, Selected from the Best English Writers, and Disposed Under Proper Heads* (London, 1774), iii–xxviii, xxviii.

② *Sheridan's and Henderson's Practical Method of Reading and Reciting English Poetry* (London, 1796), v and vii.

③ Ibid.

④ Ibid., 42.

与亨德森的现场。下面一段是哈姆雷特向鬼魂的喊话，模仿了谢里登的演绎——插入语是编者给出的建议：

天使保佑我们！

用低沉、庄重、敬畏的嗓音，如同不断重复的祷告。然后稍作停顿，略微提高嗓音，继续保持着极庄重的**语调**和**风格：**

不管你是一个善良的灵魂或是万恶的妖魔，
不管你带来了天上的和风或是地狱中的罡风，
不管你的来意好坏，
因为你的形态是这样**引人怀疑**，
我要对你说话。

所有台词都注意保持前面提到的庄严感，**怀疑**这个词要着重强调，一种**情感的迸发**，如同有了足够自信，能合情合理地询问那鬼魂。

我要叫你哈姆雷特，
君王、父亲、尊敬的丹麦先王：

谢里登先生在此处停顿良久，像在等一个回答，继而迸发出一声惊叹——

啊，回答我！
不要让我在无知的蒙昧里**抱恨终天；**

"抱恨终天"——他总会尤其突出。①

一边阐释一边凭记忆重现,两相结合,一份演绎莎士比亚的历史样本,就这般迷人地呈现在我们眼前。剧场表演与家庭演绎的密切联系也被展示出来。一方面,我们业已知晓,家庭内部的朗诵全然不同于在家全套装扮地表演,后者在道德上尤为可疑,而读者们也被劝阻,不要去模仿公共舞台上的"虚伪"。但另一方面,传授朗读技巧的指南书籍往往将自身与时下戏剧和名角的关联当成卖点。《谢里登与亨德森》指南的副标题是"读英文诗的实用方法",但书中选择的篇章却不是诗歌,而大多来自戏剧。莎士比亚的戏剧被裁剪成片段,以迎合单独朗诵的需要,比如《奥赛罗致歉元老院》《人生七刻》,还有《哈姆雷特向君父亡魂的喊话》。编书人为每一篇都给出了详尽的指导建议,帮读者解决实际的读书障碍。例如:"jocund"如何恰当发音?(就像拼写成"joccund"那样读出来。)②《皆大欢喜》里"人生七刻"的演讲,"sans"应该用法音还是英音?(答案:英音。)③

有别于剧场演出,在家朗读戏剧选段挑战重重。如果由某一个人通读整段戏,应当如何在不同角色之间切换?吉尔伯特·奥斯汀(Gilbert Austin)在《手势》(*Chironomia*)里阐述了应当避免的行为:"这样朗读戏剧 [仅限于私人和家庭场合],读到角色的台词前,将角色名字用一种干巴巴的嗓音念出来,但这是权宜之计,有点笨拙,若不是为了避免混淆,不应使用 [……] 有品位、有判断之人,

---

① *Sheridan's and Henderson's Practical Method of Reading and Reciting English Poetry* (London, 1796), v and vii. 14-15. (这段哈姆雷特的译文来自朱生豪《哈姆雷特》译本。——译者注)

② Ibid., 4.

③ Ibid., 14.

第六章
戏剧与朗诵

会知道何时可卸下这一累赘,何时应当屈从。"① 对戏剧角色的模仿究竟应该到什么程度,这也是一个问题——按约翰·赖斯(John Rice)所言,不可入戏过深。赖斯在他的《情感充沛与做派得宜之阅读技巧指南》(*An Introduction to the Art of Reading with Energy and Propriety*, 1765)里提到:"朗读者不用为了读理查三世而装驼背,也不用为了约翰·福斯塔夫先生戴上肚腩,都不要,他不用将手举起伸向远方,不用化妆,不用大笑或大哭,他实在不必采取任何举动,让听众误以为他从戏剧中走来。"②

莎士比亚与家庭

这位斯特拉特福德作家③的作品进入家宅之后发生的故事说明,名誉、家庭生活以及道德感在朗读戏剧过程中相互交缠的方式,总能出人意料。随着十八世纪的推进,莎士比亚在国民诗人的宝座上愈加稳如泰山。在十七世纪六十年代和七十年代,莎士比亚尚且被拿来与琼森、博蒙特(Beaumont)以及弗莱彻相较优劣,但一百年之后,他已超凡卓绝,难有匹敌。莎士比亚的周年庆典,威斯敏斯特教堂里的纪念像,还有莎士比亚淑女俱乐部,通通能证明,他已深植于国民意识之中。④ 莎士比亚本人及其笔下人物,包括奥菲莉亚、克莉奥佩特拉、福斯塔夫,都被制成陶像,用作家

---

① Gilbert Austin, *Chironomia; or, a Treatise on Rhetorical Delivery* (London, 1806), 202.
② John Rice, *An Introduction to the Art of Reading with Energy and Propriety* (London, 1765), 291.
③ 代指莎士比亚。——译者注
④ 参见 Michael Dobson, *The Making of the National Poet: Shakespeare, Adaptation and Authorship, 1660–1769* (Oxford: Oxford University Press, 1994); Fiona Ritchie and Peter Sabor, eds., *Shakespeare in the Eighteenth Century* (Cambridge: Cambridge University Press, 2012)。

居装饰。① 陶瓷制的莎士比亚像总是斜靠在自己的作品上。十八世纪五十年代到六十年代中期,德比的工坊一共烧制了三版莎士比亚陶像,它们通常与约翰·弥尔顿的陶像搭配售卖(这是常见的组合,在利物浦瓷中也能看到)(图21)。② 它们有陶像与德比瓷两种。陶像仿制了"诗人角"里的莎士比亚形象,原版雕像上的拉丁文被替换成《暴风雨》(The Tempest)里的台词。③ 莎士比亚的手指向一幅卷轴,上面镌刻着有些扭曲的第四幕中普洛斯彼罗的

图21　约翰·弥尔顿与威廉·莎士比亚的瓷像,产地英格兰,1765年(维多利亚与艾尔伯特博物馆,S.76-1988, 91-1870; © Victoria and Albert Museum, London)

---

① Pat Halfpenny, *English Earthenware Figures, 1740–1840* (Woodbridge: Antique Collectors Club, 1991), 181, 143, 148, 177, 178, 166, 179, 188, 190.

② Bernard M. Watney, *Liverpool Porcelain of the Eighteenth Century* (Shepton Beauchamp: Richard Dennis, 1997), 118–119.

③ 人物形象的直接来源很可能是伦敦约翰·谢里(John Cheere)贩售的缩减尺寸的石膏像(http://collections.vam.ac.uk/item/O108792/figurine-derby-porcelain-factory)。

第六章
戏剧与朗诵

台词：

> 入云的楼阁，瑰伟的宫殿，
> 庄严的庙堂，甚至地球自身，
> 以及地球上所有的一切，都将同样消散；
> 就像这一场幻景，
> 连一点云烟的影子都不曾留下。①

这位年迈的米兰统治者的话总被当成莎士比亚关于想象力的自述，于是，塑像不仅体现了历史人物与戏剧文本，还令莎士比亚成为英格兰想象写作的伟大代表，让人铭记于心。

除了以器物承载对莎士比亚的公共崇拜外，这个时代还见证了莎士比亚戏剧出版的勃兴。一方面，莎翁戏剧的学术考证本大批涌现，像是埃德蒙·马隆（Edmund Malone）、刘易斯·西奥博尔德（Lewis Theobald）以及亚历山大·蒲柏，他们争先恐后、一丝不苟地注释和校订着原文，努力地合并着对开本与四开本，只为了重现文本的原汁原味。但与此同时，也出现了许多令莎翁戏剧变得易于"表演"的版本，古旧的莎士比亚对开本被重新改装，以满足那些惯于通过易得又时新的书籍去阅读戏剧的读者。为了取悦非专业读者而重新包装莎士比亚，这在十八世纪早期就已经开始了。1709年，雅各布·汤森（Jacob Tonson）出版了一系列莎士比亚戏剧的八开本与十二开本，由剧作家尼古拉斯·罗（Nicholas Rowe）编订。这些开本仅仅面向一少部分阅读群体——定价不菲，30先令一套，是一笔需要认真权衡的投入。它们不再是对开本，而是成了更小巧

---

① 译文来自《暴风雨》朱生豪译本。——译者注

便携的八开本，注脚被尽可能压缩，并且通过编订，更贴近时新戏剧。① 在诸多变动之中，罗增改了舞台说明（尤其是出场和退场），以此来帮助读者构想角色的表演，也许最明显的变化是，近半戏剧都被他划分了幕和场。另外，这版戏剧文集主打的特色，在于新增了40幅莎士比亚戏剧场景的版画，描绘了戏服、布景，还有十八世纪早期的舞台技巧。有意思的是，并非所有配了插画的戏剧都是公演过或正在上演的剧目。虽然汤森相信，常上剧场的戏迷们会因为看过戏而购买《奥赛罗》《温莎的风流娘儿们》或《尤利乌斯·恺撒》，但是还有其他戏剧的书籍销路可能会受阻，比如《皆大欢喜》或《错误的喜剧》，一个世纪以来都未曾公演过。要为这些从没被搬上舞台的戏剧创造读者群，办法之一就是通过编辑和插画，营造出它们似乎也被同时代人观赏的错觉，通过想象演出中的场景，这些籍籍无名的戏剧也变得和出名的剧目一样值得出版。② 于是，汤森－罗版本的早期读者们，可以坐在家里遥想《冬天的故事》演出时的辉煌场面，然而事实上，这部戏已经有几十年没上过舞台。这种家庭版的莎士比亚戏剧营造出了一种并不存在的剧场现实。

尽管汤森版已轻巧了不少，但仍然价格高、受众少。莎士比亚的真正普及，得等他的作品变得更廉价才行。③ 60年之后，莎士比亚家庭化的进程发生了最重要的一次变革，那是1773—1774年，《贝尔版伦敦皇家剧院热映莎士比亚戏剧，根据每场台词编

---

① 编辑尼古拉斯·罗对莎士比亚的文字进行了规范化和现代化的修订，为30多部原本没有剧中人物列表的戏剧增添了角色清单，还调整并完善了原有的戏剧角色清单。他在每份剧中人物的列表后都增添了注解，描述人物表演开始的场景，而且在多半戏剧中，罗还在每场开头，注明了那场戏情节展开之处，这在任何对开本上都没见过。有关汤森如何重新营销莎士比亚戏剧的讨论，参见 Don-John Dugas, *Marketing the Bard: Shakespeare in Performance and Print, 1660–1740* (Columbia: University of Missouri Press, 2006).

② Dugas, *Marketing the Bard: Shakespeare in Performance and Print, 1660–1740*, 145.

③ Ibid., 179.

第六章
戏剧与朗诵

排》(*Bell's Edition of Shakespeare's Plays as They are Now Performed at the Theatres Royal in London, Regulated by the Prompt Books of Each House*) 出版。正如其名,约翰·贝尔(John Bell)编纂的这套莎翁戏剧集直接来自当时的剧场演出,戏剧内容按照台本进行了修改。它广受欢迎,上市第一周就卖出了 800 套,成为同类文集里最具影响力的一种。① 贝尔版的销量远远超过了当时已有的其他版本,它的前 3 印估计共售出了 4500 套,令萨缪尔·约翰逊还有刘易斯·西奥博尔德整理的学术版均相形见绌。②

贝尔版与汤森版一样,没有过多注脚。它开本小,带插图,是为了"准确、简洁、美观、实用以及廉价"而设计的。③ 评论人士一般称贝尔版为第一部"表演版"莎翁戏剧。④ 但事实上,就像十七世纪出版的戏剧文本会在书页边缘附有札记标注一样,这些所谓的表演版是为在家朗读或默念所准备的——不是为了表演。贝尔版的前言,长篇专论了演说之技法,由弗朗西斯·金特尔曼主笔。金特尔曼上台演过戏,后来成了编书人,1771 年出版过一本《演说家,或英文助手》(*The Orator or English Assistant*)。在这篇前言里,金特尔曼告诫读者,不可混淆家庭与舞台:

当我建议**动作**时,我并非想让演说人持续不停地动;也

---

① Colin Franklin, *Shakespeare Domesticated: The Eighteenth-Century Editions* (Aldershot: Scolar, 1991), 137; Kalman Burnim and Philip Highfill, John Bell, *Patron of British Theatrical Portraiture* (Carbondale: Southern Illinois University Press, 1998), 10.

② Stuart Sillars, "Seeing, Studying, Performing: Bell's Edition of Shakespeare and Performative Reading," *Performance Research: A Journal of the Performing Arts*, 10 (2005), 18–27, 19.

③ Advertisement in William Shakespeare, *Bell's Edition of Shakespeare's Plays*, 2nd ed., 5 vols. (London, 1774), 9.

④ 关于将贝尔版当作表演文本有更充分的讨论,参见 Sillars, "Seeing, Studying, Performing," 18–27。

不是说要像提线木偶一样，先举起一只胳膊，接着又伸出另一只，然后再放下。不，我要动作简单、优雅；我个人是不知道朗诵者如何可以保持僵直不动的站姿与感觉，但我承认这是可能的，我敢打包票，他的观众肯定不会觉得他郑重其事：我了解，有些拘谨人士担忧朗诵变得太过戏剧性，但演说人与演员之间还是迥然有别的。①

贝尔版莎翁戏剧旨在给那些打算在家朗读的人士提供帮助，原本就不是为了完善戏剧表演而设计。金特尔曼的文章，和当时其他演说指南一样，以夏尔·勒布伦的激情理论为基础，引导读者逐字逐句阅读。除了莎士比亚戏剧，他还从托马斯·奥特韦（Thomas Otway）和弥尔顿的诗作中节选了一些段落，来向读者展示朗读技巧。从对每一出戏剧的评注都能看出，在这里，戏文是用作朗读，而不是表演的，即便有时朗读并非最好的呈现方式。在《理查三世》中，金特尔曼评价道，"总的来说，它能被朗读好，但演出来会更佳"，② 还有《第十二夜》，"演比读更令人愉悦"。③

然而，家庭与舞台之间再次出现了混杂含糊的关系。书里要求读者绝不应当模仿演员们的举止，但与此同时，这套书又题献给了表演莎士比亚戏剧的名角戴维·加里克，还附上了他的版画像，而**剧中人物**名单也提到了饰演角色的演员。金特尔曼的评注结合了舞

---

① Stuart Sillars, "Seeing, Studying, Performing: Bell's Edition of Shakespeare and Performative Reading," *Performance Research: A Journal of the Performing Arts*, 10 (2005), 53.

② *Bell's Edition of Shakespeare's Plays*, 3: 3.

③ Ibid., 5: 295.

第六章
戏剧与朗诵

台表演、文学评论与实用的演说技法。① 在《麦克白》的第一幕，我们得知，"考文特花园剧场里，洛斯与安格斯的角色被巧妙融合到麦克德夫与列诺克斯之中，以搭配更优秀的演员，吸引更多观众的目光"。② 接着，金特尔曼介绍了麦克白与班柯，他建议业余读者，演绎"麦克白，需要的是无畏、高贵、战士般的形象……班柯，只要平静地说话，外形上佳即可"。③ 他继续评价了安格斯对叛国的考特领主的演讲，他贡献了自己的观点，认为莎士比亚在塑造安格斯的人物形象时，有一个"奇怪的失误"。④ 编者不断插入个人意见，似乎默认，读者们私下里希望能从多个角度来把握他们所阅读的戏剧文本。读者们想要了解如何朗读每个角色的台词，想学会运用文学术语来评价戏剧，还想知道，他们朗读的剧本与去剧院观赏的戏剧有何不同。现代文学评论家对当时的版本采取了"朗读"与"表演"的理论区分，其实过于简化了十八世纪读者体验戏剧的多重方式。这些读者面对莎士比亚戏剧时，既要充当文艺评论家，又坐在观众席里，还会自己朗诵戏本台词。

贝尔与金特尔曼认为，为了让莎士比亚适合家庭朗读，有必要做一些删减。金特尔曼在他的前言里发问："那些堕落思想的蛛网与灰尘，是莎士比亚被迫写就，多么可惜，何不掸去，让他以无与伦比之才华为我们留下的高贵丰碑，重现应有之比例，恢复自然之

---

① 关于贝尔版及其对表演的用处，参见 Lois Potter, "Humor Out of Breath: Francis Gentleman and the Henry IV Plays," in *Shakespeare, Text, and Theater: Essays in Honor of Jay L. Halio*, ed. Lois Potter and Arthur F. Kinney (London: Associated University Presses, 1999), 285–297; Linda McJannet, " 'The Scene Changes'? Stage Directions in Eighteenth-Century Acting Editions of Shakespeare," in *Reading Readings: Essays on Shakespeare Editing in the Eighteenth Century*, ed. Joanna Gondris (London: Associated University Presses, 1998), 86–99。
② *Bell's Edition of Shakespeare's Plays*, 1:65.
③ Ibid., 68.
④ Ibid., 70.

光泽?"① 他解释说,根据当时的舞台习惯,他删略了莎士比亚文字中粗俗和冗余之处。有些台词可能不适合文雅的朗诵,但仍有可取之处,他说,"有些片段,私下里是极好的,但无法宣之于口;这些内容在正文里略去,但我们将它们都仔细保存在了注脚里"。② 大部分注脚都是表演时被删减,但值得读者留意的诗文。比如注释罗密欧对服毒的朱丽叶的嘴唇说出的台词,他解释道:"为了舞台效果,这番言语被删去,但其中两句,就在**嘴唇**之后,很是值得注意,**那两片嘴唇是这样的纯洁贞淑,永远含着娇羞,好像觉得它们自身的相吻也是一种罪恶**。"③ 还有其他内容,舞台表演时不一定会删减,但在家朗读需要省略,比如《奥赛罗》第一幕第一场,伊阿古喊捉贼的那段台词,金特尔曼全部予以保留,但将这一句标为斜体:"就在这时候,就在这一刻工夫,一只老黑羊在跟您的白母羊交尾哩。"他告诉读者,"用斜体区分的句子,为了体面考虑,应当略过,尽管总被宣之于口"。④

金特尔曼的点评表明,购买贝尔版莎翁戏剧的读者在家朗读时要受到公开表演规范的制约。金特尔曼编选的考量也反映了他对这套书在家庭使用场景的想象。有些段落因为"私下里极好"而被保留,说明在男女混杂的公共空间,比如客厅里,做社交性朗读(social reading)是默认的情境,而那些被过滤出来的内容,也可以在私密的房间里让读者们安静地欣赏。

---

① *Bell's Edition of Shakespeare's Plays*, 6.
② Ibid., 8.
③ Ibid., 2:123.(《罗密欧与朱丽叶》的台词译文来自朱生豪译本。——译者注)
④ Ibid., 1:215.(《奥赛罗》的台词译文来自朱生豪译本。——译者注)

第六章
戏剧与朗诵

删减莎士比亚

贝尔版的莎士比亚比同时期其他任何版本都更畅销，影响力也更大。这套书得到了当时表演实践的认可，为读者提供了一套通俗易得、删减净化的莎士比亚，也为那个时代最出名的莎士比亚删减版——托马斯·鲍德勒（Thomas Bowdler）的《家庭版莎士比亚》（*The Family Shakspeare*）铺筑了基础。在1807年和1818年，鲍德勒的《家庭版莎士比亚》出现了各种不同版本。鲍德勒作为编者的态度成就了一个全新的动词，**鲍德勒化**成了删减的同义词。书的副标题清楚彰显了他的目标："略去那些在家庭中不能被恰当朗读的字句，其他原文毫无添加"。①

托马斯·鲍德勒原本是一名医生，后来他停止行医，加入了女性知识分子伊丽莎白·蒙塔古的小圈子。他投身于一系列公益项目，还在"宣言社"里非常活跃。那是一个1787年成立的组织，旨在推动一项皇家宣言，反对不虔敬，抵制不道德。虽然鲍德勒借着《家庭版莎士比亚》出了名，但他自己却不是一个顾家的人。在他52岁时，曾与一位寡妇结婚，但他的婚姻短暂而不幸，也没有子女，此后一直独居。实际上，他也不是《家庭版莎士比亚》最初的编者。这项编修计划由他的妹妹，亨丽埃塔·玛丽亚·鲍德勒（Henrietta Maria Bowdler）1807年在巴斯发起，当年即推出首部《家庭版莎士比亚》（在其妹妹的版本中，书名拼法略有不同）。这版莎士比亚只收录了20部戏，回避了包括《哈姆雷特》在内的危险之

179

---

① Thomas Bowdler, *The Family Shakspeare in One Volume; in Which Nothing Is Added to the Original Text but Those Words and Expressions Are Omitted Which Cannot with Propriety be Read Aloud in a Family*, ed. Thomas Bowdler, 8th ed. (London: Longman, Brown, Green and Longmans, 1843), 扉页。

作,还在书中删去了露骨的性描写以及所有会惹恼圣公会读者的宗教典故。托马斯·鲍德勒在1809年成为编著人,可能是为了保护他妹妹及家族的声誉。他自己的版本要到1818年才面世,其中收录更多戏剧,并复原了一些他妹妹认为无趣或无关紧要而删去的内容。一位现代评论人声称,托马斯·鲍德勒的删减,"如同现在异常警惕的电视编导一样"。他的妹妹还将自己认为荒谬或无趣的内容全部剔除,"对待莎士比亚就像一般电视编导会做的那样"。① 尽管这个现代类比还算有益,但托马斯·鲍德勒却因为道学干预,在莎士比亚的接受史中变得声名狼藉。

鲍德勒的《家庭版莎士比亚》直接把道德伦理放在了家庭环境中。书名里的"家庭"就是用以唤起在家的礼仪规矩。1807年版里说到,"这本出版物……供私人群体阅读,而且会到年轻男女的手中"。② 有趣的是,鲍德勒还用个人经历勾连出这一版的初衷:"我追忆起父亲给家人读莎士比亚的习惯,这就是《家庭版莎士比亚》的缘起。莎士比亚(我再熟悉不过了)是晚间娱乐的常客。没人比我的父亲更追求尽善尽美地阅读了,他的不俗品味、他的细致优雅、他恰如其分的审慎,让家人们得以愉悦地聆听《李尔王》《哈姆雷特》《奥赛罗》,而不用知晓,在这些无与伦比的悲剧中还有些羞于启齿的词句。"③

鲍德勒的版本,同贝尔版一样,都假定了一幅家长朗诵的场景,一位男士在有男有女的场合,大声朗读着得体的内容。鲍德勒天真地想象着《家庭版莎士比亚》的潜在读者:

---

① Noel Perrin, *Dr. Bowdler's Legacy: A History of Expurgated Books in England and America* (London: Macmillan, 1969), xii.

② *The Family Shakespeare: In Four Volumes*, 4 vols. (London: J. Hatchard, 1807), I:xi.

③ Bowdler, *The Family Shakspeare in One Volume*, viii fn.

第六章
戏剧与朗诵

我当然希望，而且我也已经研究过，凡是一位翩翩绅士不宜在女士们面前大声朗读的内容，这部书里都删去了。要在乡间度过冬夜，还有什么能比父亲给家人朗读莎士比亚更令人愉悦呢？我想不出来。我的目标是，能让父亲放心地朗读，不用担心不知不觉间会念出什么字句，让谦逊的脸上浮上红晕；也让读书人不必停顿，在继续这项夜间娱乐前，先行检视后面的内容。①

在朗读文化中，这类危险的确构成问题。就像晚间九点档的分水岭，还有互联网浏览器的过滤插件，在缺乏监管的文化市场中，鲍德勒的版本让人确保自己所爱之人能够远离有害内容。正因为《家庭版莎士比亚》剔除了潜在的问题，所以它可以被放在客厅，也可以供人围坐茶几时相互传阅。有一批文学知识不那么广博的读者，他们的担忧被这一版本解决了，朗读人不必为了鉴别内容而精通莎士比亚，因为鲍德勒已帮他们做好了预审。我们了解到，十八世纪的朗读人在为家人念书时会"改进"文本。弗朗西丝·伯尼（Frances Burney）大加赞赏了这些会审查文本的朗读人。她给一位家族好友写信提到："没有比里什顿先生（Mr. Rishton）更好的丈夫……他为我们朗读了斯宾塞的《仙后》，他细致入微，有任何不便让女士入耳的内容，都被省略了。"②之后，她赞许丈夫在给幼子念《吉尔·布拉斯》时做的筛查："有些段落可能会给他留下危险的印象，污损他的天真无邪，那些内容都被他优秀的父亲略过或改动了。"③

---

① Bowdler, *The Family Shakspeare in One Volume*, viii.

② August 1773, in Frances Burney, *The Early Diary of Frances Burney, 1768–1778*, ed. Annie Raine Ellis, 2 vols. (London: George Bell and Sons, 1889), 1:252.

③ 13 March 1807, in Frances Burney, *The Journals and Letters of Fanny Burney*, ed. Joyce Hemlow et al., 12 vols. (Oxford: Clarendon, 1972–1984), 6:801.

以书会友
——十八世纪的书籍社交

鲍德勒呈现的莎士比亚，令任何读者都能充满信心地走近这位大文豪，就如同知晓了哪儿有道德陷阱，还知道如何绕开一样。鲍德勒对莎士比亚的审阅既涵盖语言也包括情节。所有对上帝的呼求都被他替换成了对天堂的呼喊；奥菲莉亚之死被描述成意外溺水而亡（以避免自杀的联想）；《罗密欧与朱丽叶》《雅典的泰门》都被他大刀阔斧地删减。有的角色完全被抹去了——桃儿·贴席（Doll Tearsheet）①从头至尾都没有出现过。有时候，鲍德勒对于如何裁剪也要挣扎一番，比如《奥赛罗》，他承认，这部戏剧"一点也不适合在家中朗读"，他建议（估计是男性）读者在私下享受阅读它的乐趣：

> 我努力消除充斥于原文中的令人不快的表述，只要修改后还能契合角色设定与说话人情境；但假如说，我将这些统统删去，这出无与伦比的悲剧，还是看起来不大适合家庭阅读，我会建议将它从客厅转移到内室，在那里读不仅能品味出诗意享受，还能为读者的心灵与理解带去有益而重要的指导。②

我们看到，在家庭内部不同的阅读类型之间，存在着实质性的差别——摆在客厅的书与放在卧室的书。一部戏剧，尽管惹人反感，但似乎还是有读者能从中获得满足，只要是在幽室之内，不是随意放在公共区域。

鲍德勒的《家庭版莎士比亚》并非甫一出版就畅销火爆，要等到《布莱克伍德杂志》与《爱丁堡评论》之间就这一版本的优劣展开那场著名的论战之后，这本书才算是打响了名声，此时，距亨丽

---

① 《亨利四世》中的女性角色。——译者注
② Bowdler, *The Family Shakspeare in One Volume,* 880.

第六章
戏剧与朗诵

埃塔·鲍德勒推出第一版已经过去了十五年，托马斯·鲍德勒版也已问世五年。1821年2月，《布莱克伍德杂志》上发表了一篇评论文章，直言《家庭版莎士比亚》不过是"厚纸上的假正经"。① 同年10月，这一观点被该杂志的老对头，《爱丁堡评论》强硬驳斥，主编弗朗西斯·杰弗里（Francis Jeffrey）声称，鲍德勒之后，其他版本再无存在之必要。他比鲍德勒的立场还要极端，他主张："既然在体面的场合不能宣之于口的内容也无法在幽室里带来太多的乐趣，我们认为，还不如让所有不能说、不该写的内容全部停止出版。"② 任何文字，除非能在体面场合被读出来，否则不该存在，这一观念呼应了当时教化女性的指南书。1798年出版的《女性义务之问》(*An Enquiry into the Duties of the Female Sex*)早就建议过，年轻姑娘的阅读内容，应当以是否适合与他人一起阅读为标准："无论她在最私密的时刻翻阅些什么，都要能毫不脸红地朗读给别人听，还得是她最渴望获得其好评的那些人。"③

接下来，鲍德勒版莎士比亚每次再版，杰弗里勋爵的辩护词都被置于卷首，一直持续了六十年。自此开始，删减本的市场不断扩大。1850年，市场上共有七种莎士比亚的删减本，到1900年飙升到了五十种。④ 许多十九世纪的家庭只能接触到这种形态的莎士比亚和其他作者的作品。当代文艺评论常将此视作维多利亚时代拘谨禁欲的表象之一。然而，十八世纪这段为家庭编辑莎士比亚的历史告诉我们，针对戏剧的过度审查最初乃源自十八世纪的

---

① "On the Lives of Actors," in *Blackwood's Edinburgh Magazine,* Vol. VIII. October–March, 1820–1821 (Edinburgh, T. Cadell and W. Davies, 1821), 512.

② "Art. III. The Family Shakespeare," *Edinburgh Review*, October 1821, 53, 引自 Perrin, *Dr. Bowdler's Legacy*, 84。

③ Thomas Gisborne, *An Enquiry into the Duties of the Female Sex* (London, 1798), 225.

④ 参见 Perrin, *Dr. Bowdler's Legacy*, 5。

文雅礼仪、朗诵术运动以及当时的剧场表演规范。此外,正是通过这些适宜家庭阅读的版本,莎士比亚戏剧才走进了千家万户,这是鲍德勒兄妹俩始料未及的影响。颓废派诗人阿尔杰农·斯温伯恩(Algernon Swinburne)也许是《家庭版莎士比亚》最出乎意料的辩护者:"那些嘲讽或贬损鲍德勒版优点的伪善言辞,再没有比它们更愚蠢的假道学了,是鲍德勒,把莎士比亚交到了聪明又富于想象的孩子们手中。"①

戏剧节选

并非只有斯温伯恩一人看到了为儿童朗读莎士比亚选段的益处。在十八世纪的日记中常见到父母给孩子朗读莎士比亚戏剧的记载,父母们多选择动人心魄、易于理解且有益身心的段落。贝尔版和鲍德勒版的莎士比亚面向的就是追求有益身心的要求。人们对戏剧选集有明显的需求,这些选集将戏剧编排成适合朗读或浏览的形式,供家庭使用,这在十八世纪的很多其他戏剧选集中都有体现,这些选集里全是独立成篇、老少皆宜的摘选片段,以便读者朗读。有些选集炫耀与著名剧场之间的关系,常以"滔滔集"(spouting collections)命名,似乎意在面向朗诵术运动后兴起的滔滔不绝俱乐部。开场白与收场白是一出戏剧里最易于摘选的部分,以它们为主的文集在十八世纪大量涌现。从《特鲁里街和林肯公会广场剧院的开场收场白精粹之第二部与最终部》(1727)②到《忒斯庇斯之庭》③。

---

① Algernon Swinburne, "Social Verse," *The Forum*, October 1891, 178.

② *A Second and Last Collection of the Most Celebrated Prologues and Epilogues Spoken at the Theatres of Drury-Lane and Lincolns-Inn* (London, 1727).

③ *The Court of Thespis; Being a Collection of the Most Admired Prologues and Epilogues* (London, 1769).

第六章
戏剧与朗诵

《不列颠演说家，或舞台助手》(1773)①收录了当时在各大剧场上演过的序曲与尾声，还标明了首演人员。编者在前言中提出："一出戏的开场白，不管悲剧还是喜剧，都浓缩了全部情节之精髓，又迎合了时代主流的审美。"②开场白或收场语的魅力，一部分源于它在某种意义上是整部戏剧的浓缩，同时在固定格式里还穿插一些流行的段子和八卦，为读者们营造出置身上流社会的幻觉。还有的文集将歌曲同朗诵做了结合：十九世纪早期的廉价歌谣本搜罗了来自舞剧和大众剧场里的音乐表演乐谱，配上一小段本该用方言朗读的滑稽语言，充当唱词。《快乐的歌者》《利斯顿诙谐曲》《演员的徽章》，还有数十本类似书名的其他歌谣集，为家庭市场提供了演说加歌唱的多种娱乐。

戏剧节选文集的涌现在当时读者的文字里也留下了痕迹。针对特定的读者，要考察他们究竟读过哪些版本或形态的戏剧，并不简单，但是，从日记与书信中，我们能清楚地看到，人们聚在家中朗读戏剧时，往往不会通读整部作品，更常见的是只读一小段，比如一篇优选的演讲词，或是一段机敏的对话。日记条目记载了一部戏剧如何被拿起阅读，又如何被放到了一旁——伊丽莎白·蒂勒尔为朋友们朗读了一个钟头的《无事生非》，而这群女士们手上一直忙着针线活。③我们还能从书信日记中拼凑出和读书习惯有关的趣事，从而理解人们如何在家朗读戏剧。童星威廉·贝蒂（William Betty）有着令人惊叹的表演天赋，这要归功于家庭的影响："他的父母和姐妹都热爱戏剧与表演，家庭中的女性成员习惯从她们最爱的作品里挑出片段来朗读。贝蒂夫人自己是一位高超的朗读者，她还训练

---

① *The British Spouter; or, Stage Assistant* (London, 1773).
② Ibid., i.
③ Diary of Elizabeth Tyrrell, 25 June 1818, London Metropolitan Archives, CLC/510.

儿子从小朗诵最优质的戏剧作品。"①

摘选片段模糊了戏剧与诗歌两种不同文类之间的边界。当《屈身求爱》(She Stoops to Conquer)、《泽诺比娅》(Zenobia)或《坦克雷德与西格斯蒙德》(Tancred and Sigismunda)里的对白被放到了同一本文集中,供人随意翻阅,它们读起来都像一首诗。许多文集实际上都以诗歌形式呈现戏剧选段:1724年出版的《戏剧类编》(Thesaurus Dramaticus)号称汇集了古今英国戏剧中"所有著名的段落、独白、比喻、描写,以及其他诗意之美"。② 它的选段来自十六和十七世纪的悲剧,各种短小的戏剧片段按主题归类,从"缺席"(Absence)的主题开始排列。与爱德华·比希的英诗选集类似,《戏剧类编》将诗歌与戏剧混在一起,为了展现修辞和想象,采用了一系列片段的混编,放弃了诗歌与戏剧本身的连贯形态。

但是这样的牺牲对戏剧而言有益吗?查尔斯·兰姆(Charles Lamb)在《论莎士比亚之悲剧》("On the Tragedies of Shakespeare")中大声疾呼:

> 聆听别人滔滔不绝的朗读,优美的段落被糟践而枯萎,这些节选自亨利五世之口的演说,在恩菲尔德的《演说者》和此类书籍中比比皆是,正被学校里的孩子们拿来练习。哈姆雷特"生存还是毁灭"的著名独白,被浮夸之徒如此玩弄,我承认自己欣赏不来,亦无从辨别它是好是坏,还是平平无奇。③

---

① William Dunlap, *Memoirs of the Life of George Frederick Cooke*, 2 vols. (New York, 1813), 1:324–325.

② *Thesaurus Dramaticus: Containing All the Celebrated Passages, Soliloquies, Similes, Descriptions, and Other Poetical Beauties*, 2 vols. (London, 1724).

③ Charles Lamb, "On the Tragedies of Shakespeare," in *Miscellaneous Prose by Charles and Mary Lamb*, ed. E. V. Lucas (London: Methuen, 1912), 115. 这篇文章最初发表于1811年。

第六章
戏剧与朗诵

查尔斯与玛丽·兰姆在1807年推出了《莎士比亚故事集》(*Tales from Shakespeare*),这是为儿童设计的带插图的系列故事书。他们希望以此树立一个范例,让人们抛下那些因过分引用而烂熟于心的固定套式,重新阅读莎士比亚。这表明,阅读中的口头元素正在迅猛发展,朗诵文化肆虐,甚至核心文本都可能会丧失意义。

以廉价出版物为载体的文学传播,能变更体裁、灵活多用。莎士比亚戏剧被兰姆的《莎士比亚故事集》变成了儿童故事。到了十九世纪二三十年代,出版行业开始热衷于将时兴戏剧改编为适合成人的叙事形式。想从当时火爆的戏剧舞台上大赚一笔的出版商们,将戏剧改编成散文,印作廉价的短篇小册子售卖。约翰·邓库姆(John Duncombe)收藏了一小批"戏剧故事"的袖珍书,这批小书令当时的舞台戏剧化作可在家阅读的故事:"本卷的构思可以说是全新的——人们普遍对戏剧着迷,而且大家的兴趣还在持续高涨,由此催生出一批新鲜故事,它们经过了英国舞台的考验,都是最受赞誉的作品。"① 这类书籍能将原本支撑了五幕剧的情节浓缩在开本极小、售价合理的小册书里,根据不同季节决定每周或隔周出版,夏季的销量会减少一些。② 故事结合了叙事与对白,既保留了原剧中的一些意象,又使语言变得通俗易懂:这一版的《科利奥兰纳斯》保留了米尼涅斯将平民比作肚子的类比。

在这样的改写中,编者可以改进结局或是调整情节。在贝尔版的《罗密欧与朱丽叶》中,朱丽叶在罗密欧死前就从坟墓里醒了过来,俩人还说上了几句话,短暂又悲情。《爱的徒劳》的结尾原本是开放式的,用一岁光阴考验爱人的真心,在邓库姆版中被换成了

---

① Preface to The Miniature Library, Volume the Sixth, Duncombe: 19 Little Queen Street, Holborn.

② 这一系列似乎是季节性的,因为出版商在扉页宣称,新系列"在夏季每两周出版一次"。

下面的大团圆：

> 不消说，在指定的期限后，那瓦国王斐迪南与他的三位侍臣来到了他们的爱人面前。对他们的考验结束了，三位女主人以最饱满的爱迎接了他们［原文如此］。几天之后，他们举行了结婚仪式，据说法国国都城墙之内从未有过如此盛大的庆典。①

邓库姆也曾推出过缩略版戏剧，并以"囊括了伦敦所有戏院最火剧目的剧场版"为卖点。② 读者只消花费几便士，就能获得一部被缩减到一幕的剧场戏剧。在这类出版物中，经典戏剧占一部分，但最主要的是新近在伦敦大小剧场里上演的作品，歌曲和钢琴四重奏也被收录在内，可供家庭演奏。③ 只要六便士，好奇的民众就能买到约翰·费尔伯恩（John Fairburn）在1804年"对特鲁里街皇家剧院上演的盛大寓言童话剧辛德瑞拉的精确还原"。④ 这本小书里，除了有对演出的文字描写，收录了一些台词和歌曲，还夹杂着一篇虚伪的《演技与演员评价》⑤，连同一份辛德瑞拉故事梗概。整本书里配有四幅演出场景的雕版插画。有了这样的杂烩小书，人们不用亲临现场：场景与戏服在文字和图示里得到了展示，

---

① Duncombe's Miniature Library, Dramatic Tales and Romances, 7 vols., 24mo., J. Duncombe & Co. [1831–32?], *Love's Labours Lost*, 240.

② *Advertisement to Duncombe's Acting Edition of the British Theatre Comprising the Best Pieces As performed at all the London Theatres.*

③ 参见 Simon Eliot, "A Prehistory for Penguins," in *Reading Penguin: A critical Anthology*, ed. William Wootten and George Donaldson (Newcastle upon Tyne: Cambridge Scholars Publishing, 2013), 1–26。

④ *An Accurate Description of the Spectacle of Cinderella, Illustrated with Engravings* (London: John Fairburn, 1804), Bodleian Library Harding Collection, Uncat A, Box 143.

⑤ Ibid.

第六章
戏剧与朗诵

情节被归纳好了，还有对整场表演的点评，这一切为读者提供了真实演出的替代品。

当然，交流不是单向的。在戏剧变成小说和诗体语录的同时，我们发现，散文也变成了某种戏剧。1792 年，C. 肖特夫人（Mrs. C. Short）出版了一本《供年轻女士使用的戏剧》（*Dramas for the Use of Young Ladies*），通过年轻女士之间的对白来教导读者的文雅举止。① 书的前言中写道，"这些戏剧小场景原本是为一个年轻女士协会所写，我对她们的福祉与进益抱有热切的关注，既然它们在小圈子里如此有益，培养了文雅得宜的言谈习惯，我认为它们可能也会为其他人带来助益"。② 书里有一些家中场景，设定了不同的社交与道德困境。《幸运的沮丧》里，伊丽莎不能嫁给心仪的对象，她担心"激情会卷起旋风，危及稚拙的浅滩"。③《家庭的悲怆》中，路易莎·德尼森（Louisa Denizen）的爱人死于决斗，她向人展示自己如何坚毅面对不幸。这些其实都不算戏剧，而是对白，但书籍采用对白的形态，恰恰揭示了戏剧文类转向的不同角度。

在家中表演对白可以成为非正式的教育手段。肖特夫人的书不仅能让年轻女士们锻炼说话技巧，还提供了厘正行为的规范。塞缪尔 B. 莫尔斯（Samuel B. Morse）注意到女性对演说内容的轻慢，他评价道，"独立成篇的作品不适合让她们讲；而精选的对白，可以教导女性学会得体、轻松而优雅的对谈，将最为有益"。④ 同只有一个演讲人朗诵的"独立作品"相比，对白的优势大概在于它们模仿

---

① *Dramas for the Use of Young Ladies* (Birmingham: Swinney & Walker, 1792).
② Ibid., 3.
③ Ibid., 21.
④ Samuel B. Morse, *School Dialogues* [...] *Calculated to Promote an Easy and Elegant Mode of Conversation Among the Young Masters and Misses of the United States* (Boston: Manning & Loring, 1797), iii.

的是对话，而不是舞台表演或公共演说。① 我们将会看到，女性玩票式的戏剧表演引起了无休无止的争论。对白则不同，第八章会谈到，对白被愈益频繁地当成了家庭训导的手段。

看着这些由舞台表演中拆分出来的印刷品，从小说到歌词无所不有，人们会意识到，一部作品在家庭生活中可能具有各类衍生形式。戏剧剧本、歌曲集、开场白、收场白还有时兴剧目的图示，这些一直以来都能买到，而且我们也知道，十八世纪读者会用不同方式去赏析同一部作品。本书开头提到的诺丁汉的单身女郎格特鲁德·萨维尔，在1729年1月29日去看了一场约翰·盖伊的《乞丐歌剧》（*Beggar's Opera*）。观赏完之后，她点评道，"不可能还有比它更怪异出格的作品了"。② 显然，她没有被盖伊别出心裁的民谣歌剧所打动。两周后，她购买了该剧的印刷品，并朗读给朋友们听："我在晚餐前后为他们朗读了《乞丐歌剧》。12点才上床。悲惨。"③ 十天之后，她又重温了《乞丐歌剧》，但这回，她寄情于其中的音乐，给羽管键琴调了音，还弹奏了几首歌剧里的乐曲。④ 又过了一个月，她再度去剧场观赏，现场人头攒动令她震惊——大家相互争抢着涌入："幸亏我们从缝隙里钻了过来，这里拥挤不堪、吵吵闹闹，真高兴我们站到了能随时开溜的一侧。"⑤

萨维尔经由多重媒介赏析《乞丐歌剧》并非个例。西拉斯·内维尔在日记里记录，十八世纪六十年代，自己曾带着戏剧歌词去剧

---

① 参见 Michaelson, *Speaking Volumes*, 188–189。

② January 1728, in Gertrude Savile, *Secret Comment: The Diaries of Gertrude Savile, 1721–1757*, ed. Alan Saville (Devon: Kingsbridge History Society, 1997), 100. 关于萨维尔的阅读习惯，参见 Colclough, *Consuming Texts*, 48–63。

③ 15 February 1728, in Savile, *Secret Comment*, 103.

④ 26 February 1728, in Savile, *Secret Comment*, 106.

⑤ 19 March 1728, in Savile, *Secret Comment*, 109.

第六章
戏剧与朗诵

场看演出,以便在换场时浏览。(内维尔在看戏的间隙常常读报看书,有一回到特鲁里街看戏,他抱怨说:"我站在一侧,周围水泄不通,带来的报纸也没法看,但我看戏的感受很不错。")① 在去剧场之前,他也提前阅读了几幕内容。② 有天晚上,他省去了晚饭,兜里揣着时下流行的本杰明·霍德利(Benjamin Hoadly)《猜疑的丈夫》(The Suspicious Husband),先到咖啡馆读了一段剧中由加里克扮演的兰杰的台词,再赶赴特鲁里街的剧场。还有一晚,他先读了玛丽·安·耶茨(Mary Ann Yates)饰演的美狄亚,才去考文特花园(Covent Garden)观赏理查德·格洛弗(Richard Glover)的同名剧《美狄亚》。③ 十八世纪中叶一位名叫理查德·巴格肖(Richard Bagshawe)的札记书编者,搜集了滑稽剧里的乐曲,按每个唱段标明了歌者,还穿插了祝酒词、色情诗以及其他曲调,明显是为了家庭娱乐而设计。④

到了十八世纪末,戏剧衍生品的市场已经非常发达,市场上充斥着大量的瓷器物件、演员肖像、演出图片还有斯塔福德郡出品的陶瓷造像。到了十九世纪早期,孩子们已经拥有了迷你玩具剧场,能让他们用卡纸制成的角色与简略的剧本表演歌剧和喜剧。彩绘的拼块书(harlequinade)可以压缩各式作品:勒萨日的《瘸腿魔鬼》是红极一时的滑稽小说,被制成了一份四折页的小册子,单色本售价 6 便士,彩色本 1 先令,读者每翻一个拼块,就能"发现"不同

---

① March 1767, in Sylas Neville, *The Diary of Sylas Neville*, ed. Basil Cozens-Hardy (Oxford: Oxford University Press, 1950), 5.

② 5 August 1767, in Neville, *Diary*, 22.

③ 29 March 1769, in Neville, *Diary*, 66.

④ Richard Bagshawe, Commonplace Book, Sheffield Record Office, OD/1396, fols. 36r–39r.

的故事情节。①

　　剧院名伶与文化商品大潮的结合，才是造就这些现象的根源。戴维·加里克是照相技术发明以前，肖像画里最常出现的演员面孔，名气声望与物质具象在他那里完美融为一体。作为家喻户晓的演员、功成名就的经纪人，以及天赋卓绝的剧作家，加里克在他的事业发展中，善用视觉图像提升自己的公众形象，凸显文化优势。通过版画作品、类似贝尔版英国戏剧的插图畅销书，还有纪念品，加里克通过他最成功的角色形象直达广泛的受众（图22）。表演者在晚间娱乐时不断模仿着加里克最出彩的角色。加里克去世后很长一段时间，他的戏中扮相依然透过公开展览与不断复制的印刷品和瓷像，进入十九

图22　加里克先生的四大悲剧角色，未知艺术家，1750—1770年，版画（英式画风 / 私人收藏 / 布里奇曼图像）

---

① *Dr Last; or, the Devil Upon Two Sticks* (London: H. Roberts, 1771), Bodleian Library Vet. A5 e.892 (1).

第六章
戏剧与朗诵

世纪。① 同现在一样，十八世纪到十九世纪早期，也存在着一个以戏剧、角色和演员为品牌的消费品市场——还有一大批出版商和制造商们，随时准备满足人们对剧院衍生品的消费需求。

私排戏剧

以上例证所呈现的，都是在家朗读戏剧的故事，这也的确是十八世纪英国中产之家接触戏剧文化的主流方式。但在更小众的乡绅与贵族圈里，到了十八世纪晚期，私下玩票的戏剧表演成为风尚，这既满足了这群戏迷的戏瘾，又融合了社交功能与创意展示。根据一份业余剧场的记录，这类私下的戏剧表演曾在 120 个场地上演过。②1776 年的《圣詹姆斯记事报》宣称："几乎每位上流人士要么真的拥有，要么假装拥有一所私人小剧场，那里的装潢让他们不惜挥霍金钱，以充分展现品味。"③ 毫无疑问，这是夸大其词，但十八到十九世纪的戏剧风潮确实明显影响了家庭中的戏剧排演，塑造了家庭对戏剧的认知。④ 大英图书馆里藏有一本剪贴簿，里面全是查尔斯·伯尼与萨拉·索菲娅·班克斯（Sarah Sophia Banks）收集的演出票、海报、剪报和节目单，可以说是这类临时表演最充分

---

① Heather McPherson, "Theatrical Celebrity and the Commodification of the Actor," in *The Oxford Handbook of the Georgian Theatre, 1737–1832*, ed. Julia Swindells and David Francis Taylor (Oxford: Oxford University Press, 2014), 192–212, 199–206。有关加里克的陶瓷造像情况，参见 Watney, *Liverpool Porcelain of the Eighteenth Century*, 39, 43。

② 对精英私排戏剧的完整叙述，见 Sybil Rosenfeld, *Temples of Thespis: Some Private Theatres and Theatricals in England and Wales, 1700–1820* (London: The Society for Theatre Research, 1978)。

③ "London," *St James' Chronicle; or, The British Evening Post*, 2 November 1776.

④ 对公演戏剧与私排戏剧之间关系的探讨，参见 Helen E. M. Brooks, " 'One Entire Nation of Actors and Actresses': Reconsidering the Relationship of Public and Private Theatricals," *Nineteenth Century Theatre and Film* 38 (2011), 1–13。

的证据之一。这份戏剧表演的周边档案充分说明,很多私排戏剧都极力效法公共剧院。他们借用了剧院整晚的流程,除了主体内容之外,还伴有芭蕾、幕间表演、序幕、终曲。表演还配备有戏单和节目册——都在本地手工印制,有些贵府豪邸甚至还售卖周边小商品。在里士满大宅,就能买到由风景画改作人物像的版画。①

报纸上也会报道这类演出,因为公众爱看。有时还会在报纸上见到零星的评价,聊聊表演、组曲和服装——《世界报》(*World*)单辟一整段点评"女士着装"。对演出的描述与现代对名流活动的报道很相似,戏剧本身只是当晚话题中的一项。1789 年布莱尼姆宫(Blenheim Palace)曾排演过业余戏剧,报纸评论让我们领略了这类报道如何杂糅了风尚与特权,令人兴奋。11 月 3 日的《世界报》兴奋地评价道:"宫室殿堂富丽堂皇,公爵夫妇平易近人、和蔼可亲,本报再如何赞誉都不为过。"②《日报》(*Diary*)宣称这部戏"无论在表演风格上,还是观众人数与等级,都堪称迄今为止最辉煌的剧目之一。博福特(Beaufort)公爵夫妇与家人,阿宾登(Abingdon)伯爵夫妇与家人,还有一长串美丽又时髦的名字,都为演出添彩"。③ 和当下一样,这类"新闻"的读者中,有很多都不能接到邀请,无法出席活动,但多亏了那些令人窒息的溢美之词,让他们也能远远地表达惊羡之情。所以说,虽然布莱尼姆宫或勃兰登堡大宅(Brandenburg House)里的贵族气派专属于社会精英圈层,但在当时,对活动的描述批量出版,让这些活动的文化影响力远远超越了

---

① 这一时期有关私家剧场最完整的材料就是由查尔斯·伯尼与萨拉·索菲娅·班克斯收集在剪贴簿中的演出票、海报、剪报和节目单。British Library, *A Collection of Playbills, Notices, and Press Cuttings Dealing with Private Theatricals, 1750–1808.*

② "Blenheim Theatricals," *World*, 3 December 1789, in *Collection of Playbills*, fol. 10.

③ "Blenheim Theatricals," *Diary*, Dec 7th 1789, in *Collection of Playbills*, fol. 10.

第六章
戏剧与朗诵

到场者的范围。

即便我们所了解到的家庭玩票式戏剧多发生于贵族府邸之内，但在下层士绅和中产阶层的聚会中，也有私排戏剧的活动，只是留下的记载没那么全面。在十八世纪，供大多数家庭在家消遣的戏剧都来自出版物，不过也明显有家庭自编自演。希伯（Heber）家族是约克郡的士绅之家，他们的家庭档案里有一份戏剧手稿，题为"不列颠之凯旋，或西班牙之挫败，一部悲剧，作于英军在西印度群岛的大胜"。① 这部爱国主义的悲剧作品重述了沃尔特·雷利（Walter Ralegh）在圭亚那探索黄金城（El Dorado）的故事，并将这桩探险奇事与詹金斯耳朵之战中英国人在加勒比海的勇武相提并论。这部戏剧原是为了点评时事而作。对白里穿插了饱含激情的独白与英勇豪迈的情感，还有铅笔在文本上的勾画标记，以标明表演时要突出的重音和要点。页边留白处写有舞台指导意见，告诉业余的演员们何时昏倒、退场和拥抱。其他类似的留存文献往往同时保留了多份副本，而且更清晰地注明了每个人表演的不同片段，演员们可以用来分别熟悉他们各自的台词。博德利图书馆（Bodleian Library）藏有一本羊皮纸戏剧手稿，名为"欧迈尼斯"（Eumenes）。手稿的扉页上列出了演员名单：克里斯托弗·怀亚特（Christopher Wyatt）、玛丽·桑德森（Mary Sanderson）、安·詹宁斯（Ann Jennings）、姬蒂·怀亚特（Kitty Wyatt）以及剧作者托马斯·琼斯（Thomas Jones）。这出戏剧在1750年8月30日上演过一次，以普鲁塔克笔下的希腊将军欧迈尼斯为原型创作。和希伯家的戏剧一样，搭台唱戏是为了一表爱国之情，这在开场白里说得很清楚：

---

① Heber family MS play, "Britain Triumphant or the Spaniards foild. A Tragedy. occasion'd by the Success of the British Arms in the West Indies." Bodleian Library, MS Eng misc e.577.

人类所有的美德里，

再崇高的臣民也无法从缪斯那儿获得更高赞美：

再没有比这，更让不列颠的皮特满腔感激，

公共精神——自由之爱。

因为它——古罗马的丰功伟绩因此铸就

自由——强力的国家拥有了法律。

而这——在阿尔比翁自由的后人手中保留，

足以让他们蔑视怒火熊熊的法国、西班牙自负之流。

这就是我们今晚的主题——从这里开启

愿作者的心意能直抵人心。①

  《欧迈尼斯》这部手稿只模糊地提到了布景与场地："安提哥那（Antigonus）的军营""高地旁的营地一角"，还有"一顶帐篷"。但这部戏和其他我们了解到的剧本一样，采用的都是远离现实的场景设置，这说明，家庭戏剧的核心魅力在于舞美布景里的异域风情——至少，这是一次盛装打扮的机会。住在威尔特郡（Wiltshire）索尔兹伯里（Salisbury）的哈里斯（Harris）家族排演戏剧，服装可是重头戏。詹姆斯·哈里斯（James Harris）是国会议员，喜好戏剧和音乐。他鼓励自己的两个女儿格特鲁德和路易莎在家中靠近教堂的礼拜室进行朗诵和表演。女主人伊丽莎白·哈里斯（Elizabeth Harris）会把女儿们演出的消息寄送给远在欧陆的儿子詹姆斯，信里说起的都是丝绸、锦缎和头饰。1768 年，女儿们排演了詹姆斯·汤姆森的《坦克雷德与西格斯蒙德》，哈里斯夫人在信中写道："这出戏基本成熟了 [,] 她们为这部悲剧和节目准备的

---

① Bodleian Library, MS Rawl Poet 22a, fol. 89v.

第六章
戏剧与朗诵

服装简直太美，要我说，称得上是精良考究。"① 两年之后，她在信里提到了另一出戏剧的前期准备，她写道："我们的时间全用来准备这出戏剧和牧歌了。温德姆小姐（Miss. Wyndham）扮演克瑞乌萨（Creusa），一定很适合，因为银饰和钻石非常衬她 [，] 她会佩戴很多钻石首饰。格特鲁德扮演女祭司。她的服装是一条古董裙 [：] 裙子是白缎质地，款式非常简洁优雅，全身只在腰间系有一串大珍珠 [；] 她头上围着白色的面纱，面纱上还有一顶亚历山大里亚月桂冠。"②

哈里斯家族的私排戏剧有个特点，往往全由女性出演，男性角色也由女儿和她们的朋友代劳。有一回，路易莎扮成了威廉·怀特黑德（William Whitehead），那是《克瑞乌萨：雅典皇后》（*Creusa: Qneen of Athens*, 1750）里的男性角色，伊丽莎白·哈里斯在信中这样描述："一副俊俏天真的男孩样子，她塑造的角色无与伦比。"③ 然而即便是私下表演，路易莎披着男人衣装上台，也颇有争议。④ 在排演了《埃尔薇拉》（*Elvira*）之后不久，路易莎给哥哥写信，信里附上了本地报纸《巴斯周报》（*Bath Journal*）关于这出剧的"可憎诗歌"。她对此不屑一顾："随便一想便知，这些诗句出自索尔兹伯里那些没被邀请而心怀嫉妒的商人之口。"不过诗的内容明显触

---

① 31 December 1768, Elizabeth Harris, Salisbury, to James Harris in Madrid, in *Music and Theatre in Handel's World: The Family Papers of James Harris, 1732–1780*, ed. Donald Burrows and Rosemary Dunhill (Oxford: Oxford University Press, 2002), 531.

② 6 January 1770, Elizabeth Harris, Salisbury, to James Harris jr, [Madrid], in *Music and Theatre in Handel's World*, 575.

③ 20 January 1770, Elizabeth Harris to James Harris, in *Music and Theatre in Handel's World*, 577.

④ 关于哈里斯家族改编莎士比亚戏剧并在家排演，有更充分的讨论，参见 Michael Dobson, *Shakespeare and Amateur Performance: A Cultural History* (Cambridge: Cambridge University Press, 2011), 37–45。

怒了家庭成员，根据路易莎姐姐的记录，她还没来得及看一眼，父亲就撕毁了那份报纸。批评的矛头指向了哈里斯姐妹俩的反串：

"致索尔兹伯里附近出演埃尔薇拉的女士们"
在伊丽莎白女王的良治下
曾有一个正派高尚的年代
无人会感到羞怯而苦痛
没有女性会在舞台亮相[。]
但是瞧啊！时代有了多大转变
女士们开始惊人之举
要求头盔、马裤和刀剑[，]
还扮演元老、英雄和君王。
叹息[的]利奥①

这位牢骚满腹的诗人认为，男性的舞台角色由女性出演，与曾经只有男性上台的高尚往昔相比，显得尤为可悲。针对戏剧演出的道德问题显然存在着不同意见。像弗朗西斯·金特尔曼和托马斯·鲍德勒一类的编书人，为了消除莎士比亚时代种种不得体之处而删减，其他人，比如《巴斯周报》的这位作者，则一厢情愿地将近代早期的舞台视为体面的，只因为当时不允许女性上台。伊丽莎白·哈里斯的书信，暴露了她对女儿表演可能危及名声的担忧，在给儿子的信里，她时常向他再三保证，她们都举止得宜，

---

① "Bath Journal, November 24th 1774. On the Ladies of the Close of S[alis- burly now acting Elvira," in *Music and Theatre in Handel's World*, 783–784. 又见 4 December 1774. Elizabeth Harris, Salisbury, to James Harris jr, in *Music and Theatre in Handel's World*, 783: 她把《巴斯周报》上的一些"可憎诗歌"寄给了詹姆斯·哈里斯。

第六章
戏剧与朗诵

还让他放心，观众们"都是女士，只有几位上了年纪的先生们，像索尔兹伯里主教，还有希利博士"①；或是告诉他，"路易莎一副俊俏天真的男孩样子"。② 她还提到他们如何提防潜在的不正当行为："我收到了一张卡片，好几位绅士想要让我允许他们去后台瞧瞧——一个小要求——因为整场戏都是年轻女士出演。你父亲和我都在剧场里，他用最洪亮的声音告诫所有先生们，一律不得上舞台。"③

当时许多家庭戏剧的文字记录里都表达了对女扮男装的担忧。玛丽·克拉克是四个姑娘的母亲，她的丈夫爱德华·克拉克是萨默塞特的国会议员。她给丈夫写信，提到了1699年的一次家庭出游：

> 我必得承认，我本应当在到达萨顿（Sutton）之前就好好劝说姑娘们一番的，她们一路上都非常开心，如果不是被我发现，她们原计划去演一出戏剧，还不知轻重地同意扮演男性角色，我认为，以她们这个年纪来说或许合适，但我是无法赞许的，如果我们还是得去，我不认为能够阻止她们，除非破坏整场演出，那只会让自己显得尖酸又孤僻。她们要穿上马裤，这就足够她们思量了，更别说还得穿上其他服装，在如此吹毛求疵的时代，到陌生的场合抛头露面。④

---

① 31 December 1768, Elizabeth Harris, Salisbury, to James Harris, jr, Madrid, in *Music and Theatre in Handel's World*, 531.

② 20 January 1770, Elizabeth Harris, Salisbury, to James Harris jr, Madrid, in *Music and Theatre in Handel's World*, 577.

③ Ibid.

④ Mary Clarke to Edward Clarke, November 1, 1699, in "Correspondence of Edward Clarke of Chipley," transcribed by Bridget Clarke, Correspondence to Edward from wife Mary, 1675–1704, Somerset Heritage Centre, DD\ SF/7/13. 我非常感激布丽奇特·克拉克提供这些文本以及关于克拉克家族的更多信息。

克拉克夫人担心女儿们作男性打扮、"穿马裤"是否得体，这可以理解。1660 年查理二世复辟后，女性才被允许登台演出，在随后的十年中，对于女演员的表演与放荡淫乱之间的联想不断升温，尤其复辟时期的女演员们多是国王与侍从们的情妇。剧作家撩拨观众们，说自己在"兜售"接近女演员的机会。① 倡导让女性登台的剧作者与剧场经理们声称，女演员能带来舞台的革新与提升，但实际上，女演员登台后最明显的改变，是剧作家和剧场经理们不遗余力地利用舞台上女性身体带来的新奇感和诱惑力，令当时的戏剧变得越来越性感。呈现女性身体的方式之一是制造穿马裤的角色，让演员女扮男装。变装与混淆性别的喜剧在文艺复兴时期流行一时，由于当时舞台的限制，女性角色都由男孩们出演。到了十七世纪晚期，类似的情节设计被用来展示女性的大腿。女演员穿起了男性的马裤，相比女性传统着装，露出了更多身体部位（图 23）。无数的开场白与结束语都间接提到了女性的身体：1672 年，约翰·科里（John Corye）就写道，"能看到这样的腿是值回票价的 / 别处可没有这么便宜"。② 马裤的戏份即便到了十八世纪，也依然会令人惊愕，或炮制出低俗的乐趣，无论是克拉克夫人的书信，还是对哈里斯小姐们的演出评价，都印证了这一点。

道德伦理与私家戏剧

私家戏剧招惹了一股来自看客们的道德非难。朗诵令人愉快、

---

① 参见如 Thomas Jordan's "A Prologue to Introduce the First Woman that came to Act on the Stage in the Tragedy, call'd the Moor of Venice," in *A Loyal Arbor of Royal Poesie* (1663), 21–22。

② John Corye, *The Generous Enemies; or, The Ridiculous Lovers a Comedy* (London, 1672), A4v.

第六章
戏剧与朗诵

图 23　人物版画，史密斯先生与玛丽·安·耶茨夫人饰演汤利大人夫妇，出自约翰·范布勒（John Vanbrugh）1776 年所作《被激怒的丈夫，或一趟伦敦之旅》第一幕第一场。（哈里·比尔德收藏，维多利亚与艾尔伯特博物馆，S. 2469-2013，©Victoria and Albert Museum, London）

促人进步，但十八世纪后期流行起来的那种豪奢的戏剧演出，却被普遍看成腐化堕落的活动。诘难与非议聚焦于这类活动有混淆舞台与家庭活动的危险。教育理论家威斯希姆·诺克斯，《雅文选编》的辑录人，就对此给予了严厉谴责。在一篇批评家庭戏剧表演的文章中，他先是褒扬了一番私家戏剧产生的社交吸引力："在乡村地区，没有什么能比亲朋好友们喜欢在附近排演戏剧更有活力了。音乐、诗歌、绘画、华服、动人的美貌和优雅的口才，这些让所有能参与其中的人都感受到愉悦。"①但在抒发了好感之后，诺克斯警告了潜在的危险：这样的戏作耗资甚巨，更糟糕的，是出演浪漫场景而滋生的爱欲诱惑（而专业的舞台演员是可以抵御的）。"绘画与华而不实的服装"助长了虚荣和愚行，而玩票的女演员们沉迷在感性的情感表达中，往往会忽略自己原本的家庭。②"别再向我们展示你黑天鹅绒的拖裙、蓬乱的头发还有你那白色的手帕。不要总想着在舞台上扮演悲戚的父母，回家去吧，在你家的育儿室里，在你家的炉火旁，当一个称职的母亲。"③

诺克斯认为，家庭乃是一处负责教养子女，履行家庭责任的场所，而非炫耀和娱乐之处。④如果真是热衷戏剧，他建议不妨到公共剧院看戏，或者，"如果说，的的确确，他们热爱戏剧诗文，而且拥有鉴赏与判断力，能够欣赏优美的构思，不为裙衫、舞台技巧还有布景所动，为何他们不能默许在自家房间内，或在家庭圈子里，朗读最出彩的戏剧呢？"⑤他为有责任心的读者提供了明确的选项——在戏剧表演的肤浅诱惑与家中朗读的进益收获之间做出选择。

其他对家庭戏剧表演的批评意见也聚焦于某些不恰当之处，批评人士担心，业余演员难以分清所饰角色与真实生活中的角色，以至于"舞台上拥抱男演员，轻而易举变成了私下里接受勾引"。⑥和诺克斯不同，理查德·坎伯兰宣称自己是业余戏剧之友，他督促业

---

① Vicesimus Knox, "Of the Prevailing Practice of acting Plays by private Gentlemen and Ladies," in *Winter Evenings: or Lucubrations on Life and Letters*, 3 vols. (London, 1788), 3:33.

② Ibid., 35.

③ Ibid., 37.

④ 关于业余戏剧的性别之争，参见 Michaelson, *Speaking Volumes*, 127–134.

⑤ Knox, "Of the Prevailing Practice," 38.

⑥ *The Oracle*, 9 March 1798; 也可参见 Rosenfeld, *Temples of Thespis*, 12–15.

第六章
戏剧与朗诵

余演员们,不要在公开的舞台上扮演不适宜的角色:"一位女士怎么能站出来,故意搞笑或扮丑,粗鄙地插科打诨,引全场捧腹大笑呢?"① 他真正担心的,并不是社交场上的精英,而是那些想获得关注的模仿者,"出身寒微又略带自负的"年轻女士,她们"希望吸引上等人的注意,然而这徒劳的野心令她们在舞台上毫无遮掩地暴露了自己,无论场面上多么高贵正派"。②

在布罗金亭炫耀

毫无疑问,类似的公共谴责会影响到表演者对他们所行之事的表述——正如上文所示,索尔兹伯里的哈里斯家族通信就向我们展示了有些家庭应对道德恐慌的方式。还有些人采取了全然不同的路径。未婚的哈丽雅特·皮戈特,在三十来岁的时候与什罗普郡乡下的亲戚同住。她在1807年到1810年间,与附近的地主乡绅们一起参与了一系列的戏剧表演活动。皮戈特后来四处游历,还出版了她在欧洲的旅行经历与社会见闻。在什罗普郡的这段时光,她留下了两卷信件、剧单与文学剪报,全是关于在威尔士边境线上的奥斯沃斯特里附近、布罗金亭大宅(Brogyntyn Hall)排演戏剧的相关内容,她称之为"什罗普戏剧"。这份翔实的材料为我们呈现了一些鲜为人知的排演活动。什罗普圈子里这群人,明显认为自己有别于观念保守,为道德所束缚的左邻右舍,他们的活动与正常的中层家庭相比,可称得上是离经叛道。不过,有关这群人的记录也让我们了解到,玩票式的戏剧排演活动其实常与朋友之间交换笑话、分享

---

① Richard Cumberland, "Remarks upon the Present Taste for Acting Private Plays," in *The Observer, Being a Collection of Moral, Literary and Familiar Essays*, 5 vols. (London 1786), 4:289.

② Ibid., 291.

诗歌、互鉴文辞以及当地的社交活动密不可分。

每逢圣诞和新年，他们都会在布罗金亭、普拉多或普鲁杜大宅（Pradoe or Prudhoe Hall）上演戏剧，前者是皮戈特友人奥姆斯比－戈尔斯（Ormsby-Gores）的住所，后者是凯尼恩（Kenyon）家族的府邸。① 两座府邸都没有专门的小剧场，但演员们为平时的活动设立了一个舞台，有一张普拉多的戏单说明，马车房改成了表演空间。从哈丽雅特的书信往来看，她充当了这帮本地参演朋友的文学领袖。她的书信完全是围绕戏剧所产生的一系列社交往来：信的结尾处总会署上他们正出演或最近演过的角色名，像是"沃尔特·斯科特"（Walter Scot）、"公主"、"白金汉"（Buckingham），或是"里昂提斯"（Leontes）这些。他们在信中讨论各自扮演的人物，争辩每个角色的契合度。托马斯·利克（Thomas Leeke）是拉尔夫·利克（Ralph Leeke）之子，也是他的继承人。这位本地地主靠着东印度公司的生意发了家。1809年末，他写信给哈丽雅特，商量托马斯·富兰克林（Thomas Francklin）悲剧《玛蒂尔达》（*Matilda*）中由他扮演的角色，这部戏在1810年1月就要上演了："我全然不知，所以只能有所保留地接受苏厄德一角，也就是说[原文如此]他可不能只是直愣愣地杵在那儿乏味地念台词，那也太不是我的风格了。"② 还有一位想要登台的朋友来信，宣传自己能用表演娱乐为圣诞助兴：

女士，我是一位高大瘦削的男士，身材壮实又精致。我的

---

① Bodleian Library, Oxford Ms Pigottd. 22 "Letters & Jeuxd' Esprits at the Epoch of the Salop Private Theatricals. Sketches made of the parties by Sir W Gell & other Wits 1811 & later." Bodleian Library Oxford, MS Pigott c. 2, "Pic Nic" Vol I Miss H Pigott.

② Ms Pigottd. 22, fol 17.

第六章
戏剧与朗诵

肤色呈深棕色，眉型极好，眉色也深，鼻子呈三角形，是希腊罗马人的鹰钩鼻，我的双眼闪动着黑色的光芒，只要是您，亲切的夫人，您给我机会，它们能转向**任何方向**，流露出**任何情感**。我可以表现出哀求者的恭谨谦卑，情人的三心二意；我可以扮演低俗喜剧里哗众取宠的小丑，也能够化身您富丽堂皇大宅中的时髦贵公子，就像是常年混迹在那儿。您会发现我无可指摘、堪称完美，温和谦逊，随时能助兴凑趣，很多同胞耽于杯盏，动辄争吵，我和他们不同，我的酒杯时刻为了欢乐氛围与您的宾客准备着。①

他戏谑了自己能胜任某个角色的资质（其中附带一幅角色扮相的自画像），除了表演技巧，还有演出季客居府邸时的助兴凑趣。

什罗普的戏剧演出，和其他类似活动一样，都包含了晚宴与舞会。从皮戈特收藏的戏单来看，主戏剧之后安排了茶歇，接着是一场滑稽剧，随后是晚餐和舞会。在主打"沃里克伯爵之悲剧"的手抄戏单上，幕间安排了刚翻译过来的莫里哀喜剧《脱劳夫尼厄斯的山洞》（The Cave of Trophonius），整场活动"最后是特别受喜爱的诙谐剧《刀与叉》，并在一场舞会中收尾"。②皮戈特的剧本与信件里，邀请函、情人贺卡、笑话、邀舞笺和插画都被装订在一处，内容全是与同一群本地士绅排演戏剧时的交流往来。书信记录了皮戈特与各色参演人士持续的打情骂俏。其中，查尔斯·温菲尔德（Charles Wingfield）最不正经——12月8日他写信问，"D女士的角色有一部分划了'O'"是什么意思，通过随信附上的一些草图暗示她，应当说清楚，究竟指的是胸还是臀。他还赋诗一首，模仿

---

① Ms Pigottd. 22, fol. 63r.
② Ibid., fol. 157.

以书会友
——十八世纪的书籍社交

了马洛（Marlowe）的《与我同住，做我的爱人》，诗以皮戈特即将穿马裤登台收尾：

> 亲爱的皮戈！这美让我俩都中了蛊
> 既然我必得揭示真相
> 当我写着歪诗而你身穿马裤
> 我们展露的，即是该当隐藏。①

哈丽雅特·皮戈特与朋友们身穿马裤的扮相，唤起了从十七世纪晚期开始直到整个十八世纪围绕女扮男装所产生的风化之论。他们为戏剧"美女与野兽，一出取材真实生活而创作的东方表演，在托马斯·凯尼恩大人的普拉多获得了经久不息的掌声"②撰写了开场白。皮戈特，化身科西玛公主（Princess Cossima）（此时穿着马裤）宣告：

> 可是男人们不演——女士们为何不来
> 补上我们悲剧的空白
> 因此没有更多的开场白
> （甩掉了斗篷）
> 我脱去了衬裙，穿起了马裤
> 如果你们其中任何一位丈夫害怕
> 你们的妻子效仿你们朋友的模样
> 如果我们的表演让生活有了分歧
> 并让夫妻生了嫌隙

---

① Ms Pigottd. 22, fol. 8.
② Ibid., fol. 73.

第六章
戏剧与朗诵

我们都将痛心不已。①

这篇开场白打趣着分散了任何有关性别反串的联想，但在其他文字里，我们会看到与道德谴责针锋相对的坚决回击。理查德·坎伯兰曾专门抨击，在文雅的私人聚会里演绎开场白与收场白非常不妥。他认为，这些附加的桥段极不得体："但凡看到任何一位时髦女士置身如此愚蠢又不当的场景之中，我都难免脸红窘困：这些原本是远古戏剧仅剩的败笔，是奴性的残余，只有在伦敦的剧场才能看到，作为新戏上演时的羞辱，全是一堆虚假的文才、浮夸的比喻，还有对女士的轻浮。"②

皮戈特和她的小圈子似乎期待利用开场白与收场白与观众直接交流，直率轻蔑地挑战传统道德伦理。③1807年12月2日上演了《狄奥多西的悲剧》，戏的开场白，可能是威廉·盖尔（William Gell）所作，他如此写道：

> 虽然大家普遍会意，
> 戏剧表演"毫无裨益"
> 但没什么可大惊小怪
> 除非真能证明，确有危害［……］
> 对圈内人而言，这主题多美！
> 那是饮茶时令人愉悦的滋味！
> 八卦的芳香在每一滴茶中偷偷散播，

---

① Ms Pigottd. 22, fols. 87v, 88r.
② Cumberland, "Remarks upon the Present Taste," 287.
③ 开场白与收场白不是皮戈特小圈子的独创——它们在正派得多的戏剧娱乐中也常常出现，比如私排戏剧的希伯家族、哈里斯家族的戏剧，还有本章之前提过的《欧迈尼斯》剧组。

以书会友
——十八世纪的书籍社交

> 用含沙射影包裹着面包与黄油
> 尽管外人费尽心机总想窥探，
> 他们终是猜不透幕后发生了什么。①

203　　盖尔、皮戈特和朋友们在讥讽诋毁者的无端猜忌与挑逗观众之间巧妙游走，他们提到了外界的猜疑，而且暗示观众，他们这群本地的圈内人，真在幕后不怀好意、有所谋划。皮戈特的家族内也充满争议。她的叔父，查尔斯·皮戈特（Charles Pigott）是个激进的讽刺写手，他写的《赛马会》和《女士赛马会》，谩骂式地揭露了上流社会的丑态。他的兄长罗伯特也是激进人士，热切鼓吹着素食主义，还对性学专家詹姆斯·格雷厄姆（James Graham）的"天空之床"无比推崇，那是一种玻璃罩着的装置，据说进入其中的夫妻俩，在东方音乐、活斑鸠以及自动机械的环绕下，更容易受孕。哈丽雅特·皮戈特与友人邻舍的通信往来，让人看到了一种并非所有人都认同和乐意参与的意识，皮戈特的收藏也揭示，人们对表演行为本身就争议不止，即便在相对封闭的乡下小圈子内部，对什么能容许，什么不被接受，也存在着大量不同的看法。

　　十八世纪的戏剧与戏剧文化有多种形式。一方面，戏剧威胁了家庭美德——从莎士比亚的淫秽段落导致道德失控，到母亲会为了演戏不再照料孩子。而另一方面，朗诵文集的书籍市场却在勃勃生长，莎士比亚作品有了各种版本，为家中的朗诵表演提供了有益的内容，无论是家族小聚还是私室阅读，都有了适宜的素材。进入家庭之内的莎士比亚戏剧，时代的低俗幽默被剪除，莎士比

---

① Ms Pigottd. 22, fol. 133 r.

第六章
戏剧与朗诵

亚的文字成为了全家共享的盛宴。然而就在有些家族用衍生的器物装点客厅之时，还有些家族，享受着因私演戏剧风靡而开放的角色扮演与表演自由，就像布罗金亭的戏剧排演。在家庭的空间里，戏剧文化的道德规范既有受到约束的一面，也有被刻意违背的一面。

第七章
小说的世界

> 看完了《阿卜杜拉历险记》。这里头既没有道义，也没有巧思。这部文集虽然冒着傻气，但里面有好些来自神话和魔法的有趣文字。我读这类书与观看戏剧的人一样，都是为了将灵魂一时沉浸其中。哎，越看越觉得难以自拔。
>
> ——格特鲁德·萨维尔，1728 年 10 月 22 日日记 ①

在十八世纪的文学史中，小说的兴起是一件大事。世纪之初，读者们只有欧陆的短篇散文小说可以看，数量还少得可怜，到了世纪末，他们有了《克拉丽莎》《伊芙玲娜》《项狄传》《奥多芙的神秘》（*The Mysteries of Udolpho*）这样的大部头，他们通过书籍、选集、分册、节略版以及期刊连载上数以千计的书页，读到虚构故事。虽然历史学家近来强调，小说只占当时出版生意的一小部分，还有学者甚至质疑"小说兴起"这一提法本身，不过，由散文小说延展而来的文体演进的确为当时文学氛围的格局带来了变革性的影响。② 很多文学批

---

① 22 October 1728, in Gertrude Savile, *Secret Comment: The Diaries of Gertrude Savile, 1721–1757*, ed. Alan Saville (Devon: Kingsbridge History Society, 1997), 144.

② 迈克尔·苏亚雷斯认为，小说出版的巅峰时刻占到了出版物整体数量的 3.5%。参见 Michael F. Suarez, "Towards a Bibliometric Analysis of the Surviving Record, 1701–1800," *Cambridge History of the Book in Britain 1685–1830*, ed. Michael Suarez and Michael Turner (Cambridge: Cambridge University Press, 2009), 37–65, 48。关于近来对"小说兴起"的质疑，参见 J. Alan Downie, "Literature and Drama," *A Companion to Eighteenth-Century Britain*, ed. H. T. Dickinson (Oxford: Blackwell, 2002), 329–343, 340。

评者都认为，叙事小说的兴起与其他因素共同酿成了诗性危机、促使读者回归独处，并催生出自我的复杂变化。小说的兴盛还激发出了群体性的歇斯底里，虽然现在看来荒诞怪异，但于当时来讲，有很多人认为小说既诱惑又危险，读得太多、看得太快都会消磨人的活力。如果我们想要完全理解十八世纪读者聚在一起读书的动因与方式，就有必要了解，围绕这种新体裁所产生的文化争议与道德辩论。但我们也要看到，小说在当时具有多种载体——而且并非都是长篇小说。数不尽的节选、集锦、节略版、杂志上的短篇，还有段子与笑料集，共同营造出一种由读书方式和读书同伴塑造的阅读经历。

小说的兴起

在十八世纪的绝大多数时期，小说都不被称为小说——更多是被叫作"历史""传奇""历险记""人生故事"。直到十八世纪末，"小说"这个术语才被广泛用以指代我们今日认为是小说的体裁，即，长散文中的虚构叙事，往往采用现在（或前不久发生的）时态，侧重于个体经历，并声称所描述世界的真实性。在更早的年代，尤其是世纪之初，很多小说都谎称非虚构——似乎书里所写都是主人公的"真实经历"。"第一部"英国小说，《约克水手鲁滨逊·克鲁索的人生故事与奇异历险，由本人撰写》(*The Life and Strange Surprizing Adventures of Robinson Crusoe, of York, Mariner... Written by Himself*, 1719) 就诱导读者认为（不少人也确实相信），这本书记述了真实的旅途经历。[①] 随着十八世纪的推进，人们逐渐接受了虚构故事，

---

① 关于历史与虚构叙事之间的关联，参见 Robert Mayer, *History and the Early English Novel: Matters of Fact from Bacon to Defoe* (Cambridge: Cambridge University Press, 1997); Lennard Davis, *Factual Fictions: The Origins of The English Novel* (Philadelphia: University of Pennsylvania Press, 1997)。

虽然不少小说仍然冒称其内容有真凭实据，或是源于一手材料。不过，围绕小说**如何**被阅读，被谁阅读的猜疑一直在延续。

小说阅读可能被看作交际阅读的对立面。伊恩·瓦特（Ian Watt）在《论小说的兴起》（*The Rise of the Novel*, 1957）里提出，小说以个体经历为核心，这与经济生活乃至更宽泛的社会层面中，个人主义的发展密不可分。[1] 另一部里程碑式的研究则认为，小说"本质上是……孤僻的文体"。[2] 有学者主张，十八世纪的小说用虚构的交往与亲密关系替代了真实的生活，模仿了原本只在共同阅读经历中才有的对话与社交，创造出一个喋喋不休、引人入胜的叙述者，如朋友一般直接与读者对话。[3] 与此同时，小说本身讲述的故事也侧重个体，给人独来独往的感受。这些观点都没错。许多叙述者确实仿佛在和读者聊天，而且，令十八世纪小说显著区别于欧陆浪漫传奇的，就是对个人主观性的凸显。不过，这两个因素都无法否认日记、信件、图书馆记录与书籍俱乐部的档案里的证据，亲朋好友、相爱之人仍然聚在一起，朗读小说，为书中叙述者对话式的说辞赋予真实的声音。本章拟提出，这一部分原因在于，在当时的观念里，独自阅读小说可谓有害无益，尤其是年轻女性，而家庭氛围鼓励共同阅读。一起读书能够缓解小说阅读时的自我中心色彩。

到了十八世纪晚期，出现了一股强烈反对小说与阅读小说的意

---

[1] Ian Watt, *The Rise of the Novel: Studies in Defoe, Richardson, and Fielding* (Berkeley: University of California Press, 1957). 关于个体意识在这一时期的特征转变，参见 Dror Wahrman, *The Making of the Modern Self: Identity and Modern Culture in Eighteenth-Century England* (New Haven: Yale University Press, 2004)。

[2] J. Paul Hunter, *Before Novels: The Cultural Contexts of Eighteenth-Century English Fiction* (London: W. W. Norton, 1990), 42.

[3] 参见 J. Paul Hunter, "The Loneliness of the Long Distance Reader," *Genre* 10 (1977), 455–485. John Sitter, *Literary Loneliness in Eighteenth-Century England* (Ithaca: Cornell University Press, 1982)。

第七章
小说的世界

见,除了小说本身,他们还关注谁在读以及如何读。[1] 直言不讳的评论人士将矛头对准了全国沉迷于小说诱惑的女性。前文曾提到过的那位一直保持警醒的文化评论家与教育理论家威斯希姆·诺克斯哀叹道,感伤小说

> 不仅会令心智虚弱,连最微小的色欲也无力抵挡,而且含沙射影地暗示,尝试抵制也有违本性……它们已经充斥于王国的每个角落。年轻人想远离俗世侵扰是多么徒劳无益啊。人们通常毫无顾忌地将书籍当作清白单纯的消遣方式,然而它们却往往于幽室深处污秽人心,在远离诱惑时撩拨出激情,乘孤僻独处时灌输邪恶。[2]

诺克斯在这里汇总了围绕小说的若干主流意见:小说产生的性诱惑,令读者过分代入的危害,独自阅读流行,以及散文小说唾手可得。过去三十年的文学评论界,见证了学者对十八世纪小说研究热情的集中迸发。学界对叙事小说的关注——性别、认同、物质性以及权力议题——使得几百年来一直被忽视的女性作家与女性读者群体被摆到了中心位置。[3] 身处"小说兴起"的第二波浪潮之中,

---

[1] 这场围绕小说的世纪之争,其大致范围可参见 Ioan Williams, ed., *Novel and Romance, 1700–1800: A Documentary Record* (London: Routledge and Kegan Paul, 1970)。

[2] Vicessimus Knox, "'On Novel Reading,' No. XIV, Essays Moral and Literary, 1778," in *Novel and Romance, 1700–1800: A Documentary Record*, ed. Williams, 304–307.

[3] Jane Spencer, *The Rise of the Woman Novelist* (Oxford: Blackwell, 1986); Dale Spender, *Mothers of the Novel* (London: Pandora, 1986); Janet Todd, *The Sign of Angellica* (London: Virago, 1989); Ros Ballaster, *Seductive Forms* (Oxford: Clarendon, 1992); Catherine Gallagher, *Nobody's Story: The Vanishing Acts of Women Writers from the Marketplace, 1670–1820* (Berkeley: University of California Press, 1994); Cheryl Turner, *Living by the Pen: Women Writers in the Eighteenth Century* (London: Routledge, 1992).

以书会友
——十八世纪的书籍社交

当代批评家对阅读小说的见解往往重复着诺克斯的看法（除了道德谴责）。年轻女性独自阅读小说，她们与书中的女主人公有着强烈共鸣，而且她们能从流通图书馆、书籍俱乐部还有廉价印刷品等渠道轻易获得小说。然而，真是如此吗？

其他材料揭示了更复杂的情形。简·弗格斯（Jan Fergus）研究了英国中部的地方性阅读以及书籍买卖与流通。他的研究表明，事实上，男性才是小说最主要的购买和借阅群体。在达文特里（Daventry）和拉格比（Rugby）附近的社区，从男学生订阅《淑女期刊》，到书商的生意记录，都有充足的证据显示，男性对女作家写的小说，以及女性作主人公的小说抱有兴趣。[1] 其他研究全国范围内书籍俱乐部和图书馆的新近成果也再次确认了这一模式。[2] 相反，从女性的日记和书信记载的轶事中，我们看到，小说一般只占中产阶级公共朗读内容的一部分，通常还是一小部分。在各式各样的日记里，读小说都同读历史、诗歌、戏剧、自然科学、布道词，以及期刊杂志相伴发生。虽然当时不少评论家都认为，流通图书馆这类机构是滋养小说阅读的温床，但从十八世纪流通图书馆的记录来看，小说其实并不是最流行的，借阅量一般排在游记和地理书籍之后，位居第二。[3]

我们将所有小说混为一谈也不对。就算是最激进的反对者，也不会指责所有小说都一样糟糕。牧师威廉·琼斯在日记里写到

---

[1] Jan Fergus, *Provincial Readers in Eighteenth-Century England* (Oxford: Oxford University Press, 2006), 40–47.

[2] Mark Towsey, *Reading the Scottish Enlightenment: Books and Their Readers in Provincial Scotland, 1750–1820* (Leiden: Brill, 2010); David Allan, *A Nation of Readers: The Lending Library in Georgian England* (London: British Library, 2008).

[3] Allan, *A Nation of Readers*, 105. 第四章曾讨论过，这些流通图书馆的藏书偏好千差万别，不一定以流行小说为重点。

第七章
小说的世界

与女儿们大声朗读的早餐时光:"即便是最优质的小说,我读得也很少——因为我一般读戏剧。我的多西(Dosy),她影响我至深,为早餐时光推荐了《罗莎娜》(Rosanne),我很高兴。《格特鲁德》(Gertrude)我一两年前就拒绝了;不过我们正在边朗读边欣赏**加蒂·奥布里**(Gatty Aubrey)这个可爱的人物。"① 我们能看到明显的界限区分,也应当有这样的区分。莱斯特郡的一个文学社团,创立之时就定下规矩:"除非经受了时间检验,或是已经获得了一定声誉,否则,小说和戏剧不得进入本社图书馆。"② 十八世纪六十年代到七十年代的杂志与评论,为读者们提供了无数可接受与不可接受的小说清单。《淑女期刊》认为,能推荐的只有寥寥几本——包括《伊芙玲娜》、《风流人物》(The Man of Feeling)、《千年圣殿》(Millennium Hall)、《朱莉娅·曼德维尔》(Julia Mandeville)、《女吉诃德》(The Female Quixote),以及理查森的几部小说。③ 通过把"优质"小说从怂恿罪恶、鼓吹愚蠢的书海中鉴别出来,期刊杂志、图书馆还有书籍俱乐部实际上既能够为它们看得上的小说辩护,又得以表明它们对这种文体的矛盾态度。

围绕叙事小说形成的狂怒可能严重扭曲了当时男女阅读小说的真实情况,但却塑造了小说在家庭空间中的呈现方式。反对人士的怒火对准了年轻读者面对小说时的毫无节制,尤其是年轻女性往往独坐幽室,捧着挑唆色欲、诱导荒谬期待的小说,欲罢不

---

① 17 April 1818, in *The Diary of the Revd William Jones, 1777–1821*, ed. O. F. Christie (London: Brentano's, 1929), 275–276. 加蒂·奥布里指的是利蒂希娅·霍金斯(Laetitia Hawkins)的小说《伯爵夫人与格特鲁德》(*The Countess and Gertrude*, 1811) 中的角色。

② 引用自 Allan, *A Nation of Readers*, 105。

③ Jacqueline Pearson, *Women's Reading in Britain, 1750–1835: A Dangerous Recreation* (Cambridge: Cambridge University Press, 1999), 197. 她引用了 *Ladies Magazine* 11 (1780), 693; 4 (1773), 293, 531; 11 (1780), 275; 18 (1787), 596; 22 (1791), 59–61. 关于被认为超出限制的作者的作品,参见 Allan, *A Nation of Readers*, 105。

能。小说令人上瘾，只会让人越看越放不下，评论家采用了狼吞虎咽、如饥似渴、大快朵颐这一类词汇。上文曾提到的行为指南作家，托马斯·吉斯博恩就对年轻女孩在道德上持续的衰退有些许担忧："欲望强烈到无法忽视，越急切，就越不美好，越不讲究。原本觉得被冒犯的，现在也感受不到了。品味被破坏，或是变得麻木。书籍俱乐部的产物，流通图书馆的内容，都被不加区分、不知餍足地狼吞咽下去。"① 爱丁堡的小说家、编辑人亨利·麦肯齐（Henry Mackenzie）在《闲散人》（Lounger）里，进一步发展了这套饮食比喻修辞："当甜蜜的毒药被清除，简单而有益的食物总会被尝到，成长中的心智渴望得到滋养。"②

有些读者明显已全然接受了这份沉迷。前文曾提到格特鲁德·萨维尔，她是诺丁汉的一名日记作者。1728年，无论在出版业还是评论界，小说都还未建立明确的地位，萨维尔轻蔑地写道："看完了《阿卜杜拉历险记》。这里头既没有道义，也没有巧思。这部文集虽然冒着傻气，但里面有好些来自神话和魔法的有趣文字。我读这类书与观看戏剧的人一样，都是为了将灵魂一时沉浸其中。哎，越看越觉得难以自拔。"萨维尔常在晚饭后专门阅读浪漫传奇和小说，她的日记也记下了独处的郁郁寡欢同阅读散文小说之间的关联："一整天都是一个人。除了沉溺于深深忧郁之外，百无聊赖，我现在比以往更深地陷入其中，愈加难以自拔。独自用餐。尽量在床上躺着。看完了两卷德布罗斯男爵历险记，老故事了。"③

---

① Thomas Gisborne, *An Enquiry into the Duties of the Female Sex*, 3 ed., corrected (London, 1798), 228–229.

② Vicessimus Knox, "'On Novel Reading,' No. XIV, Essays Moral and Literary, 1778," in *Novel and Romance, 1700–1800*, ed. Ioan Williams (London: Routledge and Kegan Paul, 1970), 306.

③ 20 October 1727, in Savile, *Secret Comment*, 71. 这里是指伊丽莎·海伍德的《德布罗斯男爵回忆录》（*Memoirs of the Baron de Brosse*）。

第七章
小说的世界

以阅读中的女性为主题的画作也反映出女读者的孑然一身。① 虽然西方绘画里，书籍往往是美德与自我修养的象征，但到了十八世纪，书籍被用以象征小说阅读的性意味。② 比如，奥古斯特·贝尔纳·达杰希的《读〈爱洛伊丝与阿伯拉尔书信集〉的女士》（*Lady Reading the Letters of Heloise and Abelard*, 1758—1759）这幅画，拿在手里的书让人联想到性放纵与自我梦境。达杰希的画作里，一名读者独自一人，满怀激情，嘴唇张开，手臂懒懒下垂。在她桌上的情书旁边，摆着一本《爱的技艺》。画面中的光线，以及紧挨着的书籍、衣裙与胸部，让人联想到三者之间的联系——正是这本小说将读者引入了心神摇曳的兴奋之中。在许多绘画和印刷品中，独处而专注的读者成为提喻符号，凝练了小说文本的内向性，以及阅读过程的私密性。（图24）③

恰恰由于人们认为年轻人脆弱的心灵与道德与读小说有关，十八世纪的行为指南才力主要在家庭圈子内阅读小说。不少人将小说造成的问题归咎于廉价版本的存在，流通图书馆让小说简便易得，女性读书不再需要受制于亲近之人。

伊丽莎白·缪尔（Elizabeth Mure）的手札内容记述了苏格兰社会习俗在十八世纪的变迁，她宣称，十八世纪早期，"书店不像现

---

① 参见 William Beatty Warner, "Staging Readers Reading," *Eighteenth-Century Fiction*, 12 (2000), 391–416。

② Ibid., 393.

③ Robert Folkenflik, "Reading Richardson/Richardson Reading," in *Representation, Heterodoxy, and Aesthetics: Essays in Honor of Ronald Paulson*, ed. Ashley Marshall (Newark: University of Delaware Press, 2015), 41–59, 43. 亦可参见罗杰·夏蒂埃（Roger Chartier）对夏尔丹（Chardin）画作《私人生活娱乐》（*The Amusements of Private Life*, 1745）的探讨, in "The Practical Impact of Writing," in *A History of Private Life: Passions of the Renaissance*, ed. Philippe Aries and Georges Duby (Cambridge: Harvard University Press, 2003), 111–160。夏蒂埃称之为，"一种图像的提喻，部分（阅读）代表了整体（私人生活）。读书这一个行为，代表了家庭琐事与义务完成之后，剩余时间里所有的个人乐趣"。

以书会友
——十八世纪的书籍社交

图24 《读〈克拉丽莎·哈洛〉时的沉思》,加布里埃尔·斯科罗多莫夫(Gabriel Scorodumoff)继乔舒亚·雷诺兹(Joshua Reynolds)而作,伦敦,1785年,点刻与蚀刻版画(大英博物馆,编号:1838,0714.4,© The Trustees of the British Museum)

在这样,摆满小说与杂志,女性无法通过阅读了解到什么,因为少有能看懂的书籍,她们只能从与异性的交谈中获得知识"。①

阅读、写作以及图书行业都在发生着广泛的变化,在这样的环境里,家庭共同阅读成为一道文化防线。家庭阅读能让女性免遭小说潜在的毒害,同时又能营造良好的家风。

在人们的认知中,家庭成员围坐一起阅读小说,与无所事事的年轻女性不受引导地捧着小说,截然不同。1764年12月的《文艺评论》(Critical Review)推荐了一组浪漫传奇,并提供了建议阅读的场景:"这些书目将会是纯洁的假日消遣;父母分别站在火炉的两侧,从寄宿学校回来的孩子们围在他们身旁,轮流朗读一段——**可以如此**。"② 与他人一起读书时,读者可以得到周围人的指导:理想

---

① Elizabeth Mure, National Library of Scotland, Ms 5003, "Essay on the Change of Manners in my Own Time," fol. 8r.

② *The Critical Review; or, Annals of Literature* (London, 1764), 18: 480.

状态下，一位在家人陪伴下读书的年轻女士，会和父母或导师讨论所读内容，任何不知不觉中产生的误解都能从中得到纠正。① 她能以家庭阅读的理念为尺度，衡量哪些书籍适合自己读——如果一本书不适合共同阅读，那也就压根不宜再读了。② 共同阅读让人们得以就所读内容进行说明。很多记录家庭阅读的文字都曾提到，读书过程往往会被读者和听众的解说所打断。激进人士和女权主义者玛丽·沃斯通克拉夫特（Mary Wollstonecraft）认为，读书时观点鲜明可以塑造听众的态度："如果有一位颇富见地、言谈幽默之人，为年轻姑娘朗读[一些浪漫小说]，不仅通过语调，而且通过恰当地对比历史上的悲剧与英雄，指出它们如何讽刺人性愚蠢荒诞，理性的观念就可能取代感性的情感。"③

朗读的道德

年轻女性尤其易受小说"那些有关爱情与骑士风度的令人头晕目眩又异想天开的念头"影响，人们会这么想，原因之一在于，女性阅读被认为有别于男性。女性在阅读时没有足够分量的思想投入，反而容易陷入与角色的情感共鸣。④ 据称，女性无法运用理智的判断，使自己脱离书页中描述的世界，而是全情投入其中。⑤ 有时这也能成为优点。詹姆斯·福代斯就曾愉快地肯定了宗教阅读中

---

① 关于在家共读时兴小说的重要性，参见 Pearson, *Women's Reading in Britain*, 170–175。
② Gisborne, *An Enquiry into the Duties of the Female Sex*, 225.
③ Mary Wollstonecraft, *Vindication of the Rights of Woman* (London, 1782), 431.
④ "Mr Urban," *Gentleman's Magazine*, December 1767, 580.
⑤ 参见 Cynthia Richards, "'The Pleasures of Complicity': Sympathetic Identification and the Female Reader in Early Eighteenth-Century Women's Amatory Fiction," *Eighteenth Century* 36 (1995), 220–233。

的性别差异。他建议年轻女士,读《圣经》要聚焦"最令想象力震惊的事实,以及最令心灵震颤的情感"。读《圣经》时投入情感是可取的长处,因为这能赋予女性更强的虔敬与信仰。① 但如果是读小说,同样的性别化情感倾向就成了危险因素,令人陷入道德困境。阶级差别使问题进一步恶化。出身中产之家或更低阶层的年轻女士,除了自身性别原因,还由于教育的缺失,更难与小说里的世界保持审慎距离。

与人一起共读时,交流形成的标准框架会取代个人沉浸式阅读纯粹主观的共鸣。十八世纪的小说也点缀了不少共读的有益桥段。有时,小说里的类似情节,是为了让小说人物准确把握一段文本。在范妮·伯尼的《伊芙玲娜》中,女主人公讲述了她与追求者奥维尔勋爵(Lord Orville)一起读书的场景:"我们读书时,他会点出最值得注意的段落,引出我感性的一面,并流露出自己的情绪,令我倾心。"② 同样,理查森的《帕梅拉》续集,《得意洋洋的帕梅拉》(*Pamela in Her Exalted Condition*)也设计了共同阅读的情节,小说里的戴弗斯夫人(Lady Davers)提到,她与她那些无所事事的朋友们如何因为共同阅读帕梅拉的故事而受到感化:"我们深深着迷于你的书页。通过它们,你让我们拥有了很多愉悦,否则这时间也太过难挨,我们都因你而陶醉……贝蒂夫人说,这是她听过最棒的故事,而且还是最受启迪的。"③ 戴弗斯夫人与她的朋友们属于

---

① James Fordyce, *Sermons to Young Women*, 2 vols. (London, 1766), 2:167, 引自 Kathryn L. Steele, "Hester Mulso Chapone and the Problem of the Individual Reader," *Eighteenth Century* 53 (2012), 473–491.

② Frances Burney, *Evelina, or, The History of a Young Lady's Entrance into the World*, ed. Edward A. Bloom (London: Oxford University Press, 1968), 296.

③ "Letter VI. From Lady Davers to Mrs. B," Samuel Richardson, *Pamela in her Exalted Condition*, ed. Albert J. Rivero (Cambridge: Cambridge University Press, 2012), 24.

第七章
小说的世界

小说的热切读者。在上述两个例子中，共读都让当事人得以从手中的书本里挣脱出来，通过交流讨论保持批判思考的距离。还有其他小说也强调，一起阅读促进了人物之间相互交流，或是让人学到了批评判断的能力。《奥多芙的神秘》里的埃米莉回忆求婚者瓦兰科尔特（Valancourt）曾为她读书："她以前总是坐在那儿忙着什么，而他在说话，或在阅读；她现在很清楚地记得，他以何等敏锐的鉴赏力，怎样温柔的精力，反复诵读着他们最喜爱的作家最出彩的片段。他经常停下来，和她一起赏析文字的优美，他总是柔情满腹，一脸喜悦地聆听着她的评论，修正她的品味。"① 在夏洛特·史密斯（Charlotte Smith）早期的小说中，读书也被当作进行社交、巩固友谊的方式——在《艾米琳，城堡孤女》（*Emmeline; or, the Orphan of the Castle*，1788）中，女主人公与同情她的朋友相伴读书，获得了不少安慰。②

这些小说虚构的桥段并不能证明现实中也有一样的做法，但它们确实说明，存在这样的观念，认为朗读能矫正个人默读时自我中心的独断主义。塞缪尔·理查森出版《帕梅拉》，就彰显了对小说交际阅读的拥护。《帕梅拉》尤其体现了围绕散文小说价值的争议。这是一个女仆抗拒男主人骚扰，后来反而嫁给他（当他改过自新之后）的故事，《帕梅拉》引起了两极化的评价。它是一部美德战胜邪念的道德升华寓言？还是一部对年轻的变心者窥探式的讴歌？理查森曾担忧，读者可能会出于错误的动机喜欢这部小说。《帕梅拉》旨在"教诲宗教与美德"，而非撩人的爱情故事。为了确保小说能被"正确"阅读，理查森采取了各种策略，其中之一就是，将它呈

---

① Ann Radcliffe, *The Mysteries of Udolpho: A Romance*, 2nd ed., 4 vols. (London, 1794), 4:195.

② 参见 Joe Bray, *The Female Reader in the English Novel: From Burney to Austen* (London: Routledge, 2009), 35–38。

现为一本可以且应当与人共读的书籍。① 他着重强调了小说如何受他人影响而逐渐成形。他回忆,《帕梅拉》的收尾,是由他的妻子和另一位住在家中的年轻女士,有效地促进他完成:"她们并不知道我动笔了,当我给她们念了一些故事情节之后,她们每晚都会跑来我的小房间问我——'您还有更多的帕梅拉故事吗,R 先生?我们是来多听一点帕梅拉的。'"②

对《帕梅拉》进行第二版修订时,理查森专门展现了这本书在家庭成员之间被阅读的方式。阿伦·希尔(Aaron Hill)是理查森的一位朋友,他曾写信赞美这部小说。理查森在第二版中搬来了希尔的赞誉,用以回应小说令人窝火的"低俗"情节所招致的连串批评意见。来信摘选的第一段,希尔宣称,"自从收到它之后,我什么也没做,只是读给别人听,再听别人为我读;我觉得很可能也就是这样了"。③ 希尔的评语证明,《帕梅拉》是供人分享阅读,而非躲在幽室里偷偷咀嚼,或瘫在沙发上用来消遣的读物。他着重强调了小说在家庭氛围中的作用:"可以肯定的是,任何家庭都不会缺了能阅读的姐妹、兄弟与子女,也不会少了能思考的父母和朋友;同样可以肯定的是,一包炸药的引线不断燃烧引爆熊熊火光的势头,也比不上《帕梅拉》的魅力,它令挨家挨户接连入迷,终将占据整个王国的心灵。"④

当时的评论家们用传染病蔓延来比喻《帕梅拉》的流行,希尔

---

① 更充分的讨论,参见 Folkenflik, "Reading Richardson/ Richardson Reading," 41–59。

② 1 February 1741, "Richardson to Aaron Hill," in *The Correspondence of Samuel Richardson: With Aaron Hill and the Hill Family*, ed. Christine Gerrard (Cambridge: Cambridge University Press, 2013), 90.

③ Samuel Richardson, *Pamela; or, Virtue Rewarded: In a Series of Familiar Letters, The Second Edition, To Which are Prefixed, Extracts from Several Curious Letters Written to the Editor on the Subject* (London: 1741), 1:xvi.

④ Ibid., xxviii.

第七章
小说的世界

则反过来利用这类比喻形容帕梅拉的美德极富感染力。他将小说重新放回了客厅,作为体面家庭展开文雅讨论的话题。希尔在信的结尾讲了一桩共读小说的趣事,主角是一个孩子。这个小男孩偷偷溜进了家庭聚会,当时希尔正在朗读一段感人的文字:正是帕梅拉试图逃离主家未遂后,一度动了投水自尽的念头。希尔说,这个小孩坐到了他的面前,耷拉着脑袋。

> 他就这样坐了一会儿,一动不动,我们都以为他睡着了。突然,我们听到了一连串揪心的啜泣;尽管他努力憋着不想让我们发现,但他的小脸胀得像要裂开一样,抽搐着强忍悲伤……每位女士都迫不及待想要亲吻他,从此之后,他备受大家宠爱——这也许是皈依《帕梅拉》的最年轻信徒。①

希尔述说的趣事推翻了针对小说阅读的成见。在传统观念里,小说会荼毒不成熟的心智,但我们却知道了小男孩"皈依"《帕梅拉》的故事,显然,打动他的不是帕梅拉散发的性诱惑,而是她的道德情操。集体阅读为这个孩子把控了内容,他的回应也能得到大人们的赞许,他们认可了他对小说的"正确"理解。小男孩对文本的生理反应证明,这部小说能够感化任何听者。

小说阅读的核心存在着悖论。一方面,年轻人被告诫,小说将"于幽室深处污秽人心,在远离诱惑时撩拨出激情",这是威斯希姆·诺克斯说的。读者过度沉溺在虚妄的世界中,无法再区别现实和想象。但另一方面,小孩在社交情景中展现出的情感回应被赞许

---

① Samuel Richardson, *Pamela; or, Virtue Rewarded: In a Series of Familiar Letters, The Second Edition, To which are prefixed, extracts from several curious letters written to the Editor on the Subject* (London: 1741), 1:xxxii-xxxiii.

为小小年纪就拥有了珍贵的共情力。虽然阿伦·希尔讲述的这段趣事,是为了吹捧《帕梅拉》而衍生的副文本,难说能代表整体的小说阅读体验,但它被收录到序言之中,这表明,若要理想化地呈现小说,离不开共读的**概念**。

情感与表露

对于小说究竟是好是坏的争论往往针对感伤小说。① 这类小说里有悲惨的乞丐、孤儿、女仆或旅人,由他们勾起的情感回应,在某种程度上会被斥为自我沉溺:"我真切地见到过,母亲们,在可悲的阁楼上,**为了虚构的女主人公掩面哭泣**,而她们的孩子在**嗷嗷待哺**;还有家里的女主人在客厅看小说,一看就是几个钟头,而女仆也纷纷效仿,在厨房里做着同样的事情。"② 但如果是在社交环境里,读感伤小说,还动情地流泪,那通常会被视为真挚的人性情感,就像希尔的趣闻所显示的那样。③ 如果有小说能得到读书小组成员的眼泪,都会获得赞誉。托马斯·特文宁牧师曾给查尔斯·伯尼去信,提到范妮·伯尼《塞西莉亚》(*Cecilia*)一书的读者反响:"我认识住在科尔切斯特(Colchester)的姐妹,她们和蔼可亲,理智干练,某天早上,有人看到她们在嚎啕大哭!她们对这部小说爱不释手,临近要赶赴晚宴前一小时才放下,她们不得不延后计划,

---

① 关于情感与情绪的兴起,参见 Ann Jessie Van Sant, *Eighteenth-Century Sensibility and the Novel: The Senses in Social Context* (Cambridge: Cambridge University Press, 1993); Janet Todd, *Sensibility: An Introduction* (London: Methuen, 1986)。

② "Number V. Tuesday, October 6, 1795," in *The Sylph* (Deptford, 1796), 36–37.

③ 参见 Paul Goring, *The Rhetoric of Sensibility in Eighteenth-Century Culture* (Cambridge: Cambridge University Press, 2005)。

第七章
小说的世界

因为眼睛和鼻子都哭得又红又肿，一时恢复不过来。"① 另有一则《克拉丽莎》的朗读轶事，也从类似角度展现了小说的优点：

> 一位女士边给另外两三人朗读《克拉丽莎》的第七卷，边让女仆给自己卷发，可怜的姑娘流下了长串泪水，落到了女主人头上，她被迫让她离开房间以平复心情，当被问到为何而泣时，她说道，是由于不忍至善至纯的人处在痛苦之中；一位女士跟着她离开了房间，并因为她的回答给了她一克朗。②

货真价实的情感回应当如何估值，这个做头发的小故事提供了一种奇特理解——通过确切地支付了一克朗来彰显价值。哭泣的女仆意外加入情感剧场，印证了《克拉丽莎》的感染力。无论是这两段轶事，还是希尔讲述的男孩趣闻中，眼泪都是不经意间流下。③ 感伤小说的批评者哀叹读者刻意放任自己沉浸于悲痛情绪——而表现出积极情感回应的故事，则都是意料之外的反应。

有时，读者们似乎认为，朗读能强化文学作品带来的情感共鸣。据哈丽雅特·马蒂诺讲述，小说家阿梅莉亚·奥佩常在手稿付梓前，先小范围试探一番读者反响。朗读带来的改变效果被马蒂诺记录了下来："我记得母亲和姐姐从奥佩夫人家回来时浮肿的眼袋与脆弱的心情，她们在那儿听女主人激情澎湃地朗读了一个晚上

---

① 18 September 1782, "Miss Burney's 'Cecilia.' To Dr. Burney," in *Recreations and Studies of a Country Clergyman of the Eighteenth Century: Being Selections from the Correspondence of the Rev. Thomas Twining, M.A.* (London: John Murray, 1882), 111.

② 16 December 1749, Letter from Lady Bradshaigh to Samuel Richardson, 引自 T. C. Duncan Eaves and Ben D. Kimpel, *Samuel Richardson: A Biography* (Oxford: Clarendon, 1971), 287。

③ 关于这一时期哭泣的文化史，参见 Thomas Dixon, *Weeping Britannia: Portrait of a Nation in Tears* (Oxford: Oxford University Press, 2015)。

以书会友
——十八世纪的书籍社交

的《脾气》。她们看到印刷版后，简直难以相信这是同一个故事。"①十八世纪专供朗读使用的出版文集里，全是从小说中摘取的感伤片段，我们不妨暂且思考一番，作为社交行为的朗读，究竟多大程度影响了原作构思，才令原作得以为当时流行的文集提供成型选段。汇聚了感伤场面的文集优势有二：既能让读者和听众领略极致的情绪，还可以宣称道德上有所进益。《英国散文集粹》(Beauties of English Prose)的编者声称，"麻木冷酷的心（如果真有），也会从勒菲弗（Le Fever）令人怜悯的故事里获得绝佳的启示；专横残暴之人，也能被人性感化"。②亨利·麦肯齐的《风流人物》是摘编类文集的宠儿，似乎也成了检验情感回应的试金石。步入成年之后的路易莎·斯图尔特（Louisa Stuart）夫人写信给沃尔特·司各特，回忆自己曾为了给予正确回应所经历的痛苦："我清楚记得，它(《风流人物》)首版之初，母亲和姐姐手不释卷，为它哭泣流泪！轮到我读时，当时14岁的我对情感仍然懵懂，我暗自担心，自己的哭声不足以赢来情感恰当的肯定。"③

在诸如《散文诗歌集锦》、《韦利特文学集萃》(Waylett's Beauties of Literature, 1791)，还有《散文作家美文优选》(Beautiful Extracts of Prosaic Writers, 1795)这类书籍中，单独摘选出来的感伤片段拥有了它们自己的后续生命。无论是斯特恩《伤怀之旅》(Sentimental Journey)里玛丽亚的故事，还是《项狄传》里的勒菲

---

① Harriet Martineau, *Harriet Martineau's Autobiography: With Memorials by Maria Weston Chapman*, 3rd ed., 3 vols. (London: Smith, Elder, 1877), 3:430.

② *Beauties in Prose and Verse Selected from the Most Celebrated Authors* (Stockton, 1783), vii. 前言。

③ 4 September 1826, Lady Louisa Stewart to Sir Walter Scott, in *The Private Letter-Books of Sir Walter Scott*, ed. Wilfred Partington (London: Hodder and Stoughton, 1930), 273. 斯图尔特还记录了几十年之后，当她的朋友朗读《风流人物》时，听众的回应有所改变，"完全失效了。无人哭泣，读到一些我过去极受触动的段落时——天啊！他们竟然笑了出来"。

第七章
小说的世界

弗之死，都被不断再版，成为了伤感朗诵的经典篇目。玛丽亚的故事衍生到了多种器物上——斯塔福德郡出品的人物塑像、浮雕徽章、浅浮雕手镯、花瓶、针盘、腰带扣、茶具以及数不胜数的版画、油画和书籍内页插图。① 斯特恩笔下约里克（Yorick）邂逅失恋少女的桥段被制成了恩菲尔德朗诵文集《演说者》的扉页画，而在詹姆斯·科布（James Cobb）的《英文读本》（*English Readings*）里，波普林夫人（Mrs. Poplin）宣称，那是她最钟爱朗读的一篇。赫斯特·索尔（Hester Thrale）的女儿曾经嘲讽学校如何教导她们朗读这一篇："她们常用一种奇怪的语气重复一些内容，忍不住被自己的想法逗笑——经过询问，我们发现，让她们如此开怀大乐的，正是斯特恩的玛丽亚桥段。"②

那么，究竟该如何朗读感伤小说的选段呢？我们可以从《朗读者或诵读者》里找到一些启发，这部文集里提供了相当具体的朗读指南。编者专辟一节收录斯特恩的小说并提示，如果这些内容"怀揣感情朗读"，会让"有品味和鉴赏力"的读者获得极大愉悦。③ 他引导读者如何朗读勒菲弗之死，他建议，无论是男读者还是女读者，都要采用一种"雄浑的悲凉语气"，并且按照斯特恩的排版提示来读："斜体的字句要比我们先前建议的语气更悲情一些。"④

---

① 关于玛丽亚的陶制塑像，参见 Pat Halfpenny, *English Earthenware Figures, 1740–1840* (Woodbridge: Antique Collectors Club, 1991), 149。玛丽亚的各种衍生品清单，参见 William Blake Gerard, *Laurence Sterne and the Visual Imagination* (Aldershot: Ashgate, 2006), 227–231。关于玛丽亚形象出现在装饰陶瓷上的情况，参见 W. B. Gerard, "Sterne in Wedgewood: 'Poor Maria' and the 'Bourbonnaise Shepherd,'" *Shandean* 12 (2001), 78–88。

② Hester Piozzi, *Thraliana: The Diary of Mrs. Hester Lynch Thrale (Later Mrs. Piozzi), 1776–1809*, ed. Katharine C. Balderston, 2nd ed., 2 vols. (Oxford: Clarendon, 1951), 2:823.

③ *The Reader or Reciter: By the Assistance of which Any Person may Teach Himself to Read or Recite English Prose* (London, 1799), 75.

④ Ibid., 77.

文稿中的标点符号是难住朗诵人的障碍之一。[①]标点符号在十八世纪小说中鲜少一致，直接引语、间接引语，还有标示说话人转换的符号都没有统一。使用引号标注直接引语是现代的习惯用法，在当时尚未形成规范，对说话人的标示同时存在着各种记号。斜体或破折号不仅可以用来提示说话人的转换，还可以表示着重强调。来自查尔斯·约翰斯通（Charles Johnstone）《克利斯儿》（*Chrysal*）的一段文字中，破折号、引号与斜体交错混用，每种符号都被用来标示何时何人正在说话。

　　按照《朗读者》指南所说，朗读更难的一点在于，人物间的转变要辅以语气的变换。以斯特恩的《项狄传》为例，为了展现托比叔叔的率真性格，"整个过程中必须流露一种无拘无束的直率坦诚，才能立刻凸显你的人物"。[②]下士则要采用"粗俗的口吻"来说话。[③]朗读者必须注意区分这两个角色，"否则就会完全破坏原本的效果"。[④]还有斯特恩句法的特殊性——句子支离破碎，"斯特恩笔下半了末了的词句，要留神表达出其中的绵长情感"。[⑤]人们注意到了斯特恩对破折号的随意使用——他早就在严谨的标点专家那儿挂了名，其中一位还这么评价过："真不知道还有哪位作者，能把破折号用得这么糟糕，或是比他更加难懂。"[⑥]马尔科姆·帕克斯（Malcolm Parks）写过一部《停顿与效果：西方标点史》，他提出，斯特恩作品中频繁出现的破折号与感叹号，是为了让读者朗读时能

---

① 关于这一时期英法散文小说中标点符号的区别，参见 Vivienne Mylne, "The Punctuation of Dialogue in Eighteenth-Century French and English Fiction," *The Library*, 1 (1979), 43-61.

② *The Reader or Reciter*, 77.

③ Ibid., 78.

④ Ibid., 80.

⑤ Ibid.

⑥ David Steel, Elements of Punctuation (London, 1786), 58 note a.

第七章
小说的世界

够充分挖掘叙事中的情感与戏剧性的潜力。①

《朗读者》也提醒假想的朗读人,不要对斯特恩的这篇文字进行过度处理:"矫揉造作,虚情假意都没有用,而要单纯、坦率、真诚……在你的感伤里掺入真挚纯粹。"② 在关键时刻,面部表情至关重要,朗读人被敦促要"蹙眉以示悲痛"。③ 朗读人为了掌握技巧,不得不直面文本中的各项元素:通过作者离经叛道的标点和句法运用,来理解文章的内涵,为不同角色呈现出有所区分的朗诵方式,还要按照感伤主题的内在要求,用"雄浑的悲怆"为第三人称的平叙添彩。很多当代评论家与读者都注意到,斯特恩的小说有各种令人焦虑的特征,其中之一便是像《伤怀之旅》一类的作品中折射出的哀淫同体。在游历欧洲的旅途中,约里克一路遇见不少人,斯特恩讥讽多愁善感的邂逅蕴含着情欲的张力,但与此同时,也创造出了悲怆动人的真情时刻。这种嘲讽与伤情的两相结合,我们现在很难重现,而且这也影响了当时朗诵爱好者们的演绎。《伤怀之旅》中著名的玛丽亚桥段,是由一位车夫叙述的,他素来并不多愁善感,但说起这段伤感往事之时,人物个性却有了戏剧性的变化。《朗读者》的编辑在介绍时这一段时,直截了当地说:"演绎车夫时,一丁点的粗陋感都不要带入,即便这个人物在其他时候都是那样。你的表达必须率真动人,天然质朴,才会契合作者

---

① M. B. Parkes, *Pause and Effect: An Introduction to the History of Punctuation in the West* (Aldershot: Scolar, 1992), 92. 评论家们对斯特恩的破折号的听觉效果,以及斯特恩的破折号能否被朗读存在分歧。参见 Michael Vande Berg, "Pictures of Pronunciation: Typographical Travels Through Tristram Shandy and Jacques le Fataliste," *Eighteenth-Century Studies* 21 (1987), 23–24; Roger B. Moss, "Sterne's Punctuation," *Eighteenth-Century Studies* 15 (1981–82), 180–181。关于斯特恩的页面设计,参见 Janine Barchas, *Graphic Design, Print Culture, and the Eighteenth-Century Novel* (Cambridge: Cambridge University Press, 2003)。

② *The Reader or Reciter*, 82–87.

③ Ibid., 92.

的意图。"①

角色与扮演：演绎他人

对于朗读时的角色变换，与其说是力求逼真有难度，不如说是演绎表达有挑战。朗诵人得小心避免用同一个人的嗓音通读全篇。那位车夫时而粗鲁直率，时而悲伤柔情——朗诵人须得自行判断。这就免不了要花一番准备的功夫，至少是提前默读一遍。情绪和感受要通过皱起的眉头或是低落的眼神来展现，但又要力求自然，毫不做作。当然，并非每位小说的朗读者都遵循这些规则，但我们能看到为小说文字赋予情感的潜在挑战。《朗读者或诵读者》一再鼓励读者，为不同的角色采用各不相同的口吻和动作，以区别小说里不同的说话语气或叙述立场。其他朗诵指南似乎也推荐了相同的方法，看得出来，叙述和扮演之间，需要维系某种平衡：

> 如果是叙述、描写、观点或是劝诫文字，朗诵人站定一处，以作者的身份说话就行；但如果是排练对话片段，那他不仅要根据主题来调整自己的朗诵方式，还要契合人物性格。因此，同样的叙述和描写，如果由不同的人物说出来，也必须以不同的方式朗诵。②

其他导师区分了不同程度的情感投入。约翰·威尔逊在《朗诵的原则》(*Principles of Elocution*)里强调，读者有责任"自然扮演"开心或痛苦："以第一人称来描述，必须同第三人称有差异：由置

---

① *The Reader or Reciter*, 94.

② John Rice, *Introduction to the Art of Reading with Energy and Propriety* (London, 1765), 291.

第七章
小说的世界

身其中或开心或痛苦的人物述说快乐或悲伤的场景，朗读人需要伪装出同样的感受，展现出自然扮演的语气，否则无法尽善尽美；但如果相同的场景由身处事外的旁观者讲述，感受必然没那么鲜活，语气没那么多变，重音也没那么有力。"①

朗读小说，想出彩也不容易。上文这些说法让我们看到，朗读者们迫于朗诵术运动的压力，不得不弄清楚讲述者或说话人究竟多大程度参与到他们所说的故事之中——他们有情感上的介入吗？他们的描述是否带有感情色彩？十八世纪的小说中，总能见到间接引语也用引号标注，和直接引语一样，这说明在朗诵时，引号里的内容要与正言直叙有所区别。②

与扮演相关的这些问题再次暴露出大众文化中既存的紧张关系——以及共读如何纾解了张力。脆弱孤寂的阅读者，如果混淆小说里的传奇故事与现实生活的差别，过分代入小说中的人物，是糟糕恶劣的。③朗读让人通过表演的形式，接触小说人物的个性，并由此意识到，这只是为了表演，只不过是更大叙事框架中的某一环节，除此之外还有多重争鸣之声。所以，从某些方面来说，朗读可以化解过分代入的弊端。人们在读到勒菲弗之死时，会体会这位叙说者的痛苦，这非常好，但仍要能切换回项狄说话时的堂吉诃德口吻。许多朗诵导师都指出，朗读小说与朗读戏剧更贴近，而不是屏住呼吸，单调急促地干念情节。吉尔伯特·奥斯汀是《手势》(1806)的作者，他说："当众朗读这些作品时，为了迅速揭开故事情节，单纯的叙述内容免不了会被读得异乎寻常之快。"但他也强调，这

---

① John Wilson, *Principles of Elocution* (Edinburgh, 1798), 64.

② 参见 Mylne, "The Punctuation of Dialogue," 58。

③ 参见 Catherine Gallagher, *Nobody's Story: The Vanishing Acts of Women Writers in the Marketplace, 1670–1820* (California: University of California Press, 1995), 279。

种读法不能随意照搬,因为"一些有趣的场景需要朗读得精彩非凡,很多这样的情节的结构都和一般的戏剧类似,要求用同样的方式朗读"。①

我们很难知晓,当时的读者究竟如何体会读小说产生的代入感,如何保持距离感,我们同样难以道明,朗诵手册提供的指导建议与实际践行的朗读行为之间究竟有多大关联。许多评论家都注意到,小说里的对白——比如弗朗西丝·伯尼的小说中有不少个性鲜明的人物之间的交谈——完全能像喜剧对白一样被成功演绎。朗读得宜的小说听起来可能更像一出戏剧。简·奥斯丁的侄女卡罗琳记录了她读《伊芙玲娜》的情形:"我记得有一次她拿起一卷《伊芙玲娜》,读了几页史密斯先生与布朗顿一家人的对话,让我觉得像一出戏。"②有类似感受的不只卡罗琳。当时很多读者都为这部小说的对白所打动。③

除了常被引用的对话之外,《伊芙玲娜》本身的书信体行文也复制了为大家所熟知的,家人之间互念书信的口头阅读场景。苏珊娜·伯尼(Susannah Burney)在给姐姐范妮的一系列信中,详细分享了她家朗读刚出版的《伊芙玲娜》的情景,我们从中能得到强烈又直观的感受。苏珊娜充当了姐姐的探子,她躲在门后偷听父亲为母亲朗读,还把所有听到的内容都记了下来。她赞美父亲,小说里的对白让他读得活灵活现:"伯尼博士真会念对白,角色感很强,太令人兴奋了。"④从苏珊娜为范妮分享的读者反响来看,很

---

① Gilbert Austin, *Chironomia; or, a Treatise on Rhetorical Delivery* (London, 1806), 206.

② Caroline Austen, *My Aunt Jane Austen, a Memoir* (London: Spottiswoode, 1952), 10.

③ Patricia Michaelson, *Speaking Volumes: Women, Reading, and Speech in the Age of Austen* (Stanford: Stanford University Press, 2002), 178.

④ "Susan to Frances Burney," in Frances Burney, *The Early Diary of Frances Burney, 1768–1778*, ed. Annie Raine Ellis, 2 vols. (London: George Bell and Sons, 1889), 2:230.

第七章
小说的世界

明显,无论小说的朗读者还是听众们,都没有简单代入女主人公伊芙玲娜,而是与小说保持了审慎的距离,从幽默的对白和细腻的悲情时刻中获得享受。这部小说以"场景"展开,仿佛是一出戏剧,其中最受欢迎的,要属杜瓦尔夫人(Madame Duval)受米尔凡上尉(Captain Mirvan)怂恿时的一段滑稽对话,在苏珊娜的描述里,各路读者都对这一段念念不忘,一再回味。苏珊娜还讲述了父亲朗读到伊芙玲娜与她父亲会面时的样子:"他说,'我声明,我从没有为了哪一出悲剧而这般哭泣——如果不是我努力克制着——我会嚎啕大哭——从未读到过更紧张的内容——我坚决要求将它搬上舞台……我想建议让它成为某出戏的一部分'。"①

查尔斯·伯尼认为,这部小说堪比戏剧作品,这在苏珊娜的信中也有所呼应,这说明在他们眼中,小说被分成了不同的场景,其间穿插有大量的讨论。她的父亲显然总在朗读过程中停下来,讨论起某个人物:"我父亲每读完一段上尉的发言,都要停下来笑一会儿——'好极了!'——'这难道不妙么?'——'他说的每句话虽然粗俗了些,但都透着风趣。'"②读书小组也利用了小说的书信体形式,在朗读时插入讨论:"我们采用了最让人愉悦的方式来读——不是匆匆忙忙一读到底——几乎每读完一封信,我们都会停下来谈笑一会儿。"③连贯叙事的瓦解并不妨碍情感回应;苏珊娜记录里的读者们,尽管劈开了整个故事,将它分成了许多独立小节,但他们还是那么容易哭笑。从很多方面来看,《伊芙玲娜》都被当作戏剧文学来朗读和欣赏,这提醒我们,交际式读书会模糊文类界限。而且,在交际式读书中,小说被分割成若干不同的小节,而不会被长

222

---

① 16 July 1778, "Susan to Frances Burney, at Chesington," in Burney, *The Early Diary*, 2: 246.
② 5 July 1778, "Susan to Frances Burney," in Burney, *The Early Diary*, 2: 239.
③ "Susan to Frances Burney," in Burney, *The Early Diary*, 2: 230.

篇朗读。为了朗读，诗歌成了道德格言，戏剧成了片段或对白。同样的，小说有时也衍生出对白，以供演绎。我们将书籍视为社会交往的客体，由此看到，使用需求往往会压倒文类界限。

小说与自我

大声朗读提供了另一种进入小说的方式，读者与角色之间的关系由此可视为表演，而不再是沉浸。对那些警惕小说魅惑的人士来说，这或许能减小读小说的危害。然而，还有众多的读者，他们无论如何也不会混淆自我与小说人物，这也是不容忽视的事实。英国国教牧师约翰·穆加特罗伊德（John Murgatroyd）生活在约克郡西赖丁（West Riding），他从十八世纪五十年代开始一直读小说，做札记。从他的札记本能看出，他并没有从小说里找寻个人经历与自我认知的投射，而是把小说当作了格言警句的宝库。[①] 和同时代的其他人一样，他也读流浪小说《吉尔·布拉斯》，从中摘抄有用的言论，比如他就以收录小说里的西塞罗格言为乐。他在另一个圈子里读《汤姆·琼斯》，这是一本有关年轻人在游历中成长的小说，但他记下来的主要都是描写爱情、热恋以及放荡女人的内容——似乎他感兴趣的是那些现象，而不是去理解经历了这一切的男性角色。穆加特罗伊德对待小说的态度，与他对待非虚构作品是一样的，他将小说视作洞察世界与了解世界的信息来源，而不是作为自我的参照物。在布里奇沃特做生意的约翰或杰克·查布，读小说也是这个态度——他的散文札记里全是来自非虚构作品的实用摘

[①] Carolyn Steedman, *Master and Servant: Love and Labour in the English Industrial Age* (Cambridge: Cambridge University Press, 2007), 63.

第七章
小说的世界

抄，趣闻轶事和格言警句，同时还有出自戈德温的《卡勒布·威廉斯》(Caleb Williams)的段落，被他命名为"论决斗"和"论贫穷"，接下来还有来自司各特《威弗利》(Waverley)的选段。①

其他饱经世故、教养良好的读者，他们读小说仅是为了消遣娱乐和逃避现实。他们也非常清楚，令他们一同着迷的文学内容于现实生活意义有限。尽管格特鲁德·萨维尔的日记里总提到，她独自在床上读浪漫小说有多凄凉，但丝毫没写过她与小说里的人物、情节产生共鸣的感受。对萨维尔而言，小说是低级的逃避："我躺在科尔夫人的房间，这是大宅里最舒服的一间屋子；皮尔和我一起。百无聊赖地打发着时间。我和'阿斯翠亚'(Astraea)度过了悲伤的时刻。浪漫传奇愚蠢得很，但总要胜过更糟糕的。"②于萨维尔而言，无所事事更加糟糕。她确实曾引用过一些文字片段，以寄托她的孤独之感，但都不是从小说之中摘引，而是来自诗歌，或《旁观者》上的文章。玛丽·德拉尼一生都在和朋友共同读书，互换书籍，交流读后心得。她的手记里全是与伙伴们一起读小说的记录，而且她带着一种欣然的态度，承认小说里的世界不能当真，也不可能和现实生活相混淆。

> 我们八点起床，十点共进早餐，然后坐下来开始学习，菲尔滔滔不绝地说起来，《扎伊德》——这是多么美妙的爱情故事。我多爱贝拉西夫啊，她是阿方索(Alphonzo)[原文如此]

---

① Commonplace Book of John Chubb, Somerset Heritage Centre, A/CSC 1/4, fols. 48v, 49r.
② 1–23 January 1722, in Savile, *Secret Comment*, 23. （阿斯翠亚是十七世纪后半叶著名女作家阿芙拉·贝恩的笔名。——译者注）

以书会友
——十八世纪的书籍社交

的情妇,我也可怜他,虽然他被自己的愚蠢毁了。①

我们开始读《克莱丽亚》,法文原版要比英文版好多了;我们从早餐后到晚餐前都在读书,五点到七点散步。②

我们近来都在读著名的《列那狐的故事》,以作消遣。基拉拉的市集丰富了我们的藏书——《帕里斯姆斯》与《帕里斯米诺斯》《七守护神》《瓦伦丁与奥森》,还有其他各种诱人的历史故事,不胜枚举。哲学书籍、浪漫传奇,还有历史故事,轮流供我们消遣。③

我们刚读完了一部分"高贵的人"(L'Honnete Homme or the Man of Honour),主人公很好,我们结束时他正陷于如此凄凉的境地,我们不知道后续何时出版,后悔读了它。我们正在读《瓜登廷·迪卢卡》,精心编造的有趣故事,企图以假乱真。④

---

① 21 June 1732, "Mrs. Pendarves to Mrs. Ann Granville," in Mary Delany, *The Autobiography and Correspondence of Mary Granville, Mrs Delany*, ed. The Right Honourable Lady Llanover, 1st series, 3 vols. (London: Richard Bentley, 1861), 1:356.(《扎伊德》,即 Madame de La Fayette, *Zaîde, Histoire Espagnole by Madame de La Fayette*, 1699。——译者注)

② 28 June 1732, "Mrs. Pendarves to her sister Mrs. Ann Granville, " in Delany, Autobiography and Correspondence, 1st series (1861), 1:362.(《克莱丽亚》,即 Madeleine de Scudery, *Clelia; an excellent new Romance, dedicated to Made-moiselle de Longueville*, 1655。——译者注)

③ 13 August 1732, "Mrs. Pendarves to Mrs. Ann Granville," in Delany, *Autobiography and Correspondence*, 1st series (1861), 1:372–373.(《帕里斯姆斯》,即 Thomas Creed or Creede, *Parismus, the renowned Prince of Bohemia, his most famous, delectable, and pleasant history*, London, 1598;《帕里斯米诺斯》,即 *Parisraenos: the second part of the most famous delectable history*, London, 1599;《七守护神》,即 Richard Johnson, *The Seven Champions of Christendom*, London, 1640;《瓦伦丁与奥森》,即 *The History of Valentine and Orson*, Translated by Henry Watson, 1505, London。——译者注)

④ August 1750, "Mrs Delany to Mrs. Dewes," in Delany, *Autobiography and Correspondence*, 1st series (1861), 2: 582.("高贵的人"是十七世纪中叶之后兴起的法国小说中常见的主人公,他们往往是理想中的贵族形象,拥有贵族的道德、上流社会的处世风范以及高雅不俗的品味;《瓜登廷·迪卢卡》,即 Simon Berington, *The Memoirs of Sigr Gaudentio di Lucca: taken from his confession and examination before the Fathers of the Inquisition at Bologna in Italy*, 1737。——译者注)

第七章
小说的世界

对德拉尼与伙伴们而言,所有这些书都只是消遣和娱乐,用来打发时间而已——绝非混淆现实的小说。

狂热读者安娜·玛格丽特·拉尔庞(Anna Margretta Larpent),在 1773—1830 年间留下了十七卷日记手稿,并按照"阅读""写作""社交"分别归类整理。我们得以看到,热心读者接触各类不同书籍的细致体验和具体感受。[①] 她明显偏爱女性作家与女性主题的作品,法文和英文小说是她阅读得最多的一类。尽管她赞同传统观点,认为应当谨慎对待小说,觉得小说"太蛊惑,太轻佻,太危险"[②],但她推荐了一些精选的作品,如《伊芙玲娜》和《属灵的吉诃德》[③],她还读过一系列由女性撰写,以心事为题的小说。在日记中,虚构的文学内容激起了她强烈的情感回应,但这与浪漫传奇里澎湃的欲望截然不同。拉尔庞读小说被牵扯出的情绪,来自高尚的感伤,它鼓励人之共情,而不是放弃自我。她提到了简·奥斯丁的《劝导》(*Persuasion*):"他们是日常生活里的人物——感触是平素就有的,或者会听别人说起——事件也都简单,不过因为一贯的因果而稍显复杂,而我们的心灵受到自然与真实的引导,觉得故事生动起来,似乎是从哪个朋友那儿听来的一样。"[④] 但她从没因为完全入迷而丧失批判能力,降低道德水准。小说如果阅读得当,

---

[①] 对拉尔庞的阅读更充分的探讨,参见 John Brewer, "Reconstructing the Reader: Prescriptions, Texts, and Strategies in Anna Larpent's Reading," in *The Practice and Representation of Reading in England*, ed. James Raven, Helen Small, and Naomi Tadmor (Cambridge: Cambridge University Press, 1996), 226–245。针对拉尔庞的阅读还有一位学者做过精彩讨论,参见 Polly Bull, "The Reading Lives of English Men and Women"(博士论文, Royal Holloway, University of London, 2012), 236–276。布鲁尔 (Brewer) 认为拉尔庞评价历史文本时没那么自信,布尔(Bull)挑战了他的观点。

[②] 引用自 John Brewer, *Pleasures of the Imagination: English Culture in the Eighteenth Century* (London: HarperCollins, 1997), 197。

[③] 《属灵的吉诃德》,即 Richard Graves, *The Spiritual Quixote: or, The Summer's Ramble of Mr Geoffry Wildgoose, A Comic Romance*, London, 1773。——译者注

[④] 10 January 1818, Larpent Diaries on microfilm, British Library microfilm 1016/4.

可以带来道德进益。她在这方面与汉娜·莫尔很像。道学家莫尔写道,"习惯了自我用功的人,即便是读一本不敬的历史故事,也能找到提升的窍门",反之亦然,"没有养成这样的习惯,就算是读《圣经》,也无所长进"。① 和同时代的许多读者一样,拉尔庞和家人们既讨论非虚构文字,也讨论小说,凑在一起的小团体从而有了评估和批评作品的机会。② 各种读书方式迥然有别,因此,想概括出过去的读者对书籍有何反应的一般性结论须得小心谨慎。不过他们的确表明了一点,围绕小说的阅读与说教而产生的广泛意见中,有一个共识,那就是**读什么**与**如何读**同样至关重要。

小说的时尚:共享一刻

读小说引发的争议无疑塑造了当时的共读行为。共读一部虚构作品当然是为了预防道德败坏,但同样也是共享一种文化经历,玛丽·德拉尼以及许多参与其中的读者与朋友们所做的,都是如此。如果我们考察书籍的社交,就还要想到,书籍通过其他物质载体建立共同体验的方式。长篇小说兴起的特征之一,就是小说明显变得时尚,以及"每个人"都在读某些小说的感觉。人们常说,令理查森的《帕梅拉》区别于先前虚构文学的,是"帕梅拉风潮",消费帕梅拉能获得公共赞誉。③ 就像一件新款礼服,这部小说成了时尚物件,在越来越广泛的阅读群体中被效仿(或者被嘲弄)。读者们希望购买的新书能引来他人的瞩目。安娜·利蒂希娅·巴鲍德

---

① "Strictures on the Modern System of Female Education," in Hannah More, *The Works of Hannah More*, 2 vols. (New York: Harper and Brothers, 1835), 1:348.

② Brewer, "Reconstructing the Reader," 242.

③ 参见 Goring, *The Rhetoric of Sensibility*, 168。

第七章
小说的世界

（Anna Laetitia Barbauld）声称，理查森的小说甫一面世，活跃在拉内拉赫（Ranelagh）游乐花园的女士们便"常相互举起一卷《帕梅拉》，以示自己也有那本所有人都在谈论的书籍"。① 但她们其实并不用非得举起书籍本身，才能显得自己是理查森的新晋仰慕者。得益于主题商品的蓬勃发展，她们可以轻摇《帕梅拉》的折扇，玩一两把《帕梅拉》的扑克牌，用《帕梅拉》主题的茶杯为朋友沏茶，在墙上悬挂约瑟夫·海默尔（Joseph Highmore）画的《帕梅拉》场景，去鞋巷（Shoe Lane）看看女主人公的蜡像，或是前往沃克斯豪尔（Vauxhall）刚装修好的《帕梅拉》馆阁用餐。②

这些商品让读者们得以表明，自己处在最时兴小说的风尚之中——而且还为他们提供了聊天的话题。书籍激发出了无数衍生品，反过来又无限延伸了书籍的社交。大量这类物件都是拜访文化与公共娱乐的固有内容，流行小说被嵌入了社会交往之中，书的世界被消费者们带入远超实体书籍本身的交际之中。③ 口袋装、随身的小日记本——连同着重要日期、谜语、诗歌小节，以及时尚信息，有时还有新出小说的场景描绘。1787年面世的《诺福克女士备忘录》（Norfolk Ladies Memorandum Book），一大宣传卖点就是"内饰一张美丽插画，描绘了《塞西莉亚》里有趣的一幕"。插画题为"充沛的情感"，并配上了小说情节里的对白，木匠的妻子希尔夫人（Mrs. Hill）挣扎着："如果我们走了，谁来帮帮我可怜的孩子！——我来

---

① Anna Laetitia Barbauld, *The Correspondence of Samuel Richardson, Author of Pamela, Clarissa, and Sir Charles Grandison*, 6 vols. (London: Richard Phillips, 1804), 1:lviii.

② 参见Jennie Batchelor, "Reinstating the 'Pamela Vogue,'" in *Women and Material Culture, 1660–1830*, ed. Jennie Batchelor and Cora Kaplan (Basingstoke: Palgrave, 2007), 163–175; T. C. Duncan Eaves, "Graphic Illustration of the Novels of Samuel Richardson," *Huntington Library Quarterly* 14 (1950), 349–383。

③ 关于这一时期高级陶瓷的社交功能，参见Sarah Richards, *Eighteenth-Century Ceramics: Products for a Civilised Society* (Manchester: Manchester University Press, 1999), 127–151。

吧,塞西莉娅哭着说。"①

《塞西莉娅》的很多版本都选了这一节配插画,说明感性时刻在摘选节录时受到明显的偏爱。② 在斯特恩的《伤怀之旅》中,牧师约里克于旅途偶遇托钵僧洛伦佐,二人互赠鼻烟盒,这是十八世纪小说里备受喜爱的情感段落。约里克一开始拒绝施舍洛伦佐神父,见到洛伦佐正同一个漂亮女人交谈时,他才意识到自己的错误。为了表示友好,约里克把自己的玳瑁鼻烟盒送与他,托钵僧回赠了一只不怎么值钱的羊角鼻烟盒。这一刻的情感交流,全在礼物的馈赠之中,当时有许多读者都为之动容。不仅《斯特恩精选》(Beauties of Sterne)和其他文集不断转载这一段故事,还有很容易买到的外盖上写着"佩特·洛伦佐",内侧写着"约里克"的鼻烟盒,让使用者在分享一撮鼻烟时得以在一定程度上重演两人之间的交换。③

通过社交性的纪念品,譬如鼻烟盒、茶具、公共消遣的小玩意儿,还有扇子,小说成为了社交话题。有时,这些主题商品反映了物件在热门小说里的地位。无论是谁购买了洛伦佐的鼻烟盒都很清楚,鼻烟在斯特恩《伤怀之旅》中的地位;买了《帕梅拉》扇子的人士,可能也会想到女主人公曾带着扇子,乔装打扮,变成一位

---

① *The Norfolk Ladies Memorandum Book; or, Fashionable Pocket Repository, for the Year 1787* (Bury St Edmunds, 1787), in the Berg Collection, New York Public Library. Image in Catherine M. Parisian, *Frances Burney's Cecilia: A Publishing History* (London: Ashgate, 2012), 123.

② 同样以这一情节为主题的其他图像画作,参见 Parisian, *Frances Burney's Cecilia*, 139, 164, 180。

③ 关于洛伦佐情节的衍生物品,参见 W. G. Day, "Sternean Material Culture: Lorenzo's Snuff-Box and His Graves," in *The Reception of Laurence Sterne in Europe*, ed. Peter de Voogd and John Neubauer (London: Continuum, 2004), 247–258。洛伦佐主题的鼻烟盒无一幸存。还有学者更全面地探讨了该情节与情感交互的思想观念,参见 Lynn Festa, *Sentimental Figures of Empire in Eighteenth-Century Britain and France* (Baltimore: Johns Hopkins University Press, 2006), 69–81。

第七章
小说的世界

"绅女",或是在后来的续作里,当她遇到戴弗斯夫人时,沮丧地咬了扇子。① 斯塔福德郡生产的玛丽亚与小忠犬瓷像,一丝不差地还原了斯特恩笔下玛丽亚的装束,从卷曲的头发到绿色缎带的连衣裙,以供收藏者们赏玩。

还有一些已被湮没的文学热情也在物件上留下了印记。利物浦博物馆藏有一把米色陶壶,壶上转印着乡间美景,一对恋人站在其中,还有马夫牵着一匹马站在远处。② 画面之下有几行字,出自一部现已寂寂无闻的小说,伊丽莎白·赫尔姆(Elizabeth Helme)1787年出版的《路易莎,或,荒野里的小屋》(*Louisa; or, the Cottage on the Moor*)。陶壶是否能说明,这本小说在那十年畅销一时呢?事实上,这部两卷本的小说曾在两年之内于日内瓦、莱比锡、巴黎三城分别出版,八年之中八次再版。这件工艺品很可能见证了一个我们已经遗失的文学时刻。

文学纪念品为它们所描绘的热门情节开创了一个全新的、以物质为载体的衍生世界,而且就如上文所说,它们使得书籍超越了阅读行为,进入家庭空间与社会交往之中。我们无法知晓,这些物品曾激发出什么样的交谈。也许和迪士尼特许经营的周边商品一样,它们只不过能令买主们觉得,自己和其他购买的人一样,共处于同一文化与消费的时刻。但貌似讽刺的是,小说引发了人们对私下阅读相当多的批判性焦虑,可与此同时,我们也看到,人们毫无顾忌地消费并展示着小说带来的乐趣。有些书籍不能宣之于口,而另一些则被用来装点门庭,随处可见。

228

---

① 参见 Batchelor, "Reinstating the 'Pamela Vogue,'" 166–168。
② David Drakard, *Printed English Pottery: History and Humour in the Reign of George II, 1760–1820* (London: Jonathan Horne, 1992), 65, plate 147.

插曲与片刻

十八世纪文学纪念品的生产和消费是摘录风潮的延伸，散文的辑录汇编也为小说提供了"缩影"。这类物质与文本的衍生物往往只代表整部作品的一个部分——精选了最令人难忘，或者最有所助益的内容。理查森的《帕梅拉》借由来往书信的形式，细致展现了个人拿主意做决定时的复杂心理——但是，一把扇子，只需一组象征性的场景，彰显帕梅拉的榜样以及美德的福报就行。有一首广告诗说得很清楚，这把扇子令人一次读完小说。玛莎·甘布尔（Martha Gamble）是知名的扇子制造商，她如此吹嘘她推出的新配饰：

> 在这把扇子上你能看到美德终将有报，
> 名誉的束缚，帕梅拉皆诚然以待：
> 当男女情爱令她动摇，
> 对她那个年纪的姑娘这也是惯常。
> 每一幅舒畅的人生场景，
> 仁善慈和，双亲和乐，娇妻合意。①

按照精选集的出版习惯，编者不会向选集的读者们呈现情节接续、叙事连贯的小说，而是收录精悍有趣、独立成篇、朗读起来耗时较少的小节。那么，这种不连续的阅读模式与十八世纪的小说结构有什么关联？研究十八世纪小说的许多主流叙述都强调，早期小说首度特许了内向性的特征。② 这似乎更契合独处时持续不停的

---

① Advertisement in the Daily Advertiser, 28 April 1741.
② Hunter, *Before Novels*, 42.

第七章
小说的世界

图25　詹姆斯·吉尔雷,《惊奇传说!》伦敦,1802,手工着色蚀刻版画(国会图书馆,LC-USZ62-139066)

阅读模式。同时存在的还有静默速读的风尚。小说的批评家们——尤其针对哥特式和惊悚小说——哀叹读者们在书页中飞驰,急不可待地破解情节,压根不看遣词造句:"好奇心在一页一页、一卷一卷中被不断地拉长,而那个秘密,读者每时每刻都认为自己即将参透,好似幽灵一般在他面前飞舞。"[①](图25)

十八世纪晚期的很多哥特小说印证了这一观察:依靠惊险情节推动,不断延后答案的揭晓。尽管如此,还有很多其他例证表明,当时的小说有着插曲式的结构,便于读者个人或编辑们摘选。无论是考虑十八世纪早期情色小说里嵌入的多套叙事,还是《鲁滨逊漂流记》里零散的冒险故事,很多小说都是独立插曲的串联。十八世

---

① Review of *The Mysteries of Udolpho*, in *Critical Review*, 2nd series, 11 (1794), 361.

纪后期流通的小说或叙事里，零碎的经历要么通过分册阅读，要么通过分期出版，被拆分成了更小的部分。感伤小说通过碎片化结构产生情感冲击，往往不会在短小的片段里化解最后的冲突。① 在萨拉·菲尔丁（Sarah Fielding）的《大卫·素朴儿》（*David Simple*）中，就像麦肯齐的《风流人物》还有其他许多感伤小说一样，主角从他人那儿听来的人生故事构成了一段情节——故事各自展现人生悲苦，彼此之间鲜有连续性。② 编书人从这类小说里大量摘选，汇集成了一系列的片刻。在其他例子中，小说家借鉴了欧陆小说中流浪汉故事的传统——斯摩莱特的《蓝登传》与《皮克传》曾多次再版，里面的游侠角色与他的历险故事就是从《堂吉诃德》与《吉尔·布拉斯》（由斯摩莱特译介）里演化而来，都是借旅人之口，讲述旅途之中所经历的一连串毫不相干的故事。

不过，也不是每个人都惯于在插曲中挑着阅读。简·弗格斯从对克莱阅读档案的研究里挖掘出一个难能可贵的小男孩。他叫阿瑟·米勒（Arthur Miller）。他的主家允许他再借《皮克传》的第一卷一周（第二卷已经归还），因为"第一卷他没看懂，还要再看一周"。③ 不考虑米勒的情况，总体来看，零散的小说结构还是非常适合短时的阅读，无须对之前的章节卷册特别熟悉，也能弄明白情节与人物。

有大量证据表明，十八世纪的读者只是偶尔阅读小说里的一部分内容。他们对各类书籍都是如此——从布道词到旅行游记再到长诗——这些习惯对我们理解当时的小说阅读构成了更多挑战。正如

---

① 参见 Patricia Meyer Spacks, *Novel Beginnings: Experiments in Eighteenth- Century English Fiction* (New Haven: Yale University Press, 2006), 26。

② Ibid., 129.

③ Thomas Clay records, NRO D7938, 引自 Fergus, Provincial Readers, 188。

第七章
小说的世界

我们所见,安妮·利斯特习惯在日记里写下读书文类与页码范围,从中能看出,她很少在同一卷书里阅读超过一小节的内容。利斯特很可能代表了许多其他读者,沉浸于小说中的一部分内容,并不会妨碍共情的激发。我们或许可以停下来思索一番独自沉浸与情感回应之间的对等关系。其他人的日记也揭示了家庭中的阅读模式。年轻的伊丽莎白·蒂勒尔在1818年的日记里,记下了家庭环境中的阅读,让我们得以略窥一二。6月25日,她拜访了住在莫特莱克(Mortlake)的一家子:"我们在花园里玩耍了一阵,晚饭后,安德鲁斯小姐与伊丽莎·布洛克小姐去巴恩斯家做客,而派克斯小姐、詹姆斯小姐两位与我忙活了一阵,然后读了一段莎士比亚戏剧(《无事生非》)。"就和这天一样,伊丽莎白的社交生活不断在互相交叠着的圈子中穿梭。她与朋友一同拜访熟人;更多人加入;这些小圈子分开、重组,凑在一起读一段戏剧。她们只读一部分,不会再重新聚在一起接着读下去。范妮·伯尼的《塞西莉亚》在她的阅读记录中出现的时间要久些。6月29日,她和姐妹们边干活边听母亲读了一段小说的情节,这是《塞西莉亚》在她家的首次登场。两天之后,母亲外出散步,姐妹中的一人读了一点。又过了十天,来了几位年轻的女性朋友,有派克斯小姐,她们中一人读了《塞西莉亚》,而其他姑娘们,与伊丽莎白的母亲一起忙活着。到了七月底,她们家还在读《塞西莉亚》,一直到八月中旬,母亲读完了最后的部分,伊丽莎白随后发表了意见:"我更喜欢这本,胜过妈妈为我们读过或者我们自己读过的《伊弗玲娜》和《卡米拉》。"①算下来,这本小说被七零八落地读着,总共花了六周时间。

从伊丽莎白·蒂勒尔的日记里,我们能看到一些有意思的现

---

① Diary of Elizabeth Tyrrell, August 18, 1818, London Metropolitan Archives, CLC/510.

象。有的书,像是莎士比亚的《无事生非》,只被摘选了小段;而其他的,像《塞西莉娅》,被拿来读了很长一段时间,伯尼另外两部小说《卡米拉》《伊芙玲娜》,估计也是如此。时间拖得长,这并不奇怪——《塞西莉娅》是长篇小说,十二开本,多达五卷。不过,因为蒂勒尔家社交圈子不断变动,即便是完整读了下来,读者和听众也都换了好几拨人。这说明了什么?我们可以看到,虽然小说没有以拆分形式出版,但它们很可能还是以拆解的方式被使用,而且不是每个人都熟知前文。补上对前情的了解成了必需,从小说行文风格中,我们能发现这样一些情节再现与故事分割的痕迹。

安娜·拉尔庞的日记里,还有每本书只读一点,一天读好几本的记录。1780 年 7 月 1 日,她听姐姐克拉拉(Clara)读了罗林的《古代史》①,接着她给一群正在忙针线和刺绣的朋友们读了感伤小说《玛丽安娜》②。晚餐之后她忙着,另有一位客人读了休·凯利(Hugh Kelly)的喜剧《妇人的学校》③。宵夜后,有男士在场,她接着读了《玛丽安娜》后面几段④。日记里记下的读书小圈子,都只能或听或读一部小说的零星片段,从没有过更多。

当时的借阅记录也能看出人们习惯性地阅读片段。简·弗格斯对中部读者的研究揭示,有很多人喜欢浏览多卷本小说,甚至是不齐全的套书。⑤ 不连贯或是不完整的阅读占到了克莱流通图书馆借阅量的 17%——如果单论女性和学童,比例更高。⑥ 有读者从小说

---

① 罗林,即查尔斯·罗林(Charles Rollin, 1661—1741),法国历史学家。——译者注
② 《玛丽安娜》,即 Pierre de Marivaux(1688—1763),*La Vie de Marianne,* 1731—1745,作者马里沃是十八世纪法国著名的喜剧作家。——译者注
③ 《妇人的学院》,即 Hugh Kelly(1739—1777),*The School for Wives, A Comedy,* 1773。——译者注
④ Brewer, "Reconstructing the Reader," 242.
⑤ Fergus, *Provincial Readers,* 108–117.
⑥ Ibid., 109.

第七章
小说的世界

中间开始借阅。理查森的四卷本《帕梅拉》，沃里克郡的赫维夫人（Mrs. Hervey）只借出过其中的第三卷与第四卷；索布里奇小姐（Miss Sawbridge）似乎经常不完整地读书，《阿米莉亚》她只借了第三、四册，1779年，她借走了无名氏的四卷本《威廉·哈林顿先生》① 中的两卷，还有《一千零一夜》六册里的五册。② 私下借阅，尤其是借多卷本的套书，也能看到类似现象。读者似乎很少借出或借来整套的多卷本小说——于是他们必然会遇到卷册之间的隔阂，要么是叙事的时间顺序被打乱，要么干脆读不到全本。

爱丁堡的年轻见习律师乔治·桑迪常与书籍俱乐部的朋友们交换书籍，书籍往来被他写在了日记里。他们只交换套书里的一部分卷册："詹姆斯·米利根借走了《彭南特游记》第一卷"；③ "从詹姆斯·米利根那儿借来了斯特拉特的第一卷"；④ 随后，桑迪又把亨利·布鲁克的游侠小说《傻瓜显贵》前两卷借给了朋友。⑤ 信件往来也记录了人们偏爱在多卷本中单独阅读某一册，或是挑着阅读。约翰·彭罗斯在1767年旅居巴斯时，写信给妻子，提到了他刚买下的书籍："我给范妮买了《克拉丽莎》的第三卷，廉价得很，只要1先令。多莉说，她还想要第七卷。如果是，我买不到那本。我可以买到任何一本，除了那一卷和第一卷。"⑥ 也许范妮可以读到第1—2卷和第4—6卷，并且除了她缺少的几本之外，其他的至少

---

① 《威廉·哈林顿先生》，即 Anna Meades（1734—1779），*The History of Sir William Harrington*, 1771。——译者注

② Fergus, *Provincial Readers*, 112.

③ "Diary of George Sandy, Apprentice W.S., 1788," in *The Book of the Old Edinburgh Club*, 45 vols. (Edinburgh: Printed By T. A. Constable, 1908–), 24 (1942), 1–69, 16.

④ Ibid., 43.

⑤ Ibid., 47.

⑥ 13 April 1767, *Letters from Bath, 1766–1767, by the Rev. John Penrose* (Gloucester: Alan Sutton, 1983), 166.

以书会友
——十八世纪的书籍社交

已经看过一些了。

短篇形式

认为十八世纪阅读过程时断时续，这观点预先假定了小说总以多卷本的形式完整呈现。然而我们也都知道，主流的中层读者们并不是这样接触到小说的。比起价格不菲的套书，从杂志上看小说摘选更普遍。杂志篇幅有限，所以要在上面刊载，以书籍为载体的小说，无论是广度还是体量，都要被大幅压缩，还有一大批小说，它们在研究的视野之外，不符合"小说之兴起"的叙事——在出版商的书单中很少能看到，文学评论里也鲜有提及，但在十八世纪的英格兰却曾广泛流行。① 这类文学作品的逐渐风行，归功于一批不断壮大的新读者群，他们"天真、感性，并且渴望风雅腔调"。② 像《淑女期刊》，估计是最成功的杂志了，连续经营了六十二年。这类出版物的读者群体，他们不熟悉文学文化，但对此怀有热切的好奇。题为"读书的线索"之类的文章，指导了读者在什么场合读哪些书。所以，梳头时用读书来打发时间是合适的，但在床上看书可能引发火灾，而且也容易做噩梦。文章还告诫读者，读小说不可先读结局，以免破坏情节的精巧设计。③

短篇形式的小说统治了杂志面向的中等阶层读者市场，而大部分杂志的显著特征就在于大刀阔斧的精简，或者说是刊载梗概——形式同早期书评里的长摘要或长引文没有什么区别。由约翰逊、

---

① 关于这方面的综合性研究，参见 Robert Mayo, *The English Novel in the Magazines, 1740–1815* (London: Oxford University Press, 1962)。

② Ibid., 2.

③ "Hints on Reading," *Lady's Magazine*, February 1789, 80–81.

第七章
小说的世界

哥尔德斯密斯、布鲁克、麦肯齐以及后来的夏洛特·史密斯、约翰·穆尔（John Moore）这些作家们写出的"独立片段"，受到了杂志编辑们的偏爱。有些期刊，诸如《哈里森斯小说家杂志》（*Harrison's Novelist's Magazine*，1780—1788年间发行）搜罗了很多我们鲜少考虑在内的文类——译文、中国或东方传奇、道德故事、女性作家的作品——他们认为这些文字值得留存。① 《淑女期刊》卷首都是一篇散文小说，或是一个独立成篇的传奇或爱情故事，或是一段连载，从长小说里拆分出来，篇幅适当，引人入胜，再冠以"一个暗示：一段故事""棺材""折翼之爱""致命的绝望：一个故事"这类标题，吸引读者。

杂志上以精简形式呈现的小说伴随整个十八世纪的演进，不过，这并非短篇故事唯一的形式。大量涌现的杂录与书籍，也收录短小幽默的散文以飨读者。这些与我们惯常认为的十八世纪小说不同，但它们活泼轻快的叙事特质，常夹杂着第五章讨论过的猜谜诗，贯穿于这一时代流行的出版文化内，对我们理解人们如何阅读虚构故事意义非凡。它反驳了那种认为只有感伤小说和惊悚小说才算叙事的观点，也提供了另一种角度来思考读者对虚构人物的同情。许多笑话书或故事汇都是专为社交时的讲演而设计的。《费希尔的欢声笑语》扉页上宣称，要"助长笑语，成为冬夜炉火旁有趣故事的幽默集，夏荫憩凉处的娱乐消遣"。② 书里有一系列诙谐小故事：《三个灵敏的窃贼》《驼背的吟游诗人》《幽默的磨坊主》……因为滑稽的反转与俏皮话而让人开心——读这类书的感受完全不同于哥特小说或感伤文学触发的强烈情感投入。另一本幽默故事集于

---

① Richard C. Taylor, "James Harrison, The Novelist's Magazine, and the Early Canonizing of the English Novel," *Studies in English Literature, 1500–1900*, 33 (1993), 629–643, 636–637.

② Simon Fisher, *Fisher's Cheerful Companion to Promote Laughter* (London, 1800).

扉页上宣传,书内搜罗了"有趣的段子"与"逗乐的对白"。书的序言阐述了讲故事的技法。① 编书人首先把讲故事的人区分为五种不同类型:"短小精悍者,长篇大论者,妙语连珠者,寡淡无味者,还有逗趣捧腹者。"② 分别描述了每种类型的特质,最后他强调,重中之重——是要保持简短:

> 任何人,无论他的地位如何,如果讲一个故事超过六分钟,吞吞吐吐,咬字不清,偏离主题,结束一个故事之后提出要给听众再讲一个;或是毫无意义的啰嗦,或是讲演时结巴嗫嚅,那么,这群听众里随便哪一位,甚至全体听众,都能合情合理地撤回关注,利用明显的暗示,或是旁敲侧击,即便突然,也要打断说故事的人;不然就用手套或手帕,塞进他嘴里。③

《欢快豪侠乐事集》描述的听众傲慢又无礼,但也提醒了我们,公开朗诵发生在共享的时空之中。为他人讲演,总是意味着要与所有到场的人协调兴趣和自我,并根据他们注意力的持续长短,调整自己的内容。(图26)

与很多其他笑话书和幽默故事集一样,《欢快豪侠乐事集》汇聚了各式各样不为读者所知的人物故事,专门为交际场合所编写。有关某些特定人物的段子脱离了原作者,变成了俏皮妙语,广为流传。但在传播过程中,它们唤起的依旧是那个产生了它们的诙谐世界。笑话书里的大部分故事都发生在城镇,尤其是伦敦。好些书都鼓吹,编者熟知城里风趣人物经常出没的场合,并以他们的都市

---

① *The Merry Medley for Gay Gallants and Good Companions* (Dublin, 1748).
② Ibid., 5.
③ Ibid., 9.

第七章
小说的世界

图 26　詹姆斯·吉尔雷，"理智的盛宴，流淌的灵魂"——这个时代的风趣人，令满座的人哄堂大笑，伦敦，1797 年，手工着色蚀刻版画（© Courtesy of the Warden and Scholars of New College, Oxford/Bridgeman Images）

风格为卖点。书里有很多大都市里的热门笑话，有著名的"闹剧"和"骗局"；还有调侃伦敦舞台、高层政治、廷臣名流和时髦人物的段子。[①] 这类笑话集，无论是手稿还是出版形式，都呈现出循环式的更新——整个十八世纪，大批的笑话书都在反复使用同一批素材，只是排版和顺序略有差别而已。不过有很多笑话保留了一定的自传特征。尽管许多故事围绕老套的人物形象展开——泼辣的妻子、爱尔兰人、戴绿帽的丈夫——但也还有其他的幽默故事是基于

[①] 以都市或精英为重点的讥讽传统可以追溯到第一本真正的笑话书，一般认为是伟大的人文主义学者波焦·布拉乔利尼（Poggio Bracciolini）的《滑稽故事集》（*Facetiae*）。他收集了那些粗糙的，有的还年代久远的轶闻，据说来自罗马教皇秘书们的闲言碎语。波焦声称，这些笑话都是有名有姓的人书写的他人故事——诙谐之语，恶意的流言——不过它们得到了文学上的润色。这些笑话在 1450 年以拉丁文写就，在欧洲广为流传，1477 年出版。它们极其受欢迎，当类似文集开始在欧洲出版时，其他作者会采用其中的单篇段子。

真实的名人笑话,比如约翰·菲尔丁先生、明希豪森男爵(Baron Münchhausen)、罗切斯特伯爵(Earl of Rochester)、查理二世、情郎纳什。① 那个时代再版频次最高的,可能要属《乔·米勒笑话集》(*Joe Miller's Jests*)。乔·米勒是十八世纪早期的舞台演员,这本书的内容则号称是他的俏皮玩笑。《约翰·菲尔丁先生笑话书》声称"精心改编自原始手稿和笔记,来自这位著名的天才与他欢乐的伙伴们(当世最风趣的一帮人)……他们消烦解忧,作乐欢笑,培养幽默感"。读者可以利用这类笑话书,在家里重现一种名流酒馆的晚间娱乐场景。书的卖点就在于此。事实上,这本集子的内容循环利用了无数其他笑话书里的素材,几乎不可能出自约翰·菲尔丁随手记在便条上的俏皮妙语。但它基于这样的立意,利用他人来获得快乐也令人愉悦,这是一种借来的乐趣。

有些故事篇幅更长的集子也是如此。有一本《明希豪森男爵自述他在俄国的绝妙旅程与战斗》被描述为适合"推荐给乡村绅士;而且,如果他们乐意,还可在狩猎之后,赛马之时,温泉池畔以及诸如此类的文雅集会中,**用自己的语言**[强调]复述一段;围在酒瓶与炉火旁也可以"。② 这部虚构故事集由德意志作家埃里希·拉斯佩(Erich Raspe)编纂,以历史上的希罗尼穆斯·卡尔·弗里德里希·冯·明希豪森(Hieronymus Karl Friedrich von Münchhausen)为灵感来源。明希豪森男爵是一位想象力丰富的餐后段子高手,他总用诙谐风趣的语言,夸大自己在俄罗斯的经历。在接下来的三十年里,会讲故事帮他赢得了巨大声名,以至于常有贵宾来访,只为一

---

① 情郎纳什,即理查德·纳什(Richard Nash, 1674—1762),是英国十八世纪最出名的花花公子。——译者注

② *Baron Münchhausen's Narrative of his Marvellous Travels and Campaigns in Russia* (Oxford, 1786), 扉页。

第七章
小说的世界

饱耳福。拉斯佩既利用了冯·明希豪森的名气,也创造了一个虚构人物,还将一整套匪夷所思的趣闻轶事都挂在了他名下。① 于是,原本只是真实生活里的一堆吹牛大话,经过虚构加工,成了五花八门的旅行奇闻,反过来又被读者拿去"当成自己的故事复述"。在这里,读者与虚构人物,或者说是讲述人之间,有着完全不同的关系。读者被**怂恿着**去挪用虚构的趣闻,充作己用,而毫不担心读者过分代入想象世界。W. 卡鲁·黑兹利特(W. Carew Hazlitt)曾在1890年敏锐地观察到:"我们不愿意追问自己这个问题,谁说了这个笑话,谁出版了它?当然,也有这样的情况,妙语的作者自己向第三人转述,有可能一字不差,有可能加以修饰;但也必然会有,不,是有无数情况,将一段趣事归于某人,并不是因为他说过,而是因为他原本可能会那么做。"②

从口头文化到印刷文本,这算是一次完整的循环。口头传统里的笑话段子以印刷形式出版,那些故事又被重新拿到交流的共享文化中去讲。笑话书与幽默故事集为我们审视小说提供了多重视角。我们总认为十八世纪小说充满了戏剧化的对白,还有评论家指出,小说里虚构的对话诱导了年轻女士,让她们想着与别人说话时模仿书里的内容。③ 而笑话书与幽默故事集从另一个方面助人提高聊天水准,它们为读者奉上了现成的风趣,用来逗乐他们的同伴。④ 十八世纪的笑话书当然是大众娱乐里的一种传统类型,但同样,它们也处于更加广阔的,十八世纪自我提升的文化浪潮之中。就像是

---

① 十八世纪八十年代与九十年代见证了明希豪森故事集的再版与修订,逾20次,其中很多都以"格列佛再现"为副标题。
② W. Carew Hazlitt, *Studies in Jocular Literature* (London: Elliot Stock, 1890), 12.
③ 参见 Michaelson, *Speaking Volumes*。
④ Simon Dickie, "Hilarity and Pitilessness in the Mid-Eighteenth Century: English Jestbook Humor," *Eighteenth-Century Studies* 37 (2003), 1–22, 9.

以书会友
——十八世纪的书籍社交

讲演指南引导有追求的中产阶级读者,如何在朋友面前满怀信心地朗读,笑话书手把手地教导那些渴望在交际场上谈笑风生的男女们如何成为人群焦点。①《客厅娱乐》号称,旨在"为了让对谈变得讨喜,为了让长夜有妙趣和欢笑为伴"。②"良好的对话"是一门无形的技艺,构成了十八世纪文雅社交的基石,而类似这样的文集,正是其中的一环。

小说在十八世纪的家庭中究竟扮演什么样的角色,这个问题,如果脱离了当时对读书与读者的性质之争(无论与现实有多偏离),将会变得难以理解。对小说及其危害的担忧,毫无疑问塑造了人们对小说阅读的认知,并且促使人们重视公共活动与集体讨论的价值。良性的家庭分享式阅读与孤僻的女读者独处的危害,被一次又一次放到了对立面。但还有其他亟待解决的问题,比如,怎样展现散文小说里的人物,怎样结合对白与叙述。无论是指导人们朗读小说的书籍,还是读小说时产生的趣闻轶事,它们都建议,朗读小说要模仿戏剧对白。小说也不是全部。考察家庭中小说的地位时,最令人大开眼界的角度之一,是小说形式的重要性。现代读者与评论人士鲜少考虑这一点。杂志连载、精简梗概,还有笑话书册,都为我们提供了全然不同的视角,帮助我们理解,想象与真实经历之间的关系。

---

① 有的笑话集以为其他指南书做广告来开篇:比如《约翰·菲尔丁先生笑话书》包含了一篇吹捧《新全能段子手》(*The New Universal Story-Teller*)的广告文章,说这本书包括了"各式各样有价值的内容,为各阶层读者的快乐与进步精心设计"。*Sir John Fielding's Jests; or New Fun for the Parlour and Kitchen* (London, 1781), ii.

② *Fun for the Parlour; or, All Merry Above Stairs* (London, 1771), 扉页。

第八章
虔敬与知识

> 多少个夜晚,你为我的母亲和姐妹阅读英格兰史,你也从中受益良多,虽然可能你还尚未察觉。
>
> ——威廉·伍尔科姆致亨利·伍尔科姆,
> 1793 年 11 月 17 日 ①

我们会认为,虚构的文学作品属于娱乐和社交——到了二十一世纪,它们对很多读者而言,也还是如此。可那些历史、科学或宗教书籍如何呢?这类书籍在当时如何被分享?我们从图书馆的目录与日记本里能看到,布道词、历史书以及旅行游记的借阅、售卖和阅读量,令同时期的文学作品相形见绌。销售记录表明,被拆分售卖的书籍里,最大一类是历史书,随后是地理、地形地貌、游记,还有《圣经》注解、教会历史以及道德专论。虚构作品在这份榜单上排名靠后。② 不断扩大的印刷品市场为跨领域的多重知识渴求提供了简便易得的渠道;而且,展现自己的博学通识,对历史人物、花草植物,或天文星象都有涉猎,也成为了男男女女追求文雅修养的重要内容。

---

① William Woollcombe at Edinburgh to Henry Woollcombe at Britonside, Plymouth, 17 November 1793, Plymouth and West Devon Re- cord Office, ref. 710/406.

② R. M. Wiles, *Serial Publication in England Before 1750* (Cambridge: Cambridge University Press, 1957), 246.

有很多动力促使十八世纪的读者们在家一起阅读非虚构作品——虔敬，自我提升，以及娱乐。还有人不愿意沉浸在虚构世界里，希望更功利地读书。十八世纪七十年代晚期，威廉·琼斯牧师前往牙买加，给一位地产主威廉·哈里森（William Harrison）的儿子当家庭教师。在那里，他能看到雇主的藏书："哈里森先生的藏书室里，大部分都是主题精挑细选的好书，而我可以不受限制地使用。"① 显然，琼斯在书房里饱览群书——可哈里森先生并没有。琼斯回忆：

> 上个礼拜天晚间，与哈里森先生一起，仔细读了杨博士的《夜思录》里的好些内容。我艰难地忍住了泪水，自嘲自己像孩子一样单纯，哈里森先生评价说，"如果我沉溺于读这些书，肯定极其着迷，但那会让我没法打理生意；我出席不了海事法庭，不再关心自己是否还有价值，并终将忽略我的孩子与家庭"。②

像是威廉·哈里森这样的人，他们认为阅读不是为了娱乐或消遣——而是应当有用且有教益。

家中的信仰

正如我们在第一章所见，朗诵术运动与教堂讲坛的变革息息相关。宗教氛围不仅关系人们共同阅读的内容，还塑造了人们阅读的

---

① 19 May 1778, in *The Diary of the Revd William Jones, 1777–1821*, ed. O. F. Christie (London: Brentano's, 1929) 21.

② 2 April 1779, in *The Diary of the Revd William Jones*, 51.

第八章
虔敬与知识

方式。在十五和十六世纪，如果牧师朗读事先写好的布道词，会引来不满，这被看作是懒惰的表现，而且机械表达也无法传递出纯正宗教讲演的激情，以及灵魂真切的感受。不过到了十七世纪晚期，牧师念稿变得越来越为人接受。[1] 不难想象，肯定有很多牧师热切欢迎这些变化。约翰·蒂洛森写出了几部十八世纪最畅销的布道词。最开始，他也是凭记忆释经讲道，然而试图记住那么多内容，"每次讲经的前后一两天，他的大脑都灼烧得厉害，让他不得不停止这样做"。[2] 理论上，写好的布道词是牧师本人的心血，但其实，那也可以是别人的成果。周六的夜晚，不用再写一篇评述《圣经》的原创文章，这对很多牧师而言，实在很有吸引力，而十八世纪大量布道词的出版，为那些精疲力竭、灵感枯竭，或是懒惰成性的牧师们，献上了一份大礼。

约翰·特拉斯勒（John Trusler）是个天才。他原本是一位牧师，后来转行做了出版商。他出版的布道词采用了一种特殊字体，用平版印刷的字体模仿工整的手写体笔迹，这样，即便有眼尖的教众从廊台上往下看，也会认为文稿是讲道牧师之作，而非现成的版本。[3] 特拉斯勒向潜在的买主们保证，他们走捷径不会被发现："任何时候，每篇布道词都只卖 400 份；而且它们不经书商之手，当然，教士也可以放心，它们绝不会太过笼统。"[4] 到了十九世纪前期，查尔斯·西米恩（Charles Simeon）出版了一套布道纲要，收录了 2536

---

[1] 参见 Arnold Hunt, *The Art of Hearing: English Preachers and Their Audiences, 1590–1640* (Cambridge: Cambridge University Press, 2010), 117–186。

[2] MS quoted in David D. Brown, "The Text of John Tillotson's Sermons," *The Library*, 5th ser., 13 (1958), 18–36, 27 这一时期最著名的布道词，参见 Ian Green, *Print and Protestantism in Early Modern England* (Oxford: Oxford University Press, 2000), 194–216。

[3] 参见 William Gibson, "John Trusler and the Culture of Sermons in Late Eighteenth-Century England," *Journal of Ecclesiastical History* 66 (2015), 302–319。

[4] John Trusler, *A List of Books, published by the Rev. Dr. Trusler* (London, 1790), 10.

篇布道样板，涵盖《旧约》与《新约》的每一卷内容。这些《圣经》讲道（Horae Homileticae）包括了基本内容大纲，可以按照牧师的想法再增加内容，既能保证传道，又给个性化的细节留有空间。

　　布道从即兴演讲变成了文稿朗读，意味着在十七世纪晚期和十八世纪，布道的性质也跟着改变了。布道词的作者不再需要穷尽记忆，就可以写出条理更清晰的论争，向道德教化文章靠拢，而不再是一篇火药味十足，如同悍妇一般喋喋不休的慷慨陈词。如果说预备好的布道词不耗费记忆，但若是落到糟糕的朗读人手上，或是嘴里，也会变得单调乏味。令特拉斯勒立身扬名的布道出版物既简便易得，又雄浑有力，然而他也叹惋道："即便一篇布道词是以最明智的判断力写就——即便辞藻优美，情感充沛，但还是总能见到有人全副鼻音，半唱半说地讲演……照他[这位牧师]预计，教众们会在他演说时面露微笑，还是打起瞌睡？"①

　　前文已经提过，十八世纪六十到七十年代的早期演说指南旨在纠正这个问题，并围绕如何精彩朗读，如果鼓舞虔信教众，给出了明确的建议。特拉斯勒的《崇高的朗诵人》（The Sublime Reader）面面俱到地教导了受众如何朗读《公祷书》。在一篇广告中，他圆滑地指出，最具善意的牧师也难免在传道授业时分心："任何形式的打扰，人群中不敬或出格的举动，教区信徒的缺席，礼拜进行中有人入场，还有许多其他原因，都时不时令当值牧师分心，还会某种程度上让他忘乎所以。"② 对那些可能会分心的门生弟子，特拉斯勒不抱一丝侥幸心理；他为他们标注好了各项教堂仪礼的相关内容，斜体用来表示修饰语，大写字母用来表示名词，逗号和破折号

---

① Trusler MS, 192–193, 引自 Gibson, "John Trusler and the Culture of Sermons," 316。

② John Trusler, *The Sublime Reader; or, the Evening and Morning Service of the Church* (London, 1784), iii, 第二版广告词。

第八章
虔敬与知识

用来区分较长与较短的停顿。

虽然存在讲演不佳或内容不好的情况，但对很多礼拜日上教堂的信众来说，布道仍是当天的高光时刻，值得多听多看。布道不仅仅是注解一段《圣经》，还是道德上的指引，娱乐的来源，筹款的方式，以及一种政治形式。① 布道的受众们有着更广阔的政治与文化生活，布道词只占其中一部分，与类似主题的诗歌、小册子，或报纸一起被阅读。② 而且它们的乐趣与益处在家也能享受到。到了十八世纪中期，布道词的出版已经极为普遍，传教士们感受到了来自出版物的竞争，因为教区的信徒们宁愿在家读出版的布道词选集，也不愿去教堂听他们讲经。③ 布道者们发出警告："我们当中有很多人认为，**在家**读经或是读一篇精彩的布道词就够了，却忽略了**在教堂**传递上帝福音的公开讲道。"④

对于年迈、患病或体弱不能去教堂的人，在家里一起读布道词往往成为正式宗教仪礼最好的替代。亨利·普雷斯科特，是一位教堂执事，他生活在十八世纪早期的切斯特。据他透露，如果自己在礼拜日身体不适，那就在家读诗篇，做日课。⑤ 安妮·利斯特与体弱多病的伯母一起生活。她有时会在家看到宗教仪礼："我的伯父上午去了教堂，而我的伯母与我待在家里。听她读了诗篇与几章经

---

① 参见 Farooq, *Preaching in Eighteenth-Century London*。
② 许多布道词的读者们将与布道有关的报纸文章一并抄录，证明了布道词的时事性及其对更宽泛印刷文化内容的吸收；Ibid., 122。
③ Ibid., 74.
④ Samuel Hilliard, *A Sermon Preach'd at the Cathedral Church of St Paul ... Oct the 9th, 1709* (London, 1709), 7.
⑤ 参见 Henry Prescott, *The Diary of Henry Prescott, LL.B., Deputy Registrar of Chester Diocese*, ed. John Addy, 3 vols. (Chester: Record Society of Lancashire and Cheshire, 1987–97), 1: 260–261。

文,然后她上楼躺了大半天。"① 其他时候,利斯特和同时代的人一样,早上去教堂,然后晚间与家人一起,朗读布道词。

通过比对来源各异的日记与各类读者,我们看到,礼拜日通常留作宗教朗读。年轻的律师亨利·伍尔科姆来自普利茅斯。他曾在日记中感叹:"我早就习惯在安息日读些道德或神圣的内容了。"② 有这感受的,不只他一个。南希·伍德福德的日记描述了她在诺福克教区的生活,其间,她每个礼拜日都为她的伯父朗读布道词(他在自己的日记里则几乎没有提过)。③ 格洛斯特郡(Gloucestershire)的伊丽莎白·普劳斯(Elizabeth Prowse)在1759年的日记里写道:"礼拜日的夜里,民辛巷(Mincing Lane)有阵阵圣乐,我们的两间房里也宾客满堂,极要好的朋友们占了一间,我们自娱自乐的小乐团在另一间,里面有最好的演奏者。"④ 阿梅莉亚·斯图尔特(Amelia Steuart)住在珀斯郡,每到礼拜日晚上,她的哥哥都会带来一段不怎么令人愉快的宗教节目:"晚间,我的哥哥读了一篇死亡之论,并让我们时刻念及人终将一死,这对我们有益处。"下一周,"夜里,哥哥从《牧师指南》(*Parsons Directory*)⑤ 里挑了一段为我们朗读,大意是谈地狱中对奸邪的惩罚,——描述了他们遭到的折磨,令人恐惧发寒"。⑥

---

① 28 May 1820, in Anne Lister, *I Know My Own Heart: The Diaries of Anne Lister, 1791–1840*, ed. Helena Whitbread (London: Virago, 1988), 128.

② August 1797, Diary of Henry Woollcombe II, 1796–1803, Plymouth and West Devon Record Office, Ref 710/391, 90.

③ *Woodforde Papers and Diaries*, ed. Dorothy Heighes Woodforde (London: Peter Davies, 1932).

④ 21 July 1759, Diary of Elizabeth Prowse, Gloucester Archives, D3549/14/1/2, fol. 27.

⑤ 《牧师指南》,即 Anonymous, *Parsons His Christian Directory being a Treatise of Holy Resolution*。——译者注

⑥ Mrs Amelia Ann Sophia Steuart of Dalguise, Gask Journals, March 1789– 1792, NLS MS 983, fol. 30v, fol. 31v.

第八章
虔敬与知识

就算不作为出版物被朗读，教堂布道也在家庭中有它的一席之地。每到礼拜日，从教堂回来的家长们都要向全家复述布道的内容与文辞。① 国教徒与非国教徒的慕道手册都强调，家庭发挥着宗教训导的作用，通常包括每日的晨祈与晚祷，饭前餐后的谢恩祷告，重大时刻的祈祷式，还有经文段落的死记硬背。② 家庭单元——连带着仆役、学徒以及未婚的亲戚——在基督教信仰的训教与践行中，发挥了重要作用。

有些人即使自己不识字，也会购买出版文本与书籍，以期有朝一日由其他人读给他们听。③ 而身为一家之主的基督徒有责任向家人朗读宗教典籍，随着正规教育的推广，孩子反过来为家长朗读也变得愈加频繁。考虑到生产规模，到十七世纪末期，家用《圣经》已经越来越普及，而且就像理查德·巴克斯特（Richard Baxter）留意到的那样，"一些自己读不了的人找别人来为他们读经，从中获益匪浅"。④ 包含了基本信仰框架的《教义问答》，也是要巴克斯特这样的牧师读给目不识丁的信徒们，再由他们自己死记硬背下来。⑤

---

① W. M. Jacob, *Lay People and Religion in the Early Eighteenth Century* (Cambridge: Cambridge University Press, 1996), 103.

② Margaret Spufford, *Small Books and Pleasant Histories: Popular Fiction and Its Readership in Seventeenth-Century England* (Cambridge: Cambridge University Press, 1981), 211.

③ 《圣经》是最主要的例子。自从亨利八世第一次下令在教堂朗读本国语言的《圣经》后，那些能识字的人常常会为其他人朗读。大约1540年前后，在切姆斯福德（Chelmsford），"每逢礼拜日，一些镇上的穷人在教堂底下朗读，吸引了许多人围观聆听"。转引自 David D. Hall, *Cultures of Print: Essays in the History of the Book* (Amherst: University of Massachusetts Press, 1996), 52。亦可参见 Adam Fox, *Oral and Literate Culture in England, 1500–1700* (Oxford: Clarendon, 2000), 39–40。以及 Keith Thomas, *Religion and the Decline of Magic: Studies in Popular Beliefs in Sixteenth- and Seventeenth-Century England* (New York: Scribner, 1971)。

④ *The Reverend Richard Baxter's Last Treatise*, ed. Frederick J. Powicke (Manchester: The University Press, 1926) 190, 引自 Fox, *Oral and Literate Culture*, 38。

⑤ Ian Green, *The Christian's ABC: Catechisms and Catechizing in England, c. 1530–1740* (Oxford: Clarendon, 1996).

以书会友
——十八世纪的书籍社交

出自《公祷书》的语句,在生活日记与信仰日志里总能看到,而且不断重复。这说明,很多人都想把早晚祷文、短祷文以及诗篇记下来。①

一些日记里只记有宗教阅读,没有提到消遣性的阅读。尼古拉斯·布伦德尔是不奉国教的天主教徒。他的日记里一丝不苟地记录着,栽下了什么树苗,收到了馅饼,谁搬来与他成了邻居,但有关书籍,他都只是一笔带过,"我在私室里阅读属灵书籍,这么过了大半个下午",②或者是,"夫人在写信,我为她读了属灵的卷册,大半个下午就这么过去了"。③他有记录宗教阅读的习惯。从他的记录里我们清楚看到一起读书在家庭之中最显著的功用。不过,除了宗教内容,日记里看不到任何其他阅读,这也说明了在十八世纪,日记本质上是一种虔信的证明形式。考虑到当时对天主教徒的排斥,布伦德尔的情况具有了特别的意义。我们可以从他的记账本与丰富的日记内容了解到,他去过书籍拍卖会,为邻居买过书,找利物浦的书商订过货,还向附近的亲朋好友借阅过书籍。但他一直记录的只有宗教阅读。他们一家三代人都是不奉国教的保皇派,信仰不能公开践行。虽然他极少在日记里评论政治和宗教问题,但天主教对他的影响却在他的阅读中显而易见。他至少两度提到,自己"读了很多《你为什么逼迫我》(*Quid me persequeris*)"。④这是一本由他祖父写的小书,讨论了对罗马天主教徒的刑罚。他的祖父

---

① Jacob, *Lay People and Religion*, 95.

② 25 November 1720, in Nicholas Blundell, *The Great Diurnal of Nicholas Blundell of Little Crosby, Lancashire*, ed. J. J. Bagley, 3 vols. (Chester: Record Society of Lancashire and Cheshire, 1968–72), 3:31.

③ 3 April 1720, in Blundell, *The Great Diurnal*, 3: 9.

④ December 1703, in Blundell, *The Great Diurnal*, 1: 25. ("Quid me persequeris",出自《圣经·使徒行传》第 22 章第 7 节。——译者注)

第八章
虔敬与知识

威廉·布伦德尔当时印制了若干份，分送朋友，而到了尼古拉斯这一代，这部小书和其他的天主教徒文字以及詹姆斯二世党人文稿一道，仍然在流转，继续被保存，这本身就是信仰的象征。

随着十八世纪前期政治氛围的紧张，尼古拉斯·布伦德尔也把他的一些书籍从家里的公共区域挪到了更私人的房间里，比如"一些教材和宗教类书籍"就被置于私室。十五年之后，当他从佛兰德斯（Flanders）回国时，他的书籍与画像，估计是干系到天主教徒或是詹姆斯二世党人的内容，统统被没收，并在海关被付之一炬。于他而言，与人一起读书是为了给非主流的宗教信仰创建一种社会认同。从他写下"夫人与我同去拜访理查德·哈里森斯，在那儿小坐。我们在餐厅读起了属灵的书籍"①，或者是"夫人与我在客厅为弗朗西斯·布伦德尔姑母朗读了属灵之书"，我们得以窥察到，共同阅读有力地凝聚起了被排斥的群体。②

爱德华·钱德勒（Edward Chandler）曾于1725年的布道词里谴责私德之沦丧，其中，他援引当时已普遍被接受的观念，"宅邸即是小型的礼拜堂，一家之主带领全家人祈祷，并为他们读经"。③要承担起维系"自家礼拜堂"责任的人士，受益于实践性的虔敬书籍的指导。《众人的本分》由理查德·阿莱斯特里（Richard Allestree）撰写，1658年初版，到1690年已经出到了第25版，到十八世纪中期已经有50多次再版，是那个时期占主导地位的宗教书籍。这本书流传之广，全国上下估计都知道，它和《圣经》《教义问答》，以及《公祷书》一道，成为了家庭最常见的阅读书籍。

---

① 6 February 1709, in Blundell, *Great Diurnal*, 1: 202.

② 23 September 1711, in Blundell, *Great Diurnal*, 1: 301.

③ Edward Chandler, *A Sermon Preached to the Societies for Reformation of Manners, at St Mary-le-Bow, on Monday January the 4th, 1724* (London, 1724 [1725]), 13.

以书会友
——十八世纪的书籍社交

它在十八世纪有不少版本，都辅以"每家必备"的副标题。《众人的本分》让每位读者都能经历一系列的自我审视与默祷沉思，扩展的版本还附带了祈祷文、索引及家用《圣经》摘录。书中对家庭祈祷提出了如下建议：

> 公祷的第二种是在家庭之内，所有家庭成员都加入共同的祈祷；此事首当由一家之主仔细料理，他需留意这样的祈祷文……如果他本人，或者家里有人能阅读，可从佳作当中挑选祷文……若是他们都不识字，那就必得教会他们无须书本也能用的祈祷文，以便他们在家里践行。①

《众人的本分》之外，还有其他书籍作补充。有专供家庭和个人使用的书籍，尤其注重培育日常虔敬的习惯，包括每日的家庭祷告与私人祷告。②作为教育和指导的形式之一，孩子们常常会在晚间应家人要求，朗读一段福音文，有时在餐间进行。劳动阶层的家庭里，孩子们学会了识字，而家长们读不了，那就由孩子们朗读。詹姆斯·拉金通曾经描述过"贫寒乡下人"的文化习惯，他们原本"要靠女巫、鬼魂和精灵等志怪故事来打发冬日长夜，现在，他们听着子女们朗读历险故事和浪漫传奇，夜晚也不再那么难挨"。③在拉金通的笔下，孩子们表演的主要是小说——而正如理查德·D. 奥尔蒂克（Richard D. Altick）所指出，此番情节令人非常难

---

① Richard Allestree, *The Whole Duty of Man, Laid Down in a Plain and Familiar Way for the Use of All, but Especially the Meanest Reader* (London, 1719), 108.

② Jacob, *Lay People and Religion*, 106.

③ James Lackington, *Memoirs of the First Forty-Five Years of the Life of James Lackington* (London, 1793), 420.

第八章
虔敬与知识

以置信,因为拉金通提到的小说与传奇都价值不菲。① 不过,贫穷人家的孩子有机会习得阅读能力,这对十八世纪晚期的虔信教育至关重要。

玛莎·莫尔(Martha More)与汉娜·莫尔姐妹俩一起为萨默塞特当地的孩童办了一所学校。在玛莎·莫尔的《门迪普编年》(Mendip Annals)里,她描述了大批不识字的家长晚上前来参加布道词与祷告文的朗读:"知道这个教区里每位辛苦劳作的家长……都能有个孩子回家为他朗读一些《圣经》诗篇,助他更快恢复精力,真是巨大的慰藉。"② 萨默塞特的这些孩子们被教授如何读《圣经》和《教义问答》——但有趣的是,并没教他们书写,这样的做法一直持续到十九世纪晚期。③ 对有些孩子来说,这其实是惩罚。纽卡斯尔的雕版画家托马斯·比尤伊克(Thomas Bewick, 1753—1828)回忆,自己在孩童时期因为打架遭到了惩罚:"我被迫和师傅一起每天去两次教堂,每个礼拜日也要去,晚上,我还得为贝尔比夫人(Mrs. Beilby)和她的女儿,或她家的其他人朗读《圣经》,或是别的什么好书。"④

东霍思利(East Hoathly)的托马斯·特纳,在十八世纪中期,由教师转行开起了商铺。他的日记里常常提到在家读到的宗教书籍:"夜里读完了韦克(Wake)的《教义问答》,我认为这书很

---

① Richard D. Altick, *The English Common Reader: A Social History of the Mass Reading Public, 1800–1900* (Chicago: University of Chicago Press, 1957), 39–40.

② Martha More, *Mendip Annals; or, A Narrative of the Charitable Labours of Hannah and Martha More*, ed. Arthur Roberts, 3rd ed. (London, 1859), 236.

③ "不仅书写教育不被鼓励,而且很多学生离开主日学校的时候,也没学会识字,按照《旧约》的观点,这样的教化至少是上帝的赐福。"E. P. Thompson, *The Making of the Working Class* (London: Victor Gollancz, 1980), 414–415.

④ *A Memoir of Thomas Bewick, Written by Himself* (Newcastle-on-Tyne: Ward, 1862), 55.

棒，适合所有家庭，既有良好的指引，又能给人以巨大的感动。"①
特纳是他所在阶层的典型代表。实用类的宗教信仰书籍直抵中下层的社会群体之中。对威尔士乡下藏书情况的细致研究表明，这类书籍的购买者，阅读水平大多低于教区士绅。湖区特劳特贝克谷（Troutbeck Valley）的布朗家族，是富裕的佃农，他们世代居住在汤恩德小屋。汤恩德藏书中就有大批布道词和实用类的神学著作。杰弗瑞博物馆收藏的财产清单也导向了相似的结论。有些家庭拥有近百本书，有的不过两三本，但主要都侧重宗教内容。除了《圣经》《新约》和《公祷书》，最常见的还有纳尔逊的《节日与斋戒》（Festivals and Fasts）、福克斯（Foxe）的《殉道史》（Books of Martyrs）以及《众人的本分》。在这类日常虔敬的宗教书籍之外，我们也发现，读者们对更为翔实的神学作品有兴趣。布道词中密集的论点如果被印制出来，带回到家里，或许能更有助于理解，就像约翰·特拉斯勒所说："长篇大论的布道，有条有理地探讨深奥的神学与道德观点，有三分之二的教众都听不懂——简短直白的布道，或者大篇转述《圣经》更能吸引他们的注意。"②

托马斯·特纳的日记充分展现了宗教阅读的各种类型，以及基督徒发自内心追求自我进步的习惯如何渗透到阅读经历中。特纳结婚很早，是英国国教教徒。他定期去教堂，生活上有着中产阶级式的节俭（比如说，他有连续几天都吃剩饭的习惯）。特纳还是一位博览群书的读者。在日记所涵盖的时间里，他几乎将十八世纪中期所有的重要作品读了个遍，还偶有点评，这包括斯威夫特的《木桶

---

① May 13, 1758, Transcript of Thomas Turner's Diaries, East Sussex Record Office, AMS 6532/3, 720. 韦克的《教义问答》是指 William Wake's *The Principles of the Christian Religion Explained: in a Brief Commentary upon the Church-catechism*. 这本书于1699年首版，并在接下来的半个世纪中出了七版。

② Trusler MS, 192, cited in Gibson, "John Trusler and the Culture of Sermons," 315.

第八章
虔敬与知识

的故事》(*Tale of a Tub*)、蒲柏的《群愚史诗》——荷马的译本("语言极好,思维的转换与表达的流变都很优美")①、理查森的《克拉丽莎》("写作上佳")②、盖伊的《预言》("很好的一堂道德课")③,以及汤姆森的《四季》("笔下的自然惟妙惟肖")④。他还读了十六与十七世纪的作品("我认为哈姆雷特这个角色极为出色,整部剧是一出好戏")⑤,约翰·洛克的《人类理解论》("尤其深奥晦涩的一本")⑥、弥尔顿的《失乐园》("论言语之崇高,明喻之优美,在我所读之中,无出其右")⑦。但是特纳与同时代的许多人一样,始终透过信仰的滤镜来看待世俗文学。他没工夫纯粹消遣:"晚上读了一本叫作《精明的弄臣》的书,我觉得它愚蠢空洞,只能可悲地卖弄下流段子。"⑧他读《失乐园》是为神创论找证明,他的阅读笔记往往侧重它们的道德典范作用:"我的妻子为我读了编号 20 与 21 的《监护人》两篇,我认为它们非常好,前一篇阐明了宽恕是多么不可或缺的本分,后一篇说的是,未来幸福的前景能让人类有多欣喜。"⑨

不管什么书,特纳都把它当成建议宝典,迫切消化着其中蕴含的智慧。他有时会给出自己的评价意见,但更多时候,他都在慢慢收集自己读到的有用见解。从日记来看,他为了追求知识,涉猎书籍种类之多,令人眼花缭乱,像伯内特主教(Bishop Burnet)的《宗

248

---

① 22 March 1765, Thomas Turner Diaries, AMS 6532/5, 1476–1477.
② 28 February 1756, Thomas Turner Diaries, AMS 6532/1, 168.
③ 2 August 1758, Thomas Turner Diaries, AMS 6532/3, 616.
④ 8 July 1758, Thomas Turner Diaries, AMS 6532/3, 610.
⑤ 1 March 1755, Thomas Turner Diaries, AMS 6532/1, 33.
⑥ 16 December 1756, Thomas Turner Diaries, AMS 6532/1, 364.
⑦ 14 June 1758, Thomas Turner Diaries, AMS 6532/3, 740.
⑧ 26 March 1757, Thomas Turner Diaries, AMS 6532/2, 440.
⑨ 25 September 1755, Thomas Turner Diaries, AMS 6532/1, 87–88.

教改革史》(*History of the Reformation*)、约瑟夫·图内福尔(Joseph Tournefort)的《黎凡特游记》(*Voyage into the Levant*)、赫维的《塞伦和阿斯巴西奥》(*Theron and Aspasio*)、理查德·米德(Richard Mead)的《毒药基本原理》(*A Mechanical Account of Poisons*)、《完整书信写作》(*The Complete Letter Writer*),以及亨利·布拉肯(Henry Bracken)的《驭马术提升》(*Farriery Improv'd*)。期刊杂志上的良言警句似乎特别能打动他。他把期刊视作社会宝典或文化圣经,在日记里记下了令他有所触动的例子,有淫逸,有美德,有虔敬。他时不时感叹,自己喜欢某些文章是否只因为它们说出了他自己的想法:"夜里读了一会儿《伦敦杂志》(*London Magazine*)的七月刊,我在里面发现了许多精彩的文章,比我印象里其他任何一本杂志都要多。也许我失之偏颇,认为这些文章精彩只是由于它们呼应了我自己的感受。我们品评人物,鉴赏书籍时,如果它们和我们的个人想法一致或趋近,我们总是难以做到完全公正。"①

如果我们假定,特纳是天真地认为自己正在经历自学成才之路,那也不能忽视还有其他受过更好教育的人士也有此想法,他们同样希望,自己能效仿期刊上人物的言谈举止。詹姆斯·鲍斯威尔在他的《伦敦周刊》里声称:"我强烈渴望成为另一位艾迪生先生……有艾迪生先生的见解,加上一点理查德·斯梯尔先生的欢快,以及迪格斯先生的翩翩风度,正是我打算实现的目标。"②见习律师达德利·赖德也想模仿杂志作者:"来到我自己的房间。读了一些《闲

---

① 3 August 1764,Thomas Turner Diaries,AMS 6532/5,1362–1363.

② 1 December 1762, in James Boswell, *Boswell's London Journal, 1762–1763*, ed. Frederick A. Pottle, 2nd ed. (New Haven: Yale University Press, 2004), 62.(这里的艾迪生先生指约瑟夫·艾迪生,他与理查德·斯梯尔都是十八世纪早期英国的散文作家,他们二人在1711年创办了《旁观者》期刊,斯梯尔此前还创办了《闲话者》杂志[1709年],开启了英国期刊出版的历史;迪格斯先生是指韦斯特·迪格斯[West Digges],是红极一时的演员。——译者注)

第八章
虔敬与知识

话者》……我打算常看常读以改进自己的风格,了解他(作者)思考与讲故事的方式,还有看待世界、洞察人性的方法。"①1771 年 3 月,西拉斯·内维尔读《伦敦杂志》,被一封书信深深打动。书信是"关于未婚生子的后果"。他写道,"所有年轻男子,如果即将陷入不怀好意的男女关系,都应该认真读一读,而且,同一本杂志里的道德诗歌《亨利与伊丽莎》也贴切地描绘了诱奸带来的极度罪恶感"。②

特纳日记里有一点值得注意,他与旁人共读的多是宗教与虔信之作,而世俗性的散文,他总在独处时默读。他的日记清晰地展现了,礼拜日晚间是读宗教书籍的固定时间,无论是一个人还是与别人一起,这包括赫维的《墓间沉思》、新版《众人的本分》《女性的本分》、伯基特(Burkitt)的《新约释义》,此外还有舍洛克(Sherlock)、斯特恩、夏普以及赫维的布道词。③他在一周之内为朋友和家人念了许多布道词。作为一种互相的提升与灵性的聚焦,读布道词的习惯助他巩固了友谊,特纳每晚或多或少都会为他的朋友托马斯·戴维(Thomas Davy)朗读些虔敬作品。戴维是当地的鞋匠,特纳早年的日记里曾用"最好的朋友"来描述他。④有时,他

---

① 18 June 1715, in Dudley Ryder, *The Diary of Dudley Ryder, 1715–16*, ed. William Matthews (London: Methuen, 1939), 38.

② 23 March 1771, in Sylas Neville, *The Diary of Sylas Neville*, ed. Basil Cozens-Hardy (Oxford: Oxford University Press, 1950), 96.

③ 《墓间沉思》,即 James Hervey, *Meditation Among the Tombs. In a letter to a lady*, London, 1746;《女性的本分》,即 Mary Cressy, *The Whole Duty of a Woman, or, A guide to the female sex, from the age of sixteen to sixty*, &c, London, 1695. ——译者注

④ Naomi Tadmor, *Family and Friends in Eighteenth-Century England: Household, Kinship, and Patronage* (Cambridge: Cambridge University Press, 2001), 172–173. 特纳和戴维对虔敬作品的兴趣在它们的工匠阶层中并不罕见。乡村和城镇工匠对实用虔敬读物的订阅清单表明,订阅用户包括了大量的织布工、鞋匠、屠夫、杂货商与制革匠。Geraint H. Jenkins, *Literature, Religion, and Society in Wales, 1660–1730* (Cardiff: University of Wales Press, 1978), 274.

们把工作与闲暇结合起来:"晚上,T. 戴维为我的侄子带来一双鞋,留下来做客,和我们一起用了晚餐。我为他读了蒂洛森的第 47 篇布道词。"① 特纳最常为戴维朗读的作家是蒂洛森。有时他们只通读一到两篇蒂洛森,可能还读一些其他文章,比如杨的《夜思录》。但在其他场合,特纳一次最多要念八篇布道词。

通过一起读书——可能还有相互讨论——来共同实现自我提升,这一原则在特纳与戴维阅读其他非虚构作品时也能看到。特纳似乎承担起了某种教导朋友的职责——总是特纳在朗读,而且他的日记也表明,场地和书籍都由他提供。从他们共同阅读的记录来看,他俩都乐意通过读书去了解更广阔的世界,尤其是其他宗教:"晚餐之后,托马斯·戴维来了,与我们一起待了两个半钟头。他与我大致看了看戈登的《地理学原理》,特别是其他各国的宗教。"② 其他时候,他们也匆匆阅读科学书籍:"托马斯·戴维晚上来到了我们家,为他读了一些欧几里得的《几何原本》。"③ 给托马斯·戴维读这些有教益、虔诚与世俗的素材,可能也是特纳长期用来对抗酗酒的办法之一,他总是痛斥自己这个毛病:"可悲的一天,真不令人合意。噢!反思昨日,简直无法容忍。"④ "这类事例如何能教会人类避开酗酒的恶习,那简直是万恶之源。"⑤

同戴维在晚间的来往能提振他的心情,其他很多时候,他独自一人饮酒无度,或是与其他邻居喝得酩酊大醉,与戴维的交往或

---

① 18 September 1756, Thomas Turner Diaries, AMS 6532/1, 309.

② 《地理学原理》,即 Patrick Gordon, *Geography Anatomized; or, A Compleat Geographical Grammar*, London, 1693。——译者注

③ 9 April 1756, Thomas Turner Diaries, AMS 6532/1, 192; 21 August 1756, Thomas Turner Diaries, AMS 6532/1, 513; 16 May 1758, Thomas Turner Diaries, AMS 6532/3, 721.

④ 10 February 1757, Thomas Turner Diaries, AMS 6532/2, 403.

⑤ 11 January 1763, Thomas Turner, Diaries, AMS 6532/5, 1259.

第八章
虔敬与知识

许是治愈他的一剂良药。于特纳而言,阅读与饮酒常常联系在一起。这一点从他选读的内容就看得很清楚:"托马斯·戴维晚上来我们这儿坐了一会儿,我为他读了一篇布道词,内容是吉布森主教(Bishop Gibson)对酒池肉林的斥责。"① 他还说道:"晚上读《闲话者》的第四卷,越读我越喜欢,从没有文章像这篇一样令我幡然领悟酗酒的罪恶。"② 不过,在他说到自己沉迷阅读时,也能清楚看出他喝酒的恶习——他的生活中,酒精的影响力无所不在,以至于谈起阅读时,他也采用了同样的语言:"作为凡人,和其他凡人一样,我有我的缺点和过失。我相信,出于对知识的迫切渴求,我常常花费太多金钱买书,消耗太多时间读书,只为填满那永不餍足的情绪[原文如此],因为这似乎是唯一能激起我欲望的消遣。"③

串联起阅读和饮酒之间联系的,不只特纳一个。上文曾提到过,切斯特的教堂执事亨利·普雷斯科特最快乐的事莫过于边喝着"家酿啤酒"边享受书籍的乐趣——对他来说,阅读书籍和谈论书籍往往都在本地酒馆进行,也都与喝酒分不开。

更好的谈吐

托马斯·特纳的阅读经历让我们看到了一个竭力用书籍提升自我,吸引朋友邻里加入自己计划安排的人。对他而言,阅读的社交面向不是为了引人观赏,而是重在道德提升与增益教化。但对其他人来说,阅读事实类与虔信类的书籍有助于为他们的言谈增光添彩。达德利·赖德认为,人们读布道词是为了打磨他们的交谈技

---

① 20 October 1760, Thomas Turner, Diaries, AMS 6532/4, 856.

② 28 August 1754, Thomas Turner, Diaries, AMS 6532/1, 78.

③ 23 March 1758, Thomas Turner Diaries, AMS 6532/3, 686.

以书会友
—— 十八世纪的书籍社交

巧:"大多数人似乎普遍认为,要么担心因为不去教堂有损名誉,要么……以便能更好地聊起宗教,并展现更好的谈吐。"① 赖德的人性自私论会遭到当时道学家的谴责——但他强调,阅读为社会交往提供基础,毫无疑问,这是在家消费宗教、历史和科普类非虚构作品的重要原因。正如我们所见,串门拜访的文化氛围,以及聊天技巧在其中的作用,随着十八世纪的推进而变得愈发举足轻重。托马斯·特纳渴望变得更有见识,但还有很多人,尤其是新富阶层与有闲中产,他们追求的是**看起来**更有见识。在十八世纪,我们能见到这两类读者,他们都在社交场合调用着自己对世界的了解与知识,而大量作品的出版印刷为他们提供了支持。

围绕历史书籍的阅读与出版文化,很明显地出现了知识社交化的加速。在十八世纪,历史知识对男性和女性而言,都变得越来越有价值。随着对往昔的关注不再只是修道院记事僧人与政府官员的职责,历史成为更普及和通俗的文类,跨越了学术世界与文学领域。多亏了识字率的提升与书籍的普及,朗读历史著作从宫廷、豪门以及市场,转移到更小范围内的私宅之中。② 历史不再是清冷学者的专属,而成了文雅人士展现新知的话题。③ 十八世纪每个年代的作家们都在鼓吹掌握历史的诸多益处,尤其对年轻女性而言,更是如此。在十八世纪早期的一篇《论学院》("Of Academies", 1702)中,笛福评述,女性应当"被引导去读书,特别是历史",因为历史能赋予她们"必要的聊天氛围",并让她们理解这个世界。④ 玛丽·雷

---

① 7 September 1716, in Ryder, *Diary*, 311.

② Daniel R. Woolf, *Reading History in Early Modern England* (Cambridge: Cambridge University Press, 2000), 80–81.

③ D. R. Woolf, "A Feminine Past? Gender, Genre, and Historical Knowledge in England, 1500–1800," *American Historical Review* 102, 3 (June 1997), 645–679.

④ "Of Academies," in Daniel Defoe, *Essays Upon Several Projects* (London 1702), 292.

第八章
虔敬与知识

（Mary Wray）在《淑女文库》（*The Ladies Library*, 1714）里也呼应了笛福的观点："阅读**历史**能更好地让人得体交谈，读其他内容都比不上。"① 行为指南书的作者赫斯特·沙蓬在1773年出版的《论心智的提高》（*Letters on the Improvement of the Mind*）中建议年轻姑娘："我首要推荐的，就是**历史**。我不知道还有什么能像它一样，既有恰如其分的娱乐，同时又让人进步提升 [……] 历史知识可以为对话提供丰富的素材，几乎没有其他知识能比得上。"② 沙蓬接着断言，"我就见识过，女士们如果假装不知年代与时日，那会让自己显得差劲"。③ 这样那样的女性行为指南都把历史知识当作女性必不可少的才艺，既让她们成为更得体的伴侣，又不至于显得太过饱学。虽然沙蓬谴责有人纯粹为炫耀而肤浅学习，且态度颇为严厉，但她热切倡导让历史成为聊天的基础。

关注近代早期历史受众的研究，大多聚焦于个体学者如何专心致志做读书笔记，比如加布里埃尔·哈维（Gabriel Harvey）或约翰·迪伊（John Dee）在史学上的严谨态度。④ 但对上述行为指南预见的文雅读者而言，历史的乐趣，不用那么一板一眼也能领略——这里敬请沙蓬谅解——比如有关历史人物的一麟片爪，或是偶尔知道有趣的往事，或是读一段历史叙事。当然，有多少种出版的历史书籍，就有多少种消费历史的不同形式，而且这个时代也有严谨孤绝的学者，他们在书页的留白处写下笔记，从头至尾通读每

---

① Richard Steele [Mary Wray], *The Ladies Library*, 3 vols. (London, 1714), 1:22.
② Hester Chapone, *Letters on the Improvement of the Mind*, 2 vols. (London: J. Walter, 1773), 2:125.
③ Ibid., 178-179.
④ William Sherman, *John Dee: The Politics of Reading and Writing in the English Renaissance* (Amherst: University of Massachusetts Press, 1995); Lisa Jardine and Anthony Grafton, "How Gabriel Harvey Read His Livy," *Past and Present* 129 (1990), 30–78.

以书会友
——十八世纪的书籍社交

一本书，还会找寻不同的历史叙述进行比对。可是，如果人们阅读历史只是为了社交受益和娱乐消遣，那他们估计会以别的方式来对待文本。

有些人阅读特定的历史篇章与庆祝或纪念特殊事件有关。亨利·普雷斯科特读书是为了追念保王派的纪念日，比如查理一世的处决，或查理二世的复辟。1718年5月29日，他与儿子一起度过："酒足饭饱后，由我的儿子朗读了应景的篇章，是克拉伦登的手笔。"① 谈论书籍可能还连带着把玩古董，品鉴特别的收藏。普雷斯科特热衷收藏古罗马装饰与钱币，与同时代的很多人一样，他也乐于向朋友们展示他的古董物件，说道一番，分享自己的业余爱好。作为一位社交达人，普雷斯科特与当地政界、社交圈以及宗教圈的关系都很不错。他注意到在多种场合，书籍都是晚间讨论的一大话题："晚上，与爱尔兰的教士莫尔先生（Mr. Maul）、鲍耶先生（Mr. Bowyer）以及罗德先生（Mr. Rhode）一起在喷泉边，畅谈了很多书籍，还交流了各式各样的学问，一直到将近12点。"② "在斯特恩院长的处所金塔尔博特（Golden Talbot），我们喝了三品托啤酒，聊了聊书籍和学院里的熟人，一直到10点钟之后。"③ "晚间正餐与宵夜之后，大家轮番喝着麦芽酒，杰克精彩地讲述了一段自己的旅途见闻，以作回敬。琼斯先生（Mr. Jones）……加入了我们，我们漫谈书籍与学识，直到11点，一丁点麦芽酒都没剩下。"④ "晚祷之后，梅德利科特先生（Mr. Medlicot）来到书房加入了我们，

---

① 29 May 1718, in Prescott, *Diary of Henry Prescott*, 2: 636.（查理二世于1660年5月29日复辟，这里的克拉伦登指第一任克拉伦登伯爵，爱德华·海德[Edward Hyde, 1609—1674]，他是著名的保王派政治家和历史学家，著有《英国叛乱史》。——译者注）

② 20 July 1704, in Prescott, *Diary of Henry Prescott*, 1:62.

③ 9 September 1704, in Prescott, *Diary of Henry Prescott*, 1:70.

④ 26 September 1705, in Prescott, *Diary of Henry Prescott*, 1:116.

第八章
虔敬与知识

我一边喝着啤酒,一边向他展示了我收藏的钱币和古书。"① 尼古拉斯·布伦德尔记录了类似的场合(虽然酒精味没那么重):"晚饭后,爱德华·普尔托(Edward Pourtor)到了,还一道带来了利物浦文豪詹姆斯先生(Mr. James),我给他看了一些我的珍奇古玩。"②

业余历史爱好者们最感兴趣的,往往是地方史和家族史。谢菲尔德郊外布鲁姆希德府上的约翰·威尔逊,一生收藏了可观的手稿,包括来源各异的本地史料,以及附近各大家族的历史文件,他往札记本里摘录了不少,以供家庭内部成员传阅分享。最古怪的历史档案也可以当作社交时的消遣。安妮·利斯特写道,"我自己提出要立个规矩,每逢六月和十二月的第二十一天,都把族谱拿下来朗读,从今晚开始"。③

消遣式地阅读历史既能深化朗诵者与听众们对历史事件的理解,又能锻炼朗读技巧。威廉·伍尔科姆从爱丁堡写信,督促在普利茅斯的儿子亨利,晚上要给他的祖母与姑母读历史书,念书的过程中,还要想到"过去之历史为理性推断未来提供了充分的根据,并让我们得以运用时间积累下的经验,规束自己的行为与看法"。④通过朗读,威廉也为将来的公共生活做好了准备:

> 多少个夜晚,你为我的母亲和姐妹阅读英格兰史,你也从中受益良多,虽然可能你还尚未察觉。要会朗读,须有敏锐的感觉与不凡的品味,我们的听众能比我们更清楚地察觉到缺陷,只有留意他们的评价,很多毛病才会得以纠正。休谟的作

---

① 20 May 1719, in Prescott, *Diary of Henry Prescott*, 2: 695.
② 19 March 1710, in Blundell, *The Great Diurnal*, 1:248.
③ 21 June 1818, in Lister, *I Know My Own Heart*, 48.
④ William Woollcombe at Edinburgh to Henry Woollcombe at Britonside, Plymouth, 28 October 1794, Plymouth and West Devon Record Office, ref. 710/406.

品是得体、优雅与纯粹风格的样板,可能要胜过我们当代任何一位史学家。我认识许多教养良好的男士,他们被要求为大家读一篇文章,就算只对着一小圈人,都会感到苦恼,类似的窘境,我自己也经历过。①

亨利将父亲的忠告铭记于心。我们在上文业已看到,他从1797年开始写日记,坚持了二十年,日记见证了他为提升个人修养而坚持不懈地阅读,以及练习朗读——即便无人在场。他读书之后的有感而发,始终彰显着他对娱乐与收益的兼顾:

翻阅了克拉伦登的《英国叛乱史》,我读得很愉悦,希望从中收获良多。在那样的情况下,狂热的清教徒所展现出的品格由他揭示了出来,让我再不会陷入他们的伪善之中。

一月十二日星期六。读了利特尔顿勋爵的传记……令人非常满意,尤其约翰逊根据他家庭医生公布的记录,改写了他临终前的病态。我真诚盼望自己终了前的交谈也能和他的一样。②

亨利·伍尔科姆是个单身汉,他通常喜欢独自沉思——当然,上文也说过,这也并非完全不涉及其他人。他更偏好通读整部著作,而不是匆匆浏览。但还有很多其他例证能够说明,社交场合里谈论历史趣闻的效果,催生了特定的阅读与出版,同样的影响,我们已经在人们对虚构作品的共同分享中见识过了。

历史的社交用途培养了相应的阅读习惯,人们阅读历史书籍

---

① William Woollcombe at Edinburgh to Henry Woollcombe at Britonside, Plymouth, 17 November 1793, Plymouth and West Devon Record Office, ref. 710/406.

② Diary of Henry Woollcombe II, 1796–1803, Ref 710/391, 2, 3.

第八章
虔敬与知识

时，更关注那些可以脱离语境，单独摘出的事例或孤立的片段，以及轻巧的故事，这同阅读文学作品时一样，也不是新鲜事。都铎王朝的编年史就充满了小故事，多是些微不足道的内部事务，而不是历史学家所期待的重大事件，这些短小的故事充当了人们谈天说地时的素材。① 读者的兴趣在于摘选，那也意味着，有些历史学家会更受欢迎，比如简明扼要、易于引用的塔西陀就比绵长悠远的李维更加流行。② 与小说一样，历史作品的节略与连载也是新兴期刊杂志市场的内容基石，满足了人们获得文学摘选的需求。

札记本是另一处精彩节选的汇聚之所。谢菲尔德的裁缝乔治·霍依兰（George Hoyland）抄录诗歌时会随意混入历史资料。比如，在一首嘲讽贵格会的打油诗后面，他写了这样一条笔记，"1815 年的沙皇俄国，有 160 位 100 岁的老人去世，还有 233 位 105 岁的，106 位 110 岁的，53 位 115 岁的；20 位 120 岁的；5 位 125 岁的；4 位 130 岁的以及 1 位 160 岁的"。③ 前文曾提到过的约翰·威尔逊的札记簿、玛丽·马登的剪贴本，也都收录了非凡的历史事实或叙述。在威尔逊的札记里，从本地的考古信息到他改写的"中国的长城"，再到"叛乱时期对教会的若干暴行"，几乎无所不包。④ 还有一些读者自行概括或节略他们喜爱的事实类作品，以便与亲朋

---

① Annabel Patterson *Reading Holinshed's Chronicles* (Chicago: University of Chicago Press, 1994); Annabel Patterson, "Foul, his Wife, the Mayor, and Foul's Mare: the Power of Anecdote in Tudor Historiography," in *The Historical Imagination in Early Modern Britain: History, Rhetoric, and Fiction, 1500–1800*, ed. Donald R. Kelley and David Harris Sacks (Cambridge: Cambridge University Press, 1997), 159–178.

② Woolf, *Reading History*, 106.

③ G. W. R. Hoyland, draper and tailor, 22 West Barr, Sheffield Order book. Sheffield Record Office, MD1191, fol. 2v.

④ Commonplace Book of Wilson family of Broomhead Hall, 18th century, Sheffield Record Office, MD145, fol. 112.

好友分享。萨拉·考珀（Sarah Cowper）为她的儿媳朱迪丝（Judith）摘选了威廉·豪厄尔（William Howell）的《通史要义》（*An Institution of General History*）。① 教师沃尔特·盖尔记录道："我给了他[指'他们'，即肯特先生与爱德华兹先生，两位都是教师]我自己概括的《基督教师训》（*Christian Schoolmaster Instructed*）摘要，他答应过段时间还给我。"②

而且如同前文所示，散文选段与诗歌小节在出版文化里不断循环，与之相似，札记本里所截取或改编的历史片段也进入了出版合集当中。滑稽故事与笑话书里的段子常以历史人物为依托。《欢快的弄臣》（*The Merry Jester*, 1773）在前二十页当中，就包罗了第欧尼根、查理二世、法国国王亨利四世、拿骚的莫里斯王子、西班牙国王菲利普二世、威廉·佩恩、尼古拉斯·培根先生（Sir Nicholas Bacon）、罗伯特·霍华德先生（Sir Robert Howard）、珀塞尔（Purcell）、恺撒、罗伯特·沃波尔、教皇西科斯图斯五世等人的小故事。③ 这类滑稽段子杂糅了古今历史，充斥于当时数以百计的笑话书之内，显然，取材自历史典籍，随即飘荡在对话之中的内容，只是为了凑趣，而不是严肃的讨论。十八世纪下半叶，供人们朗诵的散文选集蓬勃发展，其中不乏人物小传，有趣人物的生平经历被浓缩在短小的篇幅之内。《英格兰读者》（*The English Reader*, 1799）按照散文的不同类型对古典与现代历史文章重新分类。休谟笔下的伊丽莎白女王与阿尔弗雷德国王成了"描述性文章"。讲述

---

① Woolf, *Reading History*, 100.

② 14 December 1758, "Extracts from the Journal of Walter Gale, Schoolmaster at Mayfield, 1750: Edited By R. W. Blencowe, Esq.," in *Sussex Archaeological Collections: Relating to the History and Antiquities of the County*, 152 vols. (London: John Russel Smith, 1857), 9:201.

③ Robert Baker, *The Merry Jester, Containing a Great Variety of Comical Jests, Keen Waggeries, Smart Repartees* (London, 1773).

第八章
虔敬与知识

了简·格雷小姐（Lady Jane Grey）一生命运的是"叙述性文章"。哥尔德斯密斯写的斯特拉福德伯爵的审判，被归为"悲惨型"。

由威斯希姆·诺克斯编撰的《雅文选编》第四卷极具影响力。这一卷以历史摘编为主，既介绍了基本的历史概念，还有可供朗诵的选段，可谓是一本历史入门小书。书的开篇是伏尔泰的短篇历史年代论，接下来是关于封建制度、十字军东征的小文章，还有一系列关于伊巴密浓达（Epaminondas）、查塔姆和汤森的人物描述，分别选自休谟、罗伯逊、斯摩莱特与伯克的作品。

散文里的"人物"是将历史包装好呈现给新读者的关键。我们将看到，人们出于消遣而阅读时，作为人物命运的历史往往会赢得更多回应。历史文摘的合集汇编里也是虚实混杂，既有史实，也有虚构文学。《散文作家美文优选》能从罗伯逊的《马丁·路德人物传》迅速转到斯特恩的《勒菲弗的故事》，再接着回到神圣罗马帝国的查理五世（罗伯逊作）。斯特恩写的俄巴底亚①的故事后面紧跟着的是伏尔泰《伟大的历史时代》；而第二卷里，胡克的《罗慕路斯致罗马人民》②紧接着麦克米伦的《朱莉娅，或一位助理牧师女儿的游历记》。

这种事实与非事实的混合让我们得以洞察二者之间的区别。不少评论家假定，散文小说在十八世纪被称为"历史小说"（histories）乃是因为作者或出版方试图让它们看起来可信。当读者对虚构的历史小说与真实的历史产生混淆时，他们又将此归咎于公众尚未清晰地意识到一种新小说形式的出现。③但事实上，"历史"这个词在

---

① 俄巴底亚是斯特恩小说《项狄传》中的人物。——译者注
② 《罗慕路斯致罗马人民》，即 Nathaniel Hooke（1664—1738），*The Roman History, from the building of Rome to the ruin of the commonwealth*, 8 vols, Dublin, 1767.——译者注
③ 关于读者混淆的一个例子，参见 22 May 1719, in Prescott, *Diary of Henry Prescott*, 2: 695。

十七到十八世纪拥有非常宽泛的词义,不受约束,能涵盖所有文字作品,从小本故事书,到半历史化的小说,再到修昔底德。

读者们通常认为,历史小说是对人生的叙述,与小说无异——只会更好,因为它们书写了真实的生活经验。恩斯特家族札记始于十九世纪初年,札记的汇编人注意到,从过去之人的生平描述之中,能更好地了解世界。

> 我们的年轻人被幻想的文字窃走了心,让时间白白流逝,而人生故事,它们经过仔细筛选,还被精巧书写,将成为珍贵的替代品,顶替不少位置。小说,即便再无其他反对之声,无论它们写得有多精妙,呈现的都是虚构的人物、假想的场景、杜撰的时机,而且有的时候,作者宁愿凭空猜想世界的样貌,也不愿根据他们自己的了解来客观描述曾在这世界的伟大舞台上真正演出过的人,他们的传略永远要比小说更能反映出生动的人生图卷。①

历史和小说一样,都能带来对人性的洞察力,而且还没有小说的道德困境。玛丽·德拉尼写信给她的朋友波特夫人(Mrs. Port):"鼓励你的年轻学生多读些历史吧,尤其是英格兰历史,让她每天为你复述所读之内容。不要读小说,但也不能看起来**禁止**它们,只需每当提起时,总因为它们的虚假与无足轻重而表示并不赞许。"② 对德拉尼来说,历史是一种叙事,它可以让经不住诱惑的人

---

① Ernst Family Notebook, Somerset Heritage Centre, DD/SWD 15.

② 18 November 1774, "Mrs. Delany to Mrs. Port, of Ilam," in Mary Delany, *The Autobiography and Correspondence of Mary, Mrs Delany*, ed. The Right Honourable Lady Llanover, 2nd series, 3 vols. (London: Richard Bentley, 1862), 2:67.

第八章
虔敬与知识

戒掉小说,并接受另一种更有益的叙事。德拉尼对待历史的态度令人感到饶有趣味。她与朋友共读史书时,没有多刻意地保持批判距离,而是对历史人物产生了更强的共情,比她读小说时要大胆得多:

> 我们每日还在读卡特(Carte)的奥蒙德公爵(Duke of Ormonde)生平传记:他是我所读过的最了不起的英雄,这般的勇气、谨慎、忠诚、仁慈,还有各种美德成就了他的人格,可惜查理一世的遭遇,尽管只有一点儿关联,仍**令人心碎**!……①
>
> 我们读卡特的英格兰史,据他们说,这是迄今为止出版过的最好的一本:我们刚读到与罗马人作战的部分——阿格里科拉(Agricola)是目前的英雄。②
>
> 我们读教皇亚历山大五世与恺撒·博尔吉亚(Caesar Borgia)[作者是亚历山大·戈登(Alexander Gordon)]——两个令人生厌的恶棍;我已经厌倦了它们的陪伴。③

德拉尼向历史人物及其人生经历投入了真情实感,她不是唯一一个。围绕读小说而产生的激烈道德争论令有教养的读者,比如德拉尼,小心翼翼地保持着与小说的阅读距离,但这份谨慎,似乎

---

① 28 December, 1750, "Mrs. Delany to Mrs. Dewes," in Mary Delany, *The Autobiography and Correspondence of Mary Granville, Mrs Delany*, ed. The Right Honourable Lady Llanover, 1st series, 3 vols. (London: Richard Bentley, 1861), 2:633.

② 16 November 1751, "Mrs. Delany to Mrs. Dewes," in Delany, *Autobiography and Correspondence*, 1st series, 3:59–60。(卡特的英格兰史,即 Thomas Carte, *A General History of England*, 4 vols, London: 1747-1755。——译者注)

③ 2 February 1760, "Mrs Delany to Mrs. Dewes," in Delany, *Autobiography and Correspondence*, 1st series, 3: 584。(这里提到的这本书为,Alexander Gordon, *The Lives of Pope Alexander VI, and his son Caesar Borgia*, London: 1729。——译者注)

在他们读历史时就没那么明显。安娜·拉尔庞也读书颇丰,她与德拉尼一样,不赞同读小说(尽管自己贪看了不少)。在谈论历史、社会或政治书籍时,她极少流露出自己对虚构作品评头论足时的腔调,而更像是扮演一个接纳信息的容器。① 或许因为她觉得自己不够资格以同样方式来点评这几类文字,又或许因为她认为这些文字另有用处,为当前与过去的事件提供了文献来源。② 阿梅莉亚·斯图尔特住在珀斯郡的道尔盖兹(Dalguise),是虔诚的国教徒。她日常与亲友共读历史,从中摘抄寓言、趣闻和妙语。照她的记录,她们所读多以人物描写为主:"晚上读法文,接下来的一段故事属于一位伟大的君主,他的名字被我忘了";"我读到了下面这段趣事,它属于瑞典的查理十二世。"③ 斯图尔特也不喜欢"徒劳无益"的小说,但当她讲述自己读过的历史作品时,能看出她沉浸于事实性的叙述之中。她的读书记录往往采用现在时态:"爱德华正与法国打仗,捷报频传。"④ 我们还能看到,这个小团体用来讨论历史书籍的术语,和聊起文学作品的用词并无差别。⑤ 如果考察十八世纪八十与九十年代弗朗西丝·汉密尔顿在汤顿阅读俱乐部的借阅记录,我们也会发现,相较于社会或政治性的叙述文字,她更喜欢人物描写。她记下了舒利(Sully)对亨利四世的刻画:"他脾气差,没耐心,

---

① 对拉尔庞阅读更翔实的研究,参见 John Brewer, "Reconstructing the Reader: Prescriptions, Texts and Strategies in Anna Larpent's Reading," in *The Practice and Representation of Reading in England*, ed. James Raven, Helen Small, and Naomi Tadmor (Cambridge: Cambridge University Press, 1996), 226–245. 关于她对小说的不赞许,参见第 223—234 页。

② Ibid., 236. 另一位学者略有不同见解, Polly Bull, "The Reading Lives of English Men and Women, 1695–1830"(未发表的博士论文,Royal Holloway, University of London, 2012), 253–260.

③ Mrs Amelia Ann Sophia Steuart of Dalguise, Gask Journals, March 1789– 1792, National Library of Scotland MS 983, fol. 1r, fol. 3v.

④ April 7th, Gask Journals, fol. 10r.

⑤ Weds 20th, Gask Diaries, fol. 20r.

固执，太过冒险，太自以为是，还对自己的行为夸夸其谈。"① 她对历史的着迷还沾染了一些药理内容，属于她的个人爱好："阿布迪亚·科尔（Abdiah Cole），在当时盛极一时"；"我没有见到科尔博士的任何作品；但他与卡尔佩珀联手翻译了几本书。"②

文雅的科学

斯图尔特和德拉尼等人并没有使用学术语言来描述阅读过的书籍。她们用的就是讨论情感表达与叙述风格的一般性词汇。对于分享式读书而言，以非专家的姿态习得知识意义重大。优雅地了解某个话题是一回事，粗俗地卖弄专业知识可是另一回事。知识社交化里至关重要的一点在于男女同时在场的社交情境。在引导儿子初入社交场时，萨默塞特商人乔纳森·查布说道："美女环绕时，更能文质彬彬，风度翩翩：并不是因为她们更文雅。"③ 在一篇题为"交谈"的文章手稿中，格洛斯特郡的学生塞缪尔·格威内特（Samuel Gwinnett）宣称："一位男士要想变得更讨人喜欢，没有什么比常去女人堆里打转更好了；因为混入了男性少有的温柔和细腻，谈话才能收住。"④ 有男有女的聚会场合，宾客们喜欢就各种话题泛泛

---

① Frances Hamilton, Account and Day Book, Somerset Heritage Centre, DD/FS/7, fol. 349.（这里提到的舒利对亨利四世的刻画是指：Maximilien de Maximilien de Béthune [duc de Sully], *Memoirs of Maximilian de Bethune, Duke of Sully, Prime Minister to Henry the Great. Containing the history of the life and reign of that monarch, ... Translated from the French.*, London: 1763。——译者注）

② Frances Hamilton, Account and Day Book, fols. 344, 348.（卡尔佩珀，即尼古拉斯·卡尔佩珀 [Nicholas Culpeper, 1616—1654]，他是十七世纪伦敦最成功的药理类书籍作者。——译者注）

③ Undated letter from Jonathan Chubb to Jack [John] Chubb, December 1759. Addressed to "To Mr Charles La Roche Cheapside for Master Chubb, London." Chubb correspondence A/CSC 2/3.

④ Samuel Gwinnett, "On Conversation," in "Lusus Pueriles; or, Essays in Prose and Verse," Gloucestershire Archives, D9125/1/5344, Fol 102.

而谈。行为指南的作者们不厌其烦地提醒着,学得太过也有危险;一知半解很好,但变成学究,吸引力就没了。能像分享日常趣闻一样谈古论今,那是令人羡慕的技巧。听起来像个掉书袋的专家可不是。约翰·康斯特布尔(John Constable)描述过一种很不受欢迎的引述历史方式:"我记得有这么一回,大家正在聊着伟大君主,一位先生提到了狄奥多里克(Theodoric)的品性,恰当得很。如果当时他能就此打住,我们会非常愉快。可惜他随即急匆匆说起了哥特人、汪达尔人、夸地人、赫鲁利人与匈奴人的野蛮迁徙;光是听到他们的名字就令人恐惧,仿佛整个世界都曾沦陷于他们之手,气氛全毁了。"①

历史的优点之一在于,相对而言,这门学问入门并不难。《淑女文库》的作者推荐历史,"因为其他大多数学问,都塞满了不易理解的术语"。② 人们厌恶聊天过程中有人掉书袋,或是"塞满"晦涩词语和深奥思想,了解这种情绪对我们理解读书的社交文化意义非凡。家庭内部的学习在十八世纪普遍兴起,无论男女都展露了极大热忱,而这只是更大历史图景之中的一个局部,我们还要看到的是,当时的人们对于展示知识的态度发生了转变。③ 十八世纪之初,科学家或专业学者们沉迷于深奥晦涩的细节与自视甚高的费解难题之中,社交名流与文学界的精英滑稽地模仿他们,讽刺之风愈演愈烈;皇家学会已经开始提倡,在科学讨论中使用平实的白话,

---

① John Constable, *The Conversation of Gentlemen Considered in Most of the Ways That Make Their Mutual Company Agreeable* (London, 1738), 44.

② Steele, *Ladies Library*, 1: 22.

③ 参见 Adrian Johns, *The Nature of the Book: Print and Knowledge in the Making* (Chicago: University of Chicago Press, 1998), 470, 论阅读与社交。

第八章
虔敬与知识

而生僻与过度专业的话语不再是优秀卓越的象征。① 盖伊的《婚礼后三小时》(*Three Hours After Marriage*),或是蒲柏《群愚史诗》这类讽刺文字毫不留情地嘲笑专业学者都是即将风干的偏执狂,"本着学究的古怪精神,无论说话、举止、着装还是其他一切,都透着一股怪异无礼"。② 离群索居,苦思冥想,在中世纪曾象征着真正的学问,而到了十八世纪,则令人联想到学究气质。有绅士派头的学问,以及由皇家学会所推动的实验哲学,都提供了另一种研读模式,侧重文雅、社交与灵活变通,这些品质被视作产出可靠知识的关键因素。③ 按此思路,如果研究者乐意吸收他人见解,并准备就个人观点与他人辩驳,那么科学研究更能取得有效进展。

文雅交谈是文化生活的必要条件,而一门心思为求知而求知则隔绝了社会往来,在当时的社会氛围里,如果把智识追求凌驾于其他一切之上,可不是个好主意。伊丽莎白·汉密尔顿就力图在共同阅读的外壳下掩藏自己对知识的渴求:

> 马歇尔夫人不装腔作势,她是真诚地热爱读书,她定了一条家规,如无他事搅扰,每晚都要朗读一本书,以作全家的消遣;朗读人的职责往往落到汉密尔顿小姐肩上……这类交际式的学习远不能满足她对知识的渴望;于是她偷偷精读了不少其他书籍。马歇尔夫人发现了她的私人消遣后,既没有赞许,也没有责备,而是暗自劝告,不要显露出她高人一等的学识,以免落个学究的名声。马歇尔夫人的告诫有了预期的效果,因

---

① Steven Shapin, "'A Scholar and a Gentleman': The Problematic Identity of the Scientific Practitioner in Early Modern England," *History of Science* 29 (1991), 279–327, reprinted in Shapin, *Never Pure: Historical Studies of Science* (Baltimore: Johns Hopkins University Press, 2010), 142–181.

② Constable, *The Conversation of Gentlemen*, 235.

③ 参见 Shapin, *Never Pure*, 161。

以书会友
——十八世纪的书籍社交

为汉密尔顿小姐自己告诉我们,有一回,她把一本凯姆斯勋爵(Lord Kames)的《批评要素》(Elements of Criticism)藏在了椅垫下,唯恐被发现,因为偏见与无知会断言她不像个女士。①

围绕独自学习形成了负面的刻板印象,在这样的社会氛围里,要想为科学吸引更广泛的受众,就需要专门为好文雅、喜社交的群体重新包装和呈现知识。正是在十八世纪,学术用语开始由拉丁文向各国语言转化,大部分的医学与科学著作都随着这股潮流,以英文版本面世。十八世纪之初,最简便易得的科学读物大多是欧陆作品的英译本,比如伯纳德·德·丰特奈尔(Bernard de Fontenelle)的《关于多重世界的对话》(Conversations on the Plurality of Worlds,1697年英文版,1715年新版),伏尔泰的《艾萨克·牛顿先生的物理学要义》(Elements of Sir Isaac Newton's Philosophy,1738年英译本)。但到了十八时期下半叶,随着专门针对士绅与中产阶层市场的文集、入门书还有其他学问手册的涌现,一系列新式的英文大众科学读物也大量出版,尤其面向家庭使用。公开的科学讲座成为大众了解新潮观点和科学知识的时髦论坛,而与此同时,科学知识也升格成了文雅交流的一部分内容。书籍、小册子、器具,以及其他各式各样的商品被推向市场,用来吸引有兴趣的业余爱好者们,让他们买回家后自行体验。② 比如本杰明·马丁(Benjamin Martin)的《写给年轻先生与小姐们的哲学原理》(Young Gentleman and Lady's Philosophy,1755)、《牛顿的哲学体系》(The

---

① Elizabeth Hamilton, *Memoirs of the Late Mrs Elizabeth Hamilton with a Selection from her Correspondence*, ed. Miss Benger (London, 1819), 49–50.

② 参见 Alice N. Walters, "Conversation Pieces: Science and Politeness in Eighteenth-Century England," *History of Science* 35 (1997), 121–154。

第八章
虔敬与知识

Newtonian System of Philosophy，1761），以及詹姆斯·弗格森（James Ferguson）的《写给年轻先生与小姐们的天文学》（*Young Gentlemen and Lady's Astronomy*，1768），都将自然哲学（natural philosophy）重新定义成一项举家适宜的活动。

不过，牛顿的科学理论有些棘手。牛顿作为国民英雄而广受赞誉，他为推进科学革命也做出了值得夸耀的贡献。但如何才能让普通读者理解他的学问呢？无论是在他所处年代，还是后世传记作家眼里，牛顿都是以自学成才而著称，他不喜与人交流，更不是一个天生的沟通者。① 他的研究无法被崇拜者们轻松理解；即便是《自然哲学的数学原理》有了英文版以后，牛顿的读者们仍要费力攻克了数学之后，才能征服自然哲学。这可没几个人做得到，但十八世纪物理书的出版市场也由此产生了最明显的一种趋势：书籍会介绍自然哲学的当下进展，但复杂的数学被省略了。② 本杰明·马丁的《牛顿实验哲学的简明概述》，副标题为"专供不经数学训练也能熟知此门学问的先生小姐而设计"。③ 这样普及牛顿的后果之一是，几乎所有的自然知识都被归入了牛顿主义的名下。科普书籍的市场推广尽情利用着这位十七世纪科学家的名字，丝毫不顾内容与牛顿的原著究竟有何关联。④

---

① Steven Shapin, " 'The Mind Is Its Own Place': Science and Solitude in Seventeenth-Century England," *Science in Context* 4 (1991), 191–218, 后收录于 Shapin, *Never Pure: Historical Studies of Science* (Baltimore: Johns Hopkins University Press, 2010), 119–141, 134.

② 参见 Alice Walters, "Scientific and Medical Books, 1695–1780," in *The Cambridge History of the Book in Britain, 1685–1830*, ed. Michael Suarez and Michael Turner (Cambridge: Cambridge University Press, 2009), 818–826, 820。

③ Benjamin Martin, *A Plain and Familiar Introduction to the Newtonian Experimental Philosophy* (London, 1765).

④ James A. Secord, "Newton in the Nursery: Tom Telescope and the Philosophy of Tops and Balls, 1761–1838," *History of Science* 23 (1985), 127–151, 132.

图 27 《天文学》,理查德·休斯敦(Richard Houston)作,罗伯特·塞耶出版,约 1750 年(私人收藏 / 斯特普尔顿藏品 / 布里奇曼图像)

天文学是家庭科学的热门科目(图 27)。因为与地理学密不可分的关联,天文学长期以来都被列入士绅阶层的博雅教育之列。在家学习天文学既可以通过上述的那些出版物,也可以借由星象仪这样的设备,那是一种用来展示地球、太阳和月亮运行的发条装置,人们利用它能更好地理解四季、日食与月相。虽然最昂贵的星象仪是由白银与乌木打造的精密设备,但到十八世纪中叶,它们的价格已经降到了中产之家普遍可以承担的水平。

托马斯·特纳曾购置过一台"现代微观模型",用来接待他的妹妹和弟媳。在 1714 年的一篇鼓吹**星象仪**的文章里(当时尚且价格不菲),理查德·斯梯尔试图"鼓动一众显赫家族,让每家必备一台星象仪,就好像家里必须摆一台时钟一样。这台机械设备能为

第八章
虔敬与知识

他们打开全新的想象空间；开启一连串有关天气与季节的猜测和推断，而原本这个话题在交谈中显得愚蠢，有了它，就会成为令人愉悦、容易理解、有用而又不失优雅的一段对话"。①

正如斯梯尔的文章所示，星象仪的作用是公共性的——它被用来充实对话内容，就像地球仪、小型望远镜以及其他装置，都是文雅之家在招待客人时使用的桌面摆饰。十八世纪不少科普书籍都与伦敦售卖的科学仪器有关。② 十八世纪出版的科学读物里，最常见的一种就是介绍"如何利用地球仪"的文本，其中简要说明如何用这类受欢迎的书房陈列来展示天文与地理学知识，在1750—1820年间，几乎每年都能见到这一主题的新书或旧书再版。一些贩卖星象仪的商人也参与了文本的写作与出版，以便他们展销产品。其中一位，本杰明·马丁，身兼销售商与演说人，而且还可能是那个世纪最高产的科普文作家。马丁共写过八十余种作品，从解释天文学现象的传单，到多卷的牛顿自然哲学通俗本，无所不有。天文或地理的广阔领域还可以通过更日常的物件被引入话题。威廉·格雷特巴奇（William Greatbatch）的斯塔福德郡陶瓷厂生产过一批米色瓷茶壶，茶壶的一面绘有"日月星辰"，或是"天国的第十二王朝"（图28）。③

分割成小块的拼图可以考验年轻地理爱好者们对国家边境的了解（图29）。④ 早期的拼图玩具用铜版印刷，手工着色，粘贴在

---

① *The Englishman*, no. 11, October 1713, in Richard Steele, *The Englishman: Being the Sequel of the Guardian* (London, 1714), 72–73.

② 参见 Walters, "Scientific and Medical Books," 823–824。

③ David Barker, *William Greatbatch: A Staffordshire Potter* (London: Jonathan Horne, 1990), plate 19, plate 148, 149.

④ Jill Shefrin, *Neatly Dissected for the Instruction of Young Ladies and Gentlemen in the Knowledge of Geography: John Spilsbury and Early Dissected Puzzles* (Los Angeles: Cotsen Occasional Press, 1999).

以书会友
——十八世纪的书籍社交

图28 绘有日月星辰的茶壶，威廉·格雷特巴奇瓷厂出品，芬顿（Fenton），铅釉面釉彩转印陶器（维多利亚与艾尔伯特博物馆，编号：C. 11 & A – 1937；©Victoria and Albert Museum, London）

桃花心木的薄板上，沿所绘区域的边界切割成小块。还有"不带海洋"的版本，卖得更便宜些。① 这类拼图一般由售卖地图和童书的出版商提供，他们将世界各国的广阔知识作为一套理想的社交技能加以推广，鼓励读者们多加了解。1758年，约翰·纽伯里（John Newbery）出版了一本精美的儿童地图集——《袖珍地图册》，收录了"已知世界的若干帝国、王国与国家的新版袖珍地图，每张地图带有相关的历史摘要"。他在前言里宣称："这门学问的益处毋庸赘言；几乎每个人都熟知它的用途和优点，要培养出一位文质彬彬的绅士，成为一位和蔼可亲的伙伴，它都必不可少。"②

---

① Jill Shefrin, *Neatly Dissected for the Instruction of Young Ladies and Gentlemen in the Knowledge of Geography: John Spilsbury and Early Dissected Puzzles* (Los Angeles: Cotsen Occasional Press, 1999), 7.

② "Preface," in *Atlas Minimus, or a New Set of Pocket Maps of the Several Empires* (London, 1758), n.p.

第八章
虔敬与知识

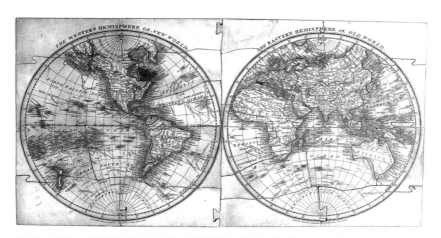

图 29　拼图,《最适宜培养年轻地理学家的世界地图分割》, 由威廉·达顿(William Darton)在英格兰出版, 1820 年, 手工着色版画(维多利亚与艾尔伯特博物馆, 编号: E. 3229&A-1938; ©Victoria and Albert Museum, London)

赫斯特·沙蓬也向年轻女士们推荐地理知识,还提供了一些小窍门,帮助她们记住国家轮廓:"最开始的时候,将任何国家都比附成近似的某种形状,也许会有帮助……那么,意大利被称为**靴子**,欧洲像一位**坐着的女士**。"① 地图也出现在了十八世纪的刺绣花样里,进一步说明地理知识在当时家庭学习中的地位(图 30)。这类针线活还包括数学表格、字母拼写、太阳系的图样,为女性恰当展示个人的学识修养,提供了一种渠道。②

在十八世纪,地图出现在了五花八门的家庭物件之上。比如,在手帕上,小姐太太们可以结合女红与地理知识。③ 而且,她们的

---

① Chapone, *Letters on the Improvement of the Mind*, 2: 152.

② Judith A. Tyner, *Stitching the World: Embroidered Maps and Women's Geographical Education* (Farnham: Ashgate, 2015)。关于太阳系、年历以及数学表格的图样,参见 Clare Browne and Jennifer Wearden, *Samplers from the Victoria and Albert Museum* (London: V&A Publications, 1999)。

③ Tyner, *Stitching the World*, 18.

图 30 欧洲地图的绣片,伊丽莎白·霍金斯,普利茅斯,英格兰,1797 年,羊毛料上的彩色丝绒绣制(维多利亚与艾尔伯特博物馆,编号:T.165-1959;© Victoria and Albert Museum, London)

针线活还能与当下的阅读相结合:1786 年的《淑女期刊》连载了库克船长远航的系列文章,还有一篇,既介绍了非洲地理风貌,又附带了刺绣用的地图纹样。① 这些地理知识的素材让读者们无须出门远航,就能满足对世界的好奇欲望。

家用科学读物普遍鼓励读者们要于日常生活中理解物理现象。扇子、茶杯、拼图都可以用来演示世界的运行规律。波莉·史蒂文森(Polly Stevenson)曾受教于本杰明·富兰克林。在一封信里,她讲述了自己如何利用一套茶具弄懂了运动定律的关键原理:

---

① Tyner, *Stitching the World*, 10.

第八章
虔敬与知识

> 我经常坐在茶几旁观察,如果将茶杯倒扣过来,茶碟里有茶水,茶杯会被托起来,而茶水里会冒出气泡。我认为我洞察了其中原理,这是因为热量令茶杯里的空气变得稀薄,空气膨胀,茶杯被托起,空气往外冒,茶水中鼓出了气泡。为了求证我的猜想,我换了冷水来试验,然后现象消失了。①

约翰·纽伯里的《为少爷小姐们改编的牛顿哲学体系》(*The Newtonian System of Philosophy, adapted to the capacities of Young Gentlemen and Ladies*,1761),副标题为"陀螺与球的哲学",凭借十八世纪家庭中随处可见的物品与玩具,巧妙地将科学教育变成了一场家庭游戏。② 这本书不是为了让人私下研读,而是要让家长或监护人向一群渴切求知的小小自然哲学家们大声朗读。全书的要旨在这样一个理念,自然哲学的运转就发生在我们的周围——于是一支蜡烛、一颗板球、一只壁球就可以展示出日食和月食现象,而地球的公转与自转也能由一架在附近车道上绕圈子的马车车轮来解释。

交谈中的知识

与实体物件一样,让科学走向普罗大众的出版物也旨在激发讨

---

① 13 January 1761, Polly Stevenson to Benjamin Franklin, in *The Papers of Benjamin Franklin*, ed. Leonard W. Labaree et al., 41 vols. (New Haven: Yale University Press, 1959–), 9:270; 引自 Walters, "Conversation Pieces," 136。

② 这本书的前身是 Francesco Algarotti's *Newtonianism for Ladies* (Italian version 1737, trans. 1742),通过一系列生动对话介绍牛顿光学原理中的简单要素。参见 Massimo Mazzotti, "Newton for Ladies: Gentility, Gender, and Radical Culture," *British Journal for the History of Science* 37 (2004), 119–146。

论，而非用作个人研读。1713 年，《监护人》杂志曾提倡，女性在家时应当有更好的方式来打发时间，并建议她们一边忙家务，一边相互朗读，相互讨论："能看到她们在果冻与恒星之间分头思索，从太阳猛然转向一颗杏果，或是从哥白尼体系转到奶酪蛋糕的形状，实在令我极为愉快。"①

流行的科学指南经常采用对话体，既包含通才必备的基本知识，也模仿了适合集体讨论的交谈口吻。对话体，发端于古典修辞学，非常适用来在家庭中嵌入教导训育。奥尔西娅·范肖（Althea Fanshawe）的《复活节假日，或家庭谈话，用来教导，也希望能令年轻人愉悦》（*Easter Holidays, or Domestic Conversations, Designed for the Instruction, and it is Hoped for the Amusement of Young People*, 1797），不仅于对话中体现了教导，而且特意明确了目标，即让年轻人学会"在家找到快乐与满足"，而不是去花花世界与人厮混。②《文雅淑女；或是，女性培养之道》（*The Polite Lady; or, a Course in Female Education*）鼓励读者将所读书籍带入聊天之中，以此检验她们最近习得的新知："将你最近读过的书籍作为聊天主题，这是很不错的，只要保持得体，不被说成是卖弄学问，就越频繁越好……借由这个法子，你不仅能打消疑惑，而且，同一问题经受了各种角度的思考与检视，那些你原本以为琢磨透彻了的，会变得更加清晰。"③

这类对话式指南的作者与编辑模仿了人们一起读书的方式——除了朗读，还有与志同道合的亲友讨论交流。他们倡导，共同讨论

---

① *Guardian*, 155, 8 September 1713.
② Althea Fanshawe, *Easter Holidays, or Domestic Conversations* (Bath, 1797), 3.
③ Charles Allen, *The Polite Lady; or, a Course in Female Education: In a Series of Letters from a Mother to her Daughter* (Dublin, 1763), 153–154.

第八章
虔敬与知识

自然科学知识要好过个人研读，尤其植物学更加如此。夏洛特·史密斯的《乡间漫步》（Rural Walks）与《诗艺对谈录》（Conversations introducing Poetry）两本书均采用了交谈体，而且均为面向年轻女性的行为指南书。书里围绕许多有益的主题设计了对话，并且声称，一个人独享植物学的乐趣，比不上与家人或与他人交往时充作谈资更有意义。史密斯还以自然界来展示社交行为，并且证明花草树木也能激发人们就贫穷与慈善展开讨论。① 并非所有人都赞赏将聊天作为传递知识的方式。亨利·伍尔科姆在日记里有过这样的评述：

> 星期六晚。我读完了丰特奈尔的《多重世界》；愉悦非常，收获良多，虽说我对书中主题并非一无所知，但书里讲得全面透彻，我从没这样思考过。据我猜测，文风笔调可能因翻译受了折损，不是一种我能完全接受的写作风格，或许阴晴不定的法国人会觉得很不错，但不合我的胃口。每当我在书里翱翔，奋力冲破理解力之边缘时，几句对侯爵夫人的恭维话总将我拽下云霄，回到了这个小小的原点，我很不喜欢这样。②

知识内容和虚假对话之间的转换显得尴尬笨拙，尤其令伍尔科姆心生厌恶，尽管如此，到了十八世纪末，各类知识的谈话式入门书都已批量出版，包括自然科学，如：《自然界的小人国奇观，或，童言童语里的自然界》（1779—1789）、《知交信札中的植物学

---

① Ann B. Shteir, *Cultivating Women, Cultivating Science: Flora's Daughters and Botany in England, 1760 to 1860* (Baltimore: Johns Hopkins University Press, 1996), 72. 亦可参见 Samantha George, *Botany, Sexuality, and Women's Writing* (Manchester: Manchester University Press, 2007)。

② January 1797, Diary of Henry Woollcombe II, 1796–1803, Plymouth and West Devon Record Office, reference Ref 710/391, 6.

入门》(1796)、《良师：或，寓教于乐的亲密交谈中年轻女士的导师》(1779)、《罗马人谈话录》(1792)，以及《化学对谈集》(1806)。《植物学对话》(1817)很典型，书里设计了母子之间的对话："母亲：现在你必须手里拿着花，非常专心地观察每个部分，我给你念一段第二纲的若干属的描述，双雄蕊纲……看看你手中的花萼是不是这样。"①

1786年的《新淑女期刊》(New Lady' Magazine)里有一段"植物学对话"，令人完全难以置信。交谈中的两位女士正在品鉴植物之美，而她们的审美结合了最新的林奈植物分类法：

> 英吉娜：尽管霜晚雪沉，白茫茫一片，雪莲仍那么动人。
> 弗洛拉：亲爱的，大雪保住了它们的美，还护住了它们的命，否则它们必然葬送在风刀霜剑的天气之下了。
> 英吉娜：这花多么典雅素净，纯洁无瑕！我认为在林奈系统里，它属于第六纲，称为六雄蕊纲（Hexandria），植物社会中拥有六颗雄蕊的花朵，而且是第六纲第一目；但我看着像是两朵花叠加，一小一大。②

交谈聊天与书信往来将知识习得界定成事涉双方的交流，一方是业余爱好者——有时是母亲，有时是略显轻浮的教导人或追求者——而另一方想要从他们那儿学到知识。这类形式让作者得以自下而上地展示知识体系。假借交流，可以有人提出最无知的问题，并得到合理回答。虽然那些对话估计都不曾真实发生过，但它们都

---

① Elizabeth Fitton, *Conversations on Botany* (London, 1817), 22.
② *New Lady's Magazine, or Polite and Entertaining Companion for the Fair Sex*, May 1786, 177.

第八章
虔敬与知识

大力推动了对科普书籍出版业的发展。

重新定位知识,语言尤为关键。如果主要观点都被冻结在晦涩的术语里,人们如何谈论得了科学呢?十八世纪交谈式的指南书妖魔化了一批学术狂热分子,污蔑这群人打算使用无人听得懂的语言讨论没人感兴趣的内容。约翰·康斯特布尔的指南书《绅士对话录》(*The Conversation of Gentleman*)中,有位说话人描述自己曾与一个絮聒的化学家打交道,他"总在邀请你,不,是强迫你听他说炼金与火药的奇事。他肯定会告诉你**汞合金**,还有**雷酸盐**。你可以告诉他自己听不太懂这些名词,而且也没兴趣。但他还是拖着你走入他的**诅咒之地**,无止无休,直到他除了**头盖骨**什么也不剩"。①

为了赢得市场,文雅科学读物需要创造一套科学话语,摆脱学术探讨中的术语行话。面向家庭的科学读本自我标榜"简单而亲切",用平易近人的语言重写了科学原理,有牛顿,但无须懂数学,有植物学,但没有拉丁语。植物学在十八世纪后期的几十年中,让女性争相求学,非常时髦——既是求知的主题,也是业余做手工的动力。全国的女士们都在搜集和压制标本。精巧的花卉剪切与果荚粘贴在千家万户蓬勃发展起来(图31)。②艾莉诺·巴特勒夫人的日记不断提到许多朋友们的植物手工艺品:"收到了斯坎伦夫人(Mrs. Scanlan)的便笺,文雅非常又感情充沛,还有一份礼物,精美异常的树状海藻,制作得很优雅";"汉密尔顿博士带来了他的画夹,他与女儿们的画作令人惊叹。有一幅百合花,是他在埃克斯茅

---

① Constable, *The Conversation of Gentlemen*, 141.

② 参见 Theresa Kelley, *Clandestine Marriage: Botany and Romantic Culture* (Baltimore: Johns Hopkins University Press, 2012); Amanda Vickery, *Behind Closed Doors: At Home in Georgian England* (New Haven: Yale University Press, 2009), 240–245。

图31 《刺老鼠簕》,玛丽·德拉尼作,出自一本画簿(第一卷,第一页),叶形装饰,1778年,彩纸拼贴,黑墨背景,带体色与水彩(大英博物馆,编号:1897,0505.1;©The Trustees of the British Museum)

斯(Exmouth)的花坛里看到的"。①

植物学并非毫无争议。奥尔西娅·范肖的指南书《复活节假日,或家庭谈话》中的一个说话人宣称:"植物学被看作一门学问,它对很多人帮助都不小,但于女性而言,无甚用处;对科学一知半解很荒谬,我不喜欢看到每位小姐,买了一把植物图样的折扇,就异想天开,认为自己同植物学的巧妙设计者一样精通这门学问。"② 女性仅仅浅尝辄止,但比这更令人忧虑的问题在于,她们涉猎了哪些内容。植物学充满了性意味。理查德·波尔威尔既是道学家,也是反女权者,他嘲仿了年轻女士对植物学的淫荡兴味:

---

① *The Hamwood Papers of the Ladies of Llangollen and Caroline Hamilton*, ed. G. H. Bell (London: Macmillan, 1930), 206, 204.

② Fanshawe, *Easter Holidays*, 148.

第八章
虔敬与知识

> 她们胸口起伏，植物令她们狂喜，
> [她们]仍然摘取了禁果，与夏娃一起，
> 见到小花因花期而娇喘，
> 点出了植物的繁衍；
> 分解它散发着污秽淫欲的器官，
> 深情凝视着那挑逗的尘埃。

他加了一个脚注："植物学近来变成女士们的时髦消遣。然而，了解植物的生殖系统如何能与女性矜持相协调，我理解不了。"① 植物的各种器官以及雌雄之别都让植物学变得隐患重重。十八世纪晚期，如何向未经人事的外行介绍植物学的问题曾引起过不少争论，而如何向单纯的年轻姑娘说明植物的分类与生殖，这类顾虑尤其严重。医师威廉·魏瑟灵（William Withering），是月光社（Lunar Society）成员。他着手写了一本通俗手册，《大不列颠原生植物的植物学归类》（*A Botanical Arrangement of All the Vegetables Naturally Growing in Great Britain*, 1776），初衷是介绍植物分类与林奈体系。为了便于读者们理解，尤其是不懂拉丁语的女性群体，他将林奈的拉丁术语全译成了英文。不过，要将植物分类呈现给读者，他也不得不面对植物的性征。由于他的保守品味——而且也有些私心，这本书原是写给女儿阅读——他最终决定删去所有性征内容。于是，虽然林奈的植物分类是以雄蕊和雌蕊为核心，但在魏瑟灵的入门手册里，它们完全消失了，他自己在首版序言里解释道："穿上了英式裙衫的植物学或可成为最受女士们欢迎的消遣娱乐……所有纲和目的学名中，雌雄区分都被去掉，笔者认为这是恰当得体的……迄

---
① Richard Polewhele, *The Unsex'd Females, A Poem* (New-York, 1800), 10–11.

今已有的各种体系,毫无疑问,都因其独特的妙处而闪耀,同样,也会因其特定的缺陷而羞愧。"①

如同托马斯·鲍德勒和他的《家庭版莎士比亚》一样,魏瑟灵认为,在家阅读意味着要为贞洁的女士们过滤内容。他的裁选遭到了植物学同行的嘲笑,特别是利奇菲尔德植物学会(Botanical Society of Lichfield),他们推出了自己翻译的林奈版,署名作者伊拉斯谟·达尔文,起名为《植物的体系》(*A System of Vegetables*,1783),旨在向新读者们呈现林奈原本的分类体系。②他们不仅抱怨魏瑟灵删去了雌雄分别,而且有些拉丁术语保留原文更好,不宜译成英文。他们的方式在当时赢得了胜利,也为之后的植物学奠定了基调。《植物学归类》出到第三版时,魏瑟灵终于顺应了公众要求,在专业名称里恢复了雌雄的字眼,并为植物名保留了拉丁原文。他的这本入门书继续作为家庭植物学知识的常备书,不仅提供了一种植物分类方法,还向读者灌输了世界观。比如道尔盖兹的阿梅莉亚·斯图尔特,她看着书中对植物的描述,总觉得是自己处境的写照:

> 早上起床前,我在想着魏瑟灵植物学里提到的一种葡萄——它的种子因为一种奇特的自然过程一直焦虑不安——直到它周围所有更高植株被移除,才能解救它。如果不这样,它就会在自己的小片土壤里沉没和腐烂。我们也是如此啊——如果不是某些令人焦灼的恐惧,我们如何保持心智高昂——我们

---

① William Withering, *A Botanical Arrangement of All the Vegetables Naturally Growing in Great Britain*, 2 vols. (Birmingham, 1776), 1:v.

② D. G. King-Hele,"Erasmus Darwin: Man of Ideas and Inventor of Words," *Notes and Records of the Royal Society of London* 42 (1988), 149–180.

第八章
虔敬与知识

也就不会看向更远的方向。天生的重量令我们下坠——但天堂的恩典慈悲地使我们向上。①

传播科学,并让科学进入家庭修养的领域,方法之一就是用文学内容为其润色。显然,文学是更通俗而直白的文雅交谈话题。约翰·哈里斯(John Harris)是《天文学对话》(Astronomical Dialogues)的作者,他从更让人耳熟能详的领域摘选了内容,结合科学知识,放到了同一本书中:他在序言里宣传,自己"穿插了小故事、思考、诗歌,还有机智幽默的段子",用这些来让书变得讨喜,"如果没有了它们,那真是抽象又不好读"。②这本书声称采取"舒适、轻松又亲切的方式"来谈天文和地理,书里采用了对话体,一位年轻女士与一位知识渊博的男士展开交谈。二人的聊天模仿了丰特奈尔的《亡灵对话录》(Dialogues of the Dead),在你来我往的对话中解释太阳系的运转,同时穿插了德莱顿、巴特勒和弥尔顿的引文。于是,当男主人公试图解释太阳系时,C女士插话:

> 她说,嗯,我不知道你的希腊语怎么样,但我开始领悟到《胡迪布拉斯》里那些诗句的含义;就是那段,一名男学生在放风筝,风筝的尾巴上吊着纸灯笼,因缘际会,让西德罗菲尔(Sydrophil)惊喜地发现了他的新星:
>
> 它不是那些宏伟星座中的一颗,
> 无论那星座是飞鸟、野兽、游鱼还是家禽,
> 就像蛮人农场的用法,

---

① Amelia Ann Sophia Steuart of Dalguise, Gask Journals, March 1789–1792, NLS MS 983 fol. 99r.
② John Harris, *Astronomical Dialogues Between a Gentleman and a Lady* (London, 1719), v.

饱学之士也贮备了不少星座。①

如这一段所示,此书通过对照来发挥作用——有很多内容是从她已知的世界中类推而来,读者会因此受到鼓励。全书整体的设计旨在拉近科学同日常文雅交谈之间的距离,并且暗示,即便是要了解行星的轮廓与运动,也可以使用熟悉的文化语言。对于十八世纪的很多读者而言,诗歌与科学的结合也没什么可大惊小怪,因为无论诗文还是自然哲学,表达的都是上帝造物的荣光,二者本就颇具亲缘。诗人和科学家的职责,都是展现造物者的无上荣耀,就如《种子的微观舞台》(*Microscopical Theatre of Seeds*, 1745)的作者所说:"本书宗旨在于……展现植物种子内部的微小构造,实在令人惊叹……读者细细品味之后,不仅内心愉悦,而且会对造物主的力量与智慧产生至高的敬意。"②

还有不少作品也是如此。理查德·布莱克莫尔的《造物》(*Creation*)被广泛摘选,而其他在其影响之下而诞育的物理-神学诗作,也都在向业余读者们传递牛顿力学中神启的细节与范围。詹姆斯·汤姆森的《四季》,可能是十八世纪最流行的诗歌。这是一首对自然界的无韵赞辞,笔触从彩虹到物体的微观结构,再到重力本质,以之咏颂上帝之庄严。十八世纪的科普文学糅合了对世界的智性理解与想象解读。诗人用牛顿的理论来赞颂自然的奇迹,而自然哲学的科普作者则比拟文学素材来讴歌科学发现,重新将自然

---

① 这四句诗的前两句说的是,天文学家按照动物名来命名一群星星,以方便他们记忆,后两句是说,宇宙学家在描述世界时,面对大量他们一无所知的地区,常常会用蛮人农场(Indian plantation)、奇兽怪鸟等素材来描述。以上出自《胡迪布拉斯:T. R. 纳什注解本》第二卷(*Hudibras by Samuel Butler; with notes by the Rev. Treadway Russell Nash*, London: 1835, 2 vols),第33—34页。——译者注

② *The Microscopical Theatre of Seeds* (London, 1745) 的广告语, 1: n.p.

第八章
虔敬与知识

过程的细节与上天的宏旨联系到了一起。

十八世纪的家庭空间是由家庭之外的宗教世界与智识生活所塑造的。家的栖居者们通过在家庭空间内部共同阅读各类文本来礼奉信仰,增进修为,教养子女,以及了解世界。在这个时代,随着大众对有形与无形世界的认知狂热被出版商和作者们不断变现,过去曾局限在大学与图书馆之内的知识形态,开始有了更广泛的受众群体。尽管科学、历史与宗教都各自围绕恰当与否的边界引发过独特的争论,我们仍能分辨得出,对表现与表演的关切一直持续着,而这也是戏剧、诗歌和小说领域内争议的特征。家庭之外的多种权威形式与它们在家庭内部的彰显之间存在一定张力。在家朗读布道词是否会取代传道者与教区牧师的工作呢?由女性朗读是否合适呢?至于世俗知识的部分,如果对历史、地理,或是自然科学的业余爱好仅仅沦为学究式的夸耀,那就于社交毫无助益。轻松又有见地的交谈与卖弄学识之间,乃是云泥之别。

尾 声

本书展现了一系列阅读活动的片段与花絮,借由一群过往人物,一批旧日书籍,重现了文学往昔的意义与用处。这当然只是一种片面的故事,不过对于全面理解书籍史与阅读史,它能带来一些重要的启示。

尽管我主要关注的是人们读书的效用,但这与家庭氛围中的其他业余活动均息息相关。看看那些热情读者们的手稿簿、笔记本、书信和日记,就能意识到阅读如何深植于生活的方方面面:拜访和聊天,刺绣和拼图,去剧院看戏,关心子女,阅读往往与这些都密不可分。我们不能抛开所有这些活动去理解书籍的意义。但同样,我们也很难将文本置于准确的"语境"之中——是否应该考虑到生活中的所有方面?哪些是最显著的?同样重要的是,我们要承认,激励人们阅读的理由也五花八门:消遣、自我提高、社交抱负、实用性,以及每个读者之间千差万别的不同用途。

日常交往中的文学氛围与我们分析或阅读文本的传统方式不尽相同。文学批评领域中有许多核心问题,比如某一段借用文本的出处来源,放在由纷乱字句构成的业余阅读习惯中,就难以回答。在我检视过的读者里,鲜少有人曾解释他们为何要引用哪位作者;很多时候,他们甚至不承认自己在使用其他作者的文字。而且,如果我们打算考察文学作品更广阔的文化衍生,考虑书籍在家中的其他载体形态，可能难以像阅读改写文本一样"阅读"实体器物。为什么中等阶层的一家之主要购置一座斯特恩笔下"可怜的玛丽亚"的陶瓷塑像？他们真的读过玛丽亚角色源出的小说吗？拥有这座塑像意味着他们在情感上带入了感伤小说的片段，还是他们想在朋友面前卖弄自己的文艺才华？

既然著作与角色都有了更多可供选择的载体，获取方式的问题就凸显了出来。近来许多阅读史的研究都强调新书价高，因而受众范围有限。但我们已经看到，阅读并不依赖于拥有，除了新近出版的专著，读者们还有不少方式能获取书籍内容。十八世纪提供了无数渠道：图书馆、书籍小组与阅读俱乐部重塑了文学版图；与之并行的还有传统的交换方式，比如书籍的借出和借入。一所藏书丰厚的大宅可能延展为整个社区的书籍来源。此外，新的书籍形式层出不穷，像是分册出版的书籍、连载本、删减本、期刊杂志，以及摘编文集，都为那些缺乏士绅收入，但又渴求阅读的人们省下了大笔首付开销。尽管由于这些变量的存在，我们很难量化十八世纪的英国究竟有多少人能接触到文本，但它们也说明，读者群体的扩展已经远远超出了有能力购买新书的富人圈。

这本书里的故事与案例也迫使我们质疑印刷品与手写稿之间的文本流动。学界一度认为，十八世纪见证了由手抄本流通向专业出版转型的完成。然而，看看文学爱好者们留下的丰富档案，不难发现，通过摘选和抄录，让出版文字进入手稿卷册，形成个性化文本的习惯，在这一时期十分兴盛。这样的收集编纂往往还伴有创造性的发挥。成文被重新改写，旧诗被当作礼赠，颂词或笑话有了全新的含义。与此同时，出版物也模仿了手稿的形式，比如一堆诗词格言或华丽辞藻的汇编，假托是取材于一组拆开的信件的文集。有时，文本流动会形成完整的循环：来自手稿的文章被付梓出版，然

以书会友
——十八世纪的书籍社交

后又被喜欢的读者重新抄回了笔记本中。

在口头与书面形式之间，我们也见到了同样复杂的动态关系。长期以来，西方文学的发展史被描述成由口头文化向书面文化的转变过程。这一范式倾向于淡化言说在近代早期社会中的重要性，低估了在识字率低下的年代里，大声朗读的文本受众范围的广度。[①] 在十八世纪家庭的社会交往情境中，文本被赋予了声音，说明书面文本与口头语言之间仍在来回不停地交互影响。为了服务于朗读，书籍要做出相应调整——它们必须清晰、生动、得体、便于摘选，或是另有益处。我们发现出版文本重新回到了口述传播中，比如，笑话书里的故事，可以像说话人的亲身经历一样，供人大声分享。演说入门与指南书标注好了段落，为牧师们有重点的布道演说做准备。自然哲学则以家庭对谈的形式呈现，成为更平易近人的内容。所有这些过程中都存在一个反馈循环，省略了传播与创造。

本书主要聚焦于十八世纪，但它也在与更长时段的书籍社交史对话。有不少方向能将这个故事继续扩展：当下的英国，正在出现促进"诗歌背诵"的教育倡议。过去，人们为了儿童们的社交进益与道德提升，鼓励他们大声朗诵诗节，到了现在，文学的口头表达被视作建立读写能力的关键。成年人利用文学进行非正式社交，这在不断涌现的读书俱乐部中体现出来。指向这一读者群体的书籍设计好了可供讨论的问题——正如我们十八世纪的祖辈们一样，读书之乐要以书为话题展开聊天才能真正体现。过去，如果读书时遇到心爱的片段，我们可能会将它们抄入日记，现在，通过新的数字技术，我们可以在书里标注并分享。短篇小说适配了小型移动设备，满足了时间匮乏的读者的需求，因而蓬勃发展。这类阅读习惯，就

[①] 珍妮弗·理查兹（Jennifer Richards）即将出版的著作 *Voices and Books in the English Renaissance*，将修正我们对近代早期口头文化的有限认识。

和本书所描述的读书方式一样,产生的是带入想象力的时刻,而非冗长的沉浸。我们自己所处的时代,总被说成特别容易分心的时代,注意力持续时间锐减,文本永远在与其他感观刺激相竞争。[1] 但正如上文所述,针对阅读形式的焦虑早已有之。[2] 十八世纪的评论家们担忧,获得学问的门槛太低,而且读者们也不再花工夫通读整部著作。家长们鼓励家庭成员一起阅读,因为他们担心,年轻人如果耽于致瘾的虚构小说,将失去对现实的体悟。十八世纪的阅读世界的确是一片不同寻常的领域,但在某些方面,它也许并没有我们想象的那么遥不可及。

---

[1] 比如参见 Maggie Jackson, *Distracted: The Erosion of Attention and the Coming Dark Age* (Amherst, N.Y.: Prometheus, 2008),或者 David L. Ulin, *The Lost Art of Reading: Why Books Matter in a Distracted Age* (Seattle: Sasquatch, 2010)。

[2] 在更长的历史脉络中梳理围绕读书习惯所产生的争议与忧惧,参见 Frank Furedi, *Power of Reading: From Socrates to Twitter* (London: Bloomsbury, 2015)。

索 引

（页码为原书页码，本书边码。）

Abernethy, John, 121
abridgements, 7, 76, 100, 186, 205, 234, 238, 254, 276
"Accurate Description of the Grand Allegorical Pantomime Spectacle of Cinderella" (Fairburn), 186–87
acting, 18–20, 187, 194–97
Adams, George, 69
Addison, Joseph, 9, 27, 149, 248
affectivity, 5, 15, 17, 18
Agesci, Auguste Bernard d', 3, 4, 208–9
"Agnes de Castro" (Behn), 62
Akenside, Mark, 149–50
Alexander VI, Pope, 257
Alfred, king of England, 255
Allanson, Mary, 134
Allestree, Richard, 245
almanacs, 99
Altick, Richard D., 246
Anacreon, 138
Ancourt, Abbé d,' 46, 64
Andrews, John, 141–43
Anglicanism, 17
Argyll, John Campbell, Second Duke of, 152–53
Aristotle, 27
Arne, Thomas, 141
astronomy, 239, 262, 263, 272
"Attic evenings," 23
Austen, Caroline, 221
Austen, Jane, 169–70, 224–25
Austin, Gilbert, 17, 173, 221
autobiography, 135

Bacon, Nicholas, 255

Bagshawe, Richard, 188
Baker, Edmund, 113
Banks, Sarah Sophia, 191
Barbauld, Anna Laetitia, 225
Barrow, Isaac, 103
Behn, Aphra, 62
Bell, John, 176–78, 182, 186
Bell, Robert, 97
Berry, Mary, 83, 84–85
Betty, William, 183–84
Bewick, Thomas, 246
Bibles, 69, 99, 103, 107–8, 131, 211, 244–48
Bickerstaff, Isaac, 141
Binny, Harriet, 127, 135
Blackmore, Richard, 159, 273
Blair, Hugh, 80
Blake, William, 140
Blundell, Nicholas, 37–38, 44, 67, 68, 122, 244–45
Blundell, William, 244
Boileau, Nicolas, 48
bookcases, 6, 51–53
book clubs, 8, 114–18
Book of Common Prayer, 69, 245, 247
book formats, 3, 8, 69–70
bookmarks, 73
bookplates, 124
booksellers, 69, 96, 105, 106, 108–10, 112, 121–22, 231, 232
Boothby, Brook, 166
Borgia, Cesare, 257
Boston Literary Society, 114–15
Boswell, James, 15–16, 38, 43, 64–65, 80, 248
botany, 269–72
Bowdler, Henrietta Maria, 179, 181

Bowdler, Thomas, 90–91, 178–82, 195, 271
Bracken, Henry, 248
Brain, Elizabeth, 36, *37*
Brooke, Henry, 76, 233, 234
Browning, Nicholas, 53
Brutus, Marcus Junius, 27
Buffon, Georges Louis Leclerc, comte de, 124
Burgess, William, 36, 66–67
Burgh, James, 24–25, 26
Burke, Edmund, 255
Burkitt, William, 249
Burnet, Gilbert, 248
Burney, Charles, 83, 191, 214, 222
Burney, Fanny, 54, 83, 95, 180, 211, 214, 221, 231
Burney, Susannah, 221–22
Burns, Robert, 117–18, 163
Burrows, Joseph, 137
Burton, Robert, 159–60, 164, 165
Butler, Eleanor, 11, 57–58, 269
Butler, Elizabeth, 43
Butler, Samuel, 127, 272
Byrom, Ellen, 72
Byrom, John, 72
Byron, George Gordon Byron, Baron, 87
Bysshe, Edward, 138, 140–41, 184

Caesar, Julius, 27, 255
candles, 56, 62, 65, 67, 77
Care, Henry, 20
Carter, Elizabeth, 145
Cassius Longinus, Gaius, 27
Catesby, Juliette, Lady, 63
Cavendish, Margaret, 164–65
Chambers, Ephraim, 103
Chandler, Edward, 245
Chapman, Eliza, 102, 144–46
Chapone, Hester, 59, 89–90, 251, 265
Charles I, king of England, 252
Charles II, king of England, 195, 236, 252, 255
Charles V, Holy Roman Emperor, 256
Chesterfield, Philip Dormer Stanhope, Earl of, 89
Chubb, John (Jack), 32–34, *35*, 63, 137–39, 223

Chubb, Jonathan, 32–33, 258
Chubb, Kitty, 32
Chubb, Morley, 34, *35*
Chubb, Sophia, 32
Church of England, 17
Cicero, Marcus Tullius, 223
circulating libraries, 110–22, 207
Clare, John, 107
Clarke, Edward, 195
Clarke, Mary, 169, 195
Clarke, Susanna, 155
Clays (booksellers), 105, 106, 112, 231, 232
Cobb, James, 216
codices, 73
coffeehouses, 5, 9, 37, 113
Colclough, Stephen, 114
Coleridge, Samuel Taylor, 138
Collier, Jane, 59
Collingwood, Catherine, 164–65, 167
Colman, George, 85, 121
Combe, William, 8
commonplace books, 5, 47, 87–88, 128–47, 254–56
conduct books, 46, 49, 58–59, 87, 89–90, 154, 182, 187, 251–52, 267
Congreve, William, 1
Constable, John, 258–59, 269
Cooke, John, 97
copyright, 127
Corye, John, 197
Cotton, Nathaniel, 57
Cowper, Sarah, 255
Cowper, William, 6, 10, 57, 68, 137
Cox, Thomas, 100
Crabber, George, 103
Cumberland, Richard, 85, 198, 202
Curzon, Mary, 41
Custance, John, 125
Cuthbert, John, 69

Darnton, Robert, 4
Darwin, Erasmus, 92, 271
Davy, Thomas, 249–50
Davys, Mary, 69
Dee, John, 252
Defoe, Daniel, 81, 82, 96–97, 108, 251

以书会友
——十八世纪的书籍社交

Delany, Mary (Pendarves), 43, 62, 63, 66, 69, 71, 90, 164, 258; communal reading by, 58, 123, 223–24, 225; fiction disfavored by, 89, 256–57
Denham, John, 131
"Description of a College Room, A," 49
Diogenes, 255
Dodington, George Bubb, 85
domestic oratory, 24–35
drama, 169–203
Drummond, John, 25, 27, 150–51
Dryden, John, 68, 87, 95, 140, 272
Duncombe, John, 186
Dunton, John, 100
Dyche, Thomas, 155

Edgeworth, Frances, 71
Edgeworth, Lucy, 71
Edgeworth, Maria, 71, 86–87, 92, 146
Edgeworth, Richard Lovell, 58, 146
Elizabeth, Countess of Harcourt, 166
Elizabeth I, queen of England, 27, 255
elocution, 11, 14–31, 147–54, 240, 242, 277
"Eloisa to Abelard" (Pope), 86
Enfield, William, 1, 2–3, 171, 216
English urban renaissance, 109
Epaminondas, 255
epitomes, 234
Euclid, 49, 249
Evelyn, John, 42
eyesight, 66–69, 77

Fairburn, John, 186
Fanshawe, Althea, 267, 269
Fénelon, François, 81
Fergus, Jan, 207, 232
Ferguson, James, 260
fiction, 204–38; in chapbooks, 99; in circulating libraries, 111; didactic, 81; epistolary, 75–76, 100, 221, 222; Gothic, 229; in magazines and periodicals, 101, 108; perceived dangers of, 3, 48, 89, 104, 112, 167, 206, 256–57; reading depicted in, 73, 211, 221; short-form, 233–38, 277

Fielding, Henry, 76, 85, 123, 140
Fielding, John, 236
Fielding, Sarah, 230
Fletcher, John, 173
Fontenelle, Bernard de, 260, 267, 272
Foote, Samuel, 9, 24
Fordyce, James, 45, 48, 49, 86, 211; card playing criticized by, 43; naturalism urged by, 16, 30, 31; public sociability mistrusted by, 39, 40; readership of, 25
Foxe, John, 247
Francis, William, 106
Francklin, Thomas, 200
Franklin, Benjamin, 266
furniture, 51–54

Gale, Walter, 124, 255
Gamble, Martha, 229
gambling, 43, 105
Garrick, David, 18, 19, 31, 177, 188, 189–90
Gay, John, 32, 87, 109, 148, 188, 247, 259
Gaywood, Mary, 106
Gell, William, 202–3
Gentleman, Francis, 15, 176–78, 195
geography, 239, 249, 262–66, 272, 274
Gillray, James, 46
Gisborne, Thomas, 58, 87, 112–13, 154–55, 167, 208
Glover, Richard, 188
Godwin, William, 223
Goldsmith, Oliver, 140, 234, 255
Gordon, Alexander, 257
Graham, James, 203
grammar, 14–15, 20, 25, 68
Granville, Anne (Vernon), 164–65, 167
Gray, Jane, Lady, 255
Greatbatch, William, 263
Gwinnett, Samuel, 258

Hamilton, Elizabeth, 4, 259–60
Hamilton, Frances, 115–16, 258
handwriting, 155, 240–41
"Hans Carvel's Ring" (Prior), 90
Harris, Elizabeth, 193–94, 195
Harris, Gertrude, 193, 194, 197
Harris, James (son), 194

370

Harris, James (father), 193
Harris, John, 272
Harris, Louisa, 193, 194, 197
Harrison, William, 239–40
Harvey, Gabriel, 251
Haywood, Eliza, 97–98, 105
Hazlitt, W. Carew, 237
heating, 56
Heber, Mary, 41, 42, 89, 122
Heber, Reginald, 102
Helme, Elizabeth, 227
Henderson, John, 84, 171
Henley, William, 23
Henry IV, king of France, 255, 258
Hepplewhite, George, 51
Herbert, George, 137
Hervey, James, 42, 248, 249
Higgons, Bevil, 151
Highmore, Joseph, 226
Hill, Aaron, 212–14, 215
Hill, Peter, 117–18
historical writing, 5, 239, 251–53
Hoadly, Benjamin, 188
Hogarth, William, 18, 125
Holcroft, Thomas, 91–92
Home, John, 170
home decoration, 46
Homer, 87, 247
Horace, 33, 34, 47–48, 137, 138, 163
Howard, Robert, 255
Howell, William, 255
Hoyland, George, 130, 254
Hudspath, Billy, 82
Hume, David, 121, 255
Hunt, Jeremiah, 13
Hunter, Joseph, 114
Hutton, William, 71–72

Innerpeffray Library, 117
Ireland, John, 125
Iremonger, Elizabeth, 42, 122

Jackson, Ralph, 80–83
Jefferson, William, 80, 81
Jeffrey, Francis, 181–82
Jennings, Ann, 193

jestbooks, 88–90, 158–64, 205, 234, 235–36, 237–38, 255, 277
Johnson, Samuel, 90, 99, 120, 163, 166–67, 234; anthologizing of, 73, 78, 140, 151; books used as barrier by, 83; compilations criticized by, 77, 93; elocution instruction criticized by, 15–16, 29; Milton's age viewed by, 109; poetry abridged by, 92; as Shakespeare editor, 176
Johnstone, Charles, 217
Jones, John, 45
Jones, Thomas, 193
Jones, William, 26, 207, 239–40
Jonson, Ben, 11, 173

Kames, Henry Home, Lord, 260
Keate, George, 85
Kelly, Hugh, 232
Kenyon family, 199
Knox, Vicesimus, 145, 197–98, 206, 213, 255
Kotzebue, August von, 74

Lackington, James, 44, 58, 65, 246
Ladies Shakespeare Club, 173
"Ladle, The" (Prior), 91
"Lady's Dressing Room, The" (Swift), 49
Lamb, Caroline, 73
Lamb, Charles, 184
Lamb, Mary, 184
Lancaster Amicable Society, 114
Larpent, Anna Margaretta, 224–25, 233, 257
Larpent, Clara, 233
latitudinarianism, 17
Le Brun, Charles, 17–18, 19, 177
"Lecture on Heads, The" (Stevens), 24
Leeke, Ralph, 199–200
Leeke, Thomas, 199–200
Lesage, Alain-René, 8, 189
libraries: circulating, 110–22, 207; private, 50–52
lighting, 3, 54, 56, 64–66
Linnaeus, Carl, 271
Lister, Anne, 55–56, 67, 73, 74, 88, 113, 231, 243, 253
literacy, 6, 11, 103–4, 113, 138, 251, 277

以书会友
——十八世纪的书籍社交

Liverpool Library, 114
Livy, 254
Locke, John, 247
London: book trade in, 95–97, 99, 108–9; libraries in, 112; social calls in, 40; spouting clubs in, 22; stories set in, 235
Longinus, 116
Lord's Prayer, 29
Love, James, 111
Lucas's Circulating Library, 109
"Lusus Seniles," 132–34

MacDermott, Philip, 87
Mackenzie, Henry, 208, 215, 230, 234
Macpherson, James, 5
Madan, Mary, 135–36, 143–44, 155, 254
Madan family, 102
magazines and periodicals: advice dispensed by, 207, 233–34, 248; novels abridged and serialized in, 7, 9, 92–93, 102, 119, 204, 205, 233–34, 238; poetry published in, 127, 134, 143, 158; readership of, 7, 101, 106
Mallet, David, 171, 194
Malone, Edmund, 175
Mangin, Edward, 112
Mann, Horace, 86
Marivaux, Pierre Carlet de Chamblin de, 232
Marlowe, Christopher, 201
Marshall, Mary, 134–35
Martin, Benjamin, 260, 261, 263
Martineau, Harriet, 5, 48–49, 215
Massillon, Jean-Baptiste, 121
Mather, Cotton, 148
Maurice, prince of Orange, 255
Mead, Richard, 248
Melville, Robert, 106
Methodism, 82, 83, 119
Miller, Anne, 86
Miller, Arthur, 231
Miller, Hugh, 44
Miller, Joe, 236
Milligan, James, 118–19
Milton, John, 27, 87, 95, 123, 131, 163, 173, 177, 247, 272
Mitford, John, 53, 97
Molière, 27, 200
Monkland Friendly Society, 117, 118

Montagu, Barbara, 70
Montagu, Elizabeth, 66, 179
Montaigne, Michel de, 146
Moore, John, 234
Moore, Thomas, 74
More, Hannah, 93, 225
More, Martha, 246
More, Sarah, 75
Morris, Charles, 163
Morse, Samuel B., 187
Moyse-Roubel, Charles, 7–8
Münchhausen, Karl Friedrich Hieronymus von, Baron, 237
Mure, Elizabeth, 210
Murgatroyd, John, 223

Nash, Richard (Beau), 236
naturalism, 13, 15–16, 30, 31
needlework, 12, 36, 43, 155, 167, 183, 265
Nelson, Robert, 247
Neville, Sylas, 22, 39, 89, 163, 188, 248
Newbery, John, 263, 266
newspapers, 101–2, 109
Newton, Isaac, 260–62

"Of Academies" (Defoe), 251
Opie, Amelia, 57, 215
oratory, 13, 15; domestic, 24–35; secular, 22–24
Ormsby-Gore family, 199
orreries, 262–63
Otway, Thomas, 177
Ovid, 91

Palmer, William, 50
Parker, John, 105
Parkes, Malcolm, 217
Parkes, William, 51
Partridge, James, 138
Pendarves, Alexander, 71
Pendarves, Mary, 43, 62, 63, 66, 69, 71, 90, 164, 258, 270; communal reading by, 58, 123, 223–24, 225; fiction disfavored by, 89, 256–57
Penn, William, 255
Penrose, John, 102, 119–21, 233
Philip II, king of Spain, 255

Philips, Ambrose, 131
Pierce, Eliza, 122–23
Pigott, Charles, 203
Pigott, Harriet, 102, 198–203
Pigott, Robert, 203
Pilkington (van Lewen), Laetitia, 68, 87
Piozzi, Hester Thrale, 45, 80, 95, 216
Plutarch, 160, 193
poetry, 39, 92, 127–68
Poet's Corner, 174
Polwhele, Richard, 73, 117, 270–71
Ponsonby, Sarah, 43, 57
Pope, Alexander, 79, 86, 115, 140, 247, 259; anthologizing of, 131, 137, 141, 149, 150; London book trade viewed by, 95, 109; as Shakespeare editor, 175
Porson, Richard, 85–86
Portland, Margaret Cavendish Holles Harley Bentinck, Duchess of, 58, 164–66
portraiture, 18
Powder Literary Society, 117
Powys, Lybbe, 50–51
Prado, Thomas, 201
preaching, 12–13, 15, 16–17, 239–50, 274
Prescott, Henry, 39, 243, 250, 252
Price, Leah, 73
print culture, 6, 95, 97, 100, 112, 129, 234, 251, 265, 269
Prior, Matthew, 90, 91
pronunciation, 13, 14, 21, 25, 30, 155
Proust, Marcel, 75
Prowse, Elizabeth, 243
punctuation, 20–21, 217
Purcell, Henry, 255
puzzles, 130, 166, 167–68, 263, *264*

Ralegh, Walter, 193
Raper, Elizabeth, 41
Rapin, Paul de, 103
Raspe, Rudolph Erich, 237
Rathbone, Hannah Mary Reynolds, 72, 79–80
Rathbone, Mary, 62
Rathbone, William, 72, 79
reading revolution, 6
Repton, Humphry, 54–55
Restoration, 163, 195–96, 252
Reynolds, Frederick, 86

Reynolds (Rathbone), Hannah Mary, 72, 79–80
rhetoric, 11, 129, 277
Rice, John, 173
Richardson, Samuel, 75–76, 154, 207; book formats viewed by, 70;
Riddell, Robert, 117
Robertson, William, 78, 255–56
Rochester, John Wilmot, Earl of, 49, 236
Rogers, Timothy, 160
Rollin, Charles, 232
Roscommon, Wentworth Dillon, Earl of, 131
Rose, Elizabeth, 123–24
Roseland Book Club, 117
Rotherham, John, 121
Rousseau, Jean-Jacques, 58
Rowe, Nicholas, 175
Ryder, Dudley, 12, 14, 38, 71, 89, 248; cynicism of, 250; naturalism viewed by, 13, 16, 31; reading habits of, 47–48

"Salop theatricals," 198–203
Sanderson, Mary, 193
Sandy, George, 8, 118–19, 121, 233
Savile, Gertrude, 8, 12, 13, 14, 45, 62, 188, 204, 208, 223
Scafe, John, 82
science, 260–66
Scott, Walter, 73, 74, 80, 215, 223
secular oratory, 22–24
self-improvement, 5, 11, 26, 77, 81, 83, 104, 105, 168, 208, 238, 239, 249, 275; conflicting ideas of, 118; by women, 155
sermons, 12–13, 15, 16–17, 239–50, 274
Sévigné, Marie de Rabutin-Chantal, marquise de, 57–58
Seward, Anna, 72, 84, 128
Shadwell, Thomas, 140
Shakespeare, William, 18, 30, 72, 85, 87, 140, 231–32; anthologizing of, 94, 171–73, 184; editions of, 7, 90–91, 100, 120, 175–76, 178–82, 195, 203; as national bard, 173–78, 203; sanitized, 90–91, 178–82, 195, 203
Sharp, John, 249
Sharp, Robert, 44, 76, 122
Sheridan, Betsy, 6

Sheridan, Richard, 49
Sheridan, Thomas, 15, 19, 21, 23, 28–30, 32, 149, 171
Sherlock, Thomas, 249
Shillito, Charles, 115
Short, Mrs. C., 187
Simeon, Charles, 241
sing-song style, 30, 31
Sixtus V, Pope, 255
Smith, Adam, 17
Smith, Charlotte, 212, 234, 267
Smollett, Tobias, 76, 230–31, 255
Somerville, Alexander, 65–66
Sophists, 11
Southey, Robert, 122
spectacles, ophthalmic, 3, 67–68, 69
spectacles, theatrical, 197
Speed, Eleanor, 155
Spenser, Edmund, 180
spouting clubs, 22–23, 26
spouting collections, 5, 183
Staël, Madame de (Anne-Louise-Germaine), 68
Stallybrass, Peter, 73
Stanhope, George, 12
Statute of Anne (1710), 127
Steele, Joshua, 21
Steele, Richard, 248, 262–63
Sterne, Laurence, 29, 154, 249, 255–56, 276;
Steuart, Amelia, 243, 257, 271–72
Stevens, Alexander, 24
Stevenson, Polly, 266
Stone, Frances, 87
Strafford, Thomas Wentworth, Earl of, 255
Stuart, Louisa, 215
summer houses, 60, 63
Swete, John, 111
Swift, Jonathan, 49, 95, 96, 97, 109, 131, 158, 247
Swinburne, Algernon, 182

Tacitus, Cornelius, 123, 254
Taylor, John, 85
Taylor, Thomas, 123
Terence, 121

theatricality, 31
Theobald, Lewis, 175, 176
Thompson, Thomas, 60, 62
"Thoughts on Midnight" ("Night Piece"; Carter, 145
Thrale, Hester Lynch. *See* Piozzi, Hester Thrale
Throckmorton, Catherine Collingwood, Lady, 164–65, 167
Thucydides, 256
Tillotson, John, 49, 240, 249
Tindell, Billy, 81–82
Tonson, Jacob, 175–76
Tournefort, Joseph, 248
translations, 8, 9
Trapp, Joseph, 13
travel writing, 239
Treby, Paul Ourry, 136–37
Trenck, Franz, Freiherr von der, 125
Trimmer, Sarah, 104–5
"True Estimate of Human Life, A" (Young), 12
Trusler, John, 240–41, 242, 247
Turner, Thomas, 41–42, 45, 88, 113, 246, 247–51, 262
Twining, Richard, 56–57, 214
Twining, Thomas, 73
type size, 3, 69, 70
Tyrrell, Elizabeth, 40–41, 43, 57, 89, 166, 183, 231–32

Valéry, Paul, 75
Vanderlint, Jacob, 98
van Lewen (Pilkington), Laetitia, 68, 87
Vernon, Anne, 164–65, 167
visiting cards, 42
Voltaire, 138, 256, 260

Wakeling, Mary, 155
Walker, John, 15–16, 21, 27–28, 149–50
Walpole, Hugh, 140
Walpole, Robert, 9, 255
Ward, John, 15
Warner, Eliza, 155–58
War of Jenkins' Ear, 193
Watkins, Elizabeth, 42

Watson, Hugh, 118–19
Watt, Ian, 205
Watts, Isaac, 140, 148
Westminster Abbey, 173, 174
Whalley, Thomas, 75
Whitehead, William, 194
Wilberforce, William, 68–69
"William and Margaret" (Mallet), 171
Wilson, John, 121–22, 130–32, 155, 220, 252–53, 254
Wingfield, Charles, 200
Withering, William, 271, 272
Wollstonecraft, Mary, 210
women, 51, 237, 239; advice manuals for, 87, 89–90, 154, 182, 187, 267; as authors, 206–7, 224, 234; bawdiness and, 88–89, 164; books shared by, 124; botany studied by, 268–71; diaries kept by, 42, 231; elocution instruction for, 25, 26, 30, 155, 187; emotional range limited for, 19–20; fiction discouraged for, 3, 154, 206, 208, 209–11; geographical knowledge recommended for, 265; historical writing recommended for, 251; at home, 26, 37, 39–40, 58–59, 155, 167, 266; intellectual display by, 45, 48–49; Johnson's view of, 93, 109, 166–67; libraries used by, 113, 117, 232; literacy among, 103–4, 113; oratorical options limited for, 26; poetry recommended for, 154, 158; reading aloud to, 43, 44, 45; as solitary readers, 3, 206, 208–9, 238; on stage, 187, 194–97
Woodforde, James, 39, 122
Woodforde, Nancy, 8, 102, 124–25
Woollcombe, Henry, 77–79, 243, 253–54, 267–68
Woollcombe, William, 78–79, 239, 253
Wordsworth, Dorothy, 1–2
Wordsworth, William, 1–2
Wray, Mary, 251
Wyatt, Christopher, 193
Wyatt, Kitty, 193
Wye book club, 8

Yates, Mary Ann, 188
Young, Edward, 12, 149, 249